KB111593

근사록집해
I

근사록집해
I

주희(朱熹) · 여조겸(呂祖謙) 편저
엽채(葉采) 집해 / 이광호 역주

近思錄集解

대우학술총서
568

아카넷

『근사록집해(近思錄集解)』 해제

　『근사록』은 송(宋 : 960-1279) 효종(孝宗) 2년(1175) 여름, 여조겸(呂祖謙)이 한천정사(寒泉精舍)에 머물고 있는 주희(朱熹)를 열흘 동안 방문했을 때 함께 편찬하기 시작하였다.[1] 그들은 송대 성리학의 선도자들인 주돈이(周敦頤)·정호(程顥)·정이(程頤)·장재(張載)[2] 네 선생의 저술을 읽고 그것들 가운데서 '학문의 대체와 관련이 있고 일상생활에 절실한' 글들을 채록하여 초학자(初學者)들을 위한 입문서로서 이 책을 편찬하였다. 주희가 「서문」을 지은 날은 1175년 5월 5일로 되어 있지만, 여조겸이 「후기」를 지은 날이 1176년 4월 4일로 되어 있는 것으로 볼 때 『근사록』의 완성에는 1년 정도의 시간이 걸렸다. 이 책은 총 14권 622조목으로 이루어졌다.

---

1) 열흘 동안의 방문 기간에 편집을 마친 것으로 오해할 수도 있지만, 사실은 그렇지 않다. 주희는 34세 때 『태극도설해(太極圖說解)』와 『통서해(通書解)』를 저술하였으며, 36세 때는 『논어정의(論語正義)』와 『맹자정의(孟子正義)』를 저술하였고, 39세 때는 정호와 정이의 『유서(遺書)』를 정리하였다. 그는 이미 10년 이상 네 선생의 학문에 대한 연구와 정리작업을 진행하였다. 그리고 여조겸의 후기가 1176년 4월에 기록된 것으로 보아 편집을 완성하는 데는 1년 가까운 시간이 흘렀다.
2) 장재를 뒤에 둔 것은 주희의 편집 의도를 존중해서이다. 장재가 정호보다 열두 살이나 연장이지만 주희는 『근사록』을 편집하며 그의 글을 정호와 정이의 글 뒤에 배치하였다. 그뿐 아니라 『근사록』 「서문」에서도 "함께 주자(周子)·정자·장자의 글을 읽었다"고 하여 장재를 정호와 정이의 뒤에 두고 있다.

1 책의 제목: 왜 『근사록』인가?

이 책의 제목을 왜 『근사록(近思錄)』이라고 하였을까?

『근사록』의 '근사(近思)'라는 명칭은 『논어』「자장」6장의 "博學而篤志, 切問而近思, 仁在其中矣(넓게 배우되 뜻을 독실하게 하여, 절실하게 묻고 가까운 일에서 생각하면 인이 그 가운데 있다)"의 '近思'에서 따온 말이다. 이것은 공자(孔子)의 말이 아니라 그의 제자인 자하(子夏)의 말에 지나지 않는다. 그러나 이 책 제2권「학문」43조, 제3권「앎을 이룸」14조, 제5권「자신을 극복함」30조 등에서는 '가까운 일에서 생각한다(近思)'는 용어가 그대로 사용되고 있다. 무엇보다도 이 책을 편집한 주희와 여조겸은 책의 표제를 『근사록』이라고 정하였다. 무엇 때문에 그들은 공자의 말도 아닌 자하의 말 가운데 나오는 '近思'라는 두 글자를 그렇게 중시하였을까?

주희는 『근사록』「서문」에서 "초학자들이 들어갈 곳을 모르게 될까 걱정하였다. 그래서 학문의 대체와 관련이 있으면서 일상생활에 절실한 것을 선택하여 이 책을 편찬하였다"고 하며, 여조겸은 『근사록』「후기」에서 "만일 비근한 것을 싫어하여 고원(高遠)한 데로 달려 등급을 뛰어넘고 절차를 무시하여 공허한 데로 흘러 의거할 바가 없게 된다면 어찌 '가까운 데서 생각하는 것'이겠는가!"라고 말하고 있다.

유학은 신앙을 기초로 하는 종교가 아니라 배우고 가르침을 통해 인식과 실천의 세계를 넓고 깊게 하는 학문이다. 유학의 이상은 결코 작거나 얕지 않지만, 유학은 관념적이고 사변적인 학문을 통해 이상을 추구하지 않는다. 학문으로서의 유학은 인간의 일상적인 삶을 가장 중시한다. 이상적 인격체인 성인의 이상정치인 왕도정치도 일상성을 벗어나 있지 않다. 맹자는 "나의 노인을 모시는 마음으로 남의 노인을 모시며, 나의 어린아이를 보살피는 마음으로 남의 어린아이를 보살핀 다면 천하를 손바닥 안에서 다스릴 수 있다"(「양혜왕」 상 7장)고 하였 다. 맹자는 이어서 "(죄 없이 죽을 곳으로 끌려가는 소를 불쌍하게 여기는) 은혜로운 마음을 미루어 실천하면 사해 안을 보전할 수 있지만, 은혜 로운 마음을 미루어 나가지 않는다면 아내와 자식도 보전할 수 없다" 고 하였다. 유학의 가르침에 의하면 모든 사람의 마음 가운데는 생명 을 사랑하고 죽음을 불쌍하게 여기는 어진 마음이 갖추어져 자신도 모르는 사이에 빛을 발하며 자신의 삶을 바른 길로 인도한다. 일상생 활 가운데서 이러한 마음의 빛을 발견하여 확충해 나가면 천하를 다 스리는 일도 그 가운데 있다는 말이다.

"요(堯)와 순(舜)의 도는 부모에 대한 효도와 형에 대한 공경일 뿐이다."[3]
"군자의 도는 부부관계에서 시작된다. 지극하게 되면 천지에 가득 차게 된다."[4]

유학이 군자와 성인을 논하고 천지와 천하를 논할 때는 매우 고원 한 이상을 지향하는 듯하지만, 유학의 출발점은 자신의 일상생활이다. 일상생활을 통하여 자신의 삶을 꾸준하게 향상시키는 가운데 자신의 인격이 완성된다. 자신의 삶이 완성되면 저절로 가족과 사회와 국가와 세계로 확충되어 나가는 삶을 살 수 있게 되고, 그렇게 되어야 한다고 주장하는 학문이 유학이다. 제5권 30조에 나오는 정이(程頤)와 그의 제자인 사량좌(謝良佐) 사이의 대화를 보자.

사량좌가 정이와 떨어져 있은 지 일 년 만에 가서 만났다.
정이가 말했다.

---

3) 『맹자(孟子)』 「고자」 하 2장.
4) 『중용(中庸)』 12장.

"떨어져 지낸 지 일 년이 되었는데 무슨 공부를 하였는가?"

사량좌가 말했다.

"마음속에서 '긍(矜)'자를 제거하였을 뿐입니다."

"무엇 때문인가?"

"스스로 점검해 보니 병통이 모두 여기에 있었습니다. 만약 이 허물만 억제할 수 있으면 비로소 진전됨이 있을 것 같습니다."

정이가 머리를 끄덕이고서는 함께 앉아 있던 사람들에게 말했다.

"이 사람의 학문은 '절실하게 묻고 가까운 일에서 생각하는 것'이다."

일 년 만에 만난 제자에게 무슨 공부를 하고 있느냐고 물었다. 제자는 자신의 삶과 학문에 진척이 없는 것이 마음속에 있는 자긍심 때문이라는 것을 철저하게 알고서 자긍심을 제거하기 위하여 일 년 동안 공부했다고 대답하였다. 스승은 이 제자를 두고 '절실하게 묻고 가까운 일에서 생각하는' 사람이라고 공개적으로 칭찬하였다. 이 대화를 읽으면 공자가 안회(顔回, 자는 子淵, 기원전 521-480)만 학문을 좋아하는 사람이라고 칭찬하던 장면이 떠오른다.

애공(哀公)이 물었다.

"제자 가운데서 누가 학문을 좋아하는 사람입니까?"

공자가 대답하였다.

"안회란 사람이 학문을 좋아하였습니다. 성난 감정을 옮기지 아니하고 같은 잘못을 두 번 저지르지 않았습니다. 불행하게도 명이 짧아서 죽었습니다. 지금은 그가 없으니 학문을 좋아하는 자가 있다는 것을 듣지 못하였습니다."

많은 제자 가운데서 안회만 학문을 좋아한다고 칭찬하였던 것은 그가 자신의 삶 자체를 자신의 학문 주제로 삼았기 때문이다. 안회는

'자신의 성난 감정을 남에게 옮기지 않을 수 있고 같은 잘못을 거듭 저지르지 않을 수 있는' 보다 향상된 삶을 이루기 위하여 즐거운 마음으로 끊임없이 정진하였다. 안회야말로 '절실하게 묻고 가까운 일에서 생각한다'는 유학의 학문정신과 일치되는 삶을 실천하였기 때문에 공자로부터 학문을 좋아한다는 칭찬을 받을 수 있었다.

주희는 유학의 학문정신이 '절실하게 묻고 가까운 일에서 생각하는 것'이라고 여겼다. 그리고 유학을 부흥시키려고 노력한 주돈이와 정호와 정이, 장재의 학문정신 또한 여기에 있다는 것을 알았기 때문에 그들의 저술에서 중요한 말들을 발췌하여 책으로 만든 다음 『근사록』이라는 제목을 붙이게 되었다.

오늘날 학계에서 성리학(性理學)이라고 하면 '공리공담(空理空談)을 일삼는 학문'과 동일시한다. 이는 17-18세기의 실학자들이 이미 비판하였듯이 조선조 성리학자들이 성리학을 지나치게 관념적으로 이해한 데 상당한 책임이 있다. 그러나 보다 큰 원인은 모든 것을 대상화시켜 연구하는 과학적 세계관에만 익숙한 현대 학자들이 주체적 삶에 기초한 세계 이해라는 성리학의 정신을 근본적으로 오해하는 데 있다. 성리학의 문제의식은 일상생활에 대한 깊은 이해를 통하여 진리의 인식에로 향상되어 나아간다는 공자의 '하학상달(下學上達)'의 실현에 있었다.

성리학이나 유학의 인간과 자연에 대한 이해에는 시대적 한계가 있겠지만, 과학만능과 물질만능에 빠져 인간이 주체성을 상실하고 삶의 방향을 정립하지 못하는 오늘날, 주체적 삶에 기초한 성리학은 자연과 인간에 대한 새로운 이해의 관점과 경험을 제공할 수 있으리라 생각한다.

진영첩(陳榮捷, 영문 이름은 Wing-tsit Chan)은 『근사록』을 영어로 "Reflections on Things at Hand(가까이 있는 사물을 통한 반성)"라고 번역하였다.

인간의 삶이란 외적 사물과의 교감을 통한 주체의 실현이다. 외적 사물은 끊임없는 변화 가운데 있고 주체 역시 고정된 것이 아니다. 과학은 주체를 고정시켜 놓고 사물을 철저하게 이해하려 한다. 인간의 사물에 대한 이해는 현상적 이해를 넘어설 수 없지만 현상에 대한 이해도 끊임없이 심화되어 과학은 지속적으로 발전한다. 주체에 대한 이해도 마찬가지이다. 주체는 고정된 것이 아니다.

주체에 대한 이해도 인식과 실천의 삶이 밝고 확실해짐에 따라 끊임없이 변화하고 깊이를 더하게 된다. 고정된 주체를 가지고는 자연과 인간을 고정된 측면에서밖에 이해하지 못한다. 과학적 문제의식과 관점에서는 자연을 과학적으로밖에 이해하지 못한다는 말이다. 자연은 인간처럼 과학적 인식을 하지 않지만 가장 위대한 것이며, 인간의 삶과 과학은 모두 궁극적으로는 자연을 중심으로 삼고, 자연을 향하고 있다. 과학은 인간이 자연을 이해하는 과정 중 하나의 방법일 뿐이다. 우리가 알고 있는 과학적 인식을 통해 자연을 있는 그대로 이해할 수 있을까? 현상의 배후에 현상을 현상이게 하는 어떤 것이 있다고 한다면, 과학에만 의지해서는 현상을 이해할 수 있을지언정 배후에 있는 원리를 직접 대면할 수 없다.

성리학은 삶의 고양과 심화를 통해 자신의 삶을 훤하게 들여다보고 진실과 진리에 기초한 이상적인 삶을 추구한다. 밝아진 삶을 기초로 세계를 있는 그대로 보고자 한다. 주체에 대한 새로운 이해는 자연을 바라보는 관점 자체를 변화시킬 수도 있다.

역자가 이해하기에는, 성리학은 자신을 들여다봄에는 철저하고자 하였지만 세계를 바라봄에 있어서도 과연 그렇게 철저하였는지 의심스럽다. 자연세계를 통일된 근원으로부터 이해하려고 할 때, 무한하게 복잡하고 다양한 구체적 자연에 대한 연구는 소홀히 하기 쉽다. 과학이 자연의 통일적 원리의 이해에 소홀하다면 성리학은 객관적 자연에 관한 구체적 이해에 소홀하지 않았나 하는 생각이 든다. 성리학은 과학을 통해 자연에 대한 이해의 시각과 내용을 배우고 과학은 성리학에서 인간의 내면을 이해하고 변화시키는 방법을 배워야 한다. 『근사록』은 과학시대를 사는 오늘날의 지성에게 많은 지혜를 제공할 수 있으리라 믿는다.

2 어떻게 공부하는 것이 '근사'인가?

'근사(近思)'의 의미와 방법을 이해하기 위해서는 그 출처가 되는 "博學而篤志, 切問而近思, 仁在其中矣"라는 문장의 의미부터 밝히지 않을 수 없다. 공안국(孔安國)은 "博學而篤志"를 "넓게 배워 두텁게 기억한다(廣學而厚識之也)"라고 주해한다. 하안(何安)은 『논어집해(論語集解)』에서 "절실하게 묻는다는 것은 자기가 배우기는 하였지만 아직 깨닫지 못하는 일에 대하여 절실하게 묻는 것이다. 가까이 생각한다는 것은 자신이 미칠 수 있는 일에서 가까이 생각한다는 것이다. 만일 배우지 않은 것을 데면데면 묻고, 아득히 멀어 미칠 수 없는 일을 생각한다면 배움에 정밀하지 않고, 생각한 것을 이해하지 못한다"고 주석하고 있다.

공안국의 주에 기초하여 하안의 『논어집해』는 '지(志)'를 '지(識)', 곧 기억으로 보았다. 그러나 정이와 주희는 글자의 의미 그대로 뜻〔志〕을 의미하는 것으로 보고 "넓게 배우되 뜻을 독실하게 하여, 절실하게 묻고 가까운 일에서 생각하면 인이 그 가운데 있다"라고 해석한다. '篤志'의 '志'자를 '기억'으로 보느냐, '뜻'으로 보느냐의 차이이다. 두 가지 중 어떤 것이 옳고 그른지의 시비를 넘어서서 이러한 해석의 바탕에는 그들의 학문적 태도와 이념이 깔려 있다.

한대(漢代) 학자들의 관심이 훈고(訓詁)에 있었다면, 성리학자들의 관심은 심신의 수양에 있었다. 심신의 수양에서 가장 중요한 것은 인간이 학문과 삶의 목적을 어떻게 정립하느냐에 달려 있다. 그래서 그들은 입지(立志)를 매우 중시한다. 넓게 배우기만 하고 입지가 되지 않는다면 제대로 된 실천적 학문을 할 수 없다고 보기 때문에 '志'를 '뜻'으로 새긴 것으로 여겨진다. 그 후 성리학자들은 대체로 정이와 주희의 설을 따라 이 뜻을 새기고 있으며, 엽채도 예외가 아니다.

『중용』에서는 "넓게 배우고, 자세하게 묻고, 신중하게 생각하고, 밝게 분별하고, 독실하게 실천하라"는 다섯 가지를 학문의 조목으로 제시하고 있다. 정이는 "다섯 가지 가운데서 한 가지라도 없애면 학문이 아니다"라고 해석하였다. 그런데 『논어』의 이 구절에는 '독행'에 대한 설명이 없다. 묻고 생각하는 것으로 끝나지만 그렇게 하는 가운데 인(仁)을 알고 익힐 수 있다고 한다. 정이의 말대로라면 과연 『논어』의 이 구절은 올바른 학문에 대한 설명이 아니란 말인가? 실천에 관한 내용이 문자상으로는 빠져 있지만, 그 이면에서는 실천이 이 구절을 받쳐주고 있다고 생각한다. 박학의 주된 대상이 실천적 삶에 대한 기록인 육경(六經)이며, '독지'와 '절문'과 '근사'의 목적 또한 실천이다. 인식과 실천에 기초하여 인간의 삶이 무엇인지 이해하며 살고, 어떻게 사는 것이 바른 삶인지 정답을 찾아서 실천하는 삶을 살고자 하는 것이 유학의 문제의식이다. 『논어』의 이 구절은 유학의 이러한 문제의식을 잘 대변하고 있다. 유학의 이러한 문제의식은 일상적 삶에 대한 철저한 성찰을 통해 달성될 수 있다. 어떠한 시간적·공간적 상황 가운데서도 적중한 답을 실천하고자 하는 『중용』의 정신이 바로 이러한 '근사'의 정신이 아닌가!

3 차례와 각 권의 명칭

우리나라에서 번역된 『근사록』에는 각 권의 제목이 일정하지 않다. 이는 주희가 편찬한 『근사록』의 「서문」과 『주자어류(朱子語類)』에 나오는 『근사록』 각 권에 대한 설명내용이 다르고, 엽채가 주해한 『근사록집해』의 제목도 이것들과 약간의 차이가 있어서 생기는 혼란이다.

주희는 『근사록』「서문」에서 『근사록』 14권의 내용을 크게 6가지로 분류하며, 각 권의 핵심 내용도 밝히고 있다.

1. 단서를 찾는 법〔求端〕: 도의 본체〔道體〕를 논한 제1권
2. 공부하는 법〔用力〕: 학문의 커다란 요체〔爲學大要〕를 총론한 제2권, 앎을 이루는 것〔致知〕을 논한 제3권, 보존하여 기르는 것〔存養〕을 논한 제4권
3. 스스로 처신하는 법〔處己〕: 자신을 극복하는 것〔克己〕을 논한 제5권, 집안의 도〔家道〕를 논한 제6권, 출처와 의리와 이익〔出處義利〕에 대하여 논한 제7권
4. 남을 다스리는 법〔治人〕: 정치의 강령〔治體〕을 논한 제8권, 정치의 법도〔治法〕를 논한 제9권, 정사(政事)를 논한 제10권, 교학(敎學)을 논한 제11권, 경계(警戒)를 논한 제12권
5. 이단을 변별하는 법〔辨異端〕: 제13권
6. 성현을 관찰하는 법〔觀聖賢〕: 제14권

『주자어류』 105권 「근사록」에서는 각 권의 강목(綱目)을 밝히고 있다.

1. 도의 본체〔道體〕
2. 학문의 커다란 요체〔爲學大要〕
3. 사물에 나아가 이치를 궁구함〔格物窮理〕
4. 보존하여 기름〔存養〕
5. 잘못을 고치고 선을 따름〔改過遷善〕·자신을 이기고 예로 돌아감〔克己復禮〕
6. 집을 가지런하게 하는 방법〔齊家之道〕

7. 나가고 물러나며 사퇴하고 지키는 의리〔出處進退辭守之義〕

8. 나라를 다스리고 천하를 공평하게 하는 방법〔治國平天下之道〕

9. 제도(制度)

10. 군자가 일을 처리하는 방법〔君子處事之方〕

11. 교육의 방법〔敎學之道〕

12. 잘못을 고치는 것과 사람 마음의 병통〔改過及人心疵病〕

13. 이단의 학문〔異端之學〕

14. 성현의 기상〔聖賢氣象〕

「서문」의 핵심과 『주자어류』의 강목 사이에는 본질적인 차이는 없지만 표현은 일정하지 않다는 것을 알 수 있다.

엽채는 『근사록집해』를 저술하며 각 권에 제목을 붙였다.

1. 도의 본체〔道體〕

2. 학문〔爲學〕

3. 앎을 이룸〔致知〕

4. 보존하여 기름〔存養〕

5. 자신을 극복함〔克己〕

6. 가도(家道)

7. 출처(出處)

8. 정치의 강령〔治體〕

9. 정치의 방법〔治法〕

10. 정사(政事)

11. 교육〔敎學〕

12. 경계(警戒)

13. 이단의 변별〔辨異端〕

14. 성현을 관찰하기〔觀聖賢〕

주희의 각 권에 대한 설명은 내용에 대한 해설이 목적이었지만, 엽채는 제목을 붙이는 것이 목적이었으므로 주희의 설명을 보다 압축하여 제목으로 삼았다. 이 책은 『근사록집해』를 완역하였기 때문에 엽채본에 따라 각 권에 제목을 붙였다.

4 내용

『근사록』이라는 제목에 충실하려면 책의 내용은 일상생활과 관련된 알기 쉽고 실천하기 쉬운 것이 주류를 이루어야 한다. 그러나 이 책은 제1권의 제목이 '도의 본체'일 뿐 아니라, 제1권 제1장에는 성리학의 존재론 내지는 우주론으로서 형이상학의 극치를 설명하는 『태극도설』을 배치하고 있다. "『근사록』을 잘 읽어야 한다. 사서(四書)는 육경의 사다리이며 『근사록』은 사서의 사다리이다"[5]라고 하고, "학문의 대체와 관련이 있고 일상생활에 절실한 것을 선택하여 이 책을 편찬하였다"[6]고 하지만 『근사록』에는 공자가 드물게 말하였다는 인간의 본성과 천도에 관한 내용[7]이 많을 뿐 아니라, 『주역』의 괘를 통해 인간의 처사를 설명한 부분도 많다. 『근사록』이 사서의 사다리가 아니라, 사서가 오히려 『근사록』의 사다리가 아닌가 하는 생각이 들 정도이다. 여조겸의 『근사록』「후기」는 바로 이러한 사정에 대한 해명이다.

---

5) 『주자어류』 105-23 2629쪽〔『주자어류』(黎靖德 編, ≪이학총서≫, 중화서국, 1983) 105권의 23조, 2629쪽에 나온다는 의미이다〕.
6) 주희의 『근사록』「서문」.
7) 『논어』「자한」 1장에는 "공자께서는 본성과 천명과 인에 대하여 드물게 말씀하셨다"고 나온다.

『근사록』이 완성되자 어떤 사람은 첫 권의 음양 변화와 성명(性命)에 관한 설은 초학자의 일이 아니라고 의심하였다.[8] 여조겸은 이 책의 편집 순서를 정한 의도를 들은 적이 있다. 처음 공부하는 후학들에게 의리의 본원(本原)[9]에 대하여 갑자기 말하는 것은 용납되지 않지만, 아득히 그 대강도 모른다면 어찌 도달하여 머무를 목표가 있겠는가? 책의 머리에 배열한 것은 학자들로 하여금 이름과 뜻을 알게 하여 지향할 바가 있게 한 것일 뿐이다.

『근사록』은 초학자들의 입문서가 아니며, 책의 제목과 내용이 어울리지 않는다고 생각하는 사람들이 많았던 것 같다. 주희 자신도 처음에는 「태극도」를 포함시키는 것을 망설였다고 한다. 그러나 「태극도」가 빠지면 학문의 목표와 근거가 없어지기 때문에 부득이 넣었다고 하였다.[10] 여조겸 「후기」의 '편집한 뜻'이란 바로 주희의 이러한 뜻을 가리킨다. 또한 위의 「후기」가 씌어지게 된 것도 주희의 권유에 의한 것이라는 사실을 다음 글로 알 수 있다.

『근사록』 제1권은 이해하기 어렵다. 내가 여백공(조겸)과 상의하여 그로 하여금 몇 마디 써서 뒤에 싣게 한 것도 바로 이 때문이었다. 만일 이 것(제1권)만 읽는다면 도리가 외로워 의지할 곳이 없어 마치 견고한 성 아

---

8) 『근사록』 첫 권은 이해하기 어려워 이 책의 편집 의도와 맞지 않다고 의심하는 사람들이 있었다. 그래서 주희는 여조겸에게 후기를 써서 그 이유를 밝히게 했다고 한다. 『주자어류』 권105 「근사록」 참조.

9) 『태극도설』의 내용을 가리킨다. 『근사록』이라는 책에서 우주의 근본원리부터 논하니 학자들의 의심이 적지 않았던 듯하다. 그러나 이는 학자들에게 의리의 본원을 설명하자니 어쩔 수 없는 일이었다고 말하고 있다.

10) 진영첩(陳榮捷)의 「근사록과 그 주석에 대하여(On the Chin-ssu Lu and its commentaries)」(in *Reflections on Things at Hand*, Columbia University Press, 1967) 323-24쪽 참조.

래 진을 친 것과 같을 것이다. 도리어 평이하게 말하여 마음을 편안하게 할 수 있는 『논어』와 『맹자』만 못할 것이다.[11]

제1권만 읽는다면 진리가 견고한 성으로 둘러싸인 것처럼 보여 『근사록』이라는 제목이 빛을 잃고 만다. 그렇게 되면 이 책은 『논어』와 『맹자』보다 못하게 된다. 그러나 제1권의 내용을 제외하고 나면 대체로 학문방법 및 일상생활에서 실천해야 할 내용과 관련된 것이어서 모두 차례와 등급이 있으므로 낮은 곳에서 높은 곳으로, 쉬운 데서 어려운 데로 순서에 따라 공부할 수 있다. 그러면 '가까운 일에서 생각한다'는 『근사록』의 정신에서 벗어나지 않을 수 있다고 하였다.

다른 권에 실려 있는 내용은 강학의 방법과 일상생활에서 몸소 실천해야 하는 내용으로 모두 차례와 등급이 있다. 이것에 따라서 나아간다면 낮은 곳으로부터 높은 곳으로, 가까운 곳으로부터 먼 곳으로 나아가 아마도 편집한 뜻과 어긋나지 않을 것이다. 만일 비근한 것을 싫어하여 고원(高遠)한 데로 달려 등급을 뛰어넘고 절차를 무시하여 공허한 데로 흘러 의거할 바가 없게 된다면 어찌 '가까운 일에서 생각하는 것'이겠는가! 보는 사람은 잘 살펴야 한다.[12]

인간의 삶이 이해하기 쉬운 듯하면서도 가장 어려운 것이듯, 삶을 중심문제로 삼고 있는 유학 역시 쉬운 듯하면서도 어려운 학문이다. 『근사록』에는 쉬운 듯하면서도 어려운 삶의 진리를 인식하고 실천하기 위하여 노력한 성리학자들의 긴장된 삶과, 진리를 인식하고 실천함으로써 얻게 된 희열이 함께 응축되어 있다.
한나라 말기 이래로 불교가 전파되고 위진남북조 시대 이후 노장사

---

11) 『주자어류』 105-29.
12) 여조겸의 『근사록』 「후기」.

상(老莊思想)이 성하기 시작하면서 중국의 사상계는 불교와 노장사상이 주도하게 되었다. 당나라의 과거제 실시와 한유(韓愈)·이고(李翶)와 같은 사상가가 등장하면서 유학에 새로운 기풍이 일기 시작하였다. 송대에 들어와 주돈이를 종사(宗師)로 하여 그의 문하에서 정호와 정이가 배출되고 두 정씨와 학문적 교류를 하던 장재가 등장하면서 송대의 유학은 성리학이라는 이름으로 거듭나게 되었다. 그러나 송대의 성리학은 형이상학적으로 거대한 사상체계를 갖춘 불교 및 노장사상과 경쟁관계에 있었기 때문에 형이상학적 철학체계를 갖추지 않을 수 없었다. 그뿐 아니라 새로운 사상체계를 확립하기 위해서는 철학적 이론체계 확립의 필요성을 피할 수 없었다. 이러한 형이상학적 체계화는 일상성을 출발점으로 하는 유학사상 본래의 정신에서 벗어날 위험성을 안고 있다. 성리학이 성행하기 시작한 뒤로 유학의 주요개념이라고 할 수 있는 '성(性)'과 '리(理)'라는 개념이 초학자들에게도 주된 관심의 대상이 되면서 유학은 관념화하기 시작하였다. 제1권을 제외하면 일상적인 내용이 많다고 하지만 각 권마다 『주역(周易)』에서 인용된 부분이 많고 전체적인 내용도 '심(心)'·'성(性)'·'리(理)' 등의 개념과 연관된 내용이 많은 것이 사실이다. 많은 유학자들의 학문이 관념화한 것이 사실이지만 관념적으로 접근해서는 유학의 진리에 도달할 수 없다. 유학은 실천적 삶에 기초해서 경험적 반성을 통해 올바른 삶의 길을 인식하고 실천함에 의해서만 성취될 수 있다.

622조목을 권별로 나누어 보면, 1. 도의 본체〔道體〕 51조, 2. 학문〔爲學〕 111조, 3. 앎을 이룸〔致知〕 77조, 4. 보존하여 기름〔存養〕 70조, 5. 자신을 극복함〔克己〕 41조, 6. 가도(家道) 22조, 7. 출처(出處) 39조, 8. 정치의 강령〔治體〕 25조, 9. 정치의 방법〔治法〕 27조, 10. 정사(政事) 64조, 11. 교육〔敎學〕 21조, 12. 경계(警戒) 33조, 13. 이단의 변별〔辨異端〕 14조, 14. 성현을 관찰하기〔觀聖賢〕 26조이다.

『근사록』의 편저자인 주희와 여조겸은 학문의 본원과 목표를 학자들에게 제시하기 위해 '도의 본체'를 제1권에 배치하기는 했지만, 이런 배치가 '낮은 곳으로부터 높은 곳으로' '가까운 곳으로부터 먼 곳으로' 나아간다는 유학의 본정신에 어긋날까 매우 두려워하였다. 여조겸은 제1권 이외에 실린 것들은 모두 '강학의 방법과 일상생활에서 모두 실천해야 하는 내용'이어서, 차례에 따라 나간다면 공허한 데 빠지지 않는 가운데 진리에 도달할 수 있다고 한다. 제2권부터 제11권까지의 내용은 모두 학문과 교육, 수기와 치인과 관련된 것이다. 제12권 「경계(警戒)」의 내용은 학자들이 학문과 삶을 위해 주의해야 하는 사항에 대한 기록이며, 제13권은 유학과 다른 학문의 차이를 밝힌 것이며, 제14권은 유학적 진리의 전수(傳受) 과정을 밝힌 것이다. 유학적 진리관에 기초하여 진리에 도달하기 위한 인식과 실천이라는 방법과 관련된 내용이다. 유학, 특히 성리학 하면 무조건 '공리공담을 일삼는 학문'이라는 편견을 버리고 삶 자체를 학문적으로 다루는 이들의 학문이 어떠한 것인가에 관심을 가져야 한다. 삶의 문제를 인식과 실천의 차원에서 학문적으로 다루는 『근사록』을 읽으며, 이들의 진리인식 방법이 바로 인문학적 진리인식의 방법이 될 수 있다는 생각이 든다.

네 선생의 말은 주돈이·정호·정이·장재의 순서로 나열되어 있지만, 정호와 정이의 경우에는 일정한 순서가 없으며 누구의 말인지 확실하지 않은 경우도 많다. 개인별로는 주돈이 12조, 정호와 정이 499조, 장재 111조이다. 사현의 책을 초록할 때도 원문을 수정 없이 그대로 싣는 것을 원칙으로 하였지만 때로는 중간 부분을 줄이거나 전후를 바꾼 경우도 있었다. 그러나 대의를 바꾸지는 않았다.

5 출전 확인 및 표시에 관한 일러두기

1. 주돈이의 글로는 『태극도설(太極圖說)』과 『통서(通書)』가 있는데, 출전

확인은 『태극도상해(太極圖詳解)』(張伯行 輯, 학원출판사, 1990)에 의한다.

2. 정호·정이의 글은 ≪이정집(二程集)≫(臺北: 漢京文化事業有限公司, 1983)에 따른다. ≪이정집≫은 『하남정씨유서(河南程氏遺書)』 25권, 『하남정씨외서(河南程氏外書)』 12권, 『하남정씨문집(河南程氏文集)』 12권과 『유문(遺文)』, 『주역정씨전(周易程氏傳)』 4권, 『하남정씨경설(河南程氏經說)』 8권, 『하남정씨수언(河南程氏粹言)』 2권으로 구성되어 있다.

3. 장재의 글은 ≪장재집(張載集)≫(章錫琛 點校, 中華書局, 1985)에 따른다. ≪장재집≫은 『정몽(正蒙)』, 『횡거역설(橫渠易說)』, 『경학이굴(經學理窟)』, 『장자어록(張子語錄)』, 『문집일존(文集佚存)』, 『습유(拾遺)』, 『부록(附錄)』으로 구성되어 있다.

4. 출전 표시의 경우, '『정씨유서(程氏遺書)』 1-15'는 ≪이정집≫에 있는 『하남정씨유서』 1권의 15조임을 말한다.

5. 그 외에 인용되는 문헌은 다음과 같다.
『주자어류』(黎靖德 編, 王星賢 點校, 中華書局, 1983).

　*『문집』과 『유서』와 『외서』에 나오는 말은 정호의 말인지 정이의 말인지 구별되지 않는 경우가 많으므로, 지금까지의 연구를 통해 구별된 내용을 부록에 실었다.

6 『근사록』에 대한 주해서

　『근사록』을 잘 읽어야 한다. 사서는 육경의 사다리이며 『근사록』은 사서의 사다리이다.[13)]

---

13) 『주자어류』 105-23 2629쪽.

수신의 커다란 법도는 『소학』에 갖추어져 있고, 정미(精微)한 의리는 『근사록』에 자세하다.[14]

주희는 『근사록』의 위치를 '사서의 사다리'라고 규정하고 있다. 선진(先秦)의 이상 사회를 총체적으로 서술하고 있는 육경의 세계에 입문하기 위해서는 사서를 먼저 익혀야 되는데, 사서를 익히기 이전에 『근사록』부터 익혀야 된다는 말이다. 정미한 의리를 갖춘 『근사록』이 나오자, 이에 대한 주해서가 이어서 나오기 시작하였다. 주희의 제자인 진식(陳埴)은 『근사록잡문(雜問)』을 짓고, 양백암(楊伯嵒)은 『근사록연주(衍註)』를 지었으며, 채모(蔡模)는 주희의 학설을 채록한 『근사속록(近思續錄)』과, 장식(張栻)과 여조겸의 설을 채록한 『근사별록(近思別錄)』을 지었다. 그러나 이들 주석서는 『근사록』의 일부분에 대한 해석서였으며, 『근사속록』이나 『별록』은 『근사록』의 내용을 넓힌 것일 뿐이었다. 『근사록』의 전체 내용을 주해하고, 주희의 원문을 많이 채록하여 보완하고, 아울러 자신의 의견을 제시하기도 하여 『근사록』의 이해에 결정적인 기여를 한 주석서는 엽채의 『근사록집해』이다. 그러나 그 후 명·청 시대에 이르기까지도 주해서는 계속 이어졌으며, 『근사록』의 체제를 본뜬 『속근사록』과 비슷한 책들도 가끔 편찬되었다.

『근사록』에 대한 관심의 열기는 중국보다도 한국과 일본에서 훨씬 높았다. 진영첩의 영역본 부록에서는 중국본 주해서 17종, 한국본 6종, 일본본 39종을 소개하고 있다. 그는 "주석서에 나오는 철학적 토론의 수준이나 텍스트 연구와 주해 내용에 있어서 일본의 주석서가 한국이나 중국의 수준을 능가할 수는 없다"[15]고 말하고 있지만, 일단 양적 압도를 통해 일본의 작품 수가 중국과 한국을 훨씬 뛰어넘는다고 함으로써, 『근사록』 연구가 일본에서 가장 활발하게 이루어진 것으로

---

14) 위의 책 105-22 2629쪽.
15) 진영첩의 「근사록과 그 주석에 대하여」 347쪽 참조.

오해하였다. 이러한 오해를 말끔히 씻을 수 있게 된 것은 송희준(宋熹準)이 편찬한 ≪근사록주해총편(近思錄註解叢編)≫ 전 10권과 제1권에 실린 그의 논문 「조선조『근사록』주석서의 사적 전개」 덕분이었다. 그는 이 책에서 한국의 『근사록』주해서 84종을 해석을 곁들여 소개하고 아울러 한국에서 편찬된 속근사록류도 4종을 소개하였다. 성리학을 국교로 삼아 성리학 연구의 본산이라고 할 수 있는 한국에서『근사록』에 대한 주해서가 가장 많다는 것은 당연한 결과라고 할 수 있다. 송희준은 주석서들을 시대 순서에 따라 학파별로 분류하고 분석함으로써『근사록』연구의 주류는 이이(李珥)를 종사로 받드는 기호 서인학맥이라는 사실도 밝혔다.『심경(心經)』은 이황(李滉)에 의하여 초학자에게 가장 중요한 책으로 인정된 후 한국의 모든 학파에서 고르게 연구된 데 비해『근사록』은 50 대 30 정도로 서인학맥의 주석서가 많다고 밝혔다.

　≪근사록주해총편≫에 소개된 자료를 진영첩의 영역본 자료와 비교해 보면,『근사록』주해 자료 면에서는 한국이 중국과 일본보다 압도적으로 많다고 할 수 있다. 자료들을 비교·검토해 보면, 양적으로 그러할 뿐 아니라 내용의 정밀성에서도 두 나라를 능가한다고 여겨진다. 또 판본의 종류나 출판의 횟수 등에서도 단연코 선두를 달린다.

　참고로 진영첩의 영역본에 수록된 주석서를 나라별로 나누어 싣는다.

〔참고〕 진영첩의 영역본에 소개된 근사록 주석서들

중국본 :
1. 진식(陳埴 : 전성기 1208, 주희의 제자)의 『근사록잡문(雜問)』, 2. 양백암(楊伯嵒 : 전성기 1246, 주희의 제자)의 『근사록연주(衍註)』, 3. 엽채(전성기 1248)의 『근사록집해』, 4. 웅강대〔熊剛大 : 전성기 1216-50, 주희

의 제자인 황간(黃澗)의 제자]의 『근사록집해』, 5. 하기(何基 : 1188-1268,
황간의 제자)의 『근사록발휘(發揮)』, 6. 대정(戴亭 : 송나라 사람)의 『근
사록보주(補註)』, 7. 유관(柳貫 : 1279-1342)의 『근사록광집(廣集)』, 8.
주공서(周公恕 : 전성기 1420)와 오면학(吳勉學 : 전성기 1420)의 『분류근
사록집해』, 9. 왕도곤〔王道昆 : 전성기 1547(?)〕의 『근사록표제석의(標題
釋義)』, 10. 왕부지(王夫之 : 1619-92)의 『근사록해(解))』, 11. 장백행(張
伯行 : 1651-1725)의 『근사록집해』, 12. 이문소(李文炤 : 1672-1735)의
『근사록집해』, 13. 모성래(茅星來 : 1678-1748)의 『근사록집주』〔사고전
서 진본(珍本)〕, 14. 강영(江永 : 1681-1762)의 『근사록집주』, 15. 시황
(施璜 : 전성기 1705)의 『오자근사록발명(五子近思錄發明)』, 16. 진항(陳
沆 : 1785-1826)의 『근사록보주』, 17. 왕불(王紱 : 1692-1759)의 『속근사
록』(총 17종. 참고로 진영첩본에서는 빠졌지만 송희준의 논문에 실린 중국본
을 5종 소개한다 : 1. 鄧絅(주희 문인)의 『근사록문답』, 2. 劉子澄의 『근사록
속록』, 3. 汪器之(명대)의 『근사록』 4. 蔡模(송대)의 『근사속록』, 5. 郭孺(명
대)의 『속근사록』).

한국본 :
 1. 이이(李珥 : 1536-84)의 『근사록구결(口訣)』, 2.김장생(金長生 : 1548-
1631)의 『근사록석의(釋疑)』, 3. 정엽(鄭曄 : 1563-1625)의 『근사록석의』,
4. 박지계(朴知誡 : 1573-1635)의 『근사록의의(疑義)』, 5. 이익(李瀷 : 1683-
1763)의 『근사록질서(疾書)』, 6. 박이곤(朴履坤 : 전성시대 1850)의 『근
사록석의(釋義)』(총 6종).

일본본 :
 1. 중촌척재(中村惕齋 : 1629-1702)의 『근사록시몽구해(示蒙句解)』, 2.
같은 사람의 『근사록초설(鈔說)』, 3. 패원익헌(貝原益軒 : 1630-1714)의
『근사록비고(備考)』, 4. 우도궁돈암(宇都宮遯庵 : 1634-1710)의 『오두(鰲

頭)근사록』, 5. 실구소(室鳩巢 : 1658-1734)의 『근사록도체강의』, 6. 좌등직방(佐藤直方 : 1650-1719)의 『근사록필기』, 7. 천견경재(淺見絅齋, 1652-711)의 『근사록도체필기』, 8. 삼택상재(三宅尙齋 : 1662-1741)의 『근사록필기』, 9. 양전승신(簗田勝信 : 1672-1744)의 『근사록집해편몽상설(便蒙詳說)』, 10. 약림관재(若林寬齋 : 1679-1732)의 『근사록강의』, 11. 같은 사람의 『근사록강의14목』, 12. 같은 사람의 『근사록사설(師說)강의』, 13. 삼택대도(三宅帶刀 : 전성기 1695)의 『근사록집해졸초(拙鈔)』, 14. 오정란주(五井蘭洲 : 1697-1762)의 『근사록기문(紀聞)』, 15. 택전무강(澤田武崗 : 전성기 1720)의 『근사록설략(說略)』, 16. 중촌습재(中村習齋 : 1719-99)의 『근사록강설(講說)』, 17. 도엽묵재(稻葉默齋 : 1722-99)의 『근사록강의』, 18. 중정죽산(中井竹山 : 1730-1804)의 『근사록표기(標記)』, 19. 같은 사람의 『근사록설』, 20. 석총최고(石冢崔高 : 1766-1817)와 목원직량(牧原直亮)의 『근사록집설』, 21. 좌등일재(佐藤一齋 : 1772-1859)의 『근사록난외서(欄外書)』〔1840년 발행〕, 22. 계백년(溪百年 : 사망 1841)의 『근사록여사(餘師)』, 23. 앵전호문(櫻田虎門 : 1774-1839)의 『근사록적설(摘說)』, 24. 안부정모산(安部井帽山 : 1778-1845)의 『근사록훈몽집소(訓蒙輯疏)』, 25. 금자상산(金子霜山 : 1789-1865)의 『근사록제요(提要)』, 26. 대택정재(大澤鼎齋 : 1812-73)의 『근사록필기』, 27. 같은 사람의 『근사록상설(詳說)』, 28. 저자 미상의 『근사록보세주(補細註)』, 29. 내등치수(內藤耻叟 : 1826-1902)의 『근사록강의』, 30. 정상철차랑(井上哲次郎)의 『근사록』〔《한문대계》본, 1916년 발행〕, 31. 동정순(東井純 : 1832-91)의 『근사록참고』, 32. 가등상현(加藤常賢)의 『현대어역근사록』〔동경, 1930년 발행〕, 33. 임태보(林泰輔 : 1839-1916)의 『근사록』, 34. 반도충부(飯島忠夫)의 『현대어역근사록』〔동경, 1939년 발행〕, 35. 추월윤계(秋月胤繼)의 『근사록』, 36. 산기도부(山崎道夫)의 『근사록연구서설』〔동경, 1960년 발행〕, 37. 같은 사람의 『근사록강본석의(講本釋義)』〔동경, 1954년 발행〕(총 37종. 진영첩의 52번과 53번에 소개된 내

용은 분명하지 않아서 생략함).

7 엽채(葉采)의 『근사록집해』

엽채의 『근사록집해』는 『근사록』의 내용을 처음부터 끝까지 주해한 최초의 온전한 주석서이다. 『근사록집해』는 『근사록』이 편찬된 지 73년, 주희가 세상을 떠난 지 48년이 되는 1248년에 완성되었다. 엽채는 주희의 제자인 진순(陳淳 : 1153-1217)에게 배운 주희의 재전제자로서 "여러 성왕(聖王)이 서로 이으니 정치는 순수하게 왕도에 따르게 되었고, 여러 유학자들이 배출하니 학문은 정종(正宗)을 크게 밝히게 되었습니다"(「근사록을 올리는 표」)라고 하여 송학에 대한 자부심이 대단하였으며 『근사록집해』 「서문」에서 보이듯이 『근사록』에 대한 존경과 신뢰가 매우 깊었다.

규모가 크면서도 학문을 닦는 데 순서가 있으며, 강령이 핵심을 얻고서도 절목이 자세하고 분명하여, 체용이 모두 갖추어지고 본말이 다 채용되었다. 사설(邪說)을 물리치고 정종(正宗)을 밝힘에 이르러서는 정밀하게 조사하여 다 밝히지 않은 것이 없다. 이 책은 우리 송나라의 경전이니 장차 사서[四子][16]와 나란히 후학들을 가르치며 무궁하게 전하여질 것이다. 일찍이 듣건대 주(朱) 선생이 "사서는 육경의 사다리이며 근사록은 사서의 사다리이다"라고 말하였다.

그는 『근사록』은 규모가 크고 순서가 있으며 핵심과 절목이 분명한

---

16) '四子'는 『논어』의 저자인 공자, 『맹자』의 저자인 맹자, 『대학』의 저자인 증삼, 『중용』의 저자인 자사를 가리킨다. 여기서는 바로 '사서(四書)'를 가리킨다.

책으로서 체용과 본말을 다 갖추었다고 생각하였다. 그래서 육경·사서와 함께 후학들에게 무궁하게 전해질 송대 최상의 서적으로 송나라의 경전이라고 생각하였다. 「근사록을 올리는 표」에서는 심지어 『근사록』은 "육경을 칠경이 되게 할 책"이라고까지 말하였다. 그래서 그는 어려서부터 『근사록』의 연구에 마음과 힘을 다하였다.

나는 15세〔志學〕에 이 책을 받아서 글자마다 뜻을 구하고 문장의 의미를 탐구하며 연마하고 생각하기를 오래도록 한 다음 『집해』를 이루게 되었다. 모든 요강(要綱)은 다 주(朱) 선생의 옛 주에 근본하고 승당기문(升堂記聞)[17]과 여러 학자들이 변론한 것 가운데서 정밀하고 순수한 것을 선택하고, 번거롭고 복잡한 것은 삭제하여 차례에 따라 편집하여 넣었다. 빠진 것이 있으면 나의 억설을 추가하여 아침부터 저녁에 이르기까지 줄이고 더하기를 30년이 지나서야 뜻이 조금 분명하게 갖추어져 집안에서 익히게 하였다.

『근사록집해』는 15세에 시작하여 30년이라는 장구한 세월에 걸쳐 완성된 역작이다. 그는 『근사록』을 그 자체로서만 연구한 것이 아니라, 자신의 스승의 스승인 주회의 사상에 근본하여 이해하고자 하였다. 그래서 주회의 주와 주회가 제자들과 변론한 내용에 기초하여 주석을 달고, 그래도 분명하지 않은 경우에는 자신의 의견을 첨부하는 형식을 취하였다. 엽채의 생애는 분명하게 알려져 있지 않다. 청대의 학자들은 『근사록집해』를 『사고전서총목제요』에 올리지도 않았으며 중국과 한국과 일본의 학자들 모두가 상당한 비판을 가하였다.[18]

---

17) ≪한문대계≫본에서는 엽채가 스승의 강연(講筵)을 모시며 듣고 기억하는 것이라고 하였다. 정엽의 『근사록석의』에서는 주회의 문인이 선생의 말을 기록한 것을 가리킨다고 하였다.

18) 진영첩의 「근사록과 그 주석에 대하여」 339쪽 참조.

노상직(盧相稷)은 "엽씨의 해석은 그래도 자세히 밝히지 못한 것이 있다. 이것이 지촌(芝村) 박이곤이 『석의』를 지은 이유이다"[19]라고 말하고, 김장생은 "첫 권은 도의 본체를 논하였지, 덕성을 높이는 것을 말하지 않았다. 엽씨가 덕성을 높이는 것으로 말한 것은 만족스럽지 않다. 이처럼 관계도 없는 얘기로 학문에 종사한다는 것의 기의(起義)로 삼은 것은 쓸데없는 일인 것 같다"[20]고 비판하였다. 『근사록집해』가 부분적인 문제가 없는 것은 아니지만 여러 학자들의 비판에도 불구하고 『근사록』 해설서로서의 고전적 지위에는 흔들림이 없다.

더구나 우리나라에는 『근사록』이 처음 수입될 때부터 『근사록집해』가 함께 수입되어 일찍이 여러 차례 간행되었다. 진영첩은 일본의 ≪한문대계≫본을 『근사록집해』〔1916년 간행〕의 저본으로 삼았지만, 우리나라에서는 1370년(공민왕 19년) 목판본을 시작으로 하여 1436년 병진자 목판본, 1519년 갑인자 복각본 등, 1826년 안동 삼계서원(三溪書院)의 목판본에 이르기까지 끊임없이 간행되었다. 간행 연대가 분명한 것만 해도 18차례나 된다고 송희준은 밝히고 있다.[21]

우리나라에서 간행된 『근사록』은 거의 다 『근사록집해』이기[22] 때문에 주석서들도 『근사록집해』를 주석한 책들이 주류를 이룬다. 우리나라의 대표적인 주해서는 김장생의 『근사록석의(釋疑)』와 정엽의 『근사록석의(釋疑)』, 김평묵의 『근사록부주』, 이익의 『근사록질서』, 박이곤의 『근사록석의(釋義)』를 들 수 있는데, 이들은 모두 『근사록집해』를 주해하고 있다.

---

19) 박이곤(朴履坤 : 1730-1783)의 『근사록석의(釋義)』 「서문」.
20) 김평묵의 『근사록부주』 제2권 총론 주.
21) 송희준의 「조선조 근사록 주석서의 사적 전개」 11-12쪽.
22) 김윤제의 조사에 의하면 규장각에 38종의 『근사록』이 있다고 한다. 그 가운데 『집해』가 28종이고, 나머지는 강영(江永)의 『집주』가 2종, 이문소(李文炤)의 『근사록집해』가 1종, 시황(施璜)의 『오자근사록발명(五子近思錄發明)』 3종, 장백행(張伯行)의 『광근사록(廣近思錄)』 2종, 우리나라의 주석서 8종이라고 한다.

8 우리나라에서의 『근사록』의 도입·보급과 연구

1175년 주희의 『근사록』이 이루어지고, 1248년 엽채의 『근사록집해』가 이루어진 다음 우리나라에는 언제쯤 도입·보급되었을까? 진주목사 이인민(李仁敏)의 발문이 있는 목판본 『근사록집해』가 1370년(공민왕 19년) 발행된 것으로 보아 적어도 이보다는 훨씬 이전에 『근사록집해』가 도입되었음을 알 수 있다. 고려 말에 성리학이 수입되기는 하였지만 조선조 초기에는 왕조의 기반확립에 필요한 문물제도의 정비가 시급한 까닭에 성리학에 전념할 수 있는 여유를 갖지 못하였다.[23] 그러나 세종대에는 경연에서 『근사록』이 ≪성리대전≫ 등과 함께 강연되기 시작하였고 아울러 『근사록』도 대대적으로 간행·반포되었다. 1419년(세종 즉위년) 김익정(金益精)이 경연강의에서 『근사록』을 강하기를 청한 데 이어 1435년(세종 17년)에는 허조(許稠)가 "주문공(주희)의 『근사록』이 사서 및 『소학』과 서로 표리가 되오니 큰 글자로 인쇄하여 임금께서 보시기에 편리하게 하시고 또 신하들에게 나누어 주소서"라고 한 건의를 받아들여 1436년, 대대적으로 간행하였다고 한다.[24] 김굉필과 정여창 등 영남 사림의 실천적 가치규범이었던 『소학』과 아울러 『근사록』은 세종대 이후 계속 간행되고 또 경연에서 강의 주제가 되었다. 특히 중종대 기묘사림에 이르러서는 그들의 상징적인 서적이 되어 기묘사화(1519년)가 일어난 뒤에는 이 두 책은 금서로 인식되어 간행은 물론 읽기조차 꺼렸다고 한다. 기묘년 11월 16일 야대에서 이준경이 아뢰기를 『소학』과 『근사록』의 강독이 세상에 엄격히 금지되어 있어서 이 책을 끼고 다니면 기묘년의 무리로 지목되는데, 기묘년 사류들은 불선한 점이 있다 하더라도 이 책이 무슨 죄입

---

23) 김항수의 「16세기 사림의 성리학 이해」, 『한국사론』 7집(서울대 국사학과, 1981년) 참조.
24) 송희준의 논문 13쪽.

니까?" 하였고, 구수담이 "요즈음 『소학』과 『근사록』은 사람들이 반드시 찢어서 벽을 바르니 이 폐단도 큽니다"(『조선왕조실록』 15권 중종 11년 10월 신유조)라고 하였다.

『근사록』에 대한 학자들의 관심은 성리학의 도입과 거의 동시에 시작되었으나 본격적인 연구성과물은 퇴계 이황 이후부터 나오기 시작한다. 이황은 제자들의 『근사록』 내용에 대한 질문에 조목조목 자세하게 대답하였지만, 이는 초학자들의 입문서가 되기에는 너무나 어려운 책이라고 생각하였다.

　　김수(金睟)가 "『소학』·『근사록』·『심경』 중 어느 것이 가장 절실합니까?"라고 물으니, 선생은 말씀하시기를 "『소학』은 체용이 구비되어 있고 『근사록』은 의리가 정미하니 둘 다 읽지 않을 수 없다. 그러나 초학자가 공부하는 데 있어서는 『심경』만한 것이 없다"고 하였다.[25]

　　≪성리대전≫ 중 『태극도설』은 내 마음을 열어주어 처음으로 학문에 들어가게 한 곳이요, 『경재잠』은 내가 학문을 위하여 수용한 터전이다. 『근사록』은 『주역』의 설을 인용한 것이 많아 의리가 정밀하고 깊어 초학자들이 갑자기 이해하기 어려우므로 배우는 자에게 먼저 가르치지 않는다.[26]

이처럼 이황은 초학자에게 『근사록』보다 『심경』이 중요함을 강조하였다. 이는 기호학파의 영수인 율곡 이이의 관점과는 차이가 있다.

　　글 읽는 순서는 『소학』을 먼저 배워 근본을 배양하고 다음에는 『대학』과 『근사록』으로써 그 규모를 정하고, 그 다음에는 『논어』·『맹자』·『중

---

25) ≪퇴계전서≫ 4(성균관대학교 대동문화연구원 발행) 『언행록』 1권 「독서조」 171쪽.
26) 위의 책 『언행록』 「교인조」(李德弘 錄) 178쪽.

용』・오경 등을 읽고, 『사기』와 성리서를 간간이 읽어 그 뜻을 넓히고 식견을 정밀하게 해야 한다.[27]

이러한 이황과 이이의 『근사록』에 대한 이해의 입장 차이는 후대 학자들의 『근사록』 연구의 자세에 영향을 미쳤다. 이황을 종사로 받드는 영남학자들은 『심경』 연구의 주류를 형성하고, 이이를 종사로 받드는 기호의 학자들은 『근사록』 연구의 주류를 형성하게 되었다. 송희준이 소개하고 있는 84종의 우리나라 『근사록』 주해서 가운데 남인계통의 학자들이 30여 종의 주해서를, 기호의 학자들이 50여 종의 주해서를 내게 되었다. 좀더 깊이 있게 연구한다면 이 두 계통의 학자들의 성리학에 대한 관점의 차이도 이 책에 대한 주석의 차이를 통해 밝힐 수 있을 것이다.[28]

9 『속근사록(續近思錄)』

주희와 여조겸이 주돈이와 정호・정이・장재의 저술에서 채록하여 『근사록』을 편찬하자, 주희의 글이 빠진 것을 유감으로 여겨 『근사록』의 체제에 따라 이를 계승한다는 의미에서 많은 『속근사록』류의 서적들이 편찬되었다. 그러나 『속근사록』에 실린 내용은 편자에 따라서 일정하지 않다. 중국의 『속근사록』 중에서 알려진 것들은 대략 다음과 같다.

　채모(蔡模 : 송대)의 『근사속록』, 유자징(劉子澄)의 『근사록속록』, 곽유

---

27) ≪율곡집≫『잡저』「학교모범조」.
28) 이상의 내용은 송희준의 논문을 주로 참고로 한 것이어서 일일이 인용주를 붙이지 않았다.

(郭孺 : 명대)의 『속근사록』, 왕우(汪佑 : 청대)의 『오자근사록』, 왕불(王紱 :
1692-1759)의 『속근사록』, 시황(施瑝 : 청대)의 『오자근사록발명』 등 이상
6종이다.

우리나라에서도 적지 않은 『속근사록』이 간행되었다. 송희준은 다
음 4종을 소개하고 있다.

　봉암(鳳巖) 한몽인(韓夢麟 : 1684-1762)의 『속근사록』(14권 3책), 해은
(海隱) 강필효(姜必孝 : 1764-1848)의 『근사후록』(우리나라 성리학자들의
언행 수록) 325쪽, 경암(敬菴) 이한응(李漢應 : 1778-1864)의 『속근사록』
14권(주희, 장식, 여조겸, 이황의 저술에서 채록), 연재(淵齋) 송병선(宋秉
璿 : 1836-1905)의 『근사속록』 14권 2책(조광조, 이황, 이이, 김장생, 송시
열의 언행록 수록).　　 ´

『속근사록』류는 이 밖에도 더 있으리라고 짐작되며, 『속근사록』
류 이외에 『근사록』의 체제에 따라 자신의 학설이나 스승의 학설을
정리한 서적들은 더욱 많을 것으로 생각된다. 남명 조식의 「학기편」
만 해도 『근사록』 체제에 따른 것이며, 성호 이익과 그의 제자 안정
복이 편찬한 퇴계의 언행록인 『이자수어』 역시 이에 따른 것이다.

10 『근사록』 및 『근사록집해』와 관련된 주요 인물 소개

　주요 인물로는 『근사록』을 편집한 주희와 여조겸을 먼저 소개하고,
편찬의 대상이 된 주돈이 · 정호 · 정이 · 장재를 다음으로 소개하였다.
그 다음에는 『근사록집해』를 편집한 엽채를 소개하고 다음에는 엽채
가 주요 수록인물로 삼았다는 주희, 장식, 여조겸, 황간, 채연, 이방자

가운데서 이미 소개된 인물을 제외한 장식, 황간, 채연, 이방자를 소개한다.

주희(朱熹: 1130-1200): 강서성(江西省) 무원(婺源) 사람이다. 자는 원회(元晦), 호는 회암(晦庵)·회옹(晦翁)·자양(紫陽) 등 여러 가지가 있다. 주희는 저술할 때 원적(原籍)을 신안(新安)이라고 하였는데 무원은 원래 신안군이었다. 태어난 곳은 아버지 주송(朱松, 호는 韋齋)이 부임한 복건성(福建省)의 건주(建州) 숭안현(崇安縣)이었다. 14세 때 아버지를 잃은 후 호헌(胡憲, 자는 籍溪, 호는 原中. 1088-1262), 유면지(劉勉之, 자는 致中, 호는 白水: 1091-1149), 유자휘(劉子翬, 자는 彦中, 호는 屛山: 1101-1147) 등 세 사람의 가르침을 받았다. 그는 22세 때 스승 이통(李侗, 자는 愿中, 호는 延平: 1093-1163)을 만나 정씨(程氏)의 문인인 나예장(羅豫章) 계통의 학문을 배우게 되었다. 그는 남송 성리학의 집대성자로 평생 동안 많은 저술을 남겼으며 리기이원론(理氣二元論)적인 그의 학문은 이후 중국과 한국과 일본의 학문과 정치와 문화에 결정적 영향을 미쳤다. 그의 저술에는 『주자문집』, 『주자어류』 이외에도 『주역본의』, 『시집전』, 『사서집주』, 『태극도설해』, 『통서해』, 『서명해』, 『주역참동계고이』, 『초사집주』 등 수많은 종류가 있다. 시호는 문공(文公)이다.

여조겸(呂祖謙: 1137-1181): 안휘성(安徽省) 수주(壽州) 사람이다. 자는 백공(伯恭), 호는 동래(東萊)이며, 여호문(呂好問)의 손자이다. 관은 직비각(直秘閣) 저작랑(著作郎)과 국가원편수(國史院編修)를 지냈다. 그의 학문은 주돈이와 정호·정이의 학문을 종으로 삼았다. 주희와 함께 『근사록』을 편찬하였으나 나중에는 『모시(毛詩)』 해석에 뜻이 맞지 않아 서로 배척하였다. 상당히 많은 저술을 하였다. 『서설(書說)』 35권, 『가숙독서기』 32권, 『춘추집해』 32권, 『좌씨박의』 20권, 『황조문감』 150권, 『여조겸집』 29권 등이 있다.[29] 시호는 성공(成公)이다.

주돈이(周敦頤: 1017-1073): 자는 무숙(茂叔)이다. 남강군(南康郡) 지사가 되었을 때 여산(廬山) 연화봉(蓮花峰) 아래 살았다. 그 곳의 시내 이름을 따서 호를 염계(濂溪)라고 하였다. 그의 초명은 돈실(惇實)이었으나 영종(英宗)의 이름을 피하여 고쳤다. 영종의 이름은 종실(宗實)이었으나 태자가 된 뒤에 이름을 서(曙)로 고쳤다. 정호·정이의 스승으로 심성 의리의 학문을 밝혀 송대 성리학의 비조로 불린다. 저서로는「태극도」와『태극도설』, 『통서』가 있다.

정호(程顥: 1032-1085): 자는 백순(伯淳)이며 호는 명도(明道)이다. 동생 정이와 함께 낙양에 살았다. 정이에 비하여 성격이 호방하였다.

정이(程頤: 1033-1107): 자는 정숙(正叔)이며 호는 이천(伊川)이다. 형 정호에 비하여 엄격하였다. 그의 거경궁리설(居敬窮理說)과『역전』의 사상은 주희에게 큰 영향을 끼쳤다.

장재(張載: 1020-1077): 섬서성(陝西省) 장안(長安) 사람이다. 나중에 섬서성 미현(郿縣)의 횡거진(橫渠津)에 옮겨 살며 호를 횡거라고 하였다. 횡거는 태허인 기를 강조하여 사물의 생성과 소멸을 기의 이합집산(離合集散)으로 설명하였다.

엽채(葉采: ?): 자는 중규(仲圭), 호는 평암(平巖)이다. 처음 채연(蔡淵)에게 배우다가 뒤에는 진순(陳淳: 1153-1217)에게 배웠다. 그의『집해』는 주희가 죽은 뒤 48년 만에 저술된『근사록』에 대한 최초의 주석서이다. 그러나 그는 왕실의 도서정리관이어서 그의 주는 매우 유용하면서도 원서를 잘못 이해한 부분도 있고 주희의 생각을 잘못 이해한 부분도 있다. 그래서 이 책은 중국의 학자들에 의하여 소홀하게 취급되어『사고전서총목제요』에 오르지 못하였다. 그래서 진영첩은 정상철차랑(井上哲次郎)에 의한 ≪한문대계≫본(1916년 간행)을 사용하였다.[30]

---

29)『송사』권434「유림열전」과『송원학안』51「동래학안」참조.
30) 진영첩「근사록과 그 주석에 대하여」339쪽 참조.

장식(張栻 : 1133-1180) : 자는 경부(敬夫), 혹은 흠부(欽夫), 혹은 낙재(樂齋)이며 호는 남헌(南軒)이다. 호상(湖湘)학파인 호굉(胡宏)에게서 배운 찰식단예설(察識端倪說)을 가지고 주희와 토론하는 가운데 주희가 심성론의 체계를 세우는 데 커다란 도움을 준 친구이다.[31]

황간(黃幹 : 1152-1221) : 자는 직경(直卿)이고 호는 면재(勉齋)이다. 주희의 문인이자 사위이다. 그는 스승의 학문을 계승하였으며 주희의 행장(行狀)을 지었다.[32]

채연(蔡淵 : 1156-1236) : 자는 백정(伯靜)이고 호는 절재(節齋)이다. 채원정(蔡元定, 자는 季通 : 1135-1198)의 아들이며 『서전(書傳)』을 지은 채침(蔡沈 : 1167-1230)의 동생으로 주희의 문인이다. 그는 『주역』에 정통하여 『주역경전훈해(周易經典訓解)』, 『역상의언(易象意言)』 등의 저술이 있다.

이방자(李方子 : ?) : 자는 공회(公晦)이며 호는 과재(果齋)이다. 주희의 제자이다. 주희가 처음 그를 만나서 그에게 "그대의 사람됨을 보니 허물이 적겠소. 다만 관대한 가운데도 법도가 필요하고 온화한 가운데도 과단성 있는 결단이 필요하오"라고 말하고 드디어 '과(果)'자로써 재호(齋號)를 삼았다고 한다.[33]

31) 『송원학안』 권50 「남헌학안」과 『송사』 권429 「도학열전」 참조.
32) 『송사』 권430 「도학전」 4에 그의 전기가 나온다.
33) 『송사』 권430 「도학전」 4에 그의 전기가 나온다.

역자 서문

역자는 군 복무 중 휴가를 나와 고(故) 이수락(李秀洛) 선생님께 『중용』을 배우며, "성(誠)은 하늘의 도이며, 성(誠)에 이르기 위한 노력은 인간의 도이다"라는 문구로부터 영원한 진리와 인간의 삶이 하나가 될 수 있다는 느낌을 갖기 시작했다. 1974년 8월에 제대하여, 이듬해 봄에는 우리나라의 대표적 한문 교육기관인 민족문화추진회 국역연수원에 입학하였으며, 또 그 다음 해에는 태동고전연구소에 한학연수생으로 입학하였다. 각각 4년과 5년이라는 짧지 않은 기간을 보내며, 한학과 관련된 기본서들을 읽고 가장 중요한 자료인 사서와 삼경은 암송하기도 하였지만, 한문 문장을 해독하는 일은 너무나 어려운 일이었으며, 하물며 사상의 본질에는 접근할 엄두도 낼 수 없었다. 1981년에는 「주자의 격물치지설에 관한 연구」로 서울대학교에서 석사학위를 받고, 1993년에는 「이퇴계 학문론의 체용적 구조에 관한 연구」로 동 대학에서 박사학위를 수여받았다. 이 무렵 나에게 대학원 강의가 주어졌다. 나는 『근사록집해』를 텍스트로 삼아 학생들과 함께 강독하며 유학, 특히 성리학의 주요 개념들에 대하여 열정적으로 토론하였다. 수업이 끝난 다음 학생들에게 각자 맡은 부분을 번역하여 제출하게 하였다. 이들이 제출한 보고서가 있었기 때문에, 대우재단의 고전번역사업 중 『근사록』에 지원하여 번역자로 선발되는 행운을 가지게 되었다.

이 책은 내용이 어려운 데다 분량도 적지 않아, 혼자서 감당할 수 있는 일이 아니었다. 많은 후배들과 제자들의 도움을 받아 가며, 수차례의 교정과 윤문을 거치는 가운데 10년의 세월이 지나갔지만 아직도 세상에 드러내는 것이 두려울 뿐이다.

오늘날 학자들은 성리학이라고 하면 무조건 관념론, 공리공담, 탁상공론이라는 단어를 먼저 떠올린다. 몇 개의 단어로 비판하면 그만인 사상은 세상에 없다. 적어도 수백 년 간에 걸쳐 사회에 지대한 영향을 끼치며 당대의 지성을 매료시킨 사상이라면 그 속에는 무언가를 해결하려는 깊은 문제의식이 깃들여져 있다. 남들이 그렇게 싫어하는 성리학에 나는 읽을수록 매료되었다. 이 책을 통해 나의 생각의 단편이나마 독자들에게 전달하고자 하며, 독자들은 이 책을 읽으며 성리학에 대한 곡해에서 조금이라도 벗어나기를 기대한다.

번역이 마무리되어 갈 무렵 송희준 씨에 의하여 편찬된 ≪근사록주해총편≫은 이 책을 정리하는 데 큰 도움을 주었다. 처음부터 참조한 책은 진영첩의 영역본인 『근사록』(Reflections on things at hand)뿐이었다. 진영첩의 영역본은 번역을 어떻게 해야 하는가에 대한 많은 가르침을 준다. 우리의 경우 번역문화는 너무나 안이하다. 한문고전에 대한 번역의 경우에는 더욱 그러하다. 고전에 나오는 개념들은 전체가 통일성을 갖춘 깊은 철학의 산물이기 때문에 그들의 세계관과 인간관, 그들의 삶에 대한 철저한 이해가 없이는 그들이 남긴 글들을 번역할 수 없다.

고대로부터 근대에 이르기까지 동아시아에 있어서 학문이란 바로 '경학(經學)'을 가리키며, 경학에 관한 연구의 역사가 바로 철학사인 이유가 무엇일까? 거기에는 동아시아 지역에서 삶을 영위한 선철(先哲)들의 지혜가 고스란히 간직되어 있기 때문이다.

서구의 과학사상이 수입되기 시작하면서 동양의 학문은 큰 도전에 직면하게 되었다. 그러나 과학적 입장은 끊임없이 변화하는 것이며 현재의 과학사상에는 많은 한계가 있다. 그리고 과학에는 결정적 약점이 있는 것도 사실이다. 과학은 대상화되지 않는 어떤 것을 다룰 수 없다. 동양인이 그렇게 중시한 윤리의 세계, 마음의 세계, 정신의 세계, 도의 세계는 대상화되지 않는 세계이다. 과학자가 윤리와 마음과 정신과 도를 이야기하는 경우도 있지만, 이는 과학적 방법에 기초해서 말

36

하는 것이 아니다. 윤리와 마음의 문제, 정신과 도의 세계는 주체적 삶을 통해 접근해야만 한다. 선현들은 수양을 통한 학문으로 이러한 문제에 접근하였다. 오늘날이라고 해서 달리 접근할 길이 있을 수 없다. 동양에서 철학하는 사람이 세계사에 기여하는 길은 자신들의 전통 가운데서 자신들의 선조가 오랫동안 침잠하여 모색하고, 찾아서 실천한 과제들을 오늘날에 살리는 것이라고 생각한다. 선현들이 과학과는 다른 방향에서 모색해 얻은 인간과 자연에 대한 이해의 성과들을 철저하게 이해해서, 그것을 현대화하고, 그 위에서 과학과의 커다란 융합을 시도함으로써 동서양이 참답게 만나는 새로운 문화의 탄생이 가능하다고 본다. 실학자들의 경우에는 서양의 충격이 너무나 컸기 때문에 서양의 사상과 동양의 사상을 균형 있게 바라보기 힘들었다. 우리에게는 아직도 동서의 사상을 균형 있게 바라볼 안목이 서 있지 않다. 동아시아의 고전에 대한 보다 철저한 이해를 통해서만 이러한 안목을 얻을 수 있다. 오늘날 동양의 고전을 대하는 우리에게는 이러한 철저한 문제의식이 없다. 부끄러움이나 책임감 없이 모방하고 베끼는 문화가 아직도 많이 남아 있다. 한 가지라도 처음부터 끝까지 철저하게 밝히려는 정신이 결여되어 있다.

우리가 살고 있는 금수강산인 이 땅은 아름답기는 하지만 좁다. 대충대충 지나쳐버리면 승용차로 며칠이면 다 다닐 수 있다. 그러나 차에서 내려 산과 시내를 구경하며 그 속에서 살다간 선조의 숨결을 느끼기 시작하면 한 군데도 쉽게 지나칠 수 있는 곳이 없다. 우리가 살고 있는 이 땅은 공간적으로 좁은 만큼 '덤성덤성', '대충대충'이라는 단어는 우리 문화와 잘 어울리지 않는다. 우리에게는 섬세함과 정교함이 필요하다. 세계에서 규모가 가장 큰 것을 추구하면 우리에게 어울리지 않을 뿐 아니라 남들의 비웃음을 사게 되고, 결국은 우리 자신이 감당하지 못하게 된다. 세계에서 가장 정교한 것을 추구할 때 이 땅에 어울리고 오래 가는 문화를 창조할 수 있다. 선조들은 이러한 것을 잘 이해하였기 때문에 궁전과 향교와 사찰, 그리고 온갖 문화재들의 규모를 그렇게 중시하지 않았다. 선조들이 만든 판본과 출판한 책에는 오자가 거의 없었다. 일제 36년의 지배를 받으며, 서구의 것들을 모방하기 위하여 허덕이며 우리에게는 조급한 마음과 대충대충 지나치려는 습성이 생기기 시작하였다. 냄비 같은 민족이니, '빨리빨리'를 추구하는 민족이라는 따가운 비판의 소리가 세계 곳곳에서 들려온다. 우리는 성리학자들이 추구한 삶의 영원한 깊이를 다시 음미하며 이러한 '대충대충'의 정신과 '빨리빨리'만 하려는 급속주의에서 벗어날 수 있어야 한다.

이 책을 번역하며 참으로 많은 사람들의 도움을 받았다. 비록 한 학기에 지나지 않았지만 이 책의 강독에 참여하여 기말 보고서로 각자가 맡은 부분을 번역하여 제출한 서울대학교의 대학원 학생들, 보고서의 체제를 일차적으로 통일해 준 한림대학교의 노상철 군, 『근사록』의 국내 판본을 조사해 주고 『주역』의 괘를 컴퓨터 파일로 만들어준 장동우 군, 마지막으로 출전의 통일과 교정작업을 맡아준 허현 군과 신정근・김수길・이현선 군 등의 도움이 없었다면 이 책은 나올 수 없었다. 대우재단의 심사가 다 끝난 뒤에 이 번역본을 본 후배들이 엽채『집해』의 원문을 넣어달라고 요구하였다. 장동우 군과 엄연석 군은 나의 힘든 부탁을 다시 들어주었다. 출판작업을 시작하자 문제점은 더욱 많이 노출되기 시작하였다. 아카넷의 교정 작업과 조진희 양의 도움이 없었다면 이 책은 세상의 빛을 볼 수 없었을 것이다.

성리학을 이해하려면 읽지 않을 수 없는 책이 『근사록』이며, 『근사록』을 읽으려면 보지 않을 수 없는 『근사록집해』를 국내에서는 최초로 번역하였다는 정도의 자부심은 약간 있지만, 아직도 만족할 만한 번역본과는 거리가 너무나 멀다. 유학과 성리학의 이해가 절실하게 필요한 오늘날, 이 책이 조금이라도 기여함이 있기를 기대한다.

이 책이 나올 수 있도록, 어떻게 보면 현재의 내가 있도록 도와준 분들에 대한 고마움도 이 기회에 표시하고 싶다. 4년 동안 한문원전을

38

배울 기회를 준 민족문화추진회 국학연수원과 그 곳에서 가르쳐주신 선생님들, 5년 동안 한문을 가르쳐주시며 세상을 바르게 사는 법과 한문 문장을 현대식으로 번역하는 방법을 일러주신 한림대학교 부설 태동고전연구소의 설립자이신 고(故) 임창순 선생님, 이러한 사업을 지원해 주신 선경장학재단의 고(故) 최종현 회장님과 사모님이신 고(故) 박계희 여사님께 감사드린다. 세상의 문제를 근본에서부터 풀어야 된다고 하시며 철학과 지원을 적극적으로 주장하셨던 돌아가신 아버님, 자식이 학문의 길로 들어서도록 노년에 하숙을 치며 뒷바라지해 주신 어머님, 사회 문제, 집안 문제로 복잡하게 얽혀 직장도 없이 긴 시간을 보낼 때에도 불평 한 마디 없이 나를 격려해 준 아내 김금순에 대한 고마움도 잊을 수 없다. 끝까지 지원과 독촉으로 이 책을 낼 수 있도록 도와준 대우재단과 재단 관련자들에게 감사드린다.

『근사록집해』를 번역한 이 책에는 여러 개의 서문이 실려 있다. 주희의 『근사록』「서문」, 여조겸의 『근사록』「후기」, 엽채의 『근사록집해』「서문」과 왕에게 올린 「표(表)」가 모두 서문에 해당된다. 거기에 우리나라에서 나온 대표적 해설서인 『근사록석의』와 『근사록질서』의 「서문」도 번역하여 부록에 실었다. 『근사록석의』에는 김장생의 「서문」과 송시열의 「서문」이 실려 있으며 『근사록질서』에는 이익의 「서문」이 실려 있다.

*『근사록집해』 강의시 보고서를 제출한 사람들(17명)

제1권 도의 본체〔道體〕: 51조 김웅남(1-19)・이정환(20-51)
제2권 학문〔爲學〕: 111조 이상돈(1-16)・허명철(17-64), 김명석
　　　　　　　　　　　(65-111)
제3권 앎을 이룸〔致知〕: 78조 강연희(1-43)・장원태(44-78)
제4권 보존하여 기름〔存養〕: 70조 엄연석
제5권 자신을 극복함〔克己〕: 41조 김정희

제6권 가도(家道): 22조 정홍권

제7권 출처(出處): 39조 정홍권

제8권 정치의 강령〔治體〕: 25조 박동인

제9권 정치의 방법〔治法〕: 27조 박정철

제10권 정사(政事): 64조 오구라 마사노리(小倉雅紀)

제11권 교육〔敎學〕: 21조 김수길

제12권 경계(警戒): 33조 김수길

제13권 이단의 변별〔辨異端〕: 14조 유화경

제14권 성현을 관찰하기〔觀聖賢〕: 26조 허현

「『근사록』의 간행과 이해과정」: 김윤제

* 번역에 참조한 원본

『近思錄集解』(보경문화사에서 1986년 『심경』, 『근사록』 합본으로 영인함)

『近思錄集解』(학민문화사에서 1999년 ≪근사록주해총편≫ 1로 영인함)

『近思錄集解』〔≪한문대계≫ 22에 나오는 『근사록』으로, 일본 정상철차랑(井上哲次郎)의 식(識)과 보주(補註)가 붙어 있음〕

* 이 책을 번역하며 참조한 『근사록』 번역서와 주해서 목록

陳榮捷(Wing-tsit Chan), *Reflections on Things at Hand*, Columbia University Press, 1967

陳榮捷 著, 『近思錄詳註集評』, 臺灣: 學生書局, 1992

湯淺幸孫, 『近思錄上下』, 朝日新聞社刊, 1974

市川安司, 『近思錄』(≪新釋漢文大系≫ 37), 日本: 明治書院, 1983

朴一峰 譯著, 『근사록』, 동양고전신서 21, 서울: 육문사, 1993(이 책은 ≪新釋漢文大系≫ 37 『近思錄』(市川安司 著)을 그대로 번역한 것으로,

역저란 표현은 맞지 않다)

이기동(李基東) 역, 『근사록』, 동양고전총서 14, 서울 : 홍익출판사, 1998(원문 중심으로 번역하고 역자의 해설을 붙였다)

이민수 역, 『근사록』, 을유문화사, 1984(이 책은 조선시대에 송병선이 정암·퇴계·율곡·사계·우암의 언행록에서 발췌하여 편집한 『續近思錄』을 함께 번역하고 있다)

久保天隨, 『近思錄』, 東京 : 博文館, 1914(이 책은 簗田勝信의 『近思錄集解便蒙詳說』을 일본어로 번역한 책이다)

金長生, 『근사록석의(釋疑)』, ≪근사록주해총편≫ 2

鄭曄, 『근사록석의(釋疑)』, ≪근사록주해총편≫ 2

李瀷, 『근사록질서(疾書)』, ≪근사록주해총편≫ 4

朴履坤, 『근사록석의(釋義)』, ≪근사록주해총편≫ 4

金平默, 『근사록부주(附註)』, ≪근사록주해총편≫ 7·8

* 『근사록』 관련 논문

1. 김항수, 「16세기 사림의 성리학 이해」, 『한국사론』 7, 1981

2. 오명숙, 「『近思錄』의 哲學體系分析」, 전북대 국민윤리학과, 석사학위논문, 1992

3. 도현철, '小學과 四書集註, 近思錄', 「高麗後期 朱子學 受容과 朱子書 普及」, 『東方學誌』 제77·78·79 합집, 연세대 국학연구원, 1993

4. 김용곤, '王道政治理念과 『近思錄』', 「朝鮮前期 道學政治思想 研究」, 서울대 국사학과 박사학위논문, 1994

5. 張立文, '『近思錄』與「學記」之比較', 「南冥 性理哲學 研究」, 『南冥學研究論叢』 제3집, 남명학연구원, 1995

6. 송희준, 「『近思錄』의 導入과 理解」, 『韓國學論集』 제25집, 계명대 한국학연구원, 1998

1권 차례

『근사록집해(近思錄集解)』해제 · 5

역자 서문 · 35

일러두기 · 44

주희의 『근사록』 「서문」 · 45
여조겸의 『근사록』 「후기」 · 49
엽채의 『근사록집해』 「서문」 · 51
엽채의 『근사록』을 올리는 「표(表)」 · 55

제1권 도의 본체〔道體〕 61

제2권 학문〔爲學〕 163

제3권 앎을 이룸〔致知〕 329

제4권 보존하여 기름〔存養〕 431

제5권 자신을 극복함〔克己〕 513

2권 차례

제6권 가도(家道) 577

제7권 출처(出處) 605

제8권 정치의 강령〔治體〕 653

제9권 정치의 방법〔治法〕 697

제10권 정사(政事) 751

제11권 교육〔敎學〕 823

제12권 경계(警戒) 853

제13권 이단의 변별〔辨異端〕 883

제14권 성현을 관찰하기〔觀聖賢〕 913

부록 1 김장생의 『근사록석의』 「서문」 · 965
     2 송시열의 『근사록석의』 「후서」 · 968
     3 이익의 『근사록질서』 「서문」 · 973
     4 중국철학의 몇 가지 용어에 대한 해설 · 976
     5 정호의 말과 정이의 말의 구분 · 993

찾아보기 · 1011

〔일러두기〕

1. 이 책은 주희와 여조겸이 편찬한 『근사록』에 엽채(葉采 : ‘葉’을 우리나라에서는 ‘섭’이라고 읽었으나, 현대 중국어 발음을 존중하여 ‘엽’이라고 읽었다)가 주해를 더한 『근사록집해』를 완역하였다.
2. 번역의 저본은 우리나라에서 영인되어 유포되고 있는 『근사록집해』(≪근사록주해총편≫ 1, 전 10권, 송희준 편, 학민문화사 간행)를 사용하였다.
3. 번역은 한글 전용을 원칙으로 하되 역주에서는 국한자를 혼용하였다.
4. 각 권의 제목은 『근사록집해』의 제목을 번역해 사용하였다.
5. 인물의 경우 가능하면 이름을 사용하고, 자(字)나 호(號)를 사용할 경우에는 괄호 안에 이름을 표시하거나 주를 달았다.
6. 이 책의 번역에는 다음의 부호를 사용하였다.

    ．　　 : 문장을 끝맺을 때 사용함.
    ，　　 : 문장을 쉴 때나 같은 자격의 단어를 나열할 때 사용함.
    ·　　 : 같은 자격의 명사를 나열할 때 사용함.
    ……　 : 문장을 생략할 때 사용함.
    ?　　 : 의문을 표시할 때 사용함.
    !　　 : 감탄을 나타낼 때 사용함.
    “ ”　 : 인용문을 묶을 때 사용함.
    ‘ ’　 : 인용문 안에 나오는 인용문을 묶을 때 사용함.
    『 』　 : 서적의 이름을 표시할 때 사용함.
    「 」　 : 서적의 편명이나 논문 제목을 표시할 때 사용함.
    ≪ ≫　 : 총서류를 묶을 때 사용함.
    〈 〉　 : 시의 제목을 표시할 때 사용함.
    ( )　 : 설명할 필요가 있어서 설명할 때나 음이 같은 한자를 옆에 표기할 때 사용함.
    〔 〕　 : 음이 다른 한자를 묶을 때 사용함.

주희의 『근사록』 「서문」

淳熙乙未之夏, 東萊呂伯恭, 來自東陽, 過予寒泉精舍, 留止旬日. 相與讀周子・程子・張子之書, 歎其廣大宏博若無津涯, 懼夫初學者不知所入也. 因共取其關於大體而切於日用者, 以爲此編.

순희(淳熙)[1] 을미년(1175) 여름에 동래(東萊) 여백공(呂伯恭)이 동양(東陽)[2]으로부터 와서 한천정사(寒泉精舍)[3]에 있는 나를 방문하여 열흘 동안 머물렀다. 그와 함께 주자(周子)・정자(程子)・장자(張子)의 글을 읽고 그들의 학문이 끝없이 광대하고 굉박(宏博)한 것을 감탄하고, 한편 초학자들이 들어갈 곳을 모르게 될까 걱정하였다. 그래서 학문의 대체와 관련이 있으면서 일상생활에 절실한 것을 선택하여 이 책을 편찬하였다.

總六百二十二條, 分十四卷. 蓋凡學者, 所以求端(首卷論道體), 用力(二卷總論爲學大要, 三卷論致知, 四卷論存養), 處己(五卷論克己, 六卷論

---

1) 宋 孝宗의 연호, 1174-1189. 원년은 갑오년(1174)이다.
2) 현재의 浙江省 金華縣이다.
3) 福建省 建陽縣의 天湖山 남쪽 기슭에 있다. 주희는 1143-1191년까지 이 곳에 살았다. 1170년 정월에 돌아가신 어머니를 이 곳에 모셨다.

家道, 七卷論出處義理), 治人(八卷論治體, 九卷論治道, 十卷論政事, 十一
卷論敎學, 十二卷論警戒), 與夫所以辨異端(十三卷), 觀聖賢(十四卷)之
大略, 皆粗見其梗槪.

이 책은 총 622조목인데 14권으로 나누었다. 대개 학자들이 단서를
찾는 법(첫 권에서는 도의 본체를 논하였다), 공부하는 법(2권에서는 학문
의 커다란 요체를 총론하였고, 3권에서는 앎을 이루는 것을 논하였고, 4권에
서는 보존하여 기르는 것을 논하였다), 스스로 처신하는 법(5권에서는 자신
을 극복하는 것을 논하였고, 6권에서는 집안의 도를 논하였고, 7권에서는 출
처와 의리와 이익에 대하여 논하였다), 남을 다스리는 법(8권에서는 정치의
강령을 논하였으며, 9권에서는 정치의 방법을 논하였고, 10권에서는 정사(政
事)를 논하였으며, 11권에서는 교학(敎學)을 논하였으며, 12권에서는 경계(警
戒)를 논하였다), 그리고 이단을 변별하는 법(13권), 성현을 관찰하는
법(14권)의 대요(大要)에 대하여 모두 거칠게 대강을 드러내었다.

以爲窮鄕晩進, 有志於學, 而無明師良友以先後之者, 誠得此而玩
心焉, 亦足以得其門而入矣. 如此然後, 求諸四君子之全書, 沈潛反覆,
優游厭飫, 以致其博, 而反諸約焉, 則其宗廟之美百官之富, 庶乎其有
以盡得之. 若憚煩勞安簡便, 以爲取足於此而可, 則非今日所以纂集
此書之意也.
五月五日, 朱熹謹識.

생각건대 궁벽한 시골의 후진들 가운데서 학문에 뜻은 두었지만 이
끌어줄 밝은 스승과 좋은 벗이 없는 자가 진실로 이 책을 얻어 마음
으로 음미한다면 문호를 얻어 들어가기에 충분할 것이다. 이렇게 한
뒤에 네 군자[4]의 전집을 찾아서 침잠하여 반복해서 읽고 여유롭게 풍
족하도록 익혀서 넓게 배우고 요점을 반성하여 얻는다면 "종묘의 아

름다움과 백관의 풍부함"[5]을 아마도 거의 다 얻게 될 것이다. 수고로움을 꺼리고 간편한 것을 편안하게 여겨 이 책만 가지고 만족한다면 오늘 이 책을 편찬하는 뜻이 아니다.

5월 5일에 주희는 삼가 기록하노라.

---

4) 주돈이 · 정호 · 정이 · 장재를 가리킨다.
5) 『논어』 「자장」 23장에 나온다. 학문과 인격의 풍성함을 궁정의 모습에 비유한 말이다.

여조겸의 『근사록』 「후기」

『近思錄』旣成, 或疑首卷陰陽變化性命之說, 大抵非始學者之事. 祖謙竊嘗與聞次緝之意. 後出晚進, 於義理之本原, 雖未容驟語, 苟茫然不識其梗槩, 則亦何所底止? 列之篇端, 特使之知其名義, 有所嚮望而已. 至於餘卷所載講學之方, 日用躬行之實, 具有科級. 循是而進, 自卑升高, 自近及遠, 庶幾不失纂集之指. 若乃厭卑近而騖高遠, 躐等陵節, 流於空虛, 迄無所依據, 則豈所謂近思者耶! 覽者宜詳之.

淳熙三年, 四月四日, 東萊呂祖謙謹書.

『근사록』이 완성된 뒤 어떤 사람은 첫 권의 음양의 변화와 성명(性命)에 관한 설은 초학자의 일이 아니라고 의심하였다.[1] 조겸(祖謙)은 이 책의 편집 순서를 정한 의도를 들은 적이 있다. 처음 공부하는 후학들에게 의리의 본원(本原)[2]에 대하여 갑자기 말하는 것은 용납되지

---

1) 『근사록』 첫 권은 이해하기 어려워 이 책의 편집 의도와 맞지 않다고 의심하는 사람들이 있었다. 그래서 주희는 여조겸에게 후기를 써서 그 이유를 밝히게 하였다고 한다. 『주자어류』 권105, 「근사록」 참조.

2) 『태극도설』의 내용을 가리킨다. 초학자들을 가르치기 위한 책이라는 『근사록』에서 우주의 근본원리부터 논하니 학자들의 의심이 적지 않았던 듯하다. 그러나 학자들에게 의리의 본원과 학문의 목표를 가르치려고 하니, 어쩔 수 없는 일이었다고 말하고 있다.

않지만, 아득히 그 대강도 모른다면 어찌 도달하여 머무를 목표가 있겠는가? 책의 머리에 배열한 것은 학자들로 하여금 이름과 뜻을 알게 하여 지향할 바가 있게 한 것일 뿐이다. 다른 권에 실려 있는 강학의 방법과 일상생활에서 몸소 실천해야 하는 내용들은 모두 차례와 등급이 있다. 이것에 따라서 나아간다면 낮은 곳으로부터 높은 곳으로, 가까운 곳으로부터 먼 곳으로 나아가 아마도 편집한 뜻에 어긋나지 않을 것이다. 만일 비근한 것을 싫어하여 고원(高遠)한 데로 달려 등급을 뛰어넘고 절차를 무시하여 공허한 데로 흘러 의거할 바가 없게 된다면 어찌 "가까운 데서 생각하는 것"이겠는가! 보는 사람은 잘 살펴야 한다.

순희 3년(1176) 4월 4일에 동래 여조겸이 삼가 쓴다.

엽채의 『근사록집해』 「서문」
『近思錄集解』 序

皇宋受命, 列聖傳德, 跨唐越漢, 上接三代統紀. 至天禧·明道間, 仁深澤厚, 儒術興行. 天相斯文, 是生濂溪周子, 抽關發矇, 啓千載無傳之學. 旣伊洛二程子, 關中張子, 纘承羽翼, 闡而大之. 聖學湮而復明, 道統絶而復續, 猗與盛哉!

위대한 송(宋 : 960-1279)나라가 천명을 받아 여러 성왕들이 덕을 전하여 당(唐 : 618-907)나라를 건너뛰고 한(漢 : 기원전 206-기원후 219)나라를 뛰어넘어 위로 삼대[1]의 기강(紀綱)과 접하게 되었다. 천희(天禧)[2], 명도(明道)[3] 사이에는 인자함이 깊고 은택이 두터워 유술(儒術)이 흥행하였다. 하늘이 사문(斯文 : 유학)을 도와 염계(濂溪)[4]의 주(周) 선생을 낳아 빗장을 뽑고 어두운 자를 깨우쳐 천 년 동안 전하지 않던 학문의 길을 열었다. 그리고 이천(伊川)과 낙수(洛水) 지역의 두 정(程) 선생과 관중(關中) 지역의 장(張) 선생이 계승하여 돕고 밝혀서 크게 하였다. 성학(聖學)이 막혔다가 다시 밝아지고 도통(道統)이 끊겼다가

---

1) 夏, 殷, 周 세 왕조를 가리킨다.
2) 宋 眞宗 때의 연호, 1017-1021.
3) 宋 仁宗 때의 연호, 1032-1035.
4) 道州에 있는데 주돈이가 그 이름을 廬山으로 옮겼다.

다시 이어졌으니, 아, 성대하도다!

中興再造, 崇儒務學, 遹遵祖武. 是以鉅儒輩出, 沿泝大原, 考合緖論. 時則朱子與呂成公, 採摭四先生之書, 條分類別, 凡十四卷, 名曰『近思錄』. 規模之大, 而進修有序, 綱領之要, 而節目詳明, 體用兼該, 本末殫擧. 至於闢邪說, 明正宗, 罔不精覈洞盡. 是則我宋之一經, 將與四子幷列, 詔後學, 而垂無窮者也. 嘗聞朱子曰, 四子六經之階梯, 『近思錄』四子之階梯. 蓋時有遠近, 言有詳約不同, 學者必自近而詳者, 推求遠且約者, 斯可矣. 采年在志學, 受讀是書, 字求其訓, 句探其旨, 硏思積久, 因成集解.

남송(南宋 : 1127-1279)이 중흥하여 다시 나라를 세운 뒤에 유학을 숭상하고 학문에 힘써 선조의 자취를 따랐다. 이 때문에 거유(巨儒)가 배출하여 물길을 따라 큰 근원을 거슬러 올라가, 상고(詳考)한 것이 선조들의 주장과 합치하였다. 이 때 주(朱) 선생이 여성공(呂成公)과 함께 네 선생의 글에서 발췌하여 종류별로 조목을 나누어 14권을 이루고, 『근사록』이라고 이름하였다. 규모가 크면서도 학문을 닦는 데 순서가 있으며, 강령이 핵심을 얻고서도 절목이 자세하고 분명하여, 체용이 모두 갖추어지고 본말이 다 채용되었다. 사설(邪說)을 물리치고 정종(正宗)을 밝힘에 이르기까지 정밀하게 조사하여 다 밝히지 않은 것이 없다. 이 책은 우리 송나라의 경전이니 장차 사서[四子][5]와 나란히 후학들을 가르치며 무궁하게 전하여질 것이다.

일찍이 듣건대 주(朱) 선생이 "사서는 육경의 사다리이며 『근사록』은 사서의 사다리이다"라고 말하였다. 대개 시대에는 멀고 가까움이

---

5) '四子'는 『논어』의 저자인 공자, 『맹자』의 저자인 맹자, 『대학』의 저자인 증삼, 『중용』의 저자인 자사를 가리킨다. 여기서는 바로 사서(四書)를 가리킨다.

있으며 말에는 자세하고 간략함이 있어 같지 않지만, 학자가 반드시 가깝고 자세한 것에서부터 시작하여 멀고 간략한 것으로 미루어 나가면 될 것이다. 나는 15세[志學]에 이 책을 받아서 글자마다 뜻을 구하고, 문장의 의미를 탐구하며, 연마하고 생각하기를 오래도록 한 다음 『집해』를 이루게 되었다.

其諸綱要, 悉本朱子舊註, 參以升堂記聞, 及諸儒辨論, 擇其精純, 刊除繁複, 以次編入. 有闕略者, 乃出臆說, 朝刪暮輯, 踰三十年, 義稍明備, 以授家庭訓習. 或者謂: "寒鄕晩出, 有志古學而旁無師友, 苟得是集觀之, 亦可剙通大義. 然後以類而推, 以觀四先生之大全, 亦近思之意云."

淳祐戊申, 長至日, 建安葉采謹序.

모든 요강(要綱)은 다 주(朱) 선생의 옛 주에 근본하고 승당기문(升堂記聞)[6]과 여러 학자들이 변론한 것 가운데서 정밀하고 순수한 것을 선택하고, 번거롭고 복잡한 것은 삭제하여 차례에 따라 편집하여 넣었다. 빠진 것이 있으면 나의 억설을 추가하여 아침 저녁으로 줄이고 편집하며 30년이 지나서야 뜻이 조금 분명하게 갖추어져 집안에서 익히게 하였다. 어떤 사람이 말하였다. "추운 시골에서 늦게 태어나 옛날의 학문에 뜻은 두었지만 곁에 스승과 친구가 없다. 만일 이 『집해』를 얻어 보게 된다면 대의에 비로소 통할 수 있다. 그런 뒤에 유추하여 네 선생[7]의 전집을 보게 된다면 또한 가까운 데서 생각한다는 뜻에 맞을 것이다."

---

6) ≪한문대계≫본에서는 엽채가 스승의 강연(講筵)을 모시며 듣고 기억한 것이라고 하였다. 정엽의 『근사록석의』에서는 주희의 문인이 선생의 말을 기록한 것을 가리킨다고 하였다.
7) 주돈이 · 정호 · 정이 · 장재를 가리킨다.

순우(淳祐)[8] 무신(戊申 : 1248) 동지에 건안(建安)[9]의 엽채(葉采)는 삼가 서문을 쓴다.

集解目錄
 紫陽先生朱文公
 南軒先生張宣公
 東萊先生呂成公
  勉齋先生黃文肅公(名幹, 字直卿)
  節齋先生蔡氏(名淵, 字伯靜)
  果齋先生李氏(名方子, 字公晦)

집해목록
 자양선생 주문공[10]
 남헌선생 장선공[11]
 동래선생 여성공[12]
  면재선생 황문숙공(이름은 幹, 자는 直卿)
  절재선생 채씨(이름은 淵, 자는 伯靜)
  과재선생 이씨(이름은 方子, 자는 公晦)

---

8) 宋 理宗의 연호, 1241-1252.
9) 오늘날 福建省 安道에 속한다.
10) 이름은 熹, 자는 元晦.
11) 이름은 栻, 자는 敬夫.
12) 이름은 祖謙, 자는 伯恭.

엽채의 『근사록』을 올리는 「표(表)」
進『近思錄』表

臣采言. 先儒鳴道, 萃爲聖代之一經, 元后崇文, 兼取微臣之『集傳』, 用扶世敎, 昭揭民彝. 臣采實惶實恐, 頓首頓首.

신하인 엽채가 아룁니다. 선유(先儒)[1]가 도를 창도(唱導)하고 집성(集成)하여 송나라의 경전을 만들고, 천자[2]께서는 문장을 숭상하여 미천한 신하의 『집전(集傳)』까지 취하셔서 세상의 교화를 돕고 사람의 도리를 밝게 드러내셨습니다. 신하인 채는 참으로 황공하여 머리를 조아리고 조아리옵니다.

竊惟鄒軻旣歿, 而理學不明, 秦斯所焚, 而經籍幾息. 漢專門之章句訓詁僅存, 唐造士以詞華藻繪彌薄. 天開皇宋, 星聚文奎. 列聖相承, 治純任於王道, 諸儒輩出, 學大明於正宗. 逮淳熙之初元, 有朱熹之繼作, 考圖書傳集之精粹, 遡濂洛關陝之淵源, 撫其訓辭, 名『近思錄』. 彙分十有四卷, 六百二十二條. 凡求端用力之方, 暨處己治人之道, 破異端之局鐍, 闢大學之戶庭. 體用相涵, 本末洞貫, 回六藝之突奧, 立四子之階梯. 人文載開, 道統復續.

---

1) 주희와 여조겸을 가리킨다.
2) 송 理宗(재위 1225-1264)을 가리킨다.

생각건대 추(鄒)땅의 맹자〔孟軻〕[3]가 죽은 뒤로는 이학(理學)이 밝지 않게 되었고, 진(秦)의 이사(李斯)[4]가 책을 불사른 뒤로는 경적(經籍)이 거의 사라지게 되었습니다. 한(漢)대의 경전 연구가들의 장구(章句)와 훈고(訓詁)가 겨우 존속되었으나 당(唐)대의 이름난 학자들은 화려한 문장과 시부(詩賦)로 더욱 경박하게 되었습니다. 하늘이 위대한 송나라를 열어주니 별이 문장을 상징하는 규성(奎星)[5]에 모였습니다. 여러 성왕(聖王)이 서로 이으니 정치는 순수하게 왕도에 따르게 되었고, 여러 유학자들이 배출하니 학문은 정종(正宗)을 크게 밝히게 되었습니다. 순희(淳熙) 초년[6]에 주희가 이어서 일어나 정밀하고 순수한 도서와 전집을 상고하고 염계(濂溪)와 낙수(洛水)와 관섬(關陝)[7]의 연원을 소급하고 그들의 말씀을 모아서 『근사록』이라고 이름하였습니다. 종류별로 나누어 14권이며 622조목입니다. 단서를 찾아 공부하는 방법과 자신을 처리하고 남을 다스리는 도로써 이단의 경휼(扃鐍)[8]을 깨뜨리

---

3) 맹자(기원전 372-289년경). 전국시대의 사상가·정치가·교육가이다. 이름은 軻, 자는 子輿이며 산동성 鄒人이다. 『중용』의 저자인 子思의 문인에게 수업하였다. 여러 나라를 유세하다가 주장이 받아들여지지 않자 제자 萬章 등과 함께 『맹자』 14편을 저술하였다. 그는 후대의 유학에 큰 영향을 미쳐 韓愈 이래로 유학의 도통이 그에게서 단절된 것으로 여겨졌다.

4) 이사(기원전 ?-208년). 전국시대 말기의 초나라 上蔡人이다. 荀子〔荀卿〕에게 수업하여 秦始皇의 丞相이 되어 焚書坑儒를 행함. 진시황이 죽자 趙高와 함께 시황의 장자인 扶蘇를 죽이고 胡亥를 세웠다. 뒤에 조고에게 살해되었다.

5) 28宿 가운데서 서쪽 7宿 중의 첫 번째 별자리이다. 고대인들은 이 별이 文學, 文章 등의 文을 상징한다고 생각하였다. 김평묵의 『근사록부주』에서는 朴世茂 (1487-1554, 자는 景蕃, 호는 逍遙堂, 본관은 함양, 괴산의 花巖書院에 제향. 『童蒙先習』을 편성함)의 말을 인용하여 "송나라가 나라를 세운 초기에 五星 (금·목·수·화·토성)이 규성의 자리에 모여 염(濂: 주돈이)·락(洛: 정호와 정이)·관(關: 장재)·민(閩: 주희) 등의 여러 현인들이 배출되었다"고 하였다.

6) 순희는 남송 효종의 연호(1174-1189)이다. 주희가 『근사록』을 편찬한 해는 순희 2년 을미(1175)를 가리킨다. 초년은 오늘날 식으로는 정확한 표현이 아니다.

7) 咸谷關 동쪽의 陝 지역으로 張載가 산 곳이다.

고, 위대한 학문의 문호를 열었습니다. 체용이 서로 머금고 있고 본말을 관통하여 육예(六藝)[9]의 깊고 오묘함(突奧)[10]을 다 갖추고 사서에의 사다리를 세웠습니다. 인문(人文)[11]이 비로소 열리게 되었으며 도통(道統)이 다시 이어졌습니다.

臣昔在志學, 首受是書, 博參師友之傳, 稍窮文義之要. 大旨本乎朱氏, 旁通擇於諸家, 間有闕文. 乃出臆說, 刪輯已逾於二紀, 補綴僅成於一編. 祇欲備初學之記言, 詎敢塵乙夜之睿覽? 玆盖恭遇, 皇帝陛下, 天錫聖智, 日就緝熙, 遵累朝之尙儒, 講誦不違於寒暑. 列五臣於從祀, 表章遠邁於漢唐, 豈徒褒顯其人? 正欲闡明斯道.

신은 옛날 지학(志學)[12]에 처음으로 이 책을 얻어 널리 스승과 친구들의 기록을 참고하여 차츰 문장의 요체를 궁구하게 되었습니다. 대지(大旨)는 주씨(朱氏)[13]에 근본하면서, 두루 여러 학자들의 학설을 선택하였으며, 때로 빠진 글이 있으면 신의 억설을 추가하였습니다. 줄이

---

8) 문의 자물쇠.

9) 金長生의 『근사록석의』에서는 육예란 "『예』·『악』·『춘추』·『역』·『시』·『서』이다. 藝는 씨 뿌리는 것이다. 학자가 육예에 힘쓰는 것이 농부가 씨 뿌리는 데 힘쓰는 것과 같이 해야 한다는 것이다"라고 하였다.

10) 『근사록석의』에서 '突'는 방의 동남쪽 모퉁이이며, '奧'는 방의 서남쪽 모퉁이라고 하였다. '突奧'는 방의 깊고 으슥한 부분으로 깊고 오묘하다는 뜻이다.

11) 오늘날 자연과학이 발달하여 인문학은 진리 인식의 학문으로서의 자리를 상실한 상태이다. 인문학이 무엇인가 하는 근본적인 물음에 대한 대답을 『근사록』에서부터 찾아보는 것은 매우 의미 있는 일이라고 생각한다. 인문이 비로소 열렸다고 할 때의 인문이란 진리에 기초한 인간의 삶의 길이 비로소 열리게 되었다는 의미이며, 『근사록』은 인문학이야말로 참된 진리 인식의 학문이라는 것을 일깨워준다.

12) 공자가 『논어』 「위정」 4장에서 "나는 15세에 학문에 뜻을 두었다"고 한 데서 나온 말로, 15세를 의미한다.

13) 주희를 가리킨다.

고 편집한 해가 이미 이기(二紀)[14]를 넘어 보충하고 기워서 겨우 한 책을 이루게 되었습니다. 다만 초학자들이 외우는 공부에 대비하고자 할 뿐이니, 어찌 감히 황제께서 을야(乙夜)[15]에 읽으시기를 기대하였겠습니까? 이것은 하늘이 내린 황제 폐하의 성스러운 지혜가 날로 계속하여 밝아져, 여러 대에 걸쳐 유학을 숭상하던 일을 따라 줄거나 덥거나 강송을 어기지 않으심을 만났기 때문입니다. 다섯 신하[16]를 종사(從祀)[17]에 배열하시어 표창하심이 한나라와 당나라보다 훨씬 뛰어나시니, 어찌 한갓 사람들을 칭찬하여 드러내고자 할 뿐이겠습니까? 바로 유학의 도를 밝히고자 하심입니다.

俯詢『集解』之就緒, 遽命繕寫以送官, 儻於宮庭朝夕之間, 時加省閱, 卽是周程張朱之列, 日侍燕閒. 固將見天地之純全, 明國家之統紀, 表範模於多士, 垂軌轍於百王, 粤自中古以來, 未有若今之懿. 臣幸逢上聖, 獲效愚衷, 顧以螢爝之微, 仰裨日月之照. 五千文十萬說, 雖莫贊於『法言』, 四三王七六經, 願益恢於聖化. 所有『近思錄集解』一部十冊, 謹隨表上進以聞. 干冒宸嚴, 臣無任戰汗屛營之至. 臣采實惶實恐, 頓首頓首謹言.

淳祐十二年正月日, 朝奉郞監登聞鼓院, 兼景獻府敎授, 臣葉采上表.

『집해』가 다 이루어졌는지 굽어 물으시고 곧 베껴서 관에 보내라고

---

14) 앞의 서문에서는 30년이 넘었다고 하고 여기서는 24년이 넘었다고 한다. 서문은 1248년에 작성되었고 이 글은 1252년에 작성되었으니 시작한 기준년도를 같이 잡는다면 三紀가 되었다고 해야 한다. 기준년도를 달리 설정한 이유를 모르겠다.

15) 하룻밤을 갑·을·병·정·무의 오야로 나눈 것의 둘째이니 요즈음의 오후 10시경이다. 천자는 정무를 끝내고 취침 전인 10시경에 독서하므로 천자의 독서를 '을야의 독서〔乙夜之覽〕'라고 한다.

16) 주돈이·정호·정이·장재·주희를 가리킨다.

17) 공자의 문묘에 함께 모셔서 제사 지내는 것을 말한다.

명령하시니, 혹 궁정에서 아침저녁으로 때때로 살펴보신다면 주돈이·정호·정이·장재·주희가 나열하여 서서 편안하고 한가롭게 지낼 때 날마다 모시게 될 것입니다. 진실로 천지의 순수하고 온전함을 보고 국가의 기강을 밝히고 학자들에게 모범을 드러내며 여러 왕들에게 법도에 맞는 자취를 남기게 될 것이니, 중고시대[18] 이래로 오늘날과 같이 아름다운 적이 없었습니다. 저는 다행히 최상의 성인을 만나 어리석은 생각을 바치게 되었으니, 생각건대 미약한 반딧불로 위로 해와 달의 밝음을 도우는 것입니다. 5천 자에 10만 자의 학설[19]이 있어도 『법언』[20]에 도움되는 것이 없지만, 삼왕[21]이 사왕[22]이 되게 하고 육경이 칠경[23]이 되게 하여 성왕의 교화를 더욱 넓힐 수 있기 바랍니다. 10책으로 된 『근사록집해』 한 질을 삼가 표문과 함께 바치며 아뢰나이다. 황제의 엄하심을 무릅쓰고 올리려니 신은 지극히 두렵고 땀이 나며 허둥됨을 감당하지 못하겠습니다. 신하인 채는 실로 황공하여 머리를 조아리고 조아리며 삼가 말씀드립니다.

　　순우(淳祐) 12년(1252) 정월일에 조봉랑감등문고원[24](朝奉郎監登聞鼓院) 겸(兼) 경헌부교수(景獻府敎授) 신(臣) 엽채가 「표(表)」를 올립니다.

---

18) 주나라 이후를 가리킨다.

19) ≪한문대계≫본에서는 '5천 자'는 揚雄의 『太玄』 5천 자를 가리킨다고 하고 '10만 자'는 그 해설하는 말이 10만 자가 된다고 주를 달고 있다. 김장생의 『근사록석의』에서는 '노자의 5천 언과 장자의 10만 언'을 가리킨다고 하였다. ≪한문대계≫본의 주를 따른다.

20) 양웅(揚雄: 기원전 53-기원후 18)이 『논어』를 모방하여 지은 책이다. 양웅은 西漢 蜀郡의 成都 사람으로 자는 子雲이다. 학문을 좋아한 그는 『역』을 모방하여 『太玄』을 지었으며 『訓纂篇』, 『方言』 등의 문자서도 지었다. 王莽 때 대부가 되어 莽大夫라는 비판을 받기도 한다.

21) 夏의 禹, 殷의 湯, 周의 文王과 武王을 가리킨다.

22) 삼왕에 당시의 황제인 理宗을 더하여 사왕이라고 하였다.

23) 육경에 『근사록』을 더하여 칠경이라고 하였다.

24) 登聞鼓院은 억울함을 하소연하는 자가 북을 쳐서 임금에게 아뢰는 곳이다.

도의 본체〔道體〕

○ 此卷論性之本原, 道之體統. 蓋學問之綱領也.

○ 이 권은 성(性)의 본원(本源)과 도의 체통(體統)을 논하였다. 대체로 학문의 강령이다.

1

濂溪先生曰:

"無極而太極.

주돈이[1]가 말했다.[2]

---

1) 해제 참조.

2) 제1권 제1조인 이 글은 주돈이의 『태극도설』이다. 『태극도설』은 「태극도」에 대한 설명문이다. 주돈이는 무극이태극권·음양권·오행권·기화권·형화권의 오층으로 된 「태극도」를 그리고 이 그림에 대한 설명의 글을 지었다. 그림에서는 무극이태극권에서부터 형화권에 이르기까지 자연의 변화만을 그렸지만 『태극도설』에서는 자연의 조화생성 원리를 품부받은 인간에 대한 설명을 추가하고 있다. 그래서 설명의 전반부는 자연에 관한 것이며 후반부는 인간에 관한 것이라고 할

"무극[3]인 태극[4]이 있다.[5]

○朱子曰：“‘上天之載, 無聲無臭’, 而實造化之樞紐, 品彙之根柢也. 故曰‘無極而太極’, 非太極之外, 復有無極也.”

○蔡節齋曰：“朱子曰：‘太極者, 象數未形而其理已具之稱.’ 又曰：‘未有天地之先, 畢竟是先有此理.’ 又曰：‘無極者, 只是說這道理當初元無一物, 只是有此理而已. 此箇道理, 便會動而生陽, 靜而生陰.’ 詳此三條, 皆是主太極而爲言也. 又曰：‘從陰陽處看, 則所謂太極者, 便只是在陰陽裏. 而今人說陰陽上面, 別有一箇無形無影底, 是太極非也.’ 又曰：‘太極只是天地萬物之理. 在天地則天地中有太極, 在萬物則萬物中有太極.’ 又曰：‘非有以離乎陰陽, 卽陰陽而指其本體.’ 詳此三條, 皆是主陰陽而爲言也. 故主太極而言, 則太極在陰陽之先, 主陰陽而言, 則太極在陰陽之內. 蓋陰陽未生而言, 則所謂太極者, 必當先有, 自陰陽旣生而言, 則所謂太極者, 卽在乎陰陽之中也. 謂陰陽之外, 別有太極, 常爲陰陽主者, 固爲陷乎列子‘不生不化’之謬. 而獨執夫太極只在陰陽之中之說者, 則又失其樞紐根柢之所爲, 而大本有所不識矣.” 愚按：“節齋先生此條所論, 最爲明備, 而或者於陰陽未生之說, 有疑焉. 若以循環言之, 則陰前是陽, 陽前又是陰, 似不可以未生言. 若截自一陽初動處, 萬物未生時言之, 則一陽未動之時, 謂之陰陽未生, 亦可也. 未生陽而陽之理已具, 未生陰而陰之理已具. 在人心則爲

수 있다. 그리고 끝부분에서는 『역』에 나오는 글귀를 인용한 다음, 역의 위대함을 칭송하며 글을 끝맺음으로써 「태극도」와 『태극도설』의 사상적 연원이 『역』이라는 것을 밝혔다. 주희는 이 글을 성리학의 궁극적인 원리에 대한 해설로 여겨 이 책의 서두에 배치하였다. 그리고 그 자신은 『태극도설해』를 통하여 「태극도」와 『태극도설』을 자세하게 설명하였다. 그 후 주희를 추숭한 성리학자들은 모두 이 「태극도」와 『태극도설』을 궁극적 존재에 관한 설명으로 받아들였다. 우리나라에 들어와 이황은 『성학십도』를 저술하며 이 「태극도」를 제1도로 삼고 『태극도설』도 함께 실었다.

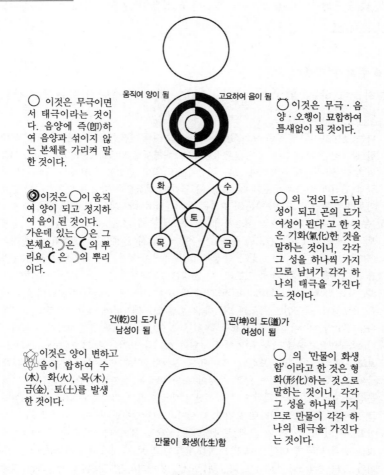

○ 이것은 무극이면서 태극이라는 것이다. 음양에 즉(卽)하여 음양과 섞이지 않는 본체를 가리켜 말한 것이다.

움직여 양이 됨　　고요하여 음이 됨

○ 이것은 무극·음양·오행이 묘합하여 틈새없이 된 것이다.

◉이것은 ○이 움직여 양이 되고 정지하여 음이 된 것이다. 가운데 있는 ○은 그 본체요, ☽은 ☾의 뿌리요, ☾은 ☽의 뿌리이다.

화　　수

토

목　　금

○ 의 '건의 도가 남성이 되고 곤의 도가 여성이 된다'고 한 것은 기화(氣化)한 것을 말하는 것이니, 각각 그 성을 하나씩 가지므로 남녀가 각각 하나의 태극을 가진다는 것이다.

건(乾)의 도가
남성이 됨

곤(坤)의 도(道)가
여성이 됨

이것은 양이 변하고 음이 합하여 수(水), 화(火), 목(木), 금(金), 토(土)를 발생한 것이다.

○ 의 '만물이 화생함'이라고 한 것은 형화(形化)하는 것으로 말하는 것이니, 각각 그 성을 하나씩 가지므로 만물이 각각 하나의 태극을 가진다는 것이다.

만물이 화생(化生)함

3) 무극이라는 용어는 유가의 경전에는 애초에 없었다. 『도덕경』28장의 "復歸于無極", 『장자』「재유(在宥)」편의 "入無窮之門, 以游無極之野", 『열자』의 "物之終始, 初無極已" 등의 무극은 모두 끝이 없다는 의미로 사용되었다. 그러나 주희는 무극을 이치는 있지만 형체는 없는 무형의 진리라는 의미로 이해하였다.
4) 태극이라는 용어는 『주역』「계사」상 11장에서 "역에는 태극이 있으니 이것이 양의(兩儀)를 낳고 양의가 사상을 낳고 사상이 팔괘를 낳았다"는 데서 처음 나온 뒤로 유학에서 궁극적 진리를 의미하는 개념으로 사용되기 시작하였다. '太'는 크

喜怒哀樂未發之中, 總名曰'太極'. 然具於陰陽之先, 而流行陰陽之內, 一太極而已."

○ 주희가 말했다.[6]

"'하늘이 하는 일[上天之載]은 소리도 없고 냄새도 없지만'[7] 진실로

다는 뜻이고 '極'은 표준 또는 끝을 의미하니 '태극'이란 '위대한 표준', 또는 '위대한 궁극적인 것'의 의미로서 궁극적 진리의 대명사로 되었다. 성리학은 '태극', '하늘', '리'를 우주의 본체이며 모든 현상의 궁극적인 진리로서 설정한 다음, 이 궁극적 진리와 인간과의 관계에 기초하여 인간의 심성론을 밝히고 인간의 심성론에 기초하여 인간의 도덕수양론을 밝히는 형이상학적 대체계를 갖추게 된다.

5) 무극과 태극과의 관계를 어떻게 보느냐는 것은 태극도설의 전체 사상을 어떻게 보느냐와도 관계되는 중요한 문제이다. 이는 접속사인 '而'자를 포함한 이 문장의 애매함 때문이기도 하다. 한문 문장의 경우 문장이 뜻을 규정하기보다 뜻이 문장을 규정하는 경우가 흔히 있는데, 이 문장은 그 대표적인 경우이다. 육구연(陸九淵, 자는 子靜, 호는 象山 : 1139-1192)과 주희 사이의 『태극도설』에 대한 논쟁은 유명하다. 육구연은 무극과 태극을 선후관계로 파악하여 '무극으로부터 태극이 나왔다'고 본다. 이렇게 되면 이는 無로부터 有가 나온다는 도가사상이 되어버린다. 육구연은 「태극도」를 주돈이의 그림이 아니라 도가나 도교 계통의 그림으로 보고 「태극도」와 『태극도설』을 중시하지 않았다. 이에 반하여 주희는 무극과 태극의 관계를 동격 내지는 앞의 무극이 뒤의 태극을 설명하는 관계로 보았다. 이 문장을 '무극인 태극' 내지는 '무극이면서 태극'이라는 의미로 보았다. 공자 이래로 태극을 궁극적인 진리로 보지만, 태극이라고만 말하면 유형의 어떤 존재를 상상할 수 있다. 주돈이는 앞에 무극이라는 설명을 붙여 태극이 무형의 이치라는 것을 밝혀 태극에 대한 오해의 소지를 없앴다고 보는 것이 주희의 입장이다. 주희와 그의 후학들은 「태극도」와 『태극도설』을 성리학의 존재론을 설명하는 대표적인 작품으로 수용하였다. 후대 학자들의 고증적 연구에 의하면 「태극도」는 魏伯陽의 『參同契』에서 유래한 것이라고 한다.

6) 주희는 주돈이의 「태극도」와 「태극도설」에 대하여 주를 붙여 『태극도해』·『태극도설해』를 지었다. 엽채의 『근사록집해』에서 「태극도설」과 관련하여 인용된 주희의 글은 모두 『태극도설해』에 나온다.

7) 『시경』「대아·문왕」편 〈문왕시〉에 나오며, 『중용』 33장에 인용되고 있다. "上天之載, 無聲無臭."

조화의 지도리[樞杻]이고 온갖 사물의 뿌리가 된다. 그렇기 때문에 '무극이면서 태극'이라고 말하였으니, 태극의 밖에 다시 무극이 있는 것이 아니다."[8]

○ 채연[9]이 말했다.

"주희는 '태극이란 사물의 상수(象數)가 형성되지 않았지만 이미 이치가 갖추어진 것을 일컫는다'고 말했다. 또 '천지가 있기 이전에 반드시 먼저 이 이치가 있었다'고 말했다. 또 '무극이란 이 도리가 애당초 어떠한 사물로 있는 것이 아니라 이 이치만 있을 뿐이라는 것을 말한다. 이 도리가 움직이게 되면 양을 낳고 고요해지면 음을 낳는다'라고 말했다. 이 세 조목을 자세히 살펴보면 모두 태극을 중심으로 해서 말한 것이다.

또한 '음양의 측면에서 본다면 이른바 태극이라는 것은 음양 안에 있는 것이다. 그러나 요즘 사람들은 형체도 없고 그림자도 없이 음양의 위에 따로 있는 어떤 것을 태극이라고 하니 잘못되었다'라고 말했다. 또 '태극은 천지와 만물의 이치이다. 천지의 경우에는 천지 가운데 태극이 있고, 만물의 경우에는 만물 가운데 태극이 있다'라고 말했다. 또 '음양에서 떨어져 있는 것이 아니라 음양에 나아가 그 본체(本體)를 가리킨다'라고 말했다. 이 세 조목을 자세히 살펴보면 모두 음양을 중심으로 해서 말한 것이다.

그렇기 때문에 태극을 중심으로 말하면 태극은 음양보다 앞서 있고, 음양을 중심으로 말하면 태극은 음양 안에 있다. 대개 음양이 생기기 이전의 입장에서 말하면 이른바 태극은 반드시 먼저 있어야만 하고, 음양이 이미 생겨난 입장에서 말하면 이른바 태극은 음양 가운데 있

---

8) 이 문장은 『태극도설해』에 나온다. 주희는 하늘과 태극을 동일한 존재의 다른 이름으로 보고 있다. 또 이 문장에서 "소리도 없고 냄새도 없다"는 무극에 대한 설명이며 "조화의 지도리이며 온갖 사물의 뿌리가 된다"는 태극에 대한 설명이다.
9) 해제 참조.

다. 음양 밖에 별도로 태극이 있어서 항상 음양의 주재자가 된다고 말한다면 진실로 열자(列子)의 '생겨나지도 아니하고 변화하지도 않는 것'[10]이라는 잘못에 빠지게 된다. 태극이 음양 가운데 있다는 설만 고집한다면, 또한 지도리와 뿌리가 하는 일을 놓쳐서 커다란 근본을 알지 못하게 될 것이다."

나[11]는 이렇게 생각한다.

"채연 선생이 이 조목에서 논한 내용은 가장 명백하게 다 갖추어졌으나, 어떤 사람은 '음양이 아직 생기기 이전(필경 태극이 있다)'의 학설에 대하여 의심을 품는다. 만약 순환의 측면에서 말한다면 음 앞은 양이고 양 앞은 또한 음이니 '아직 생겨나기 이전'이라는 것으로 말할 수 없을 것 같다. 그러나 '하나의 양이 처음 움직여 만물이 아직 생겨나지 않은' 때를 떼어서 말한다면 하나의 양이 아직 움직이지 않은 때를 '음과 양이 아직 생겨나기 이전'이라고 말하는 것도 가능하다. 아직 양이 생겨나지 않았지만 양의 이치는 이미 갖추어져 있고, 아직 음이 생겨나지 않았지만 음의 이치는 이미 갖추어져 있다. 사람의 마음의 경우에는 기쁨, 화남, 슬퍼함, 즐거움이 아직 발하지 않은 중의 상태를 '태극'이라고 총괄하여 부를 수 있다. 그러나 음양보다 앞서 갖추어져서 음양의 내부에서 유행하는 것이 하나의 태극일 뿐이다."

太極動而生陽, 動極而靜, 靜而生陰. 靜極復動, 一動一靜, 互爲其根, 分陰分陽, 兩儀立焉.

태극이 움직여서 양을 낳고, 움직임이 극한에 이르면 고요해지는데, 고요해져서 음을 낳는다.[12] 고요함이 극한에 이르면 다시 움직인다.

---

10) 『열자』 「天瑞」. "有生不生, 有化不化. 不生者能生生, 不化者能化化."
11) 『근사록집해』의 저자인 엽채 자신을 가리킨다. 엽채에 대해서는 해제를 참조하기 바란다.

한 번 움직임과, 한 번 고요함이 서로 뿌리가 되어 음과 양으로 나누
어지니 '두 가지 양식〔兩儀〕'이 세워진다.

○朱子曰: "太極之有動靜, 是天命之流行也, 所謂'一陰一陽之謂
道'. 誠者'聖人之本'·'物之終始', 而命之道也. 其動也, 誠之通也, '繼
之者善', 萬物之所資以始也. 其靜也, 誠之復也, '成之者性', '萬物各
正其性命'也. 動極而靜, 靜極復動. '一動一靜, 互爲其根', 命之所以
流行而不已也. 動而生陽, 靜而生陰, '分陰分陽, 兩儀立焉', 分之所以
一定而不移也. 蓋太極者, 本然之妙也, 動靜者, 所乘之機也. 太極,
形而上之道也, 陰陽, 形而下之器也. 是以自其著者而觀之, 則動靜不
同時, 陰陽不同位, 而太極無不在焉. 自其微者而觀之, 則沖漠無朕,
而動靜陰陽之理, 已悉具於其中矣. 雖然推之於前, 而不見其始之合,
引之於後, 而不見其終之離也. 故程子曰: '動靜無端, 陰陽無始, 非知
道者, 孰能識之?'"
○愚謂: "'動而生陽, 動極而靜, 靜而生陰, 靜極復動'者, 言太極流
行之妙, 相推於無窮也. '一動一靜, 互爲其根, 分陰分陽, 兩儀立焉'
者, 言二氣對待之體, 一定而不易也. 邵子曰: '用起天地先, 體立天地
後', 是也. 然詳而分之, 則'動而生陽, 靜而生陰'者, 是流行之中, 定分
未嘗亂也. '一動一靜, 互爲其根'者, 是對待之中, 妙用實相流通也."

---

12) 태극의 동정문제, 곧 理의 동정문제는 성리학의 주요 논쟁 주제 중 하나이다. 소
리도 냄새도 없고 형체도 조짐도 없는 것이 어떻게 움직인다는 말인가? 그러나
만물의 지도리이며 뿌리요, 만물의 주인인 진리에 어떤 능동적 능력이 없다고 하
면 진리가 죽은 물건으로 되고 만다. 퇴계 이황은 "지극히 텅 빈 것이면서 지극
히 알찬 것이고 지극히 아무것도 없는 상태이면서도 모든 있음을 담고 있으며 움
직이되 움직임이 없고 고요하되 고요함이 없는" 형이상의 궁극적인 이치를 진리
라고 하였다. 형이상적인 태극의 동정을 형체가 있는 물체의 동정과 동일시해서
는 안 된다는 것을 알 수 있다.

○ 주희가 말했다.

"태극에 동정이 있는 것은 천명이 유행(流行)하는 것이니, 이른바 '한 번 음이 되고 한 번 양이 되는 것을 도라고 한다'[13]고 하는 것이다. 성(誠)은 '성인의 근본'[14]이고 '사물의 처음과 끝'[15]이며 천명의 도[16]이다. 그것의 움직임은 성(誠)이 통하는 것이니, '그것을 계승한 것이 선이다'[17]는 것이며, 만물이 의존해서 시작되는 근거[18]이다. 그것의 고요함은 성(誠)이 돌아가는 것이니, '그것을 완성한 것이 성(性)이다'[19]는 것이며, '만물이 각기 그 성명(性命)을 바르게 한다'[20]는 것이다. 움직임이 극한에 이르면 고요해지고 고요함이 극한에 이르면 다시 움직인다. '한 번 움직이고 한 번 고요해져서 서로 뿌리가 된다'는 것은 천명이 유행해서 멈추지 않는다는 것이다. 움직여서 양을 낳고 고요해져서 음을 낳으니 '양과 음으로 나누어져서 두 가지 양식이 세워진다'는 것은 나누어진 것이 일정하게 되어 바뀌지 않는다는 것이다. 대개 태극이라는 것은 본연(本然)의 오묘함이며, 동정이라는 것은 타는 기틀

---

13) 『주역』「계사」상 5장. "一陰一陽之謂道."
14) 『통서』1장에 나온다. 주희는 『중용』에 나오는 "誠은 하늘의 도이고 誠을 이루려고 노력하는 것은 인간의 도이다"에서의 誠을 태극 또는 理의 진실무망(眞實无妄)한 측면을 가리키는 개념으로 사용하고 있다. 진실무망한 理인 誠이 인간에게 부여된 것이 인간의 본성이며, 이러한 인간의 본성을 온전하게 실현하는 인간이 바로 성인이다.
15) 『중용』25장. "誠者, 物之終始, 不誠無物." 진실무망한 理는 존재의 뿌리로서 만물의 시작과 끝을 이룬다는 것이다.
16) 『중용』에서 "하늘이 사물에게 명령을 내린 것을 본성이라고 한다"고 하였다. 命이란 곧 天命이며, 이것이 만물의 본성을 이룬다는 것이다.
17) 『주역』「계사」상 5장. "繼之者, 善."
18) 『주역』건괘「단전(象傳)」. "大哉乾元, 萬物資始."
19) 『주역』「계사」상 5장. "成之者, 性."
20) 『주역』건괘「단전(象傳)」. "乾道變化, 各正性命." 태극인 리가 움직이면 양이 되고 선이 되며, 만물은 이 양기를 품부받아 존재가 형성되기 시작한다. 그러나 그것이 고요하게 되어 개체로서 완성되면 각 존재의 올바른 性命이 된다는 것이다.

[機]이다. 태극은 형이상(形而上)의 도이고 음양은 형이하(形而下)의 그릇[器]이다.[21] 그러므로 드러난 현상으로부터 보면 동정은 때를 같이하지 않고, 음양은 위치를 같이하지 않으나, 태극은 있지 않은 곳이 없다. 은미함으로부터 보면 텅 비고 아득하여 아무런 조짐도 없으나 [沖漠無朕] 동정과 음양의 이치가 이미 그 가운데 다 갖추어져 있다. 그러나 앞으로 미루어 보아도 합하여진 시작을 볼 수 없고, 뒤로 당겨 보아도 분리되는 끝을 볼 수 없다. 그렇기 때문에 정자(程子)는 '움직임과 고요함은 단서가 없으며, 음과 양은 시작이 없으니, 도를 아는 자가 아니면 누가 그것을 알 수 있겠는가!'라고 말했다."

○ 나는 이렇게 생각한다.

"'움직여서 양을 낳고 움직임이 극한에 이르면 고요해지는데, 고요해져서 음을 낳는다. 고요함이 극한에 이르면 다시 움직인다'는 것은 태극의 유행하는 오묘함이 무궁하게 서로 추동(推動)해 간다는 것이다. '한 번 움직이고 한 번 고요해져서 서로 뿌리가 되어 음과 양으로 나누어지니 두 가지 양식이 세워진다'는 것은 대립하여 상대하는 모양 [體]을 갖춘 두 가지 기(氣)는 일정하여 바뀌지 않는다는 것이다. 소자(邵子)[22]가 말한 '작용은 천지보다 앞서 일어나지만 형체[體][23]는 천지보다 뒤에 세워진다[24]'는 것이 이것이다. 그러나 자세하게 나누어 본다면 '움직여서 양을 낳고 고요해져서 음을 낳는다'는 것은 유행하

---

21) 『주역』「계사」상 12장. "形而上者, 謂之道 ; 形而下者, 謂之器."

22) 북송의 유학자인 소옹(邵雍 : 1011-1077)을 가리킨다. 시호는 강절(康節)이며, 역리에 정통하여 「선천괘위도(先天卦位圖)」를 만들었다. 저술로 『황극경세서(皇極經世書)』가 있다.

23) '體'자의 의미가 매우 까다롭다. 단순히 '것' 정도로 가볍게 새겨야 하는 경우가 있는가 하면 '모양' 정도가 적당한 경우도 있다. 철학적 용어로 사용될 경우에도 본체를 의미하는 경우와 형체를 의미하는 경우를 구별해야 한다. 여기서는 본체가 아니라 형체로 보아야 한다.

24) 소옹의 「觀物詩」에 나온다.

는 가운데도 정해진 분수는 어지러워지지 않는다는 것이다. '한 번 움직이고 한 번 고요해져서 서로 뿌리가 된다'는 것은 대립하여 상대하는 가운데도 오묘한 작용이 실제로는 서로 유통한다는 것이다."

陽變陰合而生水火木金土, 五氣順布, 四時行焉.

음양이 서로 변하고 합해져서 수·화·목·금·토를 낳으니, 다섯 가지 기운이 순조롭게 펼쳐져서 사계절이 운행한다.

○朱子曰: "有太極一動一靜, 而兩儀分. 有陰陽則一變一合, 而五行具. 然五行者, 質具於地而氣行於天者也. 以質而語其生之序, 則曰水火木金土, 而水木陽也, 火金陰也. 以氣而語其行之序, 則曰木火土金水, 而木火陽也, 金水陰也." 或問: "陽何以言變, 陰何以言合?" 曰: "陽動而陰隨之故, 云變合."

○愚謂: "水火木金土者, 陰陽生五行之序也. 木火土金水者, 五行自相生之序也." 曰: "五行之生與五行之相生, 其序不同, 何也?" 曰: "五行之生也, 蓋二氣之交變合而各成. 天一生水, 地二生火, 天三生木, 地四生金, 天五生土. 所謂'陽變陰合而生水火木金土', 是也. 五行之相生也, 蓋一氣之推循環相因. 木生火, 火生土, 土生金, 金生水, 水復生木, 所謂'五氣順布四時行焉', 是也." 曰: "其所以有是二端, 何也?" 曰: "二氣變合而生者, 原於對待之體也, 一氣循環而生者, 本於流行之用也."

○주희가 말했다.
"태극이 있으면 한 번 움직이고 한 번 고요해져서 두 가지 양식으로 나누어진다. 음양이 있으면 한 가지는 변화하고 한 가지는 거기에 결합하여 오행이 갖추어진다. 그러나 오행이라는 것은, 질(質)은 땅에 갖추어져 있고 기(氣)는 하늘에서 운행하는 것이다. 질로써 그 생겨나는 순서를 말하면 수·화·목·금·토라고 말하니, 수와 목은 양이고 화와 금은 음이다. 기로써 그 유행하는 순서를 말하면 목·화·토·금·수이니, 목과 화는 양이고 금과 수는 음이다."

어떤 사람이 "양에 대해서는 어째서 변한다고 말하고 음에 대해서는 어째서 합한다고 말하는가?" 하고 물었다. "양이 움직이면 음이 그것을 따르기 때문에 양은 변하고 음은 합한다"고 말하였다.

○ 나는 이렇게 생각한다.

"수·화·목·금·토는 음양이 오행을 낳는 순서이다. 목·화·토·금·수는 오행이 스스로 서로 낳는〔相生〕순서이다." "오행이 생겨나는 것과 오행이 서로 낳는 순서가 같지 않은 것은 무엇 때문인가?" "오행이 생겨남은 대개 두 가지 기(氣)가 서로 변하고 합하여 각각 이루어진다. 하늘의 1은 수를 낳고, 땅의 2는 화를 낳고, 하늘의 3은 목을 낳고, 땅의 4는 금을 낳고, 하늘의 5는 토를 낳는다.[25] 이것이 이른바 '양이 변하고 음이 합하여 수·화·목·금·토를 낳는다'는 것이다. 오행이 서로 낳는 것은 대개 하나의 기운〔一氣〕이 변화〔推〕할 때 서로 원인이 되며 순환하기 때문이다. 목이 화를 낳고 화가 토를 낳고 토가 금을 낳고 금이 수를 낳고 수가 다시 목을 낳으니, 이른바 '다섯 가지 기운이 순조롭게 퍼져 사계절이 운행한다'는 것이 이것이다."[26] "이러한 두 가지 단서를 가지고 있는 것은 왜 그런가?" "두 가

---

25) 복희씨(伏羲氏) 때 용마가 짊어지고 나왔다는 전설이 있는 「하도(河圖)」에 의하면 1에서 10까지의 정수를 가지고 오행의 생성을 설명하고 있다. 그 중 1·2·3·4·5는 낳는 수이고 6·7·8·9·10은 이루는 수이다. 1이 낳아 6이 이루면 수가 되고, 2가 낳아 7이 이루면 화가 되고, 3이 낳아 8이 이루면 목이 되고, 4가 낳아 9가 이루면 금이 되고, 5가 낳아 10이 이루면 토가 된다. 음과 양 둘 중 하나만으로는 조화가 이루어질 수 없음을 뜻하는 음양철학의 오묘한 이치이다. 우리가 일상적으로 사용하는 '생성'이라는 개념에는 양이 낳고 음이 이룬다는 음양철학적 의미가 내포되어 있다.

지 기운이 변하고 합하여 생겨나는 것은 대립적이면서 상호의존하는 모양에 근본을 두고 있으며, 하나의 기운이 순환하여 생겨나는 것은 유행하는 작용[流行之用]에 근본을 두고 있기 때문이다."[27]

五行一陰陽也, 陰陽一太極也, 太極本無極也.

오행은 하나의 음양이며, 음양은 하나의 태극이며, 태극은 본래 무극이다.

○朱子曰: "五行具, 則造化發育之具, 無不備矣. 故又卽此而推本之, 以明其渾然一體, 莫非無極之妙, 而無極之妙, 亦未嘗不各具於一物之中也. 蓋五行異質, 四時異氣, 而皆不能外乎陰陽, 五殊二實, 無餘欠也. 陰陽異位, 動靜異時, 而皆不能離乎太極, 精粗本末, 無彼此也. 至於所以爲太極者, 又無聲臭之可言也."
○愚按: "此圖卽「繫辭」'易有太極, 是生兩儀. 兩儀生四象'之義, 而推明之也. 但易以卦爻言, 圖以造化言. 卦爻固所以擬造化也."

○주희가 말했다.

---

26) 오행 상호간의 서로 낳는 질서를 가리킨다. 오행에는 서로 낳는 질서[相生]와 서로 이기는 질서[相剋] 두 가지가 있다. 목·화·토·금·수는 상생의 순서이며 수·화·금·목·토는 상극의 순서이다.
27) 음양철학에서 음양을 이해하는 틀에는 두 측면이 있다. 음양을 서로 대립하는 실체로 이해하는 것과 하나의 기운이 유행하여 처한 상황에 따라 둘로 나누어진다고 설명하는 것이다. 전자를 '대대(對待)'라고 하며 후자를 '유행(流行)'이라고 한다. 음양은 대대의 입장에서 보면 서로 대립된 둘이지만 유행의 측면에서 보면 하나의 기운일 뿐이다. 음양 두 기운이 변하고 합하여 오행을 낳는다는 것은 대대한 음양이 오행을 낳는 것이며, 오행 상생은 음양이 유행하며 상생의 질서에 따라 오행을 서로 낳는 것이다.

"오행이 갖추어지면 조화와 발육(發育)의 도구가 모두 갖추어진다. 그러므로 여기에서 다시 근본으로 미루어 올라가 '두루 섞여 하나를 이룬 것[渾然一體]'이 무극의 오묘함이 아님이 없으며, 무극의 오묘함 또한 모든 사물 하나하나 가운데 구비되지 않음이 없다는 것을 밝혔다.[28] 대개 오행은 질을 달리하고 사계절은 기를 달리하지만 모두 음양의 밖에 있을 수 없어, 다섯 가지 다른 것[五殊]과 두 가지 알찬 것[二實]은 남거나 모자람이 없다. 음양은 위치를 달리하고 동정은 때를 달리하지만 모두 태극에서 벗어날 수 없어, 정밀한 것과 거친 것, 근본과 말단은 저것과 이것의 구별이 없다. 태극이라는 것에 이르러서는 또한 표현할 수 있는 소리나 냄새도 없다."

○ 나는 이렇게 생각한다.

"이 그림[29]은 「계사(繫辭)」의 '역(易)에는 태극이 있으니 이것이 두 가지 양식[兩儀]을 낳는다. 두 가지 양식은 네 가지 상[四象]을 낳는다'[30]는 의미를 미루어서 밝힌 것이다. 그러나 역은 괘(卦)와 효(爻)[31]

---

28) 一卽多, 多卽一의 전일적 유기체적 자연관을 볼 수 있다. 우주 만물은 모두 형이상의 궁극적 진리인 태극의 변용이며, 따라서 우주 만물 가운데는 태극이 내재하지 않는 곳이 없다는 것이다.

29) 앞서 소개된 「태극도」를 가리킨다. 제1조인 이 글은 『태극도설』이다. 『태극도설』이란 「태극도」에 대한 설명문이다. 「태극도」는 '무극이태극권', '양의권', '오행권', '건도성남·곤도성녀권', '만물화생권'의 다섯 층으로 나누어지지만 이것은 이해의 편의를 위하여 이렇게 그린 것일 뿐이다. 「태극도」의 사상대로 그린다면 다섯 층이 하나의 원인 '무극이태극권'에 다 포함되게 그려야 한다.

30) 『주역』 「계사」 상 11장. "易有太極, 是生兩儀, 兩儀生四象." 『역』은 원래 점치는 책이었다. 그러나 『역』에는 중국 고대의 자연관과 인간관이 모두 반영되어 있다. 『역』 가운데서 「계사」는 『역』의 철학적 의미를 해설하고 있는 부분으로 공자가 지었다는 십익(十翼) 중에서 가장 중요한 내용을 담고 있다. 「계사」에 의하면 『역』이라는 책은 자연의 변화를 본떠서 만든 것이다. 『역』에 의하면 자연의 변화는 곧 음양의 변화이며, 『역』의 음양은 자연의 음양을 괘와 효로 나타낸 것이라고 한다. 그러므로 책으로서의 『역』이 있기 이전에 자연으로서의 역이 먼저 존재한다고 한다. 그리고 자연의 역인 음양 변화의 근저에는 본체인 태극이 있고, 태

를 가지고 말했지만, 그림은 조화(造化)를 가지고 말했다. 괘와 효는 본래 조화를 본뜬 것이다."

五行之生也, 各一其性.

오행이 생겨남에 각기 그 성을 하나씩 갖추고 있다.

○張南軒曰: "五行生質, 雖有不同, 然太極之理, 未嘗不存也. 五行各一其性, 則爲仁義禮智信之理, 而五行各專其一."

○ 장식[32]이 말했다.

"오행은 타고난 질(質)이 비록 다르지만 태극의 리(理)를 지니지 않은 것이 없다. 오행이 각기 그 성을 갖추고 있다는 것은 곧 인(仁)·의(義)·예(禮)·지(智)·신(信)의 리 가운데서 각기 그 하나를 오로지 가지고 있다는 것이다."

無極之眞, 二五之精, 妙合而凝, 乾道成男, 坤道成女. 二氣交感, 化生萬物, 萬物生生而變化無窮焉.

극의 동정에 따라 음양의 변화가 이루어진다고 한다.

31) 『역』은 자연의 변화를 음양의 변화로 이해하고 음양의 변화에 따른 자연과 인간의 일을 점을 통해 이해하고자 만들어진 책이다. 『역』의 내용은 3획으로 이루어진 8괘를 기본으로 하며, 이 8괘를 중복시켜 만든 64괘가 『역』의 전체를 이룬다. 각각의 괘는 6획으로 이루어지며 각각의 획을 효(爻)라고 부른다. 음과 양을 6층으로 중복시켜 만든 64괘가 『역』의 순수한 내용이며, 문자로 이루어진 설명은 이 64괘에 대한 중국 역대 선현들의 해석이다. 해석의 도움에 의지함이 없이 64괘의 모양만 보고 인식에 기초한 자기 나름의 해석을 할 수 있을 때 『역』을 참으로 이해하였다고 할 수 있을 것이다.

32) 해제 참조.

무극의 진리와 음양오행의 정기가 오묘하게 합하여 응집해서 '건도는 남성을 이루고 곤도는 여성을 이룬다.'[33] 건곤의 기운이 교감하여 변화를 통하여 만물을 생성하니, 만물이 끊임없이 생겨나 변화가 다함이 없다.

○朱子曰: "眞以理言, 無妄之謂也. 精以氣言, 不二之名也. 妙合者, 太極二五本混融而無閒也. 凝者, 聚也. 氣聚而成形也. 蓋性爲之主, 而陰陽五行爲之經緯錯綜, 又各以類凝聚, 而成形焉. 陽而健者, 成男則父之道也. 陰而順者, 成女則母之道也. 是人物之始以氣化而生者也. 氣聚成形, 則形交氣感, 遂以化化, 而人物生生, 變化無窮矣. 自男女而觀之, 則男女各一其性, 而男女一太極也. 自萬物而觀之, 則萬物各一其性, 而萬物一太極也. 蓋合而言之, 萬物統體一太極也, 分而言之, 一物各具一太極也."
○愚按: "「繫辭」'天地絪縕萬物化醇', 氣化也. '男女構精萬物化生', 形化也. 『圖說』蓋本諸此."

○주희가 말했다.

"참이란 리(理)로써 말한 것이니, 허망함이 없다는 의미이다. 정밀함이란 기(氣)로써 말한 것이니 둘로 나뉘지 않는다〔不二〕는 것을 이름 지은 것이다. 오묘하게 합한다는 것은 태극과 음양오행이 본래 하나로 뒤섞여 틈이 없다는 것이다. 응집한다는 것은 모이는 것이다. 기가 모여서 형체를 만든다. 대개 성(性)이 주인이 되고 음양과 오행이 가로세로로 뒤엉키어 각기 종류에 따라 응취하여 형체를 이룬다. 양으로서 굳건한 것은 남성을 이루니 아버지의 도이다. 음으로서 순응하는 것은 여성을 이루니 어머니의 도이다. 이것은 사람과 사물의 시작으로

---

33) 『주역』 「계사」 상 1장.

기의 변화〔氣化〕로 인해 생겨나는 것이다. 기가 모여서 형체를 이루고 나면 형체와 기운이 교감하니, 드디어 형체의 변화〔形化〕에 의하여 사람과 사물이 생겨나고 또 생겨나서 변화가 무궁하다. 남녀의 측면에서 본다면 남녀가 각기 그 성을 하나씩 가지고 있으니, 남녀가 각각 하나의 태극이다. 만물의 측면에서 본다면 만물이 각기 그 성을 하나씩 가지고 있으니, 만물이 각기 하나의 태극이다. 대개 합해서 말하면 만물은 하나의 태극을 '통일적인 본체〔統體〕'로 하며, 나누어서 말하면 하나의 사물이 각각 하나의 태극을 갖추고 있다."

○나는 이렇게 생각한다.

"「계사」의 '천지의 기운이 교감하여 만물이 순조롭게 생겨난다'[34]는 것은 기화(氣化)이다. '암컷과 수컷이 정기를 합하여 만물이 변화·생성한다'[35]는 것은 형화(形化)이다. 「도설(圖說)」은 대개 여기에 근본한다."

惟人也, 得其秀而最靈. 形旣生矣, 神發知矣. 五性感動, 而善惡分萬事出.

오직 사람만이 그 중 빼어난 것을 얻어서 가장 영묘하다. 형체가 생기고 나면 정신은 지각(知覺)을 일으킨다. 오성(五性)이 감응하여 움직이니 선과 악이 나누어지고 온갖 일이 생겨나게 된다.

○朱子曰: "此言衆人具動靜之理, 而常失之於動也. 蓋人物之生, 莫不有太極之道焉. 然陰陽五行氣質交運, 而人之所稟獨得其秀. 故其心爲最靈, 而有以不失其性之全, 所謂天地之心而人之極也. 然形生於陰, 神發於陽, 五常之性感物而動, 而陽善陰惡, 又以類分, 而五

---

34) 『주역』 「계사」 하 5장. "天地絪縕, 萬物化醇."
35) 『주역』 「계사」 하 5장. "男女構精, 萬物化生."

性之殊, 散爲萬事. 蓋二氣五行, 化生萬物, 其在人者, 又如此也."

○ 주희가 말했다.

"이것은 일반 사람들도 동정의 이치를 구비하고 있으나 움직이는 데에서 항상 그것을 잃게 됨을 말한 것이다. 대개 사람과 사물이 생겨날 때 태극의 도를 가지지 않음이 없다. 그러나 음양과 오행의 기질이 번갈아 운행하는 가운데 사람만이 그 중 빼어난 것을 얻어 태어났다. 그러므로 그 마음이 가장 영묘하여 온전한 본성을 잃지 않을 수 있으니, 이른바 천지의 마음이고 사람의 표준〔人之極〕이다. 그러나 형체는 음에서 생기고 정신은 양에서 발하며, 오상(五常)의 성이 사물에 감응하여 움직이니, 양의 선과 음의 악이 또한 종류별로 나누어져 오성(五性)의 특수함이 흩어져서 만 가지 일이 된다. 대개 음양 두 기운과 오행이 변화하여 만물을 생성시키니, 사람의 경우도 이와 같다."

聖人定之以中正仁義,

성인은 중·정·인·의로써 온갖 일을 안정시키고,

○ 本注云 : "聖人之道, 仁義中正而已矣."

○ 본주(本注)[36]에서는 "성인의 도는 인의와 중정일 따름이다"라고 말했다.

而主靜,

---

36) 여기에서의 본주란 주돈이 자신의 주를 가리킨다.

고요함〔靜〕을 위주로 하여,

○ 本注云：“無欲, 故靜.”

○ 본주에서는 “욕망이 없으므로 고요하다”라고 했다.

立人極焉. 故聖人與天地合其德, 日月合其明, 四時合其序, 鬼神合其吉凶.

사람의 표준을 세우셨다. 그러므로 성인은 천지와 덕을 함께 하시며, 일월과 밝음을 함께 하시며, 사계절과 순서를 함께 하시며, 귀신과 길흉을 함께 하신다.[37]

○ 朱子曰：“此言聖人全動靜之德, 而常本之於靜也. 蓋人稟陰陽五行之秀氣, 而聖人之生又得其秀之秀者. 是以其行之也中, 其處之也正, 其發之也仁, 其裁之也義. 蓋一動一靜, 莫不有以全夫太極之道, 而無所虧焉, 則向之所謂‘欲動情勝利害相攻’者, 於此乎定矣. 然靜者, 誠之復而性之眞也. 苟非此心寂然無欲而靜, 則亦何以酬酢事物之變而一天下之動哉? 故聖人中正仁義動靜周流, 而其動也必主乎靜. 此其所以成位乎中, 而天地日月四時鬼神有所不能違也. 蓋必體立而後, 用有以行. 若程子論乾坤動靜而曰：‘不專一則不能直遂, 不翕聚則不能發散’, 亦此意爾.”

○ 李果齋曰：“‘五性感動而善惡分’, 是五性皆有動有靜也. 惟聖人能定其性而主於靜, 故動罔不善而人心之太極立焉. 蓋人生而靜, 性

---

37) 『주역』 건괘 「문언」. 단, 「문언」에는 성인(聖人)이 아니라 대인(大人)이라고 되어 있다.

之本體. 湛然無欲, 斯能主靜, 此立極之要領也." 或問 : "周子不言禮智, 而言中正, 何也?" 愚謂 : "此圖辭義悉出於『易』. 易本陰陽而推之人事. 其德曰'仁義', 其用曰'中正', 要不越陰陽之兩端而已. 仁義而匪中正, 則仁爲姑息, 義爲忍刻之類. 故『易』尤重中正."

○ 주희가 말했다.

"여기서는 성인은 동정의 덕을 다 갖추고 있지만 항상 고요함에 근본을 두고 있음을 말하고 있다. 대개 사람은 음양오행 중에서 빼어난 기를 품부받아 태어나지만, 성인이 태어날 때는 다시 빼어난 것 중의 빼어난 것을 얻었다. 이 때문에 그의 행동은 알맞고(中), 그의 처신은 바르며(正), 그의 감정(發)은 어질고(仁), 그의 일 처리는 의(義)롭다. 대개 한 번 움직이고 한 번 고요함에 저 태극의 도를 온전하게 하지 않음이 없어서 이지러지는 것이 없게 되면, 지난날의 이른바 '욕망이 움직이고 감정이 이겨 이해(利害)가 서로 공격하던 상태'[38]가 이제는 안정된다. 그러나 정(靜)은 성(誠)의 회복이며 성(性)의 참모습이다.[39] 진실로 이 마음이 고요하여 욕망이 없는 정(靜)의 상태가 아니면, 어떻게 사물의 변화에 대응하여 천하의 움직임을 하나로 통일할 수 있

---

38) 주희의 『태극도설해』는 "惟人也……萬事出矣"를 해석하는 주의 마지막 부분에서 "온전한 태극을 안정시킨 성인이 아니면 욕망이 움직이고 감정이 이겨서 이해가 서로 공격할 것이니, 사람의 표준이 서지 않아 금수와 별로 다르지 않게 될 것이다"라고 하였다. 엽채가 집해하면서 이 문장을 생략하여 앞뒤가 통하지 않게 되었다.

39) 여기서는 靜과 誠과 性의 관계를 설명하고 있다. 고요함을 통해 진실무망한 상태를 회복할 수 있다고 하며, 고요한 상태는 곧 인간 본성의 참된 모습이라고 한다. 바꾸어 설명하면 고요함을 통해 인간 본성의 참된 모습을 회복하면 진실무망한 상태, 곧 자연의 진리에 도달하게 된다는 것이다. 유학은 실천을 위주로 하기 때문에 고요함을 지나치게 강조하면 실천을 도외시할 위험이 있지만, 실천의 원리와 힘이 고요함에 뿌리박고 있다는 사실은 부정할 수 없다.

겠는가? 그러므로 성인이 알맞고 바르며 어질고 의롭게 동정을 두루 행하지만, 그 움직임은 반드시 정을 주로 삼는다. 이것이 천지 가운데 자리잡고 살면서 천지, 일월, 사계절, 귀신과 어긋나지 않을 수 있는 까닭이다. 대개 반드시 본체가 선 이후에야 작용이 행해질 수 있다. 정자(程子)가 건곤의 동정을 논하면서 '전일하지 않으면 곧게 성취할 수 없고, 거두어 모으지 않으면 발산할 수 없다'[40]고 말한 것도 이러한 뜻일 따름이다."

　○ 이방자[41]가 말했다.

　"'오성이 감동하여 선악이 나누어진다'는 것은 오성이 모두 움직임과 고요함이 있다는 것이다. 오직 성인만이 그 성을 안정시켜 고요함을 주인으로 삼기 때문에 움직임에 선하지 않음이 없어 마음의 태극이 세워진다. 대개 사람이 태어나서 고요한 상태는 성의 본체이다. 맑아서 욕심이 없어야, 고요함을 주인으로 삼을 수 있으니, 이것이 마음의 태극을 세우는 요령이다."

　어떤 사람이 물었다. "주자(周子 : 주돈이)가 예지(禮智)를 말하지 않고 중정을 말한 것은 무엇 때문인가?" 내가 생각하건대, "이 그림의 의미는 모두 『역』에서 나온 것이다. 『역』은 음양에 근본을 두고 사람의 일에까지 미루어 나갔다. 그 덕을 인의라 하고 그 작용을 중정이라고 하였으니, 요컨대 음양 두 가지 단서를 넘지 않을 뿐이다. 어질고 의로우면서 중정하지 않으면 어진 것은 고식적으로 되고 의로운 것은 잔인하고 각박한 종류가 된다. 그러므로 『역』은 중정(中正)[42]을 더욱

---

40) 『주역전의대전』「계사」상 6장 세주(細註). "程子曰乾陽也, 不動則不剛. 其靜也專, 其動也直. 不專一則不能直遂. 坤陰也, 不靜則不柔其靜也翕, 其動也闢, 不翕聚則不能發散."

41) 해제 참조.

42) 『역』은 64괘로 이루어진다. 각각의 괘는 상괘와 하괘로 구성되어 여섯 개의 효(爻)로 이루어진다. 역에서는 각 효를 아래에서부터 위로 초효, 2효, 3효, 4효, 5효, 상효라고 부른다. 2효와 5효는 상괘와 하괘의 가운뎃자리에 있기 때문에 중

중시한다."

君子修之吉, 小人悖之凶.

군자는 덕성을 수양하기 때문에 길하지만, 소인은 거스르기에 흉하
게 된다.

○朱子曰: "聖人太極之全體, 一動一靜, 無適而非中正仁義之極.
蓋不假修爲而自然也. 未至此而修之, 君子之所以吉也. 不知此而悖
之, 小人之所以凶也. 修之悖之, 亦在乎敬肆之間而已矣. 敬, 則欲寡
而理明. 寡之又寡以至於無, 則靜虛動直, 而聖可學矣."

○주희가 말했다.

"성인은 태극의 온전한 본체를 갖추어 한 번 움직이고 한 번 고요
함에 가는 곳마다 중·정·인·의의 표준에 맞지 않음이 없다. 대개
수양을 기다리지 않고서도 저절로 그러하다. 아직 이러한 경지에 이르
지 못하여 덕성을 수양하는 것은 군자가 길한 까닭이다. 이것을 알지
못하여 거스르는 것은 소인이 흉한 까닭이다. 수양하고 거스르는 것은
또한 공경함〔敬〕과 방자함〔肆〕의 사이에 있을 뿐이다. 공경하면 욕망
이 적어져서 이치가 밝게 드러난다. 줄이고 또 줄여서 욕망이 없어지
는 경지에 이르면 고요할 때는 텅 비고 움직일 때는 곧게 되어 성인
을 배울 수 있다."

故曰: '立天之道曰陰與陽, 立地之道曰柔與剛, 立人之道曰仁與義.'

(中)의 자리에 있다고 한다. 그리고 각 효 가운데에서 홀수 자리는 양의 자리이며
짝수 자리는 음의 자리이다. 양이 짝수 자리에 있거나 음이 음의 자리에 있으면
정(正)하다고 하여 괘의 길흉을 점칠 때 중정을 중시하였다.

又曰:'原始反終, 故知死生之說.'

　그러므로 '하늘의 도를 세워서 음과 양이라 부르고, 땅의 도를 세워
서 부드러움〔柔〕과 굳셈〔剛〕이라 부르고, 사람의 도를 세워서 인과 의
라고 부른다'[43]고 하였다. 또한 '시작의 근원을 추구하여 끝을 반성하
여 아는 까닭에 죽음과 삶에 관한 설을 안다'[44]고 하였다.

　○ 朱子曰: "陰陽成象, 天道之所以立也. 剛柔成質, 地道之所以立
也. 仁義成德, 人道之所以立也. 道一而已, 隨事著見, 故有三才之別.
而於其中, 又各有體用之分焉, 其實則一太極也. 陽也, 剛也, 仁也,
物之始也, 陰也, 柔也, 義也, 物之終也. 能原其始而知所以生, 則反
其終而知所以死矣. 此天地之間綱紀, 造化流行, 古今不言之妙. 聖人
作『易』, 其大意, 蓋不出此. 故引之以證其說."
　○ 愚謂: "'一陰一陽之謂道', 道卽太極也. 在天以氣言曰'陰陽', 在
地以形言曰'剛柔', 在人以德言曰'仁義'. 此太極之體所以立也. 死生
者, 物之終始也. 知死生之說, 則盡二氣流行之妙矣. 此太極之用所以
行也. 凡此二端發明太極之全體大用, 故引以結證一圖之義."

　○ 주희가 말했다.
　"음양이 상(象)을 이루니 천도가 서는 까닭이다. 강유(剛柔)가 질
(質)을 이루니 지도(地道)가 서는 까닭이다.[45] 인의의 덕이 이루어지니

---

43) 『주역』「설괘」 2장.

44) 『주역』「계사」 상 4장.

45) 성리학의 대표적 존재론은 리기이원론(理氣二元論)이라고 할 수 있다. 모든 사
　　물은 리와 기의 묘합에 의하여 형성된다. 리(理)는 초월적 형이상적 존재이므로
　　변화가 있을 수 없지만 기는 음양으로 나누어져 상을 이루게 된다. 음양의 기는
　　상을 이루어 유행하지만 그 중 음은 다시 질을 이루어 강유를 이루게 된다. 상으
　　로서의 음양은 하늘의 음양이고 질로서의 음양은 땅의 음양이다. 하늘의 음양과

82

인도가 서는 까닭이다. 도는 하나일 따름이나 일을 따라 드러나는 까닭에 삼재(三才)의 구별이 있다. 그러나 그 가운데 또한 각기 체용(體用)의 구별이 있으나, 사실은 하나의 태극일 따름이다. 양과 강(剛)과 인은 사물의 시작이고, 음과 유(柔)와 의는 사물의 끝이다. 그 시작의 근원을 추구하여 태어나는 까닭을 알 수 있으면 끝을 돌아보아 죽는 까닭을 안다. 이것은 천지 사이의 법도이며 조화의 유행이요, 고금을 통해 이루 말할 수 없는 오묘함이다. 성인이 『역』을 지으심에 그 대의(大意)는 대체로 여기에서 벗어나지 않는다. 그렇기 때문에 인용하여 그 설을 증명하였다."

○ 나는 이렇게 생각한다.

"'한 번 음이 되었다가 한 번 양이 되는 것을 도라고 한다'고 하니, 도는 곧 태극이다. 하늘에 있을 때는 기(氣)로 말하여 음양이라고 하고, 땅에 있을 때는 형체로 말하여 강유(剛柔)라고 하며, 사람에게 있을 때는 덕으로 말하여 인의라고 한다. 이것은 태극의 체를 세운 것이다. 죽고 사는 것은 사물의 끝과 처음이다. 죽고 사는 것에 관한 설을 안다면 이기(二氣)가 유행하는 오묘함을 다 알게 된다. 이것은 태극의 작용이 이루어지는 것이다. 무릇 이 두 구절은 태극의 온전한 체[全體]와 커다란 작용[大用]을 밝히고 있으므로 인용하여 「태극도」의 뜻을 결론적으로 증명하였다."

大哉, 『易』也! 斯其至矣." 〔『太極圖說』〕

위대하구나, 『역』이여! 이것이[46) 그것의 지극함이로다."

땅의 음양이 서로 변하고 합하여 오행이 이루어지고, 오행의 단계를 거쳐야만 형체의 세계가 이루어진다고 설명한다.

46) '이것'은 『역』에서 인용된 앞의 두 구절의 내용을 가리킨다. 즉 『역』은 음양의 도를 밝히고, 존재의 근원과 종말에 대한 반성적 고찰을 통해 생성과 소멸이라는

ㅇ蔡節齋曰: "'易有太極'易, 變易也. 夫子所謂'無體'之易也. 太極
至極也, 言變易無體而有至極之理也. 故周子『太極圖說』, 特以'無極
而太極', 發明'易有太極'之義. 其所謂'無極而太極'者, 蓋亦言其無體
之易而有至極之理也. 是其'無極之眞', 實有得於夫子『易』之一言, 而
或以爲周子妄加者, 謬也. 且其『圖說』無非取於『易』者, 而其篇末, 又
以'大哉, 『易』也!'結之, 聖賢之言斷可識矣."

ㅇ 채연이 말했다.

"'역에는 태극이 있다'의 '역'은 변역(變易)이다.[47] 공자(孔子: 기원전
551-479)[48]가 '일정한 형체가 없다'[49]고 말한 '역'이다. 태극은 지극하다
는 의미이니, 변역에 일정한 형체가 없으나 지극한 이치가 있음을 말
하는 것이다. 그렇기 때문에 주자(周子)의 『태극도설』은 특히 '무극이
태극'을 가지고 '역에 태극이 있다'는 것의 의미를 밝혔다. 이른바 이
'무극이태극'이라는 것은 대개 변역에는 일정한 형체가 없지만 지극한
이치를 가지고 있음을 의미한다. 이 '무극의 진리'는 실로 공자가
『역』에서 한 말에서 얻은 것인데, 어떤 자가 주자(周子)가 함부로 덧

자연 변화의 근원을 알 수 있도록 도와주는 책이라는 것이다.

47) 易書에는 夏의 連山易과 殷의 歸藏易 이외에도 복희씨의 역과 문왕과 주공의
역과 공자의 역이 있다. 하지만 이들 역서는 모두 천지자연의 변화를 본떠서 만
든 것이다. 천지자연의 변화는 음양이 서로 변하고 바뀌는 데서 일어나기 때문에
이를 變易이라고 부른다. 역은 『역』이라는 책을 가리키기 이전에 음양의 변역,
즉 자연 자체를 먼저 가리킨다.

48) 공자는 가죽끈이 세 번 떨어질 정도로 『역』을 열심히 읽고, 열 가지의 해석[十
翼]을 추가하였다고 한다. 십익은 「계사」 상·하, 「단전」 상·하, 「상전」 상·
하, 건·곤괘의 「문언」, 「설괘」, 「서괘」, 「잡괘」 등을 가리킨다. 십익이 공자와
관련이 있다는 것은 부인하기 어렵지만 십익 전체를 공자가 지었다고 보기는 어
렵다.

49) 『주역』「계사」 상 4장. "範圍天地之化而不過, 曲成萬物而不遺, 通乎晝夜之道
而知, 故神无方而易無體."

붙였다고 생각하는 것은 잘못이다. 또한 저 『태극도설』은 『역』에서 취하지 않은 것이 없고, 또 『태극도설』의 끝에서 '위대하구나, 『역』이여!'라는 말로 맺었으니 성현의 말씀임을 단적으로 알 수 있다."

2

誠無爲,

성(誠)은 작위함이 없고,

○ 朱子曰 : "實理自然, 何爲之有! 卽太極也."

○ 주희가 말했다.
"실리(實理)는 스스로 그러하니 어찌 작위함이 있겠는가! 곧 태극이다."[50]

幾善惡.

기미에서 선과 악으로 나뉜다.

○ 朱子曰 : "幾者動之微, 善惡之所由分也. 蓋動於人心之微, 則天理固當發見, 而人欲亦已萌乎其間矣, 此陰陽之象也."

---

50) 우주 자연의 궁극적 본체인 태극을 진실하여 허망함이 없는 참된 진리로 보고, 이 참된 진리의 자연스러운 실현이 현상세계인 자연이라고 이해하는 입장이다. 우주 자연의 궁극적인 본체라고 하여 현상세계와 멀리 떨어져 있는 것이 아니라 현상세계의 원리로서 항상 현상세계 안에 내재하며, 특히 인간의 경우에는 인간의 본성으로서 인간의 선한 덕성을 이루고 있다고 한다.

o 주희가 말했다.

"기미라는 것은 움직임이 미미한 상태요,[51] 선과 악이 그로 말미암 아 나뉘는 것이다. 대개 사람의 마음이 은미한 가운데 움직이면 당연 히 천리가 발현되겠지만 인욕도 그 사이에서 이미 싹트니, 이것은 음 양의 상(象)이다."

德, 愛曰仁, 宜曰義, 理曰禮, 通曰智, 守曰信.

덕 가운데서 사랑을 인(仁)이라고 하고, 마땅함을 의(義)라고 하고, 조 리를 예(禮)라고 하고, 통함을 지(智)라고 하며, 지킴을 신(信)이라 한다.

o 朱子曰: "道之得於身者, 謂之德. 其別有是五者之用, 而因以名 其體焉, 卽五行之性也."

o 주희가 말했다.

"도를 자신에게 얻은 것을 덕이라고 한다. 다섯 가지 작용의 구별 이 있으므로 그로 말미암아 그 체를 이름 지으면 곧 오행의 성이다."

性焉安焉之謂聖.

이것[덕]을 본성으로 삼고 여기[덕]에서 편안함을 느끼는 사람을 성인(聖人)이라고 일컫는다.

o 朱子曰: "'性'者獨得於天. '安'者本全於己. '聖'者大而化之之稱.

---

51) 『주역』 「계사」 하 5장. "子曰: 知幾, 其神乎. 君子上交不諂, 下交不瀆, 其知幾 乎. 幾者 動之微. 吉之先見者也. 君子見幾而作, 不俟終日."

此不待學問強勉, 而誠無不立, 幾無不明, 德無不備者也."

○ 주희가 말했다.

"'본성으로 삼는다'는 것은 그 사람만은 태어나면서부터 하늘에서 얻었다는 것이다. '편안함을 느낀다'는 것은 본래 자기에게 온전하다는 것이다. 성(聖)이란 '도가 커져서 질적인 변화를 이룬 것'[52]을 일컫는다. 이러한 자는 학문을 통해 힘껏 노력하지 않아도 성(誠)이 서지 않음이 없고, 기미에 밝지 않음이 없고, 덕이 갖추어지지 않음이 없는 사람이다."

復焉執焉之謂賢.

이것을 회복하여 그것을 지키는 사람을 현인(賢人)이라고 한다.

○ 朱子曰: "'復'者反而至之. '執'者保而持之. '賢'者才德過人之稱. 此思誠研幾, 以成其德, 而有以守之者也."

○ 주희가 말했다.

"'회복한다'는 것은 돌아가 이른다는 것이다. '지킨다'는 것은 보존하여 유지한다는 것이다. 현인이란 재주와 덕이 다른 사람보다 뛰어난 자를 일컫는다. 이러한 사람은 성(誠)을 생각하고 기미를 살펴 연마해서 그 덕을 완성하여 그것을 지킬 수 있는 사람이다."

發微不可見, 充周不可窮之謂神人. 〔『通書』 제3장 「誠幾德」〕

---

52) 『맹자』 「진심」 하 25장. "大而化之, 之謂聖."

발현하는 것이 은미하여 볼 수 없고, 가득 찬 것이 두루 미쳐 추궁할 수 없는 사람을 신인(神人)이라고 한다.

○『通書』.

○ 朱子曰: "發之微妙而不可見, 充之周徧而不可窮, 則聖人之妙用而不可知者也."

○ 愚謂: "'性焉'·'復焉'以誠而言也. '安焉'·'執焉'以幾而言也. '發微'·'充周', 則幾之動而神也. 卽『通書』次章, '誠幾神'之義."

○『통서』에 나온다.

○ 주희가 말했다.

"발현하는 것이 미묘하여 볼 수 없고, 가득 찬 것이 두루 미쳐 추궁할 수 없다는 것은 이해할 수 없는 성인의 오묘한 작용, 바로 그것이다."

○ 나는 이렇게 생각한다.

"'이것을 본성으로 삼고', '이것을 회복한다'는 것은 성(誠)으로써 말한 것이다. '여기에 편안함을 느끼고', '그것을 지킨다'는 것은 기미로써 말한 것이다. '발현하는 것이 은미하고', '가득 찬 것이 두루 미친다'는 것은 기미의 움직임이 신묘하다는 것이다. 이것이『통서』다음장에 나오는 '진실되고 신묘하며 기미에 밝다〔誠幾神〕'[53]는 의미이다."

3

伊川先生曰:

---

53)『통서』제4장인「성(聖)」에는 "誠神幾曰聖人"이라고 되어 있다. 진실되고 신묘하며 기미에 밝은 사람을 성인이라고 한다는 의미이다.

"喜怒哀樂之未發謂之中. 中也者言寂然不動者也, 故曰天下之大本. 發而皆中節謂之和. 和也者言感而遂通者也, 故曰天下之達道." 〔『程氏遺書』 25-30[54]〕

정이[55]가 말했다.

"기쁨·성냄·슬픔·즐거움이 아직 발현되지 않은 상태를 중(中)이라고 말한다. 중이라는 것은 고요하여 움직이지 않는 상태를 말하므로 천하의 커다란 근본이라고 부른다. 발현되어 모두 절도에 맞는 것을 화(和)라고 말한다. 화(和)라는 것은 감응하여 드디어 통함을 말하므로 천하에 두루 통하는 도라고 부른다."[56]

○『文集』, 下同.
○ 說見『中庸』. 朱子曰: "喜怒哀樂, 情也. 其未發, 則性也. 無所偏倚, 故謂之中. 發皆中節, 情之正也. 無所乖戾, 故謂之和. 大本者, 天命之性天下之理, 皆由此出, 道之體也. 達道者, 循性之謂. 天下古今之所共由, 道之用也."

○『문집』에 나오며, 아래도 동일하다.
○ 설이『중용』에 보인다.
주희가 말했다.
"희·로·애·락은 정(情)이다. 그것이 아직 발현되지 않으면 성

---

54) 『遺書』 25-30은 『河南程氏遺書』 25권의 30번째 항목을 가리킨다.
55) 해제 참조.
56) 『중용』 1장과 『주역』 「계사」 상 10장을 결합시켜 설명하고 있다. 『중용』 1장. "喜怒哀樂之未發謂之中, 發而皆中節謂之和. 中也者, 天下之大本也. 和也者, 天下之達道也." 『주역』 「계사」 상 10장. "易, 無思也, 無爲也, 寂然不動, 感而遂通天下之故."

(性)이다. 치우치거나 기우는 바가 없으므로 중(中)이라고 한다. 발현
되어 모두 절도에 맞는 것은 바른 정이다. 어그러지는 바가 없으므로
화(和)라고 한다. '커다란 근본(大本)'이라는 것은 하늘이 명한 성으로
천하의 도리가 모두 여기에서 나오니 도의 본체이다. '두루 통하는 도
(達道)'는 성에 따르는 것을 말한다. 천하 고금이 함께 따르는 것으로
도의 작용이다."

4

心一也. 有指體而言者,

마음은 하나이다. 본체[57]를 가리켜 말하는 경우가 있고,

---

57) 체(體)와 용(用)이라는 개념은 동양철학, 특히 중국철학의 특성을 가장 잘 드러
내는 개념 중의 한 쌍이다. 체와 용은 본체와 작용, 또는 본질과 현상으로 번역된
다. 중국철학의 주된 학파라고 할 수 있는 유가와 도가와 중국화된 불교인 선종
은 모두 각각 나름대로 체용사상을 전개하였다. 체용사상의 특성은 체와 용은 근
원이 하나라는 의미의 '體用一源'이라는 개념 가운데 잘 드러나 있다. 본체와 작
용, 또는 본질과 현상은 개념이 지시하듯 존재의 전혀 다른 측면을 가리키지만
전혀 다른 이 두 측면은 동일한 존재의 양 측면이라는 것이다. 동양인들은 우주
의 근본원리를 설명하기 위하여 원을 그리기 좋아한다. 「태극도」의 '무극이태극
권'이 바로 이것이다. 이 때 원은 텅 비어 있지만 텅 빈 본체 가운데는 다양한 현
상의 원리가 그 안에 남김없이 모두 포함되어 있다. 자연은 그 자체로 완전한 존
재로서 외부로부터 어떤 원리를 빌릴 필요가 없다. 자연은 자연 이외의 절대자나
초월자를 필요로 하지 않는 그 자체 온전한 존재이다. 자연이 그러할 뿐 아니라
자연의 일부인 자연 안의 개체들의 경우도 마찬가지이다. 모든 개물들 역시 개체
로서 살아갈 수 있는 원리를 자신 안에 내재하고 있다. 특히 인간은 인간답게 살
아갈 수 있는 원리를 인간의 내면에 인간의 본성으로 지니고 있다. 동양철학이
인성론과 수양론을 중심으로 하여 전개되는 것은 바로 이 체용적 관점에서 나오
는 필연적 결과이다. 성인, 도사, 부처는 인간의 궁극적 경지이지만 이는 모두 초
월적 인간을 가리키는 개념이 아니라 인간의 참된 모습을 자각하여 실천하는 참

○ 本注云 : "寂然不動, 是也."

○ 본주에서 말했다. "고요하여 움직이지 않는 것이 이것이다."

有指用而言者.

작용을 가리켜 말하는 경우가 있다.

○ 本注云 : "感而遂通天下之故, 是也."

○ 본주에서 말했다. "감응하여 천하의 일에 통하는 것이 이것이다."

惟觀其所見如何耳.〔『程氏文集』9卷(伊川先生文 5)「與呂大臨論中書」〕

오직 말하는 자의 관점이 어떠한가를 살펴야 할 따름이다.

5

乾天也, 天者乾之形體, 乾者天之性情. 乾健也, 健而無息之謂乾.

건(乾)은 하늘이니, 하늘이라는 것은 건의 형체이며 건이라는 것은 하늘의 성정(性情)이다. 건은 굳건하다는 뜻이니, 굳세면서 쉼이 없는 것을 건(乾)이라고 부른다.

○ 朱子曰 : "性情二者, 常相參. 有性便有情, 有情便有性. 火之性

───────

사람일 뿐이다.

情則是熱, 水之性情則是寒, 天之性情則是健. 健之體爲性, 健之用是情. 惟其健, 所以不息."

○주희가 말했다.

"성(性)과 정(情) 두 가지는 항상 함께 있다. 성이 있으면 곧 정이 있고, 정이 있으면 곧 성이 있다. 불의 성정은 뜨거운 것이고 물의 성정은 차가운 것이며 하늘의 성정은 굳건한 것이다. 굳건함의 본체가 성이 되고 굳건함의 작용이 정이 된다. 오직 굳건하므로 쉬지 않는다."

夫天專言之則道也, 天且弗違是也. 分而言之, 則以形體謂之天, 以主宰謂之帝, 以功用謂之鬼神, 以妙用謂之神, 以性情謂之乾. 〔『易傳』乾卦(☰)〕

대저 하늘은 전일하게 말하면 도이니, '하늘도 어기지 않는다'[58]는 것이 이것이다. 나누어 말한다면, 형체의 측면에서 하늘이라 말하고, 주재의 측면에서 제(帝)라고 말하며, 공용(功用)의 측면에서 귀신이라 말하며, 오묘한 작용의 측면에서 신(神)이라 말하며, 성정의 측면에서 건(乾)이라 말한다.

○『易傳』, 下同.
○道者, 天理當然之路, 專言天者, 卽道也. 分而言之, 指其形體高大而無涯, 則謂之天, 指其主宰運用而有定, 則謂之帝. 天所以主宰萬化者, 理而已. 功用造化之有迹者, 如日月之往來, 萬物之屈伸, 是也. 往者爲鬼, 來者爲神. 屈者爲鬼, 而伸者爲神也. 妙用造化之無迹者,

---

58) 『주역』 건괘 「문언」. "夫大人者, 與天地合其德, 與日月合其明, 與四時合其序, 與鬼神合其吉凶. 先天而天弗違, 後天而奉天時. 天且弗違, 而況於人乎? 況於鬼神乎?"

如運用而無方, 變化而莫測, 是也.

　　○朱子曰：“功用, 言其氣也. 妙用, 言其理也. 功用, 兼精粗而言.
妙用, 言其精者.”

　　○黃勉齋曰：“合而言之, 言鬼神則神在其中矣. 析而言之, 則鬼神
者其粗迹, 神者其妙用也. 伊川言‘鬼神者造化之迹’, 此以功用言也.
橫渠言‘鬼神二氣之良能’, 此合妙用而言也.”

　　○정이의 『역전』에 나오며, 아래도 동일하다.
　　○도는 천리의 당연한 길이니, 천을 전일하게 말하면 곧 도이다. 나
누어 말하면, 그 형체가 높고 커서 끝이 없는 것을 가리켜서 하늘이라
하고, 주재하고 운용(運用)함에 일정한 법칙이 있는 것을 가리켜서 제
(帝)라고 한다. 천이 온갖 조화를 주재하는 근거는 리(理)일 따름이다.
공용(功用)이란 조화의 자취이니 해와 달이 왕래하고 만물이 굴신(屈
伸)하는 것 등이 이것이다. 가는 것은 귀(鬼)가 되고 오는 것은 신(神)
이 된다. 굽히는 것은 귀(鬼)가 되고 펴는 것은 신(神)이 된다. 오묘한
작용이란 자취가 없는 조화이니 일정한 방향이 없는 운용과 헤아릴
수 없는 변화와 같은 것이 이것이다.
　　○주희가 말했다.
　　“공용(功用)은 조화의 기(氣)를 말한다. 묘용(妙用)은 조화의 이치를
말한다. 공용은 ‘정밀한 것’과 ‘거친 것’을 겸하여 말한 것이고, 묘용은
정밀한 것만을 말한다.”[59]

---

59) 여기서는 ‘정밀한 것〔精〕’과 ‘거친 것〔粗〕’, 공용과 묘용을 대비시키고 있다. 정
　　밀한 것은 형이상의 본체를 가리키고 거친 것은 형이하의 작용을 가리킨다. 그리
　　고 공용은 현상의 작용을 가리키고 묘용은 본체 가운데 있는 오묘한 작용을 가리
　　킨다. 본체와 현상을 대립적으로 이해할 때는 본체와 현상이 둘로 나뉘어 설명되
　　지만, 현상은 본체의 현상이며 본체는 현상의 본체라고 보면, 둘은 하나로 설명될
　　수밖에 없다.

○ 황간[60]이 말했다.

"합해서 귀신(鬼神)이라고 말하면 신(神)이 그 가운데 있다. 나누어 말하면 귀신(鬼神)이란 거친 자취이며 신(神)이란 오묘한 작용이다. 이천(伊川)이 '귀신은 조화의 자취이다'[61]라고 말한 것은 공용으로써 말한 것이다. 횡거(橫渠)가 '귀신은 음양 두 가지 기운의 양능(良能)이다'[62]라고 말한 것은 오묘한 작용을 합해서 말한 것이다."

6

四德之元猶五常之仁, 偏言則一事, 專言則包四者. 〔『易傳』 乾卦 (䷀) 「象傳」〕

네 가지 덕[63]중의 원(元)은 오상[64]중의 인과 같다. 치우쳐서 말하면 한 가지의 일이지만, 전일하게 말하면 네 가지를 포함한다.

○乾卦「象傳」. 在天爲四德, 元亨利貞也. 在人爲五常, 仁義禮智信也. 分而言之, 則'元'者四德之一, '仁'者, 五常之一. 專言'元', 則亨利貞在其中. 專言'仁', 則義禮智信在其中. 蓋'元'者天地之生理也. '亨'者生理之達. '利'者生理之遂. '貞'者生理之正. '仁'者人心之生理也. '禮'者仁之節文. '義'者仁之裁制. '知'者仁之明辨. '信'者仁之眞實也.
○朱子曰: "仁之一事, 所以包四者, 不可離其一事, 而別求兼四者之仁." 又曰: "仁是生底意思, 通貫周流於四者之中. 須得辭遜·斷

---

60) 해제 참조.
61) 『중용』16장 집주. "程子曰鬼神天地之功用, 而造化之迹也."
62) 상동. "張子曰鬼神者, 二氣之良能也."
63) 元·亨·利·貞을 가리킨다.
64) 仁·義·禮·智·信을 가리킨다.

制·是非三者, 方成得仁之事."

○ 건괘의 「단전」이다. 하늘에서는 사덕이니 원·형·이·정이다. 사람에게는 오상이니 인·의·예·지·신이다. 나누어 말하면 '원'이란 사덕의 하나이고, '인'이란 오상의 하나이다. '원'을 전일하게 말하면 형·이·정이 그 가운데 있다. '인'을 전일하게 말하면 의·예·지·신이 그 가운데 있다.[65] 대개 '원'이란 천지의 낳는 이치[生理]이다. '형'이란 생리가 통달되는 것이다. '이'란 생리가 완수되는 것이다. '정'이란 생리의 바름이다. '인'이란 사람 마음의 생리이다. '예'란 인의 절도 있는 형식[節文]이다. '의'란 인의 재제(裁制)이다. '지'란 인의 밝게 분별하는 것[明辨]이다. '신'이란 인의 진실함이다.

○ 주희가 말했다.

"인이라는 한 가지의 일은 네 가지를 포괄하므로 그 하나의 일을 떠나서 별도로 네 가지를 겸하는 인을 구해서는 안 된다."

또 말했다.

"인은 생명의 의미로 네 가지 가운데 두루 관통하여 흐른다. 사양하고 겸손함, 판단하여 재제(裁制)함, 옳고 그름을 분별함의 세 가지를 얻어야 바야흐로 인의 일을 이룰 수 있다."

7

天所賦爲命, 物所受爲性. 〔『易傳』乾卦(☰)「象傳」〕

---

65) 하늘의 덕은 나누어 말하자면 원·형·이·정이지만 나누지 않고 말하자면 '원' 하나 가운데 형·이·정이 다 포괄된다. 즉 형·이·정은 '원'의 자기 전개양식의 변화라고 할 수 있다. 인간 덕성의 경우도 마찬가지이다. '인'은 인·의·예·지·신이라는 덕성 중의 하나라고 할 수도 있지만 '인'이라는 덕 하나로 인간의 덕성을 포괄하여 말할 수도 있다.

하늘이 부여한 것은 명(命)이며, 사물이 받은 것은 성(性)이다.

○朱子曰: "'命'猶誥勅, '性'猶職任. 天以此理命於人, 人稟受此理則謂之性."

○주희가 말했다.

"'명'은 명령과 같고 '성'은 맡은 책임과 같다. 하늘이 이 리(理)를 사람에게 부여하고, 사람이 이 리를 품수받은 것을 성(性)이라고 한다."[66]

8

鬼神者造化之迹也. 〔『易傳』乾卦(☰) 「文言」〕

귀신이란 조화의 자취이다.

9

剝之爲卦, 諸陽消剝已盡, 獨有上九一爻尚存. 如碩大之果不見食, 將有復生之理. 上九亦變則純陰矣. 然陽無可盡之理, 變於上則生於下, 無間可容息也. 聖人發明此理, 以見陽與君子之道不可亡也. 或曰:

---

66) 유학의 종교성이 여기에 있다. 하늘이 인간에게 인간성을 부여한 것은 인간에 대한 하늘의 명령이다. 이것을 인간의 측면에서 본다면 인간성은 인간이 하늘로부터 받은 사명이다. 인간은 인간성을 다함으로써 하늘에 대한 책임을 다하는 것이 된다. 창조주와 피조물을 구별하고 인간의 원죄를 교리로 하고 있는 기독교는 기도와 신앙을 종교행위로 삼지만, 유학의 경우에는 인간성을 실현하는 삶 자체가 종교적인 행위라고 하겠다.

"剝盡則爲純坤, 豈復有陽乎?" 曰 : "卦配月, 則坤當十月. 以其消息言, 則陽剝爲坤, 陽來爲復. 陽未嘗盡也. 剝盡於上則復生於下矣."

박괘(剝卦 : ☶☷)[67]는 여러 양들이 소멸해서 이미 다 없어지고, 오직 상구(上九)[68] 한 효만 아직 남아 있다. 마치 나무 꼭대기의 과일[碩大之果]이 먹히지 않아[69] 장차 다시 생성될 이치가 남아 있는 것과 같다. 상구(上九)도 변하면 순수한 음이 될 것이다. 그러나 양은 완전히 없어지는 이치는 없으니, 위에서 변화하면 아래에서 생겨나니, 잠시도 쉬는 것을 용납하지 않는다. 성인[70]은 이 이치를 밝혀서 양과 군자의

---

67) 8괘에는 乾(☰) 兌(☱) 離(☲) 震(☳) 巽(☴) 坎(☵) 艮(☶) 坤(☷)이라는 이름이 있으며, 8괘를 상하로 중복시킨 64괘에도 각각 이름이 있다. 괘의 이름과 괘의 의미 사이에는 매우 밀접한 관계가 있다. 역의 괘란 象을 의미하며 이름은 그 상에 해당되는 대표적 자연현상을 지시하는 것이기 때문에, 각 괘의 의미를 이해함에 있어서 괘명의 이해는 선행되어야 하는 필수적인 것이다. 剝괘(☶☷)에서 '剝'자의 의미는 '벗긴다', '떨어뜨린다', '손상시킨다'는 뜻이다. 지금 괘의 모양을 보면 아래에는 다섯 개의 음효가 있고 위에는 하나의 양효가 있다. 효는 아래에서부터 시작되므로 이는 다섯 개의 음이 성장하여 하나의 마지막 남은 양을 몰아내려는 상이다. 그러므로 '剝'이라는 이름을 붙였으며, 따라서 이 괘는 '剝'이라는 상황 속에서 각각의 효가 설명된다. 64괘에서 각 괘의 이름은 그 괘의 전체적 상황을 설명하기 때문에 괘의 이름을 괘상과 관련지워 이해하는 것은 괘의 이해에서 매우 중요하다.

68) 『역』에서 양효는 모두 九라고 부르고 음효는 모두 六이라고 부른다. 『역』에서는 변화를 중시하는데, 九는 노양의 수이고 六은 노음의 숫자이다. 늙으면 변하므로 노양은 앞으로 음으로 변하고 노음은 양으로 변할 예정이다. 점을 쳐서 육효를 얻으면 음양이 결정되어 64괘 중 하나를 얻게 된다. 64괘는 물음의 대상이 처한 전체적 상황을 가리킨다. 그 상황 속에서 구체적으로 어떤 자리에 있는가는 노양 또는 노음이 있는 효의 자리이다. 변화가 있는 자리가 물음의 대상이 처한 구체적 상황이므로, 점을 쳐서 괘를 얻으면 먼저 괘를 보고 다음으로는 효를 보아야 한다. 효 가운데서 변화의 자리인 노양과 노음의 자리가 중요하므로 모든 효에는 노양과 노음의 숫자인 九와 六이라는 이름을 사용하였다.

69) 『주역』박괘 上九의 효사. "碩果不食. 君子得輿, 小人剝廬."

도는 없어질 수 없는 것임을 드러내셨다. 어떤 이가 "박(剝)의 양이 다하면 순수한 곤(坤 : ䷁)이 되니 어찌 다시 양이 있겠는가?"라고 말했다. 대답하기를, "괘를 가지고 달에 배치하여 본다면,[71] 곤괘는 10월에 해당된다. 기가 소멸하고 성장하는 것으로써 말한다면 양이 없어지면 곤이 되고 양이 다시 오면 복(復 : ䷗)[72]이 된다. 그러나 양은 다 없어진 적이 없다. 박괘의 위에서 양이 다 없어지면 복괘의 아래에서 다시 생긴다."

○ 一氣無頓消, 亦無頓息. 以卦配月, 積三十日而成一月, 亦積三十分而成一爻. 九月中於卦爲剝. 陽未剝盡, 猶有上九一爻. 剝三十分, 至十月中, 陽氣消盡, 而爲純坤. 然陽纔盡於上, 則已萌於下, 積三十分, 至十一月中, 然後陽氣應於地上, 而成復之一爻也. 蓋陰陽二氣語其流, 則一氣耳. 息則爲陽, 消則爲陰. 消之終, 卽息之始, 不容有間斷.

---

70) 『역』의 저자를 가리킨다. 『역』에서 박괘 다음에 복괘를 배치한 것이나 곤괘를 양월이라고 하는 것 등에는 음이 끝까지 성대하더라도 양이 없어질 수 없다는 사실을 밝히기 위한 성인의 의도가 내포되어 있다는 의미이다.

71) 달을 괘에 배치시키면 음력으로 동짓달인 복괘(䷗)에서 시작하여 섣달인 임괘(䷒), 정월인 태괘(䷊), 2월인 대장괘(䷡), 3월인 쾌괘(䷪), 4월인 건괘(䷀), 5월인 구괘(䷫), 6월인 돈괘(䷠), 7월인 비괘(䷋), 8월인 관괘(䷓), 9월인 박괘(䷖), 10월인 곤괘(䷁)에 이르기까지 12괘가 된다.

72) 『역』이 도가사상이라고 주장하는 학자가 있지만 『역』의 괘이름을 보면 양을 높이고 음을 억제하는 유학사상이 철저하게 반영되어 있다. 『역』의 이법에 의하면 양효와 음효의 숫자는 동일하다. 384효 가운데서 192효는 양이며 192효는 음이다. 양과 음은 숫자가 같고 음양 변역의 원리도 같다. 그러나 『역』의 저자는 양을 좋아하고 음을 싫어하여 양이 세력을 얻고 양이 성장하면 반가워하고, 음이 세력을 얻고 음이 성장하기 시작하면 경고를 게을리 하지 않는다. 곤괘(䷁)에서 양이 없어진 듯하다가 복괘(䷗)에서 양이 초효에 등장하자 '복'이라는 이름을 붙여 환영하고 있다.

○ 하나의 기는 갑자기 없어지지 않으며 또한 갑자기 불어나지도 않는다. 괘를 달에 배치해 보면, 30일이 쌓여서 한 달이 되고 또한 30분[73]이 쌓여서 한 효(爻)가 된다. 9월은 박괘에 해당한다. 양이 아직 다 사라지지 않고 여전히 상구(上九)의 한 효가 남아 있다. 30분을 깎아 10월이 되면 양기가 다 없어져 순수한 곤괘가 된다. 그러나 양이 위에서 다 없어지자 이미 아래에서 싹트니, 30분을 쌓아 11월이 되면 양기가 지상으로 드러나 복괘의 제1효를 이룬다. 대개 음양의 두 기운은 그 유행을 말하면 하나의 기운일 따름이다. 불어나면 양이 되고 소진하면 음이 된다. 소진하는 것이 끝나면 곧 불어남의 시작이니 끊김을 용납하지 않는다.

故十月謂之陽月, 恐疑其無陽也. 陰亦然, 聖人不言耳. 〔『易傳』剝卦(▤) 上九〕

그렇기 때문에, 10월을 양월이라고 말하는 것은 양이 없다고 의심할 것을 두려워해서이다. 음도 그러하지만 성인이 말씀하시지 않았을 따름이다.

○ 十月於卦爲坤. 恐人疑其無陽, 故特謂之陽月. 所以見陽氣已萌也. 陰於四月, 純乾之時, 亦然. 陰之類爲小人, 故聖人不言耳.

○ 10월은 괘로는 곤괘에 해당한다. 사람들이 양이 없어졌다고 의심

---

73) 달을 괘에 배치시키면 복괘에서 시작하여 임괘·태괘·대장괘·쾌괘·건괘·구괘·돈괘·비괘·관괘·박괘·곤괘에 이르기까지 12괘가 된다. 그래서 한 효는 한 달에 해당되며 일 년의 12분의 1이다. 고대인들은 천구를 365와 4분의 1로 나누어 황도를 나타내었다. 이 때의 1분은 태양이 하루에 가는 거리를 의미한다. 그래서 1분은 곧 1일이다.

할까 두려워서 10월을 특별히 양월이라고 하였다. 양기가 이미 싹트고 있음을 보이기 위해서이다. 음도 4월의 순수한 건괘(☰)의 때에 또한 그렇다. 음의 종류는 소인이므로 성인이 말씀하지 않았을 따름이다.

10

一陽復於下, 乃天地生物之心也. 先儒皆以靜爲見天地之心. 蓋不知動之端乃天地之心也. 非知道者孰能識之![『易傳』復卦(☷☳)「象傳」]

하나의 양효가 아래에서 회복되는 것이 곧 천지가 만물을 낳는 마음이다. 옛 유학자들[74]은 모두 고요함에서 천지의 마음을 본다고 생각하였다. 대개 움직임의 단서가 바로 천지의 마음이라는 것을 알지 못한 것이다. 도를 아는 자가 아니면 누가 그것을 알 수 있으랴!

○ 復卦象曰: "復, 其見天地之心乎!" 朱子曰: "十月積陰, 陽氣收斂, 天地生物之心固未嘗息. 但無端倪可見. 一陽既復, 則生意發動, 乃始復見其端緒也."

○ 복괘 「단전(象傳)」에서 "복괘에서 천지의 마음을 본다"[75]고 하였다. 주희가 말했다.

"10월에는 음기가 쌓이고 양기는 수렴되지만 천지가 만물을 낳는

---

74) 왕필(王弼: 226-249) 이후의 『역경』 주석가들을 가리킨다. 왕필은 『周易註』와 『周易略例』를 저술하였다. 그는 복괘 「단전」의 주에서 "'복'이란 근본으로 돌아가는 것이다. 천지는 근본을 마음으로 삼는다. ……천지가 비록 크고 만물이 부유하며 우뢰가 치고 바람이 불며 운행하고 변화하여 만 가지 변화가 일어나지만 고요하여 지극히 아무것도 없는 것이 근본이다"라고 하였다.

75) 『주역』 복괘 「단전」. "象曰復亨剛反, 動而以順行, 是以出入无疾朋來无咎, 反復其道七日來復, 天行也. 理有攸往, 剛長也. 復其見天地之心乎."

마음은 본래 쉰 적이 없었다. 그러나 볼 수 있는 단서가 없을 뿐이다. (11월이 되어) 하나의 양이 이미 회복되면 생명의 의지가 발동하니 비로소 다시 그 단서를 보게 된다.”

11

仁者天下之公, 善之本也. 〔『易傳』 復卦(☷☳) 六二 「象傳」〕

인은 천하의 공평함이며 선의 근본이다.

○ 復卦六二傳. 仁者以天地萬物爲一體, 故曰‘天下之公’. 四端萬善, 皆統乎仁, 故曰‘善之本’也.

○ 복괘 육이효의 전이다. 어진 사람은 천지 만물을 하나의 몸으로 여기는 까닭에 ‘천하의 공평함’이라고 말한다. 사단(四端)[76]과 온갖 선은 모두 인에 통섭되므로 ‘선의 근본’이라고 말한다.

12

有感必有應. 凡有動皆爲感. 感則必有應. 所應復爲感, 所感復有應, 所以不已也. 感通之理, 知道者默而觀之可也. 〔『易傳』 咸卦(☱☶) 九四〕

자극〔感〕이 있으면 반드시 반응〔應〕이 있다. 무릇 움직임이 있는 것

---

76) 『맹자』 「공손추」 상 6장. “惻隱之心, 仁之端也. 羞惡之心, 義之端也. 辭讓之心, 禮之端也. 是非之心, 智之端也. 人之有是四端也, 猶其有四體也. 有是四端而自謂不能者, 自賊者也.”

은 모두 자극이다. 자극하면 반드시 반응이 있다. 반응한 것이 다시 자극이 되고 자극한 것이 다시 반응이 되니 그래서 끝이 없다. 감통(感通)의 이치에 대하여 도를 아는 자가 묵묵히 그것을 관조하는 것이 좋다.

○ 咸卦九四傳. 屈伸往來, 感應無窮. 自屈而伸, 則屈者感也, 伸者應也. 自伸而屈, 則伸者感也, 屈者應也. 明乎此, 則天地陰陽之消長變化, 人心物理之表裏盛衰, 要不外乎感應之理而已.

○ 함괘 구사효의 전이다. 굽혔다 폈다 갔다 왔다 하며, 감응(感應)이 무궁하다. 굽은 것으로부터 펴지면 굽은 것이 감(感)이고 펴지는 것이 응(應)이다. 펴진 것으로부터 굽히면 펴지는 것이 감이고 굽은 것이 응이다. 이것에 대해 밝게 알게 되면, 천지 음양의 소멸과 성장의 변화와 사람의 마음과 사물의 이치의 표면과 이면의 왕성함과 쇠퇴함도, 요컨대 감응의 이치에서 벗어나지 않을 뿐이다.

13

天下之理終而復始, 所以恒而不窮. 恒非一定之謂也, 一定則不能恒矣. 唯隨時變易乃常道也. 天地常久之道, 天下常久之理, 非知道者孰能識之!〔『易傳』恒卦(䷟)「象傳」〕

천하의 이치는 끝나면서 다시 시작하므로 항구적이어서 다하지 아니한다. 항구적이라는 것은 일정함을 일컫는 것은 아니니, 일정하면 항구적일 수 없다. 오직 때에 따라 변화하는 것이 바로 떳떳한 도이다. 천지가 항상 계속되는 도리와 천하에서 항상 오래도록 유지되는 이치를 도를 아는 자가 아니라면 그 누가 알 수 있겠는가!

○ 恆卦「象傳」. 隨時變易不窮, 乃常道也. 日月往來, 萬化屈伸, 無一息之停. 然其往來屈伸, 則亘萬古而常然也.

○ 항괘의 「단전」이다. 때에 따라 변화하여 다함이 없는 것이 바로 상도(常道)이다. 해와 달의 가고 옴과 온갖 변화의 굽히고 펴짐이 잠깐이라도 쉼이 없다. 그러나 그 가고 옴과 굽히고 펴짐은 만고에 그러하였다.

14

"人性本善, 有不可革者, 何也?" 曰 : "語其性則皆善也, 語其才則有下愚之不移.

"사람의 본성은 본래 선한데, 바꿀 수 없는 자가 있는 것은 무슨 까닭인가?" 대답하였다. "본성을 말한다면 모두 선하나 재질을 말한다면 바꾸지 못하는 아주 어리석은 자[下愚]가 있기 때문이다.[77]

○ 革卦上六傳. 性無不善. 才者性之所能. 合理與氣而成氣質, 則有昏明强弱之異. 其昏弱之極者, 爲下愚.

○ 혁괘 상육효의 전이다. 본성은 선하지 않음이 없다. 재질이란 본성이 가지고 있는 능력이다. 그러나 이와 기가 합하여 기질을 이루면 어둡고 밝고 강하고 약함의 차이가 있다. 그 어둡고 약함이 지극한 사람이 아주 어리석은 자이다.

---

77) 『논어』 「양화」 3장. "唯上知與下愚不移."

所謂下愚有二焉, 自暴也自棄也. 人苟以善自治, 則無不可移者, 雖昏愚之至, 皆可漸磨而進. 唯自暴者, 拒之以不信, 自棄者, 絶之以不爲. 雖聖人與居, 不能化而入也, 仲尼之所謂下愚也.

이른바 아주 어리석은 자에는 두 가지가 있으니, 스스로 학대하는 경우와 스스로 버리는 경우이다.[78] 사람이 (진실로) 선으로써 스스로 다스린다면 바꿀 수 없는 경우가 없으니, 비록 어둡고 우매함이 지극한 사람이라도 모두 조금씩 갈고 닦아 나갈 수가 있다. 오직 스스로 학대하는 자는 그것을 거부하여 믿지 않고, 스스로 버리는 자는 그것을 끊고 하지 않는다. 비록 성인이 함께 산다고 하더라도 교화시켜서 도에 들어가게 할 수 없으니, 중니(仲尼)께서 말씀하신 아주 어리석은 자이다.

○ 人性本善. 自暴者, 咈戾而不信乎善, 是自暴害其性也. 自棄者, 雖知其善, 然怠廢而不爲, 是自棄絶其性也. 此愚之下又者, 不可移矣.
○ 朱子曰: "自暴者剛惡之所爲, 自棄者柔惡之所爲."

○ 인성은 본래 선하다. 스스로 학대하는 자는 본성을 어기고 선함을 믿지 않으니, 이것은 스스로 그 본성을 (모질게) 해치는 것이다. 스스로 버리는 자는 본성이 선하다는 것을 알지만 게을러 그만두고 하지 않으니, 이것은 스스로 그 본성을 끊어버리는 것이다. 이것은 어리석은 중에도 더욱 못난 자이니 바꿀 수 없다.
○ 주희가 말했다.
"스스로 학대하는 것은 강악(剛惡)[79]이 하는 바요, 스스로 버리는 것

---

78) 『맹자』 「이루」 상 10장. "言非禮義, 謂之自暴也. 吾身不能居仁由義, 謂之自棄也."
79) 강(剛)한 것에도 선악이 있다. 강하게 해야 할 때 강하게 하는 것은 강선(剛善)

은 유악(柔惡)이 하는 바이다."

然天下自暴自棄者, 非必皆昏愚也. 往往强戾而才力有過人者, 商辛是也. 聖人以其自絶於善, 謂之下愚. 然考其歸, 則誠愚也."

그러나 천하의 자포자기하는 자가 반드시 모두 어둡고 우매한 것은 아니다. 가끔 강하고 사나워서 재주와 힘이 남보다 뛰어난 경우가 있으니, 상(商)의 신(辛)[80]이 이러한 사람이다. 성인은 그들이 스스로 선과 단절하기 때문에 그들을 아주 어리석은 사람이라고 불렀다. 그러나 그 결과를 살펴본다면 그들은 진실로 어리석다."

○『史記』稱 : "紂資辨捷疾, 聞見甚敏, 材力過人. 手格猛獸, 知足以拒諫, 言足以飾非", 則其天資固非昏愚者. 然其勇於爲惡, 而自絶於善, 要其終則眞下愚耳.

○『사기(史記)』[81]에서 "주(紂)는 말재주가 뛰어나며 보고 듣는 것이 매우 민첩하고 재주와 능력이 남보다 뛰어났다. 손으로 맹수를 때려잡으며, 지혜는 간언을 막아버릴 만큼 충분하고, 언변은 잘못을 그럴 듯하게 꾸미기에 충분하였다"고 하니, 그 천성적인 자질이 본래 어둡고 우매한 자는 아니다. 그러나 그는 악을 행하는 데 용감하여 스스로 선과 단절하였으니, 그의 말로를 보고 평가한다면 참으로 아주 어리석은

이며, 강하게 하지 않아야 할 곳에 강하게 하는 것은 강악(剛惡)이다. 유(柔)의 경우도 마찬가지이다.

80) 은(殷)나라 주왕(紂王)을 말한다.

81) 『사기』권3「殷本紀」. "帝紂資辨捷疾, 聞見甚敏, 材力過人, 手格猛獸. 知足以距諫, 言足以飾非, 矜人臣以能, 高天下以聲, 以爲皆出己之下. 好酒淫樂, 嬖於婦人, 愛妲己."

자였다.

"旣曰: '下愚', 其能革面何也?" 曰: "心雖絶於善道, 其畏威而寡罪則與人同也. 唯其有與人同, 所以知其非性之罪也." 〔『易傳』 革卦(☱) 上六〕

"이미 '아주 어리석은 자'라고 말하고서 그가 외형상의 면모만은 바꿀 수 있다고 한 것은 무엇 때문인가?" 대답하였다. "마음이 비록 선한 도리를 끊었다고 해도 그가 위엄을 두려워하여 죄를 적게 짓고자 하는 것은 다른 사람과 같기 때문이다. 오직 그 사람도 다른 사람과 같은 점이 있기 때문에 그의 어리석음이 본성의 잘못이 아님을 알 수 있다."

○ 革卦上六曰: "小人革面." 下愚·小人自絶於善. 然畏威刑而欲免罪, 則與人無以異. 是以亦 "能掩其不善而著其善." 唯其畏懼有與人同者, 是以知其性之本善也.

○ 혁괘 상육효에 "소인은 면모를 바꾼다"고 하였다. 아주 어리석은 자와 소인은 스스로 선을 그만둔 자이다. 그러나 위엄과 형벌을 두려워하여 죄를 면하고자 하는 것은 다른 사람과 다른 점이 없다. 이 때문에 "선하지 않음을 가리고 선함을 드러내고자 한다."[82] 오직 그가 두려워하는 것이 다른 사람과 같은 점이 있으니 이 때문에 그의 본성이 본래 선함을 알 수 있다.

---

82) 『대학』 傳 6장. "小人閒居爲不善, 無所不至. 見君子而后厭然, 揜其不善而著其善. 人之視己, 如見其肺肝然, 則何益矣."

15

在物爲理, 處物爲義. 〔『易傳』艮卦(☶) 「象傳」〕

사물에 있는 것이 이(理)이고, 사물에 대처하는 것이 의(義)이다.

○ 理卽是義. 然事物各有理, 裁制事物而合乎理者, 爲義.
○ 朱子曰 : "義者, 心之制, 事之宜也. 彼事之宜, 雖若在外然, 所以制其宜, 則在心也. 非程子一語, 則後人未免有義外之見."

○ 이(理)가 곧 의(義)이다. 그러나 사물은 각각 이(理)를 가지고 있으니, 사물을 재단하여 이(理)에 합치하게 하는 것이 의(義)이다.
○ 주희가 말했다.

"의라는 것은 마음의 제재(制裁)이며 일의 마땅함이다. 저 일의 마땅함이 비록 바깥에 있는 것 같지만 그 마땅함을 제재하는 것은 마음에 있다. 정자의 한 마디 말이 아니었다면, 훗날 사람들이 의는 바깥에 있다[83]는 견해에서 벗어나지 못했을 것이다."

16

動靜無端, 陰陽無始, 非知道者熟能識之? 〔『程氏經説』1卷 「易説」〕

동정에는 단서가 없고 음양에는 시작이 없으니, 도를 아는 자가 아니면 누가 그것을 알 수 있겠는가?

---

83) 『맹자』 「고자」 상 4장에는 告子의 義外說이 나온다. "告子曰食色性也. 仁內也, 非外也. 義外也, 非內也. 孟子曰何以謂仁內義外也? 曰彼長而我長之, 非有長於我也. 猶彼白而我白之. 從其白於外也. 故謂之外也."

○『經說』, 下同.

○ 動靜相推, 陰陽密移, 無有間斷. 有間斷則有端始. 無間斷故曰無端無始也. 其所以然者道也. 道固一而無間斷也. 異時論剝復之道, 曰 “無間可容息也.” 又曰 “其間元不斷續”, 皆此意也.

○ 朱子曰 : “動靜相生, 如循環之無端.”

○『경설』에 나오며, 아래도 동일하다.

○ 동정은 서로 밀고 음양은 밀접하게 붙어서 바뀌어 끊어짐이 없다. 끊어짐이 있으면 단서와 시작이 있을 것이다. 끊어짐이 없기 때문에 단서도 시작도 없다. 그것이 그렇게 된 까닭이 도이다. 도는 본래 하나여서 끊어짐이 없다. 지난날 박괘와 복괘의 도를 논하며 “잠시 동안의 쉼도 용납할 수 없다”고 하였다. 또 “잠시 동안이라도 원래 끊어지고 이어짐이 없다”고 하였으니 모두 이러한 의미이다.

○ 주희가 말했다.

“동정이 서로 낳는 것은 둥근 고리의 시작이 없는 것과 같다.”

17

仁者天下之正理. 失正理則無序而不和. 〔『程氏經說』6卷「論語解」〕

인이란 천하의 바른 이치이다. 바른 이치를 잃는다면 차례가 없어져 조화롭지 않게 된다.

○ 子曰 : “人而不仁, 如禮何, 人而不仁, 如樂何?” 人而不仁, 則私慾交亂, 害于正理. 固宜舛逆, 而無序乖戾, 而不和也. 序者禮之本, 和者樂之本.

○ 공자가 "사람으로서 어질지 않으면 예를 어떻게 행하며, 사람으로서 어질지 않으면 악을 어찌 행할 수 있겠는가?"[84]라고 말했다. 사람으로서 어질지 않으면 사욕(私慾)이 번갈아 어지럽혀서 바른 이치를 해치게 될 것이다. 진실로 이치를 어기고 거슬러 질서가 없게 되고, 이치에 어긋나서 조화롭지 않게 되는 것도 당연하다. 질서는 예의 근본이고, 조화는 음악의 근본이다.

18

明道先生曰:

"天地生物各無不足之理. 常思天下君臣父子兄弟夫婦, 有多少不盡分處."〔『程氏遺書』1-7〕

정호[85]가 말했다.

"천지가 만물을 낳음에 각각 부족한 이치가 없다. 그러나 항상 천하의 군신·부자·형제·부부가 각자의 분수를 다하지 못하는 경우가 얼마나 많은가를 생각하게 된다."

○『遺書』, 下同.
○ 分者, 天理當然之則. 天之生物, 理無虧欠, 而人之處物, 每不盡理. 如君臣·父子·兄弟·夫婦, 一毫不盡其心, 不當乎理. 是爲不盡分, 故君子貴精察而力行之也.

○『유서』의 문장으로, 아래도 동일하다.
○ 분수란 천리의 당연한 원칙이다. 하늘이 만물을 낳음에 이치는

---

84) 『논어』 「팔일」 3장. "子曰人而不仁, 如禮何. 人而不仁, 如樂何."
85) 해제 참조.

이지러지거나 모자람이 없지만, 사람이 사물에 대처할 때마다 도리를
다하지 않는다. 예를 들면 군신·부자·형제·부부 사이에 조금이라
도 마음을 다하지 않으면 도리에 합당하지 않은 것이다. 이것은 분수
를 다하지 않는 것이므로 군자는 정밀하게 살펴서 힘써 행하는 것을
귀하게 여긴다.

19

> 忠信所以進德. 終日乾乾, 君子當終日對越在天也.

충과 신은 덕을 진전시키는 방법이다.[86] 종일토록 쉬지 않고 힘쓰는
것[87]은 군자가 종일토록 하늘을 마주 대함[88]을 의미한다.

○ 說見乾卦九三「文言」.
○ 發乎眞心之謂忠. 盡乎實理之謂信. 忠信乃進德之基. 終日乾乾
者, 謂終日對越在天也. 越, 於也. 君子一言一動, 守其忠信, 常瞻對
乎上帝, 不敢有一毫欺慢之意也. 以下皆發明所以‘對越在天’之義.

---

86) 『주역』 건괘 「문언」. “子曰君子進德修業. 忠信, 所以進德也, 修辭立其誠, 所以
居業也.”
87) 『주역』 건괘 九三의 효사. “九三, 君子終日乾乾, 夕惕若, 厲, 无咎.”
88) 『시경』 「周頌·淸廟」의 〈淸廟詩〉에 나옴. “하늘을 마주 대함”은 유학에서의
하늘의 종교적 성격, 또는 하늘의 인격적 의미를 음미하게 하는 구절이다. 하늘은
조물주, 주재자, 운명, 진리, 우주의 본체 등 여러 가지 의미를 내포하고 있다. 원
시유가 사상의 하늘에 대한 인격적 성격이 시대가 내려옴에 따라 차츰 배제된다
고 하지만 하늘의 인격적 성격이 완전히 배제되지는 않는다. 그래서 성리학자들
의 글에서도 “상제를 마주 대함”이라는 구절을 자주 접하게 된다. 至誠感天이나
天人感應이라고 하여 인간과 하늘 사이에 감응이 이루어질 수 있다는 사상은 敬
天사상과 함께 유학의 종교적 성격을 드러낸다.

○ 건괘 구삼효 「문언」에 설이 보인다.

○ 진실한 마음을 발하는 것을 충(忠)이라고 한다. 실리(實理)를 다하는 것을 신(信)이라고 한다. 충과 신은 덕을 진전시키는 기초이다. '종일토록 쉬지 않고 힘쓴다'는 것은 '종일토록 하늘을 마주 대한다'는 것을 말한다. '월(越)'자는 '어(於)'와 같다. 군자의 한 마디 말과 하나의 행동은 충신을 지켜서 항상 상제를 대면하듯 하여, 감히 한 털끝만큼도 속이려는 생각이 없다. 이하는 모두 '하늘을 마주 대한다'는 뜻을 밝혔다.

蓋'上天之載, 無聲無臭'. 其體則謂之易, 其理則謂之道, 其用則謂之神. 其命于人則謂之性, 率性則謂之道, 修道則謂之敎.

대개 '하늘이 하는 일은 소리도 냄새도 없다.'[89] 그 몸체를 역(易)이라 하고, 그 이치를 도라 하며, 그 작용을 신(神)이라 한다. 그것이 사람에게 주어진 것을 본성이라고 하고, 본성을 따르는 것을 도라고 하며, 도를 닦게 하는 것을 교육이라고 한다.[90]

○ '上天之載, 無聲無臭', 所謂太極本無極也. 體, 猶質也. 陰陽變易, 乃太極之體也. 故其體謂之易. 其所以變易之理, 則謂之道, 其變易之用, 則謂之神. 此以天道言也. 天理賦於人, 謂之性, 循性之自然, 謂之道, 因其自然者而修明之, 謂之敎. 此以人道言也. 惟其天人之理一, 所以終日對越在天者也.

○ '하늘이 하는 일은 소리도 냄새도 없다'는 것은 이른바 태극이 본래 무극이라는 것이다. 몸체는 바탕과 같다. 음양이 변화하는 것은 바

---

89) 『시경』 「대아」〈문왕〉, 그리고 『중용』 33장에도 인용되어 있다.
90) 『중용』 1장. "天命之謂性, 率性之謂道, 修道之謂敎."

로 태극의 몸체이다. 따라서 그 몸체를 역이라고 한다. 그것이 변화하는 이치는 도라고 하며 그것이 변화하는 작용을 신이라 한다. 이것은 천도로써 말한 것이다. 천리가 사람에게 부여된 것을 본성이라고 하며, 본성의 자연스러움을 따르는 것을 도라고 하며, 그 자연스러움에 의지하여 닦아 밝히는 것을 교육이라고 한다. 이것은 인도로써 말한 것이다. 하늘과 사람의 이치가 하나이기 때문에 종일토록 하늘을 마주 대할 수 있다.

孟子去其中, 又發揮出浩然之氣, 可謂盡矣.

맹자는 여기에서 더 나아가 또한 호연지기[91]를 발휘해 냈으니 극진하다고 할 만하다.

○ 浩然, 盛大流行之貌. 蓋天地正大之氣, 人得之以生, 本浩然也. 失養則餒而無以配夫道義之用. 得養則充, 而有以復其正大之體. 盡矣, 謂無餘事也. 此言天人之氣一, 所以終日對越在天者也.

○ '호연(浩然)'이란 성대하게 유행하는 모양이다. 대개 천지의 바르고 큰 기운을 사람이 얻어서 태어나니 본래 호연하다. 기르지 않게 되면 굶주리게 되어 저 도의(道義)의 작용과 짝할 수 없다. 기르게 되면 가득 차서 그 바르고 큰 바탕을 회복할 수 있다. '극진하다'는 것은 남김이 없다는 뜻이다. 이것은 하늘과 사람의 기운이 하나이기 때문에 종일토록 하늘을 마주 대할 수 있다는 것이다.

---

91) 『맹자』「공손추」상 2장. "敢問何謂浩然之氣? 曰難言也. 其爲氣也, 至大至剛, 以直養而無害, 則塞於天地之間. 其爲氣也, 配義與道, 無是餒也. 是集義所生者, 非義襲而取之也."

故説神"如在其上, 如在其左右", 大小大事而只曰"誠之不可揜如此夫", 徹上徹下不過如此.

그렇기 때문에 신이 "마치 자기 위에 있는 것 같고 자기의 좌우에 있는 듯하다"[92]고 하며, 매우 중요한 일[93]이지만 "성(誠)을 가리울 수 없음이 이와 같구나"[94]라고만 말하였으니, 위로부터 아래에 이르기까지 이와 같은 데 지나지 않는다.

○ 大小, 猶多少也. 『中庸』論, 鬼神如此其盛, 而卒曰'誠之不可揜'. 誠者實理, 卽所謂忠信之體. 天人之間通此實理, 故君子忠信進德, 所以爲對越在天也.

○ '대소(大小)'란 다소(多少)[95]와 같다. 『중용』에서 귀신이 이와 같이 성대하다고 논하다가, 마침내는 성(誠)을 가리울 수 없다고 말했다. 성(誠)이란 것은 실리(實理), 곧 이른바 충신의 바탕이다. 하늘과 사람 사이에 이 실리(實理)가 관통하므로, 군자가 충신으로 덕을 진전시키는 것이 하늘을 마주 대하는 것이다.

形而上爲道, 形而下爲器. 須著如此説, 器亦道, 道亦器.

---

92) 『중용』 16장. "子曰鬼神之爲德, 其盛矣乎! 視之而不見, 聽之而弗聞, 體物而不可遺. 使天下之人, 齊明盛服, 以承祭祀. 洋洋乎, 如在其上, 如在其左右."
93) "大小大事"에 대해서는, ≪한문대계≫본에서는 "極大事"라고 하고, 영역본에서 "No matter how many important things there may be"라고 새기고 있다 (Chan, Wing-tsit(trans.), *Reflections on Things at Hand*, Columbia University Press, 1967, p.18).
94) 『중용』 16장. "詩曰神之格思, 不可度思, 矧可射思. 夫微之顯, 誠之不可揜如此夫."
95) "多少"는 '얼마나', 또는 '매우'의 뜻이다.

형체 너머가 도이고, 형체 아래가 기이다.[96] 모름지기 이와 같이 말해야 하지만, 기가 또한 도이고, 도가 또한 기이다.

○ 說見「繫辭」. 道者指事物之理, 故曰'形而上'. 器者指事物之體, 故曰'形而下'. 其實, 道寓於器, 本不相離也. 蓋言日用之間, 無非天理之流行, 所謂'終日對越在天'者, 亦敬循乎此理而已.

○ 설이 「계사」에 보인다. 도는 사물의 이치를 가리키므로 '형이상'이라고 한다. 기(器)라는 것은 사물의 몸을 가리키므로 '형이하'라고 말한다. 사실은 도는 기에 담겨 있기에 본래 서로 떨어질 수 없다. 대개 일상생활하는 사이에 천리가 유행하지 않는 때가 없으므로 이른바 '종일토록 하늘을 마주 대한다'는 것은 (또한) 공경스럽게 이 이치를 따르는 것일 따름이다.

但得道在, 不繫今與後, 己與人. 〔『程氏遺書』 1-15〕

도를 얻기만 하면[97] 지금과 나중, 나와 남에 얽매이지 않는다.

---

96) 『주역』「계사」상 12장. 『주역』에 나오는 '형이상'과 '형이하'는 앞에서 설명한 체용과 함께 동양철학의 세계관과 사물관을 이해하는 데 가장 중요한 개념들이다. 형이상과 형이하는 동일한 존재의 양 측면을 가리키지, 결코 현상세계를 넘어서거나 벗어나서 초월적으로 존재하는 어떤 것과 현상세계를 대비시키는 개념이아니다. 어떤 사물이 있으면 그 사물의 본질을 이루는 그 사물의 이치가 바로 형이상일 뿐이다. 이 때 이치는 그 사물의 조리로서 이해되기보다는 그 사물의 조리를 가능하게 하는 주재적 원리로서 이해된다. 인간의 경우 형이상은 곧 인간을 인간답게 하는 인간의 본성이다. 눈으로 보이는 육체적 현상이 형이하라고 한다면 인간의 본성은 보이지 않는다. 이 형이상의 세계는 사물의 이치와 질서와 길을 규정하기 때문에 '리(理)' 또는 '도(道)'라고 불리며, 형이하의 세계는 이러한형이상의 세계를 담고 있기 때문에 '그릇〔器〕'이라고 불린다.
97) 영역본에서는 "도를 얻는 한에서는"이라고 해석하여 아래에 나오는 엽채의 『집

○‘不繫’, 猶是不拘也. 言人能體道而不違, 則道在我矣, 不拘人己‧古今, 無往而不合. 蓋道本無閒然也.

○‘얽매이지 않는다’는 것은 구애되지 않는다는 것과 같다. 사람이 도를 체득하여 어기지 않을 수 있으면 도가 나에게 있게 되어, 남과 자기, 옛날과 지금에 구애되지 않고, 가는 곳마다 합치되지 않음이 없게 된다. 도는 본래 틈이 없기 때문이다.[98]

20

醫書言手足痿痺爲不仁, 此言最善名狀. 仁者以天地萬物爲一體, 莫非己也. 認得爲己, 何所不至? 若不有諸己, 自不與己相干. 如手足不仁, 氣已不貫, 皆不屬己.

의서(醫書)에서 손발이 마비된 것을 불인(不仁)이라 하는데,[99] 이 말은 인(仁)을 가장 잘 표현했다. 인이라는 것은 천지만물을 한 몸으로 여기는 것이므로 자기가 아닌 것이 없다. 천지만물을 모두 자기라고 생각한다면 어디엔들 미치지 못함이 있겠는가? 만약 자기의 일부가 아니라면, 저절로 자기 자신과 상관이 없게 된다. 이것은 손과 발이 불인하여 기(氣)가 관통하지 않게 되어, 모든 것이 자기에게 속하지 않게 된 것과 같다.

해』가 잘못되었다고 하지만 역자는 『집해』의 해석을 따랐다. 역자는 형이상의 진리를 체득하게 되면 자신과 타인의 차별과 고금이라는 시간적 한계를 뛰어넘을 수 있다는 의미로 이해하였다.
98) 틈이 없다는 것은 시간과 공간의 나뉨이 없는 전일자라는 의미이다.
99) 『내경소문(內經素問)』 권12-2 「風論」. “風氣與太陽俱入. 行諸脉兪, 散於分肉之間, 與衛氣相干, 其道不利, 故使肌肉憤䐜而有瘍, 衛氣有所凝而不行, 故其肉有不仁也.” (註)不仁謂痺而不知寒熱痛癢.

○ 天地萬物與我同體, 心無私蔽, 則自然愛而公矣, 所謂仁也. 苟是理不明, 而爲私意所隔截, 則形骸爾汝之分了, 無交涉. 譬如手足痿痺, 氣不相貫, 疾痛痾癢, 皆不相干. 此四體之不仁也.

○ 천지만물은 나와 한 몸이므로 마음에 사사로운 가리움이 없으면 자연스럽게 사랑하고 공평하게 되니, 이것을 인이라고 말한다. 만약 이러한 이치에 밝지 못하여 사사로운 생각에 의해서 막히고 끊어지게 되면 너와 내가 형체로 나뉘게 되어 교섭이 없게 된다. 비유하자면 수족이 마비되어 기운이 서로 관통하지 않게 되어 아프고 가려워도 상관하지 않게 되는 것과 같다. 이것은 사지를 가진 몸의 불인이다.

故博施濟衆, 乃聖之功用, 仁至難言. 故止曰: "己欲立而立人, 己欲達而達人. 能近取譬, 可謂仁之方也已." 欲令如是觀仁, 可以得仁之體. 〔『程氏遺書』 2上-17〕

그러므로 널리 베풀어 대중을 구제하는 것[100]은 성인이나 할 수 있는 일이며, 인은 말로 표현하기 지극히 어렵다. 그러므로 단지 "자신이 서고자 하면 다른 사람을 세워주고, 자신이 이루고자 하면 다른 사람을 이루게 해야 한다. 가까운 데서 비유를 취할 수 있다면 인의 방법이라고 할 수 있다"[101]라고만 말했다. 이와 같은 방법으로 인을 이해하고자 하면 인의 체를 알 수 있을 것이다.

○ 說見『論語』. 博施濟衆, 乃聖人之功用, 子貢以是言仁, 未識仁之體. 夫子告之, 使知人之欲無異己之欲, 施於人者猶施於己. 近取諸身

---

100) 『논어』「옹야」28장. "子貢曰如有博施於民而能濟衆, 何如, 可謂仁乎? 子曰何事於仁, 必也聖乎! 堯舜其猶病諸."

101) 『논어』「옹야」28장.

而譬之於人, 則得求仁之術, 卽此可見仁之體也.

○朱子曰: "博施濟衆, 是就事上說, 却不就心上說. 夫子所以提起,
正是就心上, 指仁之本體而告之." 又曰: "博施濟衆, 固仁之極功. 但
只乍見孺子將入井時, 有怵惕惻隱之心, 亦便是仁, 此處最好看."

○설이 『논어』에 보인다. 널리 베풀어 대중을 구제하는 것은 성인
이나 할 수 있는 일인데, 자공(子貢)[102]이 이것으로써 인을 말하였으니,
그가 아직 인의 체를 몰랐다. 공자는 그에게 남들의 바라는 것이 자기
가 바라는 것과 다를 것이 없으므로, 남에게 베풀기를 자기에게 베풀
듯이 하라고 일러주셨다. 가까이 자신에게서 취하여 남에게 적용할 수
있으면 인을 찾는 방법을 얻을 수 있다고 하니, 여기에서 인의 체를
볼 수 있다.

○주희가 말했다.

"널리 베풀어 대중을 구제하는 것은 일에 대하여 말한 것이지, 마
음에 대하여 말한 것이 아니다. 공자께서 제기한 것은 바로 마음에서
인의 본체를 가리켜 알려준 것이다."[103]

또 말했다.

"널리 베풀어 대중을 구제하는 것은 (본래) 인의 지극한 공효이다.
그러나 언뜻 어린아이가 막 우물에 빠지려는 것을 보고 놀라고 측은하
게 여기는 마음[104]도 또한 인이니, 바로 여기서 가장 잘 볼 수 있다."

---

102) 자공은 공자의 제자로 성은 端木이며, 이름은 賜이다.

103) "널리 베풀어 대중을 구제하는 것"은 매우 큰 사랑임에 분명하지만 사랑이란 사
랑하는 마음이 있어야만 가능한 것이다. 안에 있는 것은 바깥으로 드러나게 마련
이므로 거창한 생각을 하기에 앞서 현실적이고 구체적인 일에서 사랑의 마음을
키워나가야만 사랑의 본질과 사랑의 출발처인 자신의 본성, 즉 인을 참되게 알아
실천할 수 있다는 의미이다. 외적인 사랑은 마음속에 있는 사랑, 곧 사랑의 본체
의 실현이라는 의미이다.

104) 『맹자』「공손추」상 6장. "所以謂人皆有不忍人之心者, 今人乍見孺子將入於井,

21

生之謂性. 性卽氣, 氣卽性, 生之謂也.

타고난 것을 성(性)이라 한다. 성은 곧 기이고, 기는 곧 성이니, 이 두 가지는 타고나는 것이다.

○ 人之有生, 氣聚成形, 理因具焉, 是之謂性. 性與氣本不相離也, 故曰 : '性卽氣, 氣卽性.'

○ 인간이 태어날 때, 기가 모여 몸을 이루며 리(理)도 이로 말미암아 갖추어지는데 이것을 성이라고 한다. 성과 기는 본래 서로 떨어질 수 없는 것이므로 '성이 곧 기이고, 기가 곧 성이다'라고 말한다.

人生氣稟, 理有善惡. 然不是性中元有此兩物, 相對而生也.

사람이 태어나면서 기를 품수받으면 리(理)[105]에 선악이 있게 된다. 그러나 성 가운데 원래 이 두 가지가 있어서 서로 대립하여 생기는 것은 아니다.

○ 氣稟雜揉, 善惡由分, 此亦理之所有. 然原是性之本, 則善而已,

皆有怵惕惻隱之心. 非所以內交於孺子之父母也. 非所以要譽於鄕黨朋友也. 非惡其聲而然也."

105) 영역본에서는 孫奇逢(1584-1675)의 『理學宗傳』을 인용하여 '리'자는 '성'자로 바꿔야 한다고 하였다(Chan, Wing-tsit(trans.), *Reflections on Things at Hand*, Columbia University Press, 1967, p. 19). 역자도 '성'자가 더 타당하다고 생각한다.

非性中元有善惡二者並生也.

○기를 품수받아 뒤섞이게 되어 선악이 이로 말미암아 나뉘게 되니, 이것도 리(理)가 가진 것이다. 그러나 원래 성의 근본은 선일 뿐이니, 성 안에 원래 선악 두 가지가 함께 생겨나는 것은 아니다.

有自幼而善, 有自幼而惡.

어려서부터 선한 경우가 있고, 어려서부터 악한 경우가 있다.

○本注云: "后稷之克岐克嶷, 子越椒始生, 人知其必滅若敖氏之類."

○본주에서는 "후직(后稷)이 어려서부터 신체가 장대한 것[106]과 자월숙(子越椒)이 막 태어났을 때 사람들이 그가 약오씨(若敖氏)를 반드시 멸망시킬 자라는 것을 안 것[107]" 등을 언급하였다.

是氣稟有然也. 善固性也. 然惡亦不可不謂之性也.

이것은 품수받은 기가 그러한 것이다. 선은 본래 성이다. 그러나 악도 성이라고 말하지 않을 수 없다.

---

106) 『詩經』「대아(大雅)」〈생민〉. 후직의 이름은 棄이며 주(周)나라의 시조이다. 그는 기어다닐 무렵부터 신체가 장대하고, 어려서부터 식물 가꾸기를 좋아하여 농업을 발전시킬 자질이 보였다고 한다.
107) 『좌전』宣公 4년. 초나라의 司馬子良이 子越椒을 낳자 子文이 그의 相을 보고 그를 죽이지 않는다면 그가 반드시 若敖氏를 멸망시킬 것이라고 예언하였다고 한다(初楚司馬子良生子越椒. 子文曰: 必殺之. 是子也, 熊虎之狀而豺狼之聲. 弗殺, 必滅若敖氏矣).

○程子又曰: "善惡皆天理. 謂之惡者本非惡, 但或過或不及, 便如此."

○朱子曰: "天下無性外之物. 本皆善而流於惡耳."

○愚謂: "原天命賦予之初, 固有善而無惡. 及氣稟拘滯之後, 則惡者謂非性之本然則可, 謂之非性則不可. 性一也. 所指之地不同耳."

○ 정자(程子)가 또 말했다.

"선악은 모두 천리이다. 악이라고 부르는 것은 본래 악이 아니라, 다만 혹 지나치거나 미치지 못하여 곧 이와 같이 된다."

○ 주희가 말했다.

"천하에 성 바깥의 사물이 없다. 본래 모두 선하지만 악한 데로 흘러갔을 뿐이다."

○ 나는 이렇게 생각한다.

"천명이 주어진 처음 상태를 생각한다면 본래 선만 있고 악은 없었다. 기품에 구애되고 막힌 뒤에 악하게 된 것을 성의 본래 모습이 아니라고 할 수는 있지만, 성이 아니라고 할 수는 없다. 성은 하나이다. 가리키는 것이 다를 뿐이다."

蓋生之謂性. 人生而靜以上, 不容說. 才說性時, 便已不是性也.

대개 타고난 것을 성이라고 한다. 사람이 태어나 고요한 상태[108]인 그 이전은 말할 수 없다. 성이라고 말하자마자 이미 순수한 성은 아니다.

---

108) 『예기(禮記)』 「樂記」 7장. "人生而靜, 天之性也. 感於物而動, 性之欲也. 物至知知, 然後好惡形焉. 好惡無節於內. 知誘於外, 不能反躬, 天理滅矣."

○ 朱子曰: "人生而靜以上, 是人物未生時, 只可謂之理, 未可名爲性. 所謂在天曰命也. 纔說性時, 便是人生以後, 此理已隨形氣之中, 不全是性之本體矣. 所謂在人曰性也."

○ 此重釋生之謂性.

○ 주희가 말했다.

"사람이 태어나 고요한 상태 이전은 사람이 태어나기 이전으로 단지 리(理)라고 할 수 있을 뿐이지, 아직 성이라고 이름 붙일 수는 없다. 하늘에 있는 것을 명이라고 일컫는 것에 해당된다. 성이라고 말하면 곧 사람이 태어난 이후로, 이 리(理)가 이미 형기 가운데 떨어져 있으므로 온전한 성의 본체가 아니다. 사람에게 있는 것을 성이라고 말하는 것에 해당된다."

○ 이것은 '타고난 것을 성이라고 한다'는 것을 거듭 해석한 것이다.

凡人說性, 只是說繼之者善也. 孟子言性善, 是也. 夫所謂繼之者善也者, 猶水流而就下也. 皆水也, 有流而至海, 終無所汙, 此何煩人力之爲也? 有流而未遠, 固已漸濁, 有出而甚遠, 方有所濁. 有濁之多者, 有濁之少者. 淸濁雖不同, 然不可以濁者不爲水也.

모든 사람들이 말하는 성은 단지 '그것을 계승한 것이 선이다'[109]고 말한 것일 뿐이다. 맹자가 '성은 선하다'고 말할 때의 성이 바로 이것이다.[110] 무릇 이른바 '그것을 계승한 것이 선이 된다'는 것은 물이 흘러 아래로 내려가는 경우와 같다. 모두 물이지만 흘러서 바다에 이르도록 끝까지 더러워지지 않는 것이 있으니 이런 경우에는 어찌 번거

---

109) 『주역』「계사」상 5장. "一陰一陽之謂道. 繼之者善也, 成之者性也."
110) 『맹자』「고자」상 2장. "孟子曰水信無分於東西, 無分於上下乎? 人性之善也, 猶水之就下也. 人無有不善, 水無有不下."

롭게 인위적인 노력을 할 필요가 있겠는가? 멀리 흐르지도 않아서 이미 점점 탁해지는 경우도 있고, 매우 멀리까지 이른 후에야 탁하게 되는 경우도 있다. 많이 흐린 것도 있고 적게 흐린 것도 있다. 맑고 탁한 것은 다르지만 탁한 것이라고 해서 물이 아니라고 할 수는 없다.

○「繫辭」曰: "一陰一陽之謂道. 繼之者善也." 蓋天道流行, 發育萬物, 賦受之間, 渾然一理純粹至善, 所謂性善者也. '繼之'云者, 猶水流而就下. 其有淸濁遠近之不同, 猶氣稟昏明純駁有淺深也. 水固本淸, 及流而濁, 不可謂之非水, 猶性雖本善, 及局於氣而惡, 不可謂之非性.

○此重釋'善固性也, 惡亦不可不謂之性.'

○『주역』「계사전」에서 "한 번 음이 되고 한 번 양이 되는 것을 도라고 한다. 그것을 계승한 것이 선이다"라고 하였다. 대개 천도가 유행하여 만물을 발육하는데 사물이 품부받은 혼연한 하나의 리(理)로서 순수하고 지선한 것을 가리켜 선한 본성이라고 한다. '그것을 계승한다'는 것은 물이 흘러 아래로 내려가는 것과 같다. 물이 멀리서 또는 가까이서 맑고 탁함이 다른 것은 기품의 어둡고 밝음과 순수하고 잡됨에 얕고 깊음이 있는 것과 같다. 물은 본래 맑은데 흐르다가 탁해졌다고 해서 물이 아니라고 할 수 없는 것은, 성은 본래 선하지만 기에 국한되어 악하게 되었다고 하여 성이 아니라고 말할 수 없는 것과 같다.

○이것은 '선은 본래 성이다. 그러나 악도 또한 성이라고 말하지 않을 수 없다'를 거듭 해석한 것이다.

如此, 則人不可以不加澄治之功. 故用力敏勇則疾淸, 用力緩怠則遲淸. 及其淸也, 則却只是元初水也. 不是將淸來換却濁, 亦不是取出濁來置在一隅也. 水之清則性善之謂也. 故不是善與惡在性中爲兩物相對, 各自出來.

이와 같으니 사람은 맑고 깨끗하게 만드는 노력을 해야만 한다. 그러므로 민첩하고 용감하게 힘쓰면 빠르게 깨끗해지고, 느리고 태만하면 느리게 깨끗해진다. 그 깨끗함에 이르러서는 단지 최초의 물일 뿐이다. 맑은 것을 가져와 탁한 것과 바꾼 것도 아니요, 탁한 것을 꺼내어서 한쪽 구석에 놓은 것도 아니다. 물의 맑음은 곧 성이 선함을 말한 것이다. 그러므로 성 가운데서 선과 악 두 가지가 서로 대립하여 각각 나오는 것이 아니다.

○朱子曰: "人雖爲氣所昏, 而性則未嘗不在其中, 故不可不加澄治之功. 惟能學以勝之, 則知此理渾然初未嘗損, 所謂'元初水'也. 雖濁而淸者存, 故非將淸來換濁. 旣淸則本無濁, 故非取濁置一隅也. 如此則其本善而已矣. 性中豈有兩物對立而並行也哉!"
○愚謂: "不知性之本善, 則不能自勉以復其初. 不知性有時而陷於惡, 則不能力加澄治之功. 二說蓋互相發明也."
○此重釋'不是性中元有兩物相對而生'. 但前以其本言, 則曰'相對而生', 此以其用言, 則曰'相對各自出來'.

○주희가 말했다.
"사람이 기에 의해서 혼미해진다고 하더라도, 성은 항상 그 안에 있으므로 깨끗하게 다스리는 노력을 해야만 한다. 오직 학문으로써 그것을 극복할 수 있으면, 이 리(理)가 혼연하여 처음대로 조금도 훼손되지 않은 것을 알 수 있으니 최초의 물이다. 비록 탁하더라도 맑은 것이 있으므로 맑은 것을 가지고 와서 탁한 것과 바꾼 것이 아니다. 또한 이미 맑으면 본래 탁한 것이 없으므로 탁한 것을 한쪽 구석에다 놓아둔 것도 아니다. 이와 같으니 본래 선할 뿐이다. 성 가운데 어찌 두 가지가 서로 대립하여 병행하겠는가!"

○ 나는 이렇게 생각한다.

"성이 본래 선하다는 것을 모른다면 스스로 힘써 그 처음 상태를 회복할 수 없다. 성이 때로는 악에 빠진다는 것을 모른다면 힘써 깨끗하게 다스리는 노력을 할 수 없다. 이 두 설은 대개 서로서로 밝게 하는 것이다."

○ 이것은 '성에 원래 두 가지가 있어서 서로 대립하여 생기는 것이 아님'을 거듭 해석한 것이다. 단지 앞에서는 그 근본으로 말하여 '서로 대립하여 생긴다'고 하고, 여기서는 작용으로 말하여 '서로 대립하여 각각 나온다'고 하였다.

此理天命也. 順而循之則道也. 循此而修之, 各得其分則教也. 自天命以至於敎, 我無加損焉. 此舜有天下而不與焉者也. 〔『程氏遺書』1-56〕

이 이치는 천명이다. 이에 순종하여 따르는 것이 도이다. 이에 따라서 수양하여 각각 그 본분을 얻게 하는 것이 교육이다.[111] 천명으로부터 교육에 이르기까지 내가 (인위적으로) 더하거나 뺄 수 있는 것은 없다. 이것이 "순(舜)이 천하를 얻었음에도 (거기에) 관여하지 않았다"[112]고 하는 것이다.

○ 朱子曰: "脩道雖以人事言, 然其所以脩之者, 莫非天命之本然, 非人私智所能爲也. 然非聖人, 有不能盡, 故以舜事明之."

---

111) 『중용』 1장 참조.
112) 『논어』 「태백」 18장. "子曰巍巍乎. 舜禹之有天下也, 而不與焉."

○주희가 말했다.

"도를 닦는 것은 사람이 해야 할 일로 말한 것이지만, 닦게 되는 바탕은 본래 그러한 천명이 아닌 것이 없으므로 사람의 사사로운 지혜로 어떻게 할 수 있는 것이 아니다. 그러나 성인이 아니면 다할 수 없으므로 순임금의 일로써 그것을 밝혔다."

22

觀天地生物氣象. 〔『程氏遺書』 6-52〕

천지가 만물을 낳는 기상을 살펴본다.

○本注云 : "周茂叔看."

○造化流行, 發育萬物, 溥博周遍, 生理條達. 觀之使人良心油然而生. 此卽周子窗前草不除去, 問之, 云"與自家意思一般", 是也.

○본주에는 "주무숙(周茂叔)[113]이 본다"고 하였다.

○조화가 유행하여 만물을 발육하는 것이 넓디 넓고 두루두루 미쳐 생명의 원리가 곳곳에 통달되어 있다. 그것을 보면 사람의 양심을 무럭무럭 자라게 한다. (이것은 곧) 주렴계가 창 앞의 풀을 제거하지 않기에 그 이유를 물으니, "(풀도) 자신의 생각과 마찬가지이기 때문이다"라고 대답한 것이 바로 이것이다.

---

113) 茂叔은 주돈이의 자(字)이다.

23

萬物之生意最可觀, 此元者善之長也, 斯所謂仁也. 〔『程氏遺書』11-42〕

만물을 생성시키는 의지는 가장 볼 만한 것이니, 이것이 선의 으뜸이 되는 원(元)[114]이니, 이른바 인이다.

○ 朱子曰: "物之初生, 淳粹未散, 最好看. 及幹葉茂盛, 便不好看. 見孺子入井時, 怵惕惻隱之心, 只這些子, 便見得仁. 到他發政施仁, 其仁固廣, 然却難看."

○ 주희가 말했다.

"생물이 막 생겨나 순수함이 아직 흩어지지 않았을 때 가장 아름답다. 줄기와 나무가 무성하게 되면 아름답지 않다. 아이가 우물에 빠지려고 하는 것을 볼 때의 놀라고 측은하게 여기는 마음이 생기니, 이러한 사소한 것에서 인을 볼 수 있다. 그러나 저 옳은 정치를 행하고 인을 베푸는 경우에는 인이 굳세고 넓기는 하지만 도리어 보기가 어렵다."

滿腔子是惻隱之心. 〔『程氏遺書』3-45〕

몸에 가득 찬 것이 측은히 여기는 마음이다.

---

114) 『주역』 건괘 「문언」. "文言曰元者, 善之長也. 亨者, 嘉之會也. 利者, 義之和也. 貞者, 事之幹也."

○腔子猶軀殼也. 惻傷怛也, 隱痛也. 人之一身惻隱之心, 無所不至, 故疾痛痾癢觸之, 則覺. 由是推之, 天地萬物本一體也, 無往而非惻隱之心矣.

○朱子曰："瀰滿充實, 無空缺處, 如刀割著亦痛, 針箚著亦痛."

○'강자(腔子)'는 몸과 같다. '측(惻)'은 불쌍히 여기는 것이며 '은(隱)'은 아픔이다. 사람의 한 몸에서 측은지심은 이르지 않는 곳이 없으므로 아프고 가렵게 하는 것이 닿으면 느끼게 된다. 이로부터 추론해 보면, 천지 만물은 본래 한 몸이어서 어디를 가더라도 측은지심이 없는 곳이 없다.

○주희가 말했다.

"가득히 꽉 차 있고 빈 곳이 없으니, 칼로 베어도 아프고 침으로 찔러도 아픈 것과 같다."

25

天地萬物之理, 無獨, 必有對, 皆自然而然, 非有安排也. 每中夜以思, 不知手之舞之足之蹈之也. 〔『程氏遺書』11-46〕

천지 만물의 리(理)는 홀로인 적이 없고 반드시 그 상대가 있는데, 모두 저절로 그러한 것이지 안배해서가 아니다. 한밤중에 그것을 생각할 때마다 나도 모르게 손과 발이 춤을 추게 된다.

○朱子曰："陰與陽對, 動與靜對, 以至屈信·消長·左右·上下, 或以類而對, 或以反而對. 反覆推之, 未有兀然無對而孤立者. 程子謂'惟道無對', 然以形而上下論之, 亦未嘗不有對也."

○주희가 말했다.

"음은 양의 상대이고 동은 정의 상대이며, 굽힘과 폄, 소멸과 성장, 좌우상하에 이르기까지, 혹은 비슷한 것끼리 상대가 되고 혹은 반대인 것끼리 상대를 이룬다. 반복하여 그것을 추론해 보면, 상대하는 것이 없이 홀로 우뚝하게 고립적인 것은 없다. 정자가 '도(道)만은 상대되는 것이 없다'고 하였는데, 그러나 형이상과 형이하로써 논한다면 또한 상대되는 것이 없는 것이 아니다."

26

中者天下之大本, 天地之間, 亭亭當當, 直上直下之正理, 出則不是. 惟敬而無失最盡. 〔『程氏遺書』11-167〕

중(中)은 천하의 커다란 근본이며,[115] 천지 사이에 우뚝하고 합당하며, 위아래로 곧은 바른 이치이니, 여기서 벗어나면 옳지 않다. 오직 공경하여 잃지 않아야[116] 온전히 다할 수 있다.

○喜怒哀樂未發之時, 此性渾然在中. 亭亭當當·直上直上·無所偏倚, 此天下之大本而萬善之主也. 心有散逸, 則失其所以爲主. 唯能敬以存之, 則有以全其中之本體矣.

---

115) 『중용』1장. "中也者, 天下之大本也. 和也者, 天下之達道也." 『중용』의 '中'에는 두 가지가 있다. 인간의 감성이 발현되기 이전의 중인 '未發之中'과 감성이 발현될 때의 중인 '已發之中'이다. 천하의 커다란 근본인 중은 미발지중을 가리킨다. 감성이 발현되어 절도에 맞는 것을 『중용』에서는 '和'라고 한다. 이 '화'는 이발지중에 해당된다. 미발지중이 중의 본체라고 한다면 이발지중은 중의 작용이라고 할 수 있다.

116) 『논어』「안연」5장. "子夏曰商聞之矣. 死生有命, 富貴在天. 君子敬而無失, 與人恭而有禮. 四海之內皆爲兄弟也. 君子何患乎無兄弟也."

○ 희노애락이 아직 발하지 않은 때에는 이 본성은 혼연히 마음 안에 있다. 우뚝하고 합당하며 위아래로 곧아서 치우치거나 기울어짐이 없으니, 이것은 천하의 큰 근본이며 모든 선함의 주인이다. 마음이 흩어지고 달아나게 되면 주인됨을 잃게 된다. 오직 경으로써 보존하면 중(中)의 본체를 온전하게 할 수 있다.

27

伊川先生曰:
"公則一, 私則萬殊. 人心不同如面, 只是私心." 〔『程氏遺書』 15-18〕

정이가 말했다.
"공정하면 하나요, 사사로우면 모두 다르다. 사람의 마음이 얼굴의 생김새처럼 같지 않은 것[117]은 사심일 뿐이다."

○ 公則萬物一體, 私則人己萬殊.

○ 공정하면 만물이 일체가 되고, 사사로우면 다른 사람과 내가 만가지로 다르다.

28

凡物有本末, 不可分本末爲兩段事. 洒掃應對是其然, 必有所以然.
〔『程氏遺書』 15-41〕

---

117) 『좌전』 양공 31년에 나오는 정(鄭)나라 자산(子産)의 말이다(子産曰: 人心之不同如其面焉. 吾豈敢謂子面如吾面乎? 抑心所謂危亦以告也. 子皮以爲忠, 故委政焉. 子産是以能爲鄭國).

모든 사물에는 근본과 말단이 있지만 근본과 말단을 두 가지 일로 나누어서는 안 된다. 물 뿌리고 쓸고, 응대를 그렇게 하는 데에도 반드시 그렇게 해야 하는 까닭이 있다.[118]

○朱子曰: "治心修身是本, 洒掃應對是末. 皆其然之事也. 至於所以然則理也, 理無精粗本末."

○주희가 말했다.
"마음을 다스리고 몸을 닦는 것은 근본이며, 물 뿌리고 쓸고 응대하는 것은 말단이다. 이는 모두 현상적인 일이다. 그렇게 해야 하는 까닭은 리(理)이니, 리에는 정밀하고 거칠고 근본적인 것과 말단적인 것의 구별이 없다."

29

楊子拔一毛不爲, 墨子又摩頂放踵爲之. 此皆是不得中. 至如子莫執中, 欲執此二者之中, 不知怎麼執得. 識得則事事物物上, 皆天然有箇中在那上, 不待人安排也. 安排著則不中矣. 〔『程氏遺書』17-65〕

양자(楊子)[119]는 (천하를 위하여) 털 하나 뽑는 것도 하지 않았고, 묵자(墨子)[120]는 머리 끝에서 발뒤꿈치까지 닳더라도 (천하를 위해서라면) 그것을 하였다. 이들은 모두 중(中)을 얻지 못하였다. 자막(子莫)[121]이

---

118) 『논어』 「자장」 12장. "子游曰子夏之門人小子, 當洒掃應對進退, 則可矣. 抑末也. 本之則無. 如之何. 子夏聞之, 曰噫! 言游過矣. 君子之道, 孰先傳焉, 孰後倦焉."
119) 楊朱를 말하며 자는 子居이고 전국시대 사상가이다. 爲我設을 주장했다.
120) 묵자의 이름은 翟이며, 兼愛와 尙同의 주장을 폈다.

130

중(中)을 잡음에는 이 두 가지의 중간을 잡으려고 하였으나, 어떻게 잡아야 할지 몰랐다.[122] 중을 알게 된다면 사물마다 모두 자연 그대로의 중이 거기에 있어, 사람의 안배를 필요로 하지 않는다. 안배한다면 중이 아니다.

○楊朱爲我, 故以一毫利天下而不爲. 墨翟兼愛, 故雖摩頂至踵, 可以利天下而亦爲之. 楊·墨各守一偏, 固皆失其中. 子莫, 魯之賢人也. 懲二者之偏, 欲於二者之間而取中. 夫中者隨時而立. 不能隨時以權其宜而膠於一定之中, 則所執者亦偏矣. 故君子貴於格物以致其知. 物格而知至, 則有以識夫時中之理而於事事物物各有天然之中, 不得著意安排也. 若事安排, 則或雜以意見之私, 而非天然之中矣.

○양주(楊朱)는 자신만을 위하므로 털 하나로 천하를 이롭게 할 수 있다고 하더라도 하지 않는다. 묵적(墨翟)은 겸애를 주장하므로 머리 끝에서 발끝까지 닳더라도 천하를 이롭게 할 수 있다면 한다. 양주와 묵적은 각각 한쪽으로 치우친 것을 고집하므로 모두 중을 잃었다. 자막은 노나라의 현인이다. 두 사람의 치우침을 징계로 삼아 두 사람 사이에서 중을 취하고자 하였다. 저 중이라는 것은 상황에 따라 입장을 취하는 것이다. 상황에 따라 그 마땅함을 저울질하지 못하고, 하나로 고정된 중에 얽매이면 그의 행동도 편벽되게 된다. 그러므로 군자는 사물의 이치를 궁구〔格物〕하여 앎을 이루는 것〔致知〕을 귀하게 여긴다. 사물의 이치가 궁구되어〔物格〕 앎이 이르게 되면〔知至〕 시중(時中)

---

121) 자막은 노(魯)나라의 현인이다.
122) 이상에서 언급된 양주, 묵적, 자막에 대한 이야기는 『맹자』 「진심」 상 26장에 나온다(孟子曰楊子取爲我, 拔一毛而利天下, 不爲也. 墨子, 兼愛, 摩頂放踵利天下, 爲之. 子莫執中, 執中爲近之. 執中無權, 猶執一也. 所惡執一者, 爲其賊道也, 擧一而廢百也).

의 리(理)를 알게 되어 모든 사물마다 각각 자연 그대로의 중이 있게 되어 의도적으로 안배하지 않게 된다. 일을 안배하게 되면 사사로운 생각이 섞이므로 자연 그대로의 중이 아니다.

30

"問時中如何?" 曰: "中字最難識, 須是默識心通. 且試言一廳則中央爲中, 一家則廳中非中, 而堂爲中. 言一國則堂非中, 而國之中爲中. 推此類可見矣. 如三過其門不入, 在禹稷之世爲中, 若居陋巷則非中也. 居陋巷在顏子之時爲中, 若三過其門不入, 則非中也." 〔『程氏遺書』 18-128〕

"시중이란 무엇입니까?"라고 묻자, 말했다. "중이란 글자는 가장 알기 어려우니 모름지기 묵묵히 보존하여 마음으로 통해야 한다. 시험삼아 말하자면 마루의 경우에는 마루의 중앙이 중이 되지만, 한 집의 경우에는 마루의 중앙이 중이 아니라 본당이 중이 된다. 한 나라를 말하자면 어떤 집의 본당이 중이 아니라 나라의 중간이 중이 된다. 이러한 것들을 유추하면 알 수 있을 것이다. 우(禹)·직(稷)의 시대에는 자신의 집 문 앞을 세 번 지나면서도 들어가지 않는 것[123]이 중이었지만, 누추한 거리에 거처했다면 중이 아니다. 안연(顏淵)[124]의 경우에는 누

---

123) 『맹자』「이루」하 29장. "禹稷當平世, 三過其門而不入. 孔子賢之. 顏子當亂世, 居於陋巷. 一簞食, 一瓢飮, 人不堪其憂, 顏子不改其樂, 孔子賢之. 孟子曰禹稷顏回同道."

124) 안연(기원전 521-490)의 이름은 回이며 자는 子淵이다. 가난하였지만 학문을 좋아하고 安貧樂道의 삶을 살아 공자의 총애를 받았을 뿐 아니라 후세 유학자들로부터 亞聖의 칭호를 받았다. 32세에 백발이 되어 죽었다고 한다. 그러나 匡亞明은 『孔子評傳』(중국: 齊魯書社, 1985)「生平槪略」(제7절 100쪽)에서 그의 생몰년을 기원전 522-481년이라고 고증하였다.

추한 거리에 거처하는 것[125]은 시중이었지만, 자신의 집 문 앞을 세 번 지나면서도 들어가지 않았다면 중이 아니다."

○ 時中者, 隨時有中, 不可執一而求也. 意如上章. 禹之治水, 九年于外, 三過其門, 不暇入. 蓋得時行道, 任天下之責, 濟斯民之患, 如是乃合此時之中. 顔子之世, 明王不興, 以夫子之大聖而不得行其道. 則其時可以止矣, 故隱居獨善而簞瓢自樂. 如是乃合此時之中. 是二者若違時而易務, 則皆失其中矣.

○ '시중'이라는 것은 상황에 따른 중이니, 한 가지를 고집하여 찾아서는 안 된다. 뜻은 앞장에서와 같다. 우임금이 치수를 할 때, 9년 동안 밖에서 생활하였는데, 그 동안 그 집 문 앞을 세 번 지났으나 들어갈 여가가 없었다. 대개 때를 얻어 도를 행하게 됨에 천하의 책임을 맡아 백성들의 우환을 구제하는 데는 이와 같이 하는 것이 이 시대의 중에 부합하기 때문이다. 안자의 시대에는 밝은 왕이 일어나지 않아 공자와 같은 대성인으로서도 그 도를 행할 수 없었다. 그 시대에는 멈추는 것이 마땅하였으므로 (안자는) 숨어살면서 홀로 자신의 몸을 선하게 하며 "한 소쿠리의 밥과 한 표주박의 물"[126]로써 검소한 생활을 하며 스스로 즐겼다. 이렇게 하는 것이 이 시대의 중에 합치되는 것이었다. 이 두 사람이, 만일 시대를 어기고 하는 일을 바꾸어서 했다면 모두가 중을 잃었을 것이다.

---

125) 『맹자』 「이루」 하 29장. "禹稷當平世, 三過其門而不入. 孔子賢之. 顔子當亂世, 居於陋巷, 一簞食, 一瓢飮, 人不堪其憂. 顔子不改其樂, 孔子賢之. 孟子曰 : 禹稷顔回同道."
126) 『논어』 「옹야」 11장. "子曰賢哉回也. 一簞食, 一瓢飮, 在陋巷, 人不堪其憂, 回也, 不改其樂. 賢哉回也."

31

無妄之謂誠, 不欺其次矣. 〔『程氏遺書』6-170〕

허망함이 없는 것을 성(誠)이라고 하며 속이지 않는 것은 그 다음
이다.

○ 本注云：“李邦直云'不欺之謂誠', 便以不欺爲誠. 徐仲車云'不息
之謂誠'. 『中庸』言'至誠無息', 非以無息解誠也. 或以問先生, 先生曰,
云云.”
○ 無妄者, 實理之自然而無一毫僞妄也. 故謂之誠. 不欺者, 知實理
之當然而不自爲欺, 乃思誠也.
○ 朱子曰：“無妄者自然之誠, 不欺是著力去做底, 故曰'其次.'”

○ 본주에서 말했다.

“이방직(李邦直)[127]은 '속이지 않는 것이 성(誠)이다'라고 하였으니
속이지 않는 것을 성이라고 생각하였다.[128] 서중거(徐仲車)[129]는 '쉬지 않
는 것을 성이라고 한다'고 하였다. 『중용』에서는 '지극한 성은 쉼이 없
다'[130]고 말하였지만, 쉼이 없다는 것이 성이라고 해석한 것은 아니다.

---

127) 宋人. 事蹟未詳.
128) 『중용』16장 “대저 은미한 것이 드러남이니, 誠을 가리울 수 없음이 이와 같을
진저”에 대한 小註에서 胡雲峯(이름은 炳文, 字는 仲虎)이 이렇게 말했다. “한대
의 유자들은 모두 '誠'자를 알지 못하였다. 宋의 李邦直이 처음으로 속이지 않는
것을 誠이라고 하였다. 徐仲車는 쉬지 않는 것을 성이라고 하였다. 정이에 이르러
서 비로소 无妄을 성이라고 하였다. 주희가 또 거기에 眞實이라는 두 글자를 더
하여 誠에 대한 설명이 극진하게 되었다.”
129) 宋人. 이름은 積이고 중거는 자이다. 아버지의 이름이 石이어서 종신토록 석기를
사용하지 않았다고 하는데, 이것은 그의 효성이 지극함을 보여준다.

어떤 사람이 그것을 선생에게 물었더니 선생이 (위와 같이) 말했다."

　ㅇ 허망함이 없다는 것은 실리의 자연스러움 그대로여서 조금의 거
짓과 망녕됨이 없다는 뜻이다. 그러므로 그것을 성이라고 한다. 속이
지 않는다는 것은 실리의 당연함을 알아 스스로 속이지 않는 것이니
'성을 생각하는 것〔思誠〕'[131]이다.

　ㅇ 주희가 말했다.

　"허망함이 없다는 것은 자연스런 성(誠)이며, 속이지 않는다는 것은
노력하여 행하는 것이므로 성(誠) '다음가는 것'이라고 하였다."

32

沖漠無朕, 萬象森然已具. 未應不是先, 已應不是後.

　텅 비고 아득하여 아무런 조짐도 없지만 모든 꼴〔象〕이 빽빽히 이
미 갖추어져 있다.[132] 아직 응하지 않은 것이라고 해서 먼저가 아니고,

---

130) 『중용』 26장. "故至誠無息. 不息則久, 久則徵. 徵則悠遠, 悠遠則博厚, 博厚則
　高明. 博厚所以載物也. 高明所以覆物也."
131) 『맹자』「이루」상 12장에 "성(誠)은 하늘의 도이고, 성을 생각하는 것은 사람의
　도이다(誠者, 天之道也, 思誠者, 人之道也)"라고 나온다. 이 말은 『중용』의 "성
　은 하늘의 도이고, 성하려고 노력하는 것은 사람의 도이다(誠者, 天之道也. 誠之
　者, 人之道也)"라는 문장과 같은 의미이다. '성을 생각한다'는 것은 '성하려고 노
　력한다'는 의미와 같다.
132) 이 구절은 체용사상의 기본적 관점이다. 텅 빈 체(體) 가운데는 모든 작용의 원
　리와 가능성이 충족하게 항상 갖추어져 있다가 외부의 상황이 자극하면 그것에
　응하여 반응하며 드러나게 된다는 것이다. "텅 비고 아득하여 아무런 조짐도 없지
　만 모든 꼴〔象〕이 빽빽히 이미 갖추어져 있다"는 표현은 『周易程傳』 서문에서
　정이가 "체와 용은 근원이 하나이며 현상과 은미한 것은 틈이 없다"고 한 내용에
　대한 주희의 소주에 자세하다. 영역본 주에 의하면 일본 학자들이 이 말의 근원이
　불교에서 왔다고 하면서도 아무도 그 출전을 밝히지는 못하고 있다고 하며, 정이가

이미 응한 것이라고 해서 나중이 아니다.

○'沖漠未形而萬理畢具', 卽所謂'無極而太極'也. '未應'者, 寂然不動之時也. '已應'者, 感而遂通之時也. 已應之理, 悉具於未應之時, 故未應非先, 已應非後. 蓋卽體而用在其中, 不可以先後分也.
○朱子曰：“未有事物之時, 此理已具, 少間應處, 亦只是此理.”

○'텅 비고 아득하여 아직 드러나지 않지만 모든 이치가 다 갖추어진 것'은 '무극이면서 태극'을 가리킨다. '아직 응하지 않은 것'은 고요하여 움직이지 않는 때이다. '이미 응한 것'은 느끼어 이미 통한 때이다. 이미 응한 이치는 아직 응하기 전에 모두 갖추어져 있으므로, 응하지 않은 것이라고 해서 먼저가 아니며 이미 응한 것이라고 해서 나중도 아니다. 대개 본체 가운데 작용이 있으므로 앞뒤로 나눌 수 없다.
○주희가 말했다.
“사물이 아직 없을 때에도 그 이치는 이미 구비되었으니, 잠깐의 응하는 것은 또한 이 이치일 뿐이다.”

如百尺之木, 自根本至枝葉, 皆是一貫. 不可道上面一段事, 無形無兆, 却待人旋安排, 引入來敎入塗轍.

큰 나무를 예로 들면 뿌리에서 가지와 잎에 이르기까지 모두가 하나로 관통하고 있는 것과 같다. 일단의 형이상의 일[133]은 형체도 없고 조짐도 없어, 오히려 사람이 두루두루 안배하여 끌어다가 도철(塗轍)[134]

이 말을 처음으로 한 것을 인정한 『大漢和辭典』(諸橋轍次 編)을 인용하고 있다.
133) 영역본에서는 “위에 언급된 일(the state described above)”이라고 되어 있으나 (Chan, Wing-tsit(trans.), *Reflections on Things at Hand*, Columbia University Press, 1967, p. 26), 신석본의 “형이상적 사물”을 따른다.

에 맞추기를 기다려야 한다고 말해서는 안 된다.

○ 轍車跡, 塗轍猶路脈也. 道有體用而非兩端, 猶木有根本, 是生枝葉, 上下一貫, 未嘗間斷. 豈可謂未應之時, 空虛無有, 已應之際, 旋待安排引入塗轍! 言此理具於氣形事爲之先, 本一貫.

○ '철(轍)'은 수레바퀴의 자국이며, '도철(塗轍)'은 길[路脈]과 같다. 도는 본체와 작용이 있지만 두 끝으로 나누어지지 않는 것은, 나무에는 뿌리가 있고, 그것이 가지와 잎을 생기게 하여 위와 아래가 하나로 관통하여 끊어짐이 없는 것과 같다. 어찌 응하지 않을 때는 공허하여 아무것도 없다가, 이미 응할 때에 안배하여 도철에 끌어맞추어야 한다고 말할 수 있겠는가! 이 이치가 형체와 기운이 어떤 일을 하기 전에 갖추어져 본래부터 일관됨을 말한 것이다.

旣是塗轍, 却只是一箇塗轍. 〔『程氏遺書』 15-78〕

이미 도철인 것은 도리어 하나의 도철일 뿐이다.[135]

---

134) '塗轍'이란 수레바퀴의 자국을 통하여 이미 형성된 길[軌道, track]이다. 감응을 통하여 형성되는 길은 자연스럽게 형성되는 생명의 길이니, 이미 형성된 길과는 구별되어야 한다.

135) 주희는 이 글에 빠진 글자가 있는 것 같다(『주자어류』 95권 22쪽)고 하였으나 영역본과 신석본은 주희의 설을 수용하지 않고 있다. 역자가 보기에도 빠진 글자가 있는 것 같지 않다. 영역본과 신석본과 『근사록집해』는 모두 이 문장을 이미 현상으로 나타난 도는 하나의 근원적인 도일 뿐이라고 하여 도와 도철을 구별하지 않고 있다. 그러나 역자는 앞에서 말한 앞뒤가 없는 도체로서의 도와 현상화된 뒤의 자취인 도철로서의 궤적을 구별하여 이해하고자 한다. 도체로서의 도는 앞뒤가 없이 일관되지만 현상화된 궤적으로서의 도는 고정된 자취일 뿐이니 도체인 도를 궤적의 도에 맞추려고 해서는 안 된다는 의미로 전체 문맥을 파악하고자 한다.

○ 言此理流行於氣形事爲之中, 亦未嘗有二致也.

○ 朱子曰: "如父之慈子之孝, 只是一條路, 從源頭下來."

○ 이것은 이 이치가 형체와 기운이 어떤 일을 하는 가운데 흐르고
〔流行〕 있어 두 갈래가 있는 것이 아님을 말한 것이다.

○ 주희가 말했다.

"아버지의 자애로움이나 자식의 효도와 같은 것도 근원으로부터 나
오는 하나의 도일 뿐이다."

33

近取諸身, 百理皆具. 屈伸往來之義, 只於鼻息之間見之. 屈伸往來
只是理, 不必將旣屈之氣, 復爲方伸之氣. 生生之理, 自然不息.

가까이 자기 몸에서 살펴보면 모든 이치가 갖추어져 있다. 굽히고
펴고 오고 감의 뜻은 코로 숨쉬는 사이에서도 볼 수 있다. 굽히고 펴
고 오고 가는 것은 리(理)일 따름이니, 반드시 이미 굽힌 기운이 다시
펼쳐지는 기운이 되는 것은 아니다.[136] 낳고 낳는 이치는 자연스럽게
쉬지 않는다.

○ 鼻息呼吸, 可見屈伸往來之義. 以理而言, 則屈伸往來自然不息.
以氣而言, 則不是以旣屈之氣爲方伸之氣, 如釋氏所謂輪廻者也.

○ 朱子曰: "此段爲橫渠'形潰反原'之說而發也."

○ 李果齋曰: "往而屈者, 其氣已散, 來而伸者, 其氣方生, 生生之

---

136) 펼치는 기운이 도라고 하면 이미 굽힌 기운은 도철이니, 낳고 낳는 이치는 끊임
없이 도철을 낳겠지만 도철을 가지고 다시 도로 삼을 수는 없으니, 도와 도철의
구별에 대한 입장이 계속하여 설명되고 있는 문장이라고 본다.

理, 自然不窮. 若以旣屈之氣復爲方伸之氣, 則是天地間只有許多氣
來來去去, 造化之理不幾於窮乎? 釋氏不明乎此, 所以有輪廻之說."

○ 코로 숨을 내쉬고 들이쉬는 데서 굽히고 펴고 오고 감의 뜻을 알
수 있다. 이치로써 말하면 굽히고 펴고 오고 감은 자연스럽게 쉬지 않
는다. 기로써 말한다면 불가(佛家)에서 말하는 윤회처럼 이미 굴한 기
가 다시 펼치는 기가 되는 것은 아니다.

○ 주희가 말했다.

"이 문단은 장재의 '형체가 흩어지면 근원으로 돌아간다'는 설 때문
에 말했다."

○ 이방자가 말했다.

"가서 굽힌 것은 그 기가 이미 흩어지고, 와서 펴지는 것은 그 기가
바야흐로 생겨, 낳고 낳는 이치는 자연히 다하지 않는다. 만약 이미
굽힌 기가 다시 펴지는 기가 된다면, 천지 사이의 많은 기운이 오고
가는 것만 있게 되니, 조화의 이치는 거의 궁색해지지 않겠는가? 불
가는 이것을 잘 몰라서 윤회의 설이 있게 되었다."[137]

如復卦言七日來復, 其間元不斷續. 陽已復生, 物極必返, 其理須如
此. 有生便有死, 有始便有終. 〔『程氏遺書』15-168〕

복괘(復卦 : ䷗)에서 '일곱 달 만에 다시 돌아온다'[138]고 하였으니, 그
사이는 원래 끊어졌다 이어졌다 하지 않는다. 양이 다하면 다시 생겨

---

137) 성리학자들은 유학의 생생의 도리는 끊임없는 기운을 생성시켜 새롭게 창조활동
을 하며 이미 생성된 기운을 없어지게 한다고 본다. 윤회설을 따르면 일정하고 고
정된 기의 순환을 의미하므로 생생의 도리의 활동이 중단된다고 비판하고 있다.
138) 『주역』복괘의 괘사. "復亨, 出入無疾, 朋來無咎. 反復其道, 七日來復, 利有攸
往."

나고 사물이 극한에 이르면 반드시 되돌아오는 것은 그 이치가 모름지기 이와 같다. 낳음이 있으면 죽음이 있고, 시작이 있으면 끝이 있다.

○‘日’卽月也. 以卦配月, 則自五月, 陽始消而爲姤. 至十一月, 陽生而爲復. 自姤至復, 凡七月也. 消極而生, 無有間斷. 物極必返, 理之自然, 生死始終, 皆一理也.

○‘일(日)’은 즉 달이다. 괘를 달과 짝지우면 5월[139]에 양이 소멸하기 시작하여 구괘(姤卦 : ䷫)가 된다. 11월이 되면 양이 다시 생겨 복괘가 된다. 구괘에서 복괘에 이르기까지 7개월[140]이다. 소멸됨이 극한에 이르면 다시 생기니 끊어짐이 없다. 사물이 극한에 이르면 반드시 돌아오는 것은 자연스러운 이치이니, 나고 죽는 것과 시작과 끝남은 모두 하나의 이치이다.

34

明道先生曰:
“天地之間, 只有一箇感與應而已, 更有甚事.”〔『程氏遺書』15-69〕

정호가 말했다.
“하늘과 땅 사이에는 자극과 반응이 있을 뿐이니, 이 밖에 또 무슨 일이 있겠는가?”

○詳見前.

---

139) 물론 음력이다. 양력으로는 6월이 된다.
140) 7개월째이나 실제로는 만 6개월이다.

○상세한 것은 앞(의 제12조)에 나왔다.

35

問仁. 伊川先生曰: "此在諸公自思之. 將聖賢所言仁處, 類聚觀之, 體認出來. 孟子曰'惻隱之心仁也', 後人遂以愛爲仁. 愛自是情, 仁自是性, 豈可專以愛爲仁? 孟子言'惻隱之心仁之端也'. 旣曰'仁之端', 則不可便謂之仁. 退之言'博愛之謂仁', 非也. 仁者固博愛, 然便以博愛爲仁, 則不可." 〔『程氏遺書』 18-1〕

인에 대하여 물었다. 정이가 말했다.

"이것은 여러분이 스스로 생각는 데 달려 있다. 성현이 인을 말한 곳을 종류별로 모아 살피며 그것을 체인(體認)해야 한다. 맹자는 '측은하게 여기는 마음이 인'이라고 하니 후인들이 드디어 사랑을 인이라고 생각하였다. 사랑은 곧 정이며 인은 곧 성이니, 어찌 오로지 사랑만을 인이라고 할 수 있겠는가? 맹자가 '측은하게 여기는 마음은 인의 단서이다'[141]라고 말했다. 이미 '인의 단서'라고 말하였으니, 바로 인이라고 할 수는 없다. 퇴지(退之)[142]는 '박애를 인이라고 한다'[143]고 말하였는데, 그것은 잘못이다. 어진 사람은 본래 널리 사랑하지만, (그러나) 박애를 곧 인이라고 생각하면 안 된다."

---

141) 『맹자』 「공손추」 상 6장. "惻隱之心, 仁之端也. 羞惡之心, 義之端也. 辭讓之心, 禮之端也. 是非之心, 知之端也."
142) 韓愈(768-824)의 자. 호는 昌黎이다. 당송(唐宋) 시대의 8대 문장가의 한 사람으로 「原道」, 「原性」 등 유학사상의 선양을 위한 저술도 하였다.
143) 한유의 「원도(原道)」. "博愛之謂仁, 行而宜之之謂義. 由是而之焉之謂道. 足乎己無待於外之謂德. 仁與義爲定名, 道與德爲虛位."

○仁者愛之性, 愛者仁之情. 以愛爲仁是指情爲性. '端'之云者, 言仁在中而端緒見於外也. 或謂: "樊遲問仁, 子曰'愛人'. 是夫子亦嘗以愛言仁也." 曰: "孔門問答, 皆是敎人於已發處用功. 孟子所謂'惻隱之心也', 亦是於已發之端體認. 但後之論仁者, 無復知性情之別. 故程子發此義以示人, 欲使沿流而遡其源也. 學者其深體之."

○ 인은 사랑의 성(性)이며 사랑은 인의 정(情)이다.[144] 사랑을 인이라고 하는 것은 정을 가리켜 성이라고 하는 것이다. '단(端)'이라고 말하는 것은 인이 안에 있어서, 그 단서가 밖으로 드러나는 것을 말한다. 어떤 사람은 "번지(樊遲)가 인에 대하여 물으니, 공자께서 '사람을 사랑하는 것이다'라고 하셨다.[145] 이것은 공자도 사랑으로써 인을 말한 것이다"라고 하였다. 생각건대, "공자가 제자들과 문답한 것은 모두 이미 발현된 것에서 노력하도록 사람들에게 가르친 것이다. 맹자가 '측은하게 여기는 마음이 인이다'고 말한 것도 이미 발현된 단서에서 체인하게 한 것이다. 다만 뒷날 인을 논하는 사람은 성과 정이 구별되는 것을 알지 못하였다. 그래서 정자는 이러한 뜻을 밝혀 사람들에게 보임으로써, 그 흐름을 따라서 그 근원에까지 소급하도록 하기를 바랐다. 배우는 자들은 그것을 깊이 체인해야 한다."

---

144) 유학의 체용론은 모든 존재를 본체와 현상으로 구별하여 설명하는 입장이다. 이러한 입장에서 인간의 마음을 설명하게 되면 인간의 마음을 본체인 성과 현상인 정으로 나누어 설명하게 된다. 인은 본체인 성이며 사랑은 인의 실현인 정이라는 것이 이 글의 주된 요지이다. 그러나 체와 용은 근원이 하나이므로 나누어 설명하게 되면 체용을 분리시킬 위험이 있다. 공자는 인을 설명할 때 체용을 구별하지 않았다. 공자는 "성은 서로 가깝고 습관은 서로 멀다"고만 말하였을 뿐 성에 대하여 더 이상 언급하지 않았다. 맹자는 "인간의 본성은 모두 선하다"고 하며 이는 惻隱・羞惡・辭讓・是非라는 四端의 현상을 통해 증명된다고 하였다. 그러나 그는 성정의 구별과 체용을 말하지 않았다.

145) 『논어』「안연」22장. "樊遲問仁. 子曰愛人. 問知. 子曰知人."

36

問: "仁與心何異?" 曰: "心譬如穀種, 生之性便是仁, 陽氣發處乃
情也."〔『程氏遺書』18-6〕

"인과 마음은 무엇이 다릅니까?"라고 물으니, "마음은 비유하자면
곡식의 씨앗과 같으니, 생명성이 바로 인이고, 양기(陽氣)가 발하는 것
은 바로 정이다"라고 하였다.

○ 以穀種喻心, 生之性便是愛之理, 陽氣發處便是惻隱之情.

○ 곡식의 씨앗을 마음에 비유한다면 생명성이 곧 사랑의 이치이고,
양기가 발현되는 것은 측은하게 여기는 정이다.

37

義訓宜, 禮訓別, 智訓知. 仁當何訓. 說者謂訓覺訓人, 皆非也. 當
合孔孟言仁處, 大槩研窮之, 二三歲得之, 未晚也.〔『程氏遺書』24-29〕

의(義)는 마땅함〔宜〕이라고 새기며, 예(禮)는 구별〔別〕이라고 새기
며, 지(智)는 앎〔知〕이라고 새긴다. 인은 어떻게 새기는 것이 마땅하겠
는가? 학자들이 깨달음〔覺〕이라고 새기고[146] 사람다움〔人〕이라고 새겨
야 한다고 하는데[147] 모두 잘못이다. 공자와 맹자가 인에 대해서 말한

---

146) 사량좌(謝良佐 : 1050-1103)의 말이다. 그의 자는 顯道이며, 호는 上蔡이다. 游
酢, 楊時, 呂大臨과 함께 정호·정이 문하의 4대 제자라고 불린다. 저작에 『논어
설』과 『상채어록』이 있다. "以識痛癢爲仁."(『上蔡語錄』中)
147)『중용』20장. "仁者, 人也. 親親爲大. 義者, 宜也. 尊賢爲大."

바를 합하여 큰 줄거리를 연구하여 2-3년이 걸려 얻어도 늦지 않다.

○ 訓者, 以其字義難明, 故又假一字, 以訓解之. 義者, 天理之當然, 所以裁制乎事物之宜, 故訓宜. 禮者, 天理之節文, 所以別親疎上下之分, 故訓別. 智者, 天理之明睿, 所以知事物之是非, 故訓知. 仁道至大包乎三者, 故爲難訓. 說者謂訓覺者, 言不爲物欲所蔽痒痾疾痛觸之卽覺. 夫仁者固無所不覺, 然覺不足以盡仁之蘊也. 訓人者, 言天地生人均氣同理, 以人體之, 則惻怛慈愛之意, 自然無所間斷. 夫仁者, 固以人爲體, 然不可以訓人也.

○ 朱子曰: "仁是愛之體, 覺自是智之用. 仁統四德, 故仁則無不覺, 然便以覺爲仁則不可." 或謂: "仁只是人心之生理, 以生字訓之, 何如?" 朱子曰: "不必須用一字訓, 但要識得大意通透耳."

○ '訓'이라는 것은 어떤 글자의 뜻을 밝히기 어렵기 때문에 다른 글자를 빌려서 (의미를) 풀이하는 것이다. '의'는 천리의 당연함으로 사물의 마땅함[宜]을 헤아려 제정(制定)하는 것이므로 '마땅함[宜]'이라고 새긴다. '예'는 천리의 절도(節度)와 형식으로 친밀하고 소원함과 위아래를 구분하는 것이므로 '구별[別]'이라고 새긴다. '지'는 천리의 밝음으로 사물의 옳고 그름을 아는 것이므로 '앎[知]'이라고 새긴다. '인'의 도는 지극히 커서 세 가지를 포괄하기 때문에 새기기 어렵다. 어떤 학자가 인을 '깨달음[覺]'으로 새기는 이유는 물욕(物慾)에 의해서 가리워지지 않으면 가렵고 아픈 것을 (만지면) 즉시 깨닫기 때문이라고 말한다. 저 어진 사람은 본래 깨닫지 않는 것이 없지만, 깨달음이란 뜻으로 인의 함의를 다하기에는 부족하다. 인을 사람다움이라고 새기는 까닭은 천지가 사람을 낳음에 기운과 이치를 균등하고 동일하게

『맹자』「진심」하 16장. "孟子曰也者, 人也. 合而言之, 道也."

144

부여하였으므로 사람으로서 그것을 체득하기만 하면 측은하게 여기고 자애로운 마음이 자연스럽게 중단됨이 없게 되기 때문이라고 말한다. 저 어진 사람이 진실로 인간다움을 바탕으로 삼지만, 그러나 인(仁)을 사람다움이라고 새길 수는 없다.

ㅇ 주희가 말했다.

"인은 사랑의 본체이며, 깨달음은 지(智)의 작용이다. 인은 네 가지 덕을 통섭하므로 어질면 깨닫지 않는 것이 없지만, 깨달음이 곧 인이라고 할 수는 없다."

어떤 사람이 "인은 사람 마음속의 생명의 이치이니, '생(生)'자로써 인을 새기는 것은 어떻습니까?"라고 물었다. 주희가 말했다.

"반드시 한 글자를 써서 새길 필요는 없다. 그 대의를 훤하고 투철하게 알아야 할 뿐이다."

38

性卽理也. 天下之理, 原其所自, 未有不善. 喜怒哀樂未發, 何嘗不善? 發而中節, 則無往而不善. 故凡言善惡, 皆先善而後惡, 言吉凶, 皆先吉而後凶, 言是非, 皆先是而後非. 〔『程氏遺書』22上-71〕

성은 곧 리(理)다. 천하의 리(理)는 그 기원을 캐보면, 선하지 않은 것이 없다. 희노애락이 아직 발현되지 않았을 때, 어찌 선하지 못함이 있겠는가? 발현되어 절도에 맞게 되면 어떤 것이나 선하지 않은 것이 없다. 그러므로 무릇 선과 악에 대해서 말할 때면, 언제나 선을 먼저 말하고 악을 나중에 말하며, 길흉에 대해서 말할 때면, 항상 길을 먼저 말하고 흉은 나중에 말하며, 시비에 대해서 말할 때면, 언제나 옳음〔是〕을 먼저 말하고 그름〔非〕은 나중에 말한다.

○ 朱子曰：“'性卽理也', 一語自孔子, 後惟伊川說得盡, 攧撲不破. 性卽是天理, 那得有惡?” 又曰：“未發之前, 氣不用事, 所以有善而無惡.”

○ 주희가 말했다.

“'성이 곧 리(理)이다'라는 이 한 마디는 공자 이래로 오직 이천 선생이 극진하게 말하여 깨뜨릴 수가 없다. 성은 곧 천리이니 어찌 악함이 있을 수 있겠는가?”

또 말했다.

“아직 발현되기 전에는 기가 작용하지 않으므로 선은 있지만 악은 없다.”

39

問：“心有善惡否?” 曰：“在天爲命, 在物爲理, 在人爲性, 主於身爲心, 其實一也. 心本善, 發於思慮, 則有善有不善. 若旣發, 則可謂之情, 不可謂之心.

“마음에 선과 악이 있습니까?”라고 물었다. 대답하였다. “하늘에 있으면 명이라 하고, 사물에 있으면 리(理)라 하며, 사람에게 있으면 성이라 하며, 몸의 주인이 되는 것을 마음이라 하는데, 그 실제는 하나이다. 마음은 본래 선한데, 생각으로 나타나면 선함과 그렇지 못함이 있게 된다. 만약 이미 발현하였다면 정이라고 말할 수는 있지만 마음이라고 말할 수는 없다.

○ 天道流行, 賦與萬物, 謂之命, 事物萬殊, 各有天然之則, 統而名之謂之理. 人得是理以生, 謂之性, 是性所存虛靈知覺爲一身之主宰,謂之心, 實則非二也. 推本而言, 心豈有不善! 自七情之發而後, 有善惡之分.

　○朱子曰：“旣發不可謂之非心, 但有不善則非心之本體.”

　○ 천도가 유행하며 만물에 부여하는 것을 명이라고 하고, 사물이 만 가지로 달라져도 각각 자연 그대로의 법칙이 있으니, 그것을 모두 통틀어 리(理)라고 말한다. 사람이 태어나며 받은 리(理)를 성이라 하며, 그 성을 보존하여 텅 비고 신령스러우며 지각의 능력을 갖춘 한 몸의 주재자를 마음이라고 하지만, 실제로 서로 다른 것이 아니다. 그 근본을 미루어 말한다면, 마음에 어찌 선하지 않음이 있겠는가! 칠정(七情)이 발현한 뒤에야 선악의 구분이 있게 된다.

　○ 주희가 말했다.

　“이미 발현한 것을 마음이 아니라고 할 수는 없지만, 선하지 않으면 마음의 본체는 아니다.”

　譬如水只可謂之水, 至如流而爲派, 或行於東, 或行於西, 却謂之流也.”〔『程氏遺書』18-90〕

　비유하자면, 물은 모두 물이라고 할 수 있을 뿐이지만, 만약 흘러서 갈라지게 되어 어떤 물은 동쪽으로 흐르고 어떤 물은 서쪽으로 흐르게 되면, 그것을 지류〔流〕라고 말하는 것과 같다.”

40

　性出於天, 才出於氣. 氣淸則才淸, 氣濁則才濁. 才則有善有不善, 性則無不善. 〔『程氏遺書』19-33〕

성은 천으로부터 나오고 재질[才]은 기로부터 나온다. 기가 맑으면 재질이 맑고, 기가 탁하면 재질이 탁하다. 재질에는 선함과 그렇지 못함이 있으나 성에는 선하지 않음이 없다.

○ 性本乎理, 理無不善. 才本乎氣, 氣則不齊, 故或以之爲善, 或以之爲惡.

○ 孟子曰: "若夫爲不善, 非才之罪也." 朱子曰: "孟子, 專以其發於性者言之, 故以爲才無不善. 程子, 兼指其稟於氣者言之, 則人之材質, 固有昏明强弱之不同, 張子所謂'氣質之性', 是也. 二說雖殊, 各有所當. 然程子爲密."

○ 성은 리(理)에 근본하는데, 리(理)는 선하지 않음이 없다. 재질은 기에 근본하는데, 기는 고르지 않으므로 어떤 때는 선하게 되고 어떤 때는 악하게 된다.

○ 맹자가 말했다.

"선하지 않은 일을 하는 것은 재질[才]의 탓이 아니다."[148]

주희가 말했다.

"맹자는 성에서 발한 것만으로 말하였으므로, 재질에 선하지 않음이 없다고 말했다. 정자는 기에서 품수받은 것을 겸해서 지칭하여 말하였으므로, 사람의 재질에는 (본래) 어둡고 밝으며, 강하고 약한 차이가 있다고 말하였으니, 장횡거가 말한 '기질의 성'이 바로 이것이다. 두 가지 설은 비록 다르지만, 각기 마땅한 바가 있다. 그러나 정자의 말이 치밀하다."

---

148) 『맹자』 「고자」 상 6장. "孟子曰乃若其情, 則可以爲善矣. 乃所謂善也. 若夫爲不善, 非才之罪也."

41

性者自然完具. 信只是有此者也, 故四端不言信. 〔『程氏遺書』9-1〕

성은 자연스럽게 완전히 갖추어진 것이다. 신(信)은 이것을 보존하고 있는 것일 뿐이다. 그러므로 사단[149]에서 신을 말하지 않았다.

○ 仁義禮智, 分而言之, 則四者各立自然完具. 實有是四者, 則謂之信, 故信無定位, 非於四者之外別有信也. 孟子論四端而不及信, 蓋信在其中矣.

○ 李果齋曰 : "五常言信, 配五行, 而言四端不言信, 配四時而言也. 蓋土分旺於四時之季, 信已立於四端之中也."

○ 인・의・예・지를 나누어서 말하면 네 가지가 각각 독립적이고 자연적으로 완전히 갖추어진 것이다. 이 네 가지를 실제로 가지고 있는 것을 신이라고 하므로, 신(信)에는 고정된 자리가 없으니, 이 네 가지 밖에 따로 신이 있는 것이 아니다. 맹자가 사단을 논하면서, 신을 말하지 않았지만 신은 그 가운데 있다.

○ 이방자가 말했다.

"오상(五常)에서 신을 말한 것은 오행에 짝하여 말한 것이고, 사단에서 신을 말하지 않은 것은 사계절에 짝하여 말한 것이다. 대체로 토기(土氣)는 각 계절의 마지막 달[150]에 왕성하니, 신은 사단 가운데 이

---

149) 『맹자』「공손추」상 6장.

150) 음력으로 1・2・3월은 목으로 봄에 해당하며, 4・5・6월은 화로 여름에 해당하며, 7・8・9월은 금으로 가을에 해당하며, 10・11・12월은 수로 겨울에 해당한다. 토는 해당하는 달이 없다. 그러나 각 계절의 마지막 달인 3・6・9・12월은 토에 해당하니, 토는 목・화・금・수 가운데 이미 들어 있다. 인・의・예・지에

미 들어 있다."

42

心生道也. 有是心, 斯具是形以生. 惻隱之心, 人之生道也. [『程氏遺書』
21下-12]

마음은 생명의 도이다. 이 마음이 있으면 이 형체를 갖추어 생기게
된다. 측은하게 여기는 마음은 사람의 생명의 도이다.[151]

○心者人之生理也. '有是心斯具是形', 此言生人之道. 惻隱之心,
人之生道, 此言人得是心, 故酬酢運用, 生生而不窮. 苟無是心, 則同
於砂石而生理絶矣.

○朱子曰 : "心生道也, 謂天地以生物爲心, 而人得之以爲心者." 又
曰 : "心是箇活底物."

○마음은 사람의 생명원리이다. '이 마음이 있으면 이 형체를 갖춘
다'는 것은 사람을 생성시키는 원리를 말한다. '측은하게 여기는 마음

___

대해서 신도 이와 마찬가지이다.
151) 성리학자들은 천지를 커다란 생명원리로 생각하였다. 리기·음양의 화합으로
    이루어진 천지는 조화를 통해 끊임없이 생명을 낳고, 인간은 천지의 마음을
    부여받아 생명원리로 삼고 있다고 한다. 인간의 仁은 바로 천지로부터 받은
    천지의 마음이자 인간의 마음으로서 인간생명의 근원이라고 보았다. 그러므로
    유학에서 천지에 대한 인식이나 천지와의 합일은 천지를 대상으로 하여 과학
    적으로 탐구함으로써 이루어지는 것이 아니라 인에 대한 실천적 인식을 통해
    이루어진다. 『맹자』「진심」1장의 "그 마음을 다하는 자는 자신의 본성을 알
    고, 자신의 본성을 알면 하늘을 알게 된다. 자신의 마음을 보존하고 자신의 본
    성을 기르는 것이 하늘을 섬기는 것이다."라는 맹자의 말은 성리학에 그대로
    수용되었다.

이 생명의 도'라는 것은 사람이 이 마음을 얻었기 때문에 주고 받고 움직이며 생명을 끊임없이 이어갈 수 있음을 말하는 것이다. 만약 이 마음이 없다면 모래와 돌덩어리처럼 되어 생명의 원리가 끊어지게 될 것이다.

　○주희가 말했다.

"마음이 생명의 원리라는 것은 천지는 만물을 생성시키는 것으로 마음을 삼고, 사람은 그것을 얻어 마음으로 삼는다는 것이다."

　또 말했다.

"마음은 살아 움직이는 것이다."

43

橫渠先生曰:

"氣坱然太虛, 升降飛揚, 未嘗止息. 此虛實動靜之機, 陰陽剛柔之始. 浮而上者陽之清, 降而下者陰之濁. 其感遇聚結, 爲風雨, 爲霜雪. 萬品之流形, 山川之融結, 糟粕煨燼, 無非敎也."〔『正蒙』「太和」6[152]〕

장재가 말했다.

"기라는 것은 아득히 크게 텅 비어, 오르고 내리며 날고 떨쳐서 그 치거나 쉰 적이 없다. 이것은 비거나 차고, 움직이거나 고요해지는 기틀이고, 음양과 강유의 시작이다. 떠서 위로 가는 것은 맑은 양기이고, 가라앉아 아래로 가는 것은 탁한 음기이다. 그것이 감응하고 만나고 모이고 맺히어 바람과 비가 되고, 서리와 눈이 된다. 만물의 형태의 변화와, 산과 강의 얽힘에서부터, 슬찌꺼기와 타고 남은 재에 이르기까지 무엇 하나 가르침의 원리가 아닌 것이 없다."

---

152) '『正蒙』「太和」6'은 「태화」편의 6번째 항목을 가리킨다.

○『正蒙』, 下同.

○‘块然’, 盛大氤氳之義. 块然太虛, 周流上下, 亘古窮今, 未嘗止息者, 元氣也. 虛實動靜, 妙用由是而形, 故曰機. 陰陽剛柔, 定體由是而立, 故曰始. 判而爲上下淸濁, 合而爲風雨霜雪. 凝而爲人物山川之形質, 散而爲糟粕煨燼之查滓. 消長萬變, 生生不窮, 皆道體之流行, 故曰無非至敎.

○『정몽』의 문장이며, 아래도 동일하다.

○‘앙연(块然)’이란 기운이 성대하게 어려 있다는 뜻이다. 아득히 크게 텅 빈 것이 아래위로 두루 흐르며 예로부터 지금까지 그치거나 쉰 적이 없는 것이 원기이다. 비거나 차고, 움직이거나 고요해지는 오묘한 작용이 이로 말미암아 형성되기 때문에 기틀이라고 하였다. 음양과 강유의 일정한 모양이 이로 말미암아 성립되므로 시작이라고 하였다. 나누어져 위로 향하는 것과 아래로 향하는 것, 맑은 것과 탁한 것이 되고, 합하여 바람·비·서리·눈이 된다. 응결하면 사람·사물·산천의 형질을 이루고, 흩어지면 술찌꺼기와 타고 남은 재 같은 찌꺼기가 된다. 소멸하고 성장하는 갖가지 변화와 끊임없이 생성하는 것이 모두 도체의 유행이므로 지극한 가르침이 아닌 것이 없다고 말했다.

44

游氣紛擾, 合而成質者, 生人物之萬殊. 其陽陰兩端, 循環不已者, 立天地之大義. 〔『正蒙』「太和」16〕

떠도는 기가 어지러이 뒤섞여 있다가 모여서 형질을 이룬 것이 만 가지로 다른 사람과 사물을 낳는다. 끊임없이 순환하는 음기와 양기의 양단은 천지의 큰 의리를 세운다.

○ 游氣雜揉, 凝而成形者, 人物萬殊所以生也. 陰陽推移, 循環無窮者, 天地大經所以立也. 游氣紛擾, 緯也, 陰陽循環, 經也.
○ 朱子曰 : "陰陽循環如磨, 游氣紛擾如磨中出者."

○ 떠도는 기가 뒤섞이고 응결하여 형체를 이루는 것이 만 가지로 다른 사람과 사물이 생성되는 까닭이다. 음양이 서로 바뀌고 끊임없이 순환하는 것이 천지의 큰 법이 서게 되는 까닭이다. 어지럽게 떠도는 기운은 날〔緯〕이고, 순환하는 음양은 씨〔經〕이다.
○ 주희가 말했다.
"음양이 순환하는 것은 맷돌이 도는 것과 같고, 떠도는 기가 어지럽게 흩어지는 것은 갈려진 곡식이 맷돌에서 나오는 것과 같다."

45

天體物不遺, 猶仁體事而無不在也.

하늘이 모든 사물의 본체가 되어 빠뜨림이 없는 것[153]은, 인이 모든 일의 본체가 되어, 있지 않은 곳이 없는 것과 같다.

○ 朱子曰 : "'體物', 言爲物之體也, 蓋物物有箇天理. '體事', 謂事事是仁做出來."

○ 주희가 말했다.

---

153) 『중용』 16장. "鬼神之爲德, 其盛矣乎. …… 體物而不可遺."

"'체물(體物)'이란 사물의 본체가 된다는 것이니, 모든 사물마다 각각의 천리를 지니고 있다. '체사(體事)'란 모든 일이 다 인이 이루어 낸 것이라는 뜻이다."

禮儀三百, 威儀三千, 無一物而非仁也.

예(禮)의 3백 가지 강령과 예(禮)의 3천 가지 조목[154]은 한 가지도 인이 아닌 것이 없다.

○'禮儀'者, 經禮也, '威儀'者, 曲禮也. 禮文之大小, 無非愛敬懇惻之心所發見者. 故曰'無一物而非仁也'. 不然, 則禮特虛文矣.

○'예의(禮儀)'라는 것은 예의 강령이고, '위의(威儀)'라는 것은 세부적인 예법이다. 크고 작은 예의 형식은 사랑하고 공경하고 간절하고 측은하게 여기는 마음의 발현이 아닌 것이 없다. 그러므로 '어느 하나도 인이 아닌 것이 없다'고 하였다. 그렇지 않으면 예라는 것은 텅 빈 형식일 뿐이다.

"昊天曰明, 及爾出王, 昊天曰旦," 及爾游衍, 無一物之不體也. [『正蒙』「天道」2]

"위대한 하늘은 밝아서 너와 함께 다니며, 위대한 하늘은 밝아서 너와 함께 돌아다닌다"[155]고 하니, 한 물건에도 본체가 되지 않음이 없다.

---

154) 『중용』 27장. "大哉! 聖人之道. 洋洋乎, 發育萬物, 峻極于天. 優優大哉. 禮儀三百, 威儀三千. 待其人而後行. 故曰苟不至德. 至道不凝, 故君子尊德性而道問學."
155) 『시경』 「대아·생민」 〈판(板)〉. "敬天之怒, 無敢戲豫. 敬天之渝, 無敢馳驅. 昊天曰明, 及爾出王. 昊天曰旦, 及爾游衍."

○ ‘王’, 往‘通’.

○ 詩大雅板篇. ‘出王’, 謂出而有所往也. ‘旦’, 亦明也. ‘衍’, 寬縱之
意. 言天道昭明, 凡人之往來游息之所, 此理無往而不在. 因是以證
“體物不遺”之義.

○ ‘왕(王)’자는 ‘왕(往)’자와 통한다.

○『시경』「대아」〈판〉편이다. ‘출왕(出王)’이라는 것은 나가서 가는
곳이 있다는 것이다. ‘단(旦)’도 밝다는 뜻이다. ‘연(衍)’이란 넓어 자유
롭다는 뜻이다. 천도는 밝고 밝아 사람이 왕래하며 놀고 쉬는 곳마다
어디에도 없는 곳이 없다는 뜻이다. 이를 통해 “사물의 본체가 되어
빠뜨림이 없다”는 뜻을 증명하였다.

46

鬼神者, 二氣之良能也. 〔『正蒙』「太和」12〕

귀신이란, 음양 두 기운의 고유한 능력〔良能〕이다.[156]

○ ‘良能’者, 自然而然, 莫之爲而爲也. 朱子謂橫渠此語尤精.

○ ‘양능(良能)’이란 저절로 그러하여, 아무도 시키지 않았는데 그렇

---

156) 성리학의 존재론에 따르면 음양의 조화에 의해 만물이 생성된다. 이 때 양의 능
력을 신이라고 하고 음의 능력을 귀라고 한다. 귀와 신을 서로 모순되는 존재론적
인 두 가지 능력이라고 하였다. 그러나 이 두 모순된 힘이 조화하고 배척하며 만
물을 생성시킨다고 보았다. ‘양능(良能)’이란 “사람이 배우지 않고도 할 수 있는
것이 양능이다”(『맹자』「진심」상 15장)에서 나온 말로 선천적으로 타고난 능력
을 의미한다.

게 하는 것이다. 주희가 장재의 이 말은 매우 정밀하다고 하였다.

47

物之初生, 氣日至而滋息, 物生旣盈, 氣日反而遊散. 至之謂神, 以
其伸也, 反之謂鬼, 以其歸也. 〔『正蒙』「動物」1〕

사물이 처음 생기면 기가 날로 이르러 자라게 되고, 사물이 생겨나
서 기가 가득 차고 나면 그것은 날로 돌아가 흩어지게 된다. 기가 이
르는 것을 신이라 하는데 펼치기〔伸〕 때문이고, 되돌아가는 것을 귀라
고 하는데 돌아가기〔歸〕 때문이다.

○物, 自少以至壯, 氣日至而滋息. 滋息者生而就滿也. 自壯以至
老, 氣日反而遊散. 遊散者消而就盡也. 以其日至而伸, 故曰'神', 以
其日反而歸, 故曰'鬼'.

○사물이 어려서부터 장성하기까지는 기가 날로 이르러 자라게 된
다. 자라는 것은 태어나서 가득 차는 것으로 나아가는 것이다. 장성한
뒤부터 늙게 될 때까지는 기가 날로 돌아가 흩어지게 된다. 흩어지는
것은, 소멸하여 다하는 것으로 나아가는 것이다. 그것이 날로 이르러
펴게 되므로 '신'이라 하고, 그것이 날로 돌아가므로 '귀'라고 한다.

48

性者萬物之一源, 非有我之得私也. 惟大人爲能盡其道. 是故立必
俱立, 知必周知, 愛必兼愛, 成不獨成. 彼自蔽塞, 而不知順吾理者,
則亦末如之何矣. 〔『正蒙』「誠明」7〕

성은 만물의 동일한 근원으로, 어떤 사람이 사사롭게 어떻게 할 수 있는 것이 아니다. 대인만이 그 도를 다할 수 있다. 그러므로 자기가 설 때는 모두 함께 서며, 알면 반드시 모두가 알며, 사랑할 때는 반드시 두루 사랑하며, 이룰 때는 자기 혼자만 이루지 않는다. 저 스스로 가리고 막혀 자신의 이치에 따를 줄 모르는 자는 또한 어찌할 수가 없다.

○性原于天而人之所同得也. 惟大人者能盡己之性, 則能盡人之性, 蓋性本無二也. 故己有所立, 必與夫人以俱立, 己有所知, 必使夫人以周知, 愛必兼愛使人皆得所愛也, 成不獨成, 使人皆有所成也. 四者大人之所存心也. 立者禮之幹也, 知者智之用也, 愛者仁之施也, 成者義之遂也. 自立於禮以至成於義, 學之始終也. 張子之敎以禮爲先, 故首曰立. 如是而彼或蔽塞而不通不知所以順乎理, 則亦無如之何. 然其心固欲其同盡乎一源之性也. 此卽『大學』'明明德於天下', 『中庸』'成己成物'之道, 蓋『西銘』之根本也.

○성은 천에 근원하며 사람이 똑같이 얻은 것이다. 대인만이 자기의 성을 다할 수 있어서 다른 사람의 성도 다하게 할 수 있으니, 성이 본래 하나이기 때문이다. 그러므로 자기가 서면 반드시 다른 사람과 함께 서게 되고, 자기가 알면 반드시 다른 사람으로 하여금 널리 알게 하며, 사랑할 때는 반드시 두루 사랑하여 모든 사람들로 하여금 사랑할 바를 사랑하게 하며, 무엇을 이루면 홀로 이루는 것이 아니라, 다른 사람들로 하여금 모두 성취하는 것이 있게 한다. 네 가지는 대인의 마음가짐이다. 서는 것은 예의 줄기이며, 아는 것은 지혜의 작용이고, 사랑은 인의 베풂이며, 이루는 것은 의(義)의 완수이다. 자신이 예에 서는 것에서부터 의를 이루는 데 이르는 것은 학문의 시작과 끝이다. 장재의 가르침은 예를 우선적인 것으로 삼았으므로, 제일 먼저 서는

것을 말했다. 이렇게 하더라도 혹 가리워지고 막혀 통하지 아니하여 이치에 따를 줄 모르는 자는 어찌 할 수 없다. 그러나 그의 마음은 근원이 동일한 본성을 함께 다하기를 바란다. 이것이 곧 『대학』에서 말하는 '천하에 밝은 덕을 밝힌다'는 것[157]이며, 『중용』에서 말하는 '자기를 이루고 사물을 이룬다'[158]는 도이니, 대개 『서명(西銘)』의 근본 뜻이다.

49

一故神. 譬之人身, 四體皆一物, 故觸之而無不覺, 不待心使至此而後覺也. 此所謂"感而遂通", '不行而至, 不疾而速'也.〔『横渠易説』11卷「繫辭」上〕

하나이기 때문에 신묘하다.[159] 사람의 몸에 비유하자면, 사지가 모두 하나이기 때문에 건드리면 느끼지 않음이 없으니, 마음이 거기에 이르게 한 뒤에야 느끼는 것이 아니다. 이것이 이른바 "느껴서 드디어 통한다"[160]는 것이며 '가지 않고도 이르며, 빠르게 하려고 하지 않아도 빠르다'[161]는 것이다.

○ '一'謂純一也. '神'謂神妙而無不通也. 猶人之四體本一也, 故觸

---

157) 『대학』 經 1장. "大學之道, 在明明德, 在親民, 在止於至善."

158) 『중용』 25장. "誠者非自成己而已也. 所以成物也. 成己, 仁也 ; 成物, 知也. 性之德也. 合內外之道也. 故時措之宜也."

159) 『정몽』 「參兩」. "一故神, 兩故化."

160) 『주역』 「계사」 상 10장. "易, 无思也, 无爲也. 寂然不動, 感而遂通天下之故, 非天下之至神, 孰能與於此."

161) 『주역』 「계사」 상 10장. "夫易聖人之所以極深而研幾也. 唯深也, 故能通天下之志, 唯幾也, 故能成天下之務. 唯神也, 故不疾而速, 不行而至."

之卽覺不待思慮擬議. 使一有間斷, 則痛痒有所不覺矣. 天地之爲物不貳, 故妙用而無方. 聖人之心不貳, 故感通而莫測.

○ '일(一)'은 순수하게 하나라는 것이다. '신(神)'은 신묘하여 통하지 않는 것이 없다는 것이다. 사람의 사체가 본래 한 몸이기 때문에, 건드리면 즉시 느끼게 되어 생각하고 의논할 필요가 없는 것과 같다. 잠시라도 중단됨이 있으면 통증과 가려움을 느끼지 못하는 것이 있게 된다. 천지라는 것도 둘이 아니기 때문에 일정한 방향이 없이 오묘하게 작용한다. 성인의 마음은 둘이 아니므로 느끼면 마침내 통하게 되어 아무도 측량할 수 없다.

50

心統性情者也. 〔『張載集』「性理拾遺」8〕

마음은 성과 정을 통괄(統括)하는 것이다.[162]

○『橫渠語錄』, 下同.
○朱子曰: "統是主宰. 性者心之理. 情者心之用. 心者性情之主. 孟子曰'仁, 人心也', 又曰'惻隱之心', 性情上都下箇心字, 可見心統性情之義."

○『횡거어록』의 문장이며, 아래도 동일하다.

---

162) '統'자에는 統括과 統會라는 두 가지 의미가 있다. 통괄이라고 하면 주재의 의미이고, 통회라고 하면 통일적으로 함께 포섭한다는 의미이다. 『근사록집해』에서는 주재의 의미를 취하였지만, 마음에는 성정의 양 측면이 있으므로 마음은 성정을 통회하여 함께 일컫는 이름이라고 할 수 있다.

○주희가 말했다.

"통괄한다는 것은 주재한다는 것이다. 성은 마음의 이치이다. 정은 마음의 작용이다. 마음은 성정의 주인이다. 맹자가 '인이란 사람의 마음이다'[163]고 하고, 또 '측은하게 여기는 마음'[164]이라고 하여 성정 모두에 '마음'이라는 글자를 사용하였으니, '마음이 성정을 주재한다'는 의미를 볼 수 있다."

51

凡物莫不有是性. 由通蔽開塞, 所以有人物之別. 由蔽有厚薄, 故有智愚之別. 塞者牢不可開. 厚者可以開, 而開之也難. 薄者開之也易. 開則達于天道, 與聖人一. 〔『張載集』「性理拾遺」5〕

모든 사물은 성을 가지고 있다. 통하고 가리워지고 열리고 막힌 것으로 말미암아 사람과 사물의 구별이 있게 된다. 가리워짐에 두텁고 엷은 것이 있음으로 말미암아 지혜로움과 어리석음의 차이가 있게 된다. 막힌 자는 굳어서 열 수 없다. 두텁게 가리운 자는 열 수는 있지만 여는 것이 어렵다. 엷게 가리운 자는 열기가 쉽다. 열면 천도에 통달하게 되어 성인과 같게 된다.

○有是氣必有是理. 此人與物之所共也. 由氣有通蔽開塞, 故有人物之異. 由蔽有厚薄, 故人又有智愚之異. 塞者氣拘而塡實之也, 故不可開, 此言物也. 蔽者但昏暗而有所不通, 皆可開也, 顧有難易之分耳. 及其旣開, 則通乎天道, 與聖人一. 此言人也.

---

163) 『맹자』「고자」상 11장. "孟子曰仁, 人心也. 義, 人路也. 舍其路而弗由, 放其心而不知求, 哀哉."
164) 『맹자』「공손추」상 6장. "惻隱之心, 仁之端也."

160

○ 그 기가 있으면 반드시 그 리(理)가 있다. 이것은 사람과 사물의 공통된 바이다. 기에 통하고 가리우고 열리고 막힘이 있기 때문에 사람과 사물의 차이가 있다. 가리움에도 두텁고 엷음이 있기 때문에 사람 사이에도 지혜롭고 어리석음의 차이가 있다. 막힌 것은 기가 구속하여 막고 있으므로 열 수가 없으니, 이것은 사물을 가리킨다. 가리워진 것은 (단지) 혼미하고 어두워서 통하지 않는 바가 있지만 (모두) 열 수는 있으니, 도리어 쉽고 어려움의 차이가 있을 뿐이다. 이미 열린 뒤에는 천도에 통하게 되어 성인과 하나가 된다. 이것은 사람을 가리킨다.

제2권

학문〔爲學〕

○ 此卷總論爲學之要. 蓋尊德性矣, 必道問學. 明乎道體知所指歸, 斯可究爲學之大方矣.

○ 이 권은 학문을 하는 요령을 총론하였다. 대개 덕성을 존중하되 반드시 학문에 종사해야 한다.[1] 도체에 밝아 지향할 바와 의지할 바를 알면 학문의 커다란 방법을 궁구할 수 있다.

1

濂溪先生曰:
"聖希天, 賢希聖, 士希賢.

주돈이가 말했다.

---

1) 사계 김장생은 이 부분을 비판하였다. "첫 권은 도의 본체를 논하였지, 덕성을 높이는 것을 말하지 않았다. 엽채가 덕성을 높이는 것으로 말한 것은 만족스럽지 않다. 이처럼 관계도 없는 이야기로 학문에 종사한다는 것의 기의(起義)를 삼은 것은 쓸데없는 일인 것 같다."(『근사록석의』와 『근사록부주』의 이 부분 주)

"성인은 하늘과 같이 되기를 희망하고, 현인은 성인이 되기를 희망하고, 선비는 현인이 되기를 희망한다.

　○朱子曰："'希', 望也. 字本作睎."

　○주희가 말했다.
"'희(希)'는 바란다는 뜻이다. 본래 글자는 희(睎 : '바라보다'라는 뜻)자다."

伊尹顏淵大賢. 伊尹恥其君不爲堯舜, 一夫不得其所, 若撻于市. 顏淵不遷怒, 不貳過, 三月不違仁.

　이윤과 안연은 크게 현명한 사람이다. 이윤은 자기의 임금이 요·순이 되지 못하는 것을 부끄러워하였고, 한 사람이라도 자신의 적절한 자리를 얻지 못하면, 자신이 시장에서 종아리를 맞는 것처럼 생각하였다.[2] 안연은 성냄을 옮기지 않고, 똑같은 잘못을 두 번 저지르지 않았으며, 석 달 동안 인을 어기지 않았다.[3]

　○朱子曰："說見『書』及『論語』, 皆賢人之事也."

---

2) 이윤의 이름은 지(摯)이며, 은(殷)나라 탕왕(湯王) 때의 명재상으로 탕왕을 도와 夏의 桀을 쳐서 천하를 평정하였다. 이 이야기는 『서경』「열명」하에 보인다. 「열명」에는 "나는 임금으로 하여금 요순과 같이 되게 하지 못하면 마음속으로 부끄럽게 생각하여 시장에서 종아리를 맞는 것처럼 여겼으며, 한 사람이라도 직분을 얻지 못하면 이것은 나의 죄라고 생각하였다"고 되어 있다.
3) 『논어』「옹야」2장과 7장에 나온다.(哀公問："弟子孰爲好學?" 孔子對曰："有顏回者好學, 不遷怒, 不貳過, 不幸短命死矣. 今也則亡. 未聞好學者也." / 子曰："回也, 其心三月不違仁. 其餘則日月至焉而已矣.")

○ 주희가 말했다.
"이는 『서경』과 『논어』에 보이니, 모두 어진 사람의 일이다."

志伊尹之所志, 學顏子之所學.

이윤이 지향한 것에 뜻을 두고, 안자가 배우고자 한 바를 배워야
한다.

○ 朱子曰: "此言'士希賢'也."

○ 주희가 말했다.
"이는 '선비는 현자가 되기를 희망한다'를 가리킨다."

過則聖, 及則賢, 不及則亦不失於令名."〔『通書』, 제10장 「志學」〕

뜻한 것을 넘어서면 성인이요, 여기에 미친다면 어진 사람이요, 미
치지 못한다 해도 아름다운 명성을 잃지 않을 것이다".

○ 『通書』, 下同.
○ 朱子曰: "三者, 隨其用力之淺深, 以爲所至之近遠. '不失令名',
以其有爲善之實也."
○ 胡氏曰: "周子患人以發策決科, 榮身肥家, 希世取寵爲事也. 故
曰'志伊尹之所志.' 患人以廣聞見, 工文詞, 矜智能, 慕空寂爲事也.
故曰'學顏子之所學.' 人能志此志而學此學, 則知斯道之大而其用無
窮矣."

○ 『통서』의 문장으로, 아래도 동일하다.

○ 주희가 말했다.

"세 가지는 노력하는 정도에 따라 도달하는 경지가 가깝고 멀게 된다는 것이다. '아름다운 명성을 잃지 않는 것'은 선을 행하는 실질이 있기 때문이다."

○ 호씨(胡氏)[4]가 말했다.

"주돈이는 사람들이 시험문제를 풀어 과거에 합격하고, 몸을 영화롭게 하여 집안을 부유하게 하고, 세상에 알려져 임금의 총애를 얻으려고 노력하는 것을 근심하였다. 그러므로 '이윤이 지향한 것에 뜻을 두어야 한다'고 하였다. 사람들이 견문을 넓히고 문장을 아름답게 꾸미고 지능을 자랑하고 공적(空寂)을 흠모함을 일삼는 것을 근심하였다. 그러므로 '안자가 배우고자 한 바를 배워야 한다'고 하였다. 사람들이 정말로 이러한 뜻에 뜻을 두고 이러한 배움을 배운다면, 이 도가 위대하고 그 작용이 무궁함을 알 것이다."

2

聖人之道, 入乎耳, 存乎心, 蘊之爲德行, 行之爲事業. 彼以文辭而已者, 陋矣. 〔『通書』 제34장 「陋」〕

성인의 도는 귀에 들어오거든 마음에 보존하여 그것을 쌓아 덕행이 되고 그것을 행하여 사업이 되어야 한다. 문장에만 그치는 저 사람들은 고루하다.

○ 朱子曰: "欲人眞知道德之重, 而不溺於文辭之陋也."

---

4) 胡宏의 아버지인 胡安國으로 추정된다.

ㅇ 주희가 말했다.

"사람들이 도덕의 중요함을 참으로 알아, 문장만을 일삼는 고루함
에 빠지지 않기를 바란 것이다."

3

或問: "聖人之門, 其徒三千, 獨稱顔子爲好學. 夫詩書六藝, 三千
子非不習而通也. 然則顔子所獨好者, 何學也?"

어떤 사람이 물었다.[5] "성인의 문하에 그 무리가 삼천 명인데, 안자
만 학문을 좋아한다고 일컫습니다. 대저 『시』, 『서』, 육예(六藝)를 삼
천 제자들이 익혀 통하지 않은 것은 아닙니다. 그렇다면 안자가 홀로
좋아하던 것은 어떤 학문입니까?"

ㅇ 哀公問: "弟子孰爲好學?" 孔子對曰: "有顔回者好學, 不幸短命
死矣. 今也則亡." 六藝, 禮樂射御書數. 『史記』曰: "弟子蓋三千焉,
身通六藝者七十二人."

ㅇ 애공(哀公)이 공자에게 "제자 중에 누가 학문을 좋아하느냐?"고
물었다. 공자는 "안회란 사람이 학문을 좋아하더니, 불행히도 명이 짧
아 죽었습니다. 지금은 없습니다"라고 대답하였다.[6] 육예는 예절, 음

---

5) 『문집』에는 이 글 아래에 "선생이 20세 때에 태학에서 遊學하였다. 胡安定 선
　생(胡瑗: 993-1059)이 '안자가 좋아한 학문은 어떠한 것인가?(顔子所好何學?)'
　라는 제목으로 학생들에게 시험을 보였다. 이 글을 얻고서 그는 매우 경이롭게
　여겼다. 그래서 불러서 보고 난 뒤 學直으로 삼았다"는 주가 있다. 그러나 본문에
　서는 혹자와 문답하는 형식으로 학문에 대하여 논하고 있다.
6) 『논어』 「옹야」 2장. "哀公問, 弟子孰爲好學? 孔子對曰, 有顔回者好學, 不遷怒,
　不貳過, 不幸短命死矣. 今也則亡."

악, 활쏘기, 말타기, 글씨 쓰기, 셈하기이다. 『사기』에 "제자가 삼천 명인데, 몸소 육예에 통달한 자가 72명이다"라고 했다.[7]

伊川先生曰：“學以至聖人之道也.”“聖人可學而至歟？”曰：“然.”

정이가 말했다. "성인의 경지에 이르는 방법[8]을 배웠다." "배워서 성인이 될 수 있습니까?" "그렇다."

○ 聖人生知, 學者學而知之, 及其知之則一也. 聖人安行, 學者勉而行之, 及其成功則一也.

○ 성인은 나면서부터 아는 자요 학자는 배워서 아는 자이지만 알게 되면 같다. 성인은 편안히 행하고 학자는 힘써 노력하여 행하지만 성공하게 되면 같다.[9]

“學之道如何？”曰：“天地儲精, 得五行之秀者爲人.

"학문의 방법은 어떠합니까?" "천지가 정기(精氣)를 쌓음에 오행의

---

7) 『사기』 권47 「孔子世家」. "孔子以詩書禮樂敎, 弟子蓋三千焉, 身通六藝者七十有二人."

8) 여기서 道는 방법이라는 의미이니, 그러한 방법의 학문이라는 뜻이다. 김평묵의 『근사록부주』에서는 雙峰 饒氏(이름은 魯, 주희의 제자)의 말을 인용하여 "도는 방법이다. 배워서 성인의 경지에 이르는 방법을 말한다. 아래 문장의 '學之道'라고 할 때의 '道'자도 모두 이러한 뜻이다"라고 하였다.

9) 『논어』 「계씨」 9장. "孔子曰, 生而知之者, 上也. 學而知之者, 次也. 困而學之, 又其次也. 困而不學, 民斯爲下矣."

『중용』 20장. "或生而知之, 或學而知之, 或困而知之, 及其知之, 一也. 或安而行之, 或利而行之, 或勉强而行之, 及其成功, 一也."

빼어난 것을 얻은 자가 사람이 된다.

○ 人物萬殊, 莫非二氣五行之所爲也. 然人則得其精且秀者, 是以能通于道而爲聖爲賢.

○ 인간과 사물이 제각기 다르나, 음양 두 기운과 오행(五行)의 하는 바가 아닌 것이 없다. 그러나 인간은 그 가운데서 정밀하고 빼어난 것을 얻었기에 도에 통하여 성인이 되고 현인이 될 수 있다.

其本也, 眞而靜, 其未發也, 五性具焉, 曰'仁義禮智信'.

사람의 근본은 참되고 고요하여, 발현되지 않았을 때에 '인·의·예·지·신'이라는 오성(五性)이 갖추어져 있다.

○'眞'者, 無極之眞也. '靜'者, 人生而靜, 天之性也. 曰 : '眞而靜'者, 謂其天理渾全寂然不動, 而所具之性, 其目有是五者. 旣曰'本', 又曰'未發', 蓋本者, 指其稟受之初, 未發者, 指其未與物接之前也.

○'진(眞)'은 무극(無極)의 진리이다. '정(靜)'은 "사람이 태어나 고요할 때의 마음은 하늘의 성이다"[10]고 할 때의 고요함이다. '참되고 고요하다'는 것은 천리가 두루 온전하여, 고요하여 움직이지 않지만 갖춘 성품에 다섯 가지 조목이 있다는 것을 말한다. 이미 '근본'이라고 말하고 또 '발현되지 않았을 때'라고 하는데, (대개) '근본'이란 부여받은 처음 상태를 가리키며, '발현되지 않은 것'이란 외물과 아직 접촉하기 이전을 가리킨다.

---

10) 『예기』 「악기편」에 나오는 말이다.

形既生矣, 外物觸其形而動其中矣, 其中動而七情出焉, 曰'喜怒哀樂愛惡欲'.

형체가 생겨나자마자 외물이 그 형체를 자극하여 그 마음을 움직이게 하니, 그 마음이 움직여 '기쁨·성남·슬픔·즐거움·사랑·미움·욕망'이라는 일곱 가지 정이 나온다.

○此言形生之後, 應事接物之時也. 物感于外情動于中, 其目有是七者. 然喜近於樂, 怒近於惡, 愛近於欲. 其所以分者, 蓋喜在心樂發散在外. 怒則有所激其氣憤, 惡則有所憎. 其意深. 愛則近於公, 欲則近於私. 愛施於人而欲本乎己也.

○이 구절은 형체를 타고난 뒤, 일에 응하고 사물에 접하는 때를 말한 것이다. 사물이 바깥에서 자극하면 정이 속에서 움직이는데, 그 조목에 일곱 가지가 있다. 그러나 기쁨은 즐거움에 가깝고, 성남은 미움에 가깝고 사랑은 욕망에 가깝다. 나뉘게 된 까닭은 대개 기쁨은 마음에 있으나 즐거움은 발산하여 밖에 있다. 성남은 분한 기운을 격발시키는 것이나 미움은 미워하는 바가 있는 것이니 그 정도가 심하다. 사랑은 공적인 것에 가깝고, 욕망은 사적인 것에 가깝다. 사랑은 남에게 베푸는 것이나 욕망은 자기에게 근본한다.

情既熾而益蕩, 其性鑿矣. 是故覺者, 約其情, 使合於中, 正其心, 養其性. 愚者則不知制之, 縱其情而至於邪僻, 梏其性而亡之.

정이 이미 강성해져서 더욱 멋대로 되면, 그 본성이 뚫리게 된다. 그래서 깨달은 자는 그 정을 제약하여 중도에 합치하도록 하여 마음을 바르게 하고 본성을 기른다. 어리석은 자는 그것을 제어할 줄 모르

기에 정을 멋대로 하여 사악하고 치우침에 이르게 되고, 본성을 구속하여 없애버린다.[11]

○ 性動則爲情. 然情炎于中末流益蕩, 則反戕賊其性矣. 惟夫明覺之士以禮制情, 使不失乎中, 故能正其心, 而不流於邪僻, 養其性而不至於梏亡. 愚者反是. 梏猶桎. 梏謂拘攣而暴殄之. 言人之所以貴於學也.

○ 성이 움직이면 정이 된다. 그러나 정이 마음속에서 타올라 끝에 가서 더욱 멋대로 되면, 도리어 그 성을 해치게 된다. 오직 저 밝게 깨달은 선비만이 예로써 정을 제어하여 중도를 잃지 않게 하기 때문에, 마음을 바르게 하여 사악하고 치우친 데로 흐르지 않을 수 있고, 본성을 가꾸어 질곡하여 없애버리는 데에 이르지 않을 수 있다. 어리석은 자는 이와 반대이다. '곡(梏)'은 질(桎)[12]과 같다. '곡'은 구속하고 얽어매서 강제로 끊어지게 한다는 뜻이다. 사람들이 학문을 귀하게 여기는 까닭을 말한 것이다.

然學之道, 必先明諸心, 知所養[13], 然後力行以求至, 所謂'自明而誠也'.

그러나 학문의 도는 반드시 먼저 마음에서 밝혀 기를 바를 안 뒤에 힘써 행하여 도달하기를 구해야 되니, 이른바 '밝음으로부터 성실해진

---

11) '구속하여 없애버린다(梏亡)'라는 용어는 『맹자』 「고자」 상 8장인 牛山章에 처음 나온다. 이 장에서 맹자는 인간의 본성은 선하지만 "낮 동안 하는 행위가 본성을 구속하여 없어지게 한다(旦晝之所爲, 有梏亡之矣)"고 하였다.
12) '질'이란 발에 채우는 형틀인 차꼬이다.
13) '養'자는 '往'자로 나오는 곳이 많다. 주희가 '왕'자가 맞다고 한 이후 대개 '왕'자를 따랐으나 『집해』는 '양'자를 그대로 썼다.

다'¹⁴⁾는 것이다.

○ '養'一作'往.'
○ 朱子曰: "明諸心, 知所往, 窮理之事, 力行, 求至踐履之事也." 或曰: "知所養, 應上文養其性, 涵養之功, 與知行並進."

○ '양(養)'자는 '왕(往)'자로 된 곳도 있다.
○ 주희가 말했다.
"마음에 밝혀 갈 바를 아는 것은 이치를 궁구하는 일이요, 힘써 행하여 도달하기를 구하는 것은 실천의 일이다."
어떤 사람은 말했다.
"기를 바를 안다는 것은 위 본문의 본성을 기르는 것과 상응하니, 함양의 공부는 인식·실천과 함께 나아가는 것이다."

誠之之道, 在乎信道篤. 信道篤則行之果. 行之果則守之固. 仁義忠信不離乎心, 造次必於是, 顚沛必於是, 出處語默必於是. 久而不失, 則居之安, 動容周旋中禮, 而邪僻之心無自生矣.

성실해지려는 방법은 도를 독실하게 믿는 데 달려 있다. 도를 독실하게 믿으면 행동에 과단성이 있게 된다. 행동에 과단성이 있게 되면 지키는 것이 굳게 된다. 그러면 인·의와 충·신이 마음에서 떠나지 않아 '잠깐 사이에도 반드시 이에 근거하며 자빠지고 엎어지는 때에도 반드시 이에 근거하며',¹⁵⁾ 나가서 정치를 하거나 집에 있거나 말할 때나 침묵할 때에도 반드시 이에 근거하게 된다. 오래도록 잃지 않는다

---

14) 『중용』 21장. "自誠明, 謂之性. 自明誠, 謂之敎."
15) 『논어』 「이인」 5장. "君子去仁惡乎成名. 君子無終食之間違仁. 造次必於是, 顚沛必於是."

면, 거처하는 것이 편안하게 되고, '용모를 움직이는 등 두루 하는 행동이 예에 맞아'[16] 사악하고 치우친 마음이 생기지 않는다.

○ 此因上文, 言所以誠之之道也. 信道篤, 則不惑, 行之果, 則不止, 守之固, 則不變.

○ 朱子曰 : "'造次', 急遽苟且之時, '顚沛', 傾覆流離之際也."

○ 以上兩章論爲學之道詳盡. 其大綱有三焉. 明諸心知所往者, 智之事也, 力行以求至者, 仁之事也, 信道篤以下, 勇之事也. 然勇之中亦備此二者. 故信之篤者知之勇也, 行之果者仁之勇也, 守之固者勇之勇也. 仁義忠信不離乎心者信之篤也, 造次顚沛出處語默必於是者, 行之果也. 久而弗失, 守之固也. 動容周旋中禮, 邪僻之心不生, 則幾於化矣.

○ 이는 윗글에 이어 성실해지려는 방법을 말한 것이다. 도를 독실하게 믿으면 의혹되지 않고, 행동에 과단성이 있으면 그만두지 않고, 지키는 것이 굳으면 변하지 않는다.

○ 주희가 말했다.

"'조차(造次)'는 급하고 구차한 때요, '전패(顚沛)'는 자빠지고 엎어지고 기울어지고 뒤집히고 흩어지는 때이다."

○ 위 두 장으로 학문을 하는 도에 대하여 자세히 다 논하였다. 그 대강(大綱)은 세 가지이다. 마음에서 밝혀 갈 바를 아는 것은 지(智)의 일이요, 힘써 행하여 도달하기를 구하는 것은 인의 일이요, 도를 독실히 믿는 이하의 일은 용(勇)의 일이다.[17] 그러나 용(勇) 가운데는 또한

---

16) 『맹자』「진심」 하 33장. "孟子曰堯舜, 性者也. 湯武. 反之也. 動容周旋中禮者, 盛德之至也."

17) 智·仁·勇에 대해서는 『중용』 6-11장과 20장("智仁勇三者, 天下之達德也. 所以行之者, 一也") 참조.

이 두 가지를 겸비하고 있다. 믿음이 독실한 것은 지의 용이요, 행동에 과단성이 있는 것은 인의 용이요, 지킴이 견고한 것은 용의 용이다. 인·의와 충·신이 마음에서 떠나지 않는 것은 믿음이 독실한 것이요, 급하고 구차할 때와 자빠지고 엎어지는 때와, 나가서 벼슬할 때나 집안에 거처할 때, 말할 때나 침묵할 때에도 반드시 이에 근거하는 것은 행동에 과단성이 있는 것이다. 오래도록 잃지 않음은 지킴이 굳은 것이다. "용모를 움직이는 등의 두루 하는 행동이 예에 맞아"[18] 사악하고 치우친 마음이 생겨나지 않는다면, '질적 변화'[19]에 가깝다.

故顔子所事則曰: '非禮勿視, 非禮勿聽, 非禮勿言, 非禮勿動.'

따라서 안자가 노력한 것은 '예가 아니면 보지 말고, 예가 아니면 듣지 말고, 예가 아니면 말하지 말고, 예가 아니면 움직이지 말라'[20]는 것이었다.

○ 禮者, 天理之節文. 非禮者, 私欲之害乎天理者也. '勿'者禁止之辭. 凡視聽言動, 克去己私, 則日用之間, 莫非天理之流行矣. 此孔子教顔子爲仁之目, 而顔子之所請事者也.

---

18) 『맹자』「진심」하 33장에서 "용모를 움직이는 등의 두루 하는 행동이 예에 맞는 것은 덕이 지극히 성대해서 그렇다(動容周旋中禮者, 盛德之至也)"고 하였다.
19) 맹자는 「진심」하 25장에서 학자의 인격을 '선한 사람, 믿을 만한 사람, 아름다운 사람, 大人, 聖人, 神人'의 여섯 단계로 나누었다(曰可欲之謂善, 有諸己之謂信, 充實之謂美, 充實而有光輝之謂大, 大而化之之謂聖, 聖而不可知之之謂神, 樂正子, 二之中, 四之下也). 그 가운데서 "덕이 커져서 질적 변화를 이룬 사람을 성인이라고 한다(大而化之之謂聖)"고 하였다. '질적 변화'란 곧 기질이 변화하여 진리와 합일된 인격을 이룬 성인을 가리킨다.
20) 『논어』「안연」 1장.

ㅇ 예는 천리의 절도와 문채이다. 예가 아닌 것은 천리를 해치는 사욕이다. '물(勿)'은 금지하는 말이다. 보고 듣고 말하고 행위할 때 자신의 사욕을 이겨내면, 일상생활에서 어떤 것도 천리의 흐름이 아닌 것이 없게 될 것이다. 이는 공자가 안자에게 가르친 인을 행하는 조목이며, 안자가 노력하겠다고 약속한 것이다.

仲尼稱之則曰: '得一善, 則拳拳服膺而弗失之矣', 又曰: '不遷怒, 不貳過', '有不善未嘗不知, 知之未嘗復行也.' 此其好之篤, 學之之道也.

중니(공자의 자)는 그를 칭찬하여, '하나의 선을 얻으면 정성스럽게 가슴에 지니어 그것을 잃지 않았다[21]고 하였으며, 또 '성냄을 옮기지 않고, 잘못을 두 번 하지 않는다.'[22] '선하지 않음이 있으면 알지 못한 때가 없었고, 알게 되면 다시 행하지 않았다[23]라고 하였다. 이것이 그가 독실하게 좋아하며 학문하는 방법이었다.

ㅇ『中庸』, 子曰: "回之爲人也, 擇乎中庸得一善, 則拳拳服膺而弗失之矣." '拳拳', 奉持之貌, '服', 猶佩也, '膺', 胸也. 凡得一善言善行, 則奉持佩服於心胸, 不敢忘也. 又『語』曰: "不遷怒, 不貳過." 怒所當怒, 各止其所, 不遷也. 才過卽改, 已改不再不貳也. 又『易』「繫辭」曰: "有不善, 未嘗不知, 知之, 未嘗復行也." 有不善而必知之, 是察己之明也, 知之而不復行, 是克己之誠也. 皆孔子所以稱顔子好學之道也.

---

21) 『중용』 8장. "子曰回之爲人也, 擇乎中庸, 得一善, 則拳拳服膺, 而弗失之矣."
22) 『논어』「옹야」 2장. "哀公問, 弟子孰爲好學. 孔子對曰有顔回者, 好學, 不遷怒, 不貳過. 不幸短命死矣. 今也則亡, 未聞好學者也."
23) 『주역』「계사」 하 5장. "子曰顔氏之子, 其殆庶幾乎. 有不善, 未嘗不知, 知之, 未嘗復行也. 易曰不遠復, 无祗悔, 元吉."

ㅇ『중용』에서 공자는 "안회의 사람됨은 중용을 택해, 하나의 선을 얻으면 정성스럽게 가슴에 지니어 그것을 잃지 않았다"라고 하였다. '권권(拳拳)'은 받들어 지키는 모습이요, '복(服)'은 지닌다는 뜻이며 '응(膺)'은 가슴의 뜻이다. 무릇 하나의 선한 말이나 행동을 얻으면, 받들어 마음에 지니고서 감히 잊지 않았다. 또 『논어』에 "성냄을 옮기지 않고, 잘못을 두 번 하지 않았다"고 하였다. 마땅히 성내야 할 것에 성내어 각각 그 마땅한 곳에 머무니, 옮기지 않게 된다. 일단 잘못하면 곧 고치고, 고치고 나면 다시 하지 않으니 두 번 저지르지 않게 된다. 또 『역』의 「계사」에 "선하지 않음이 있으면 알지 못한 때가 없었고, 알게 되면 다시 행하지 않았다"고 했다. 선하지 않음이 있으면 반드시 아는 것은 자신을 살피는 데에 밝은 것이요, 알게 되면 다시 행하지 않은 것은 자신을 이기는 데에 성실한 것이다. 모두 공자가 안자의 학문을 좋아하는 방법을 칭찬한 것이다.

然聖人, 則不思而得, 不勉而中. 顏子則必思而後得, 必勉而後中, 其與聖人相去一息. 所未至者守之也, 非化之也. 以其好學之心, 假之以年, 則不日而化矣.

그러나 성인은 생각하지 않아도 얻고, 힘쓰지 않고도 중도를 행한다.[24] 안자는 반드시 생각한 뒤에 얻고, 반드시 힘쓴 뒤에 중도를 행하니, 그는 성인과의 거리가 한 번의 숨 정도의 차이이다. 그가 이르지 못한 점은 지키는 단계였지, 완전히 변화된 단계가 아니었다는 것이다. 그 학문을 좋아하는 마음으로 몇 년 더 살았다면, 오래지 않아 변화하였을 것이다.

---

24)『중용』20장. "誠者, 天之道也. 誠之者, 人之道也. 誠者不勉而中, 不思而得, 從容中道, 聖人也. 誠之者, 擇善而固執之者也."

○聖人, 生知故不思而得, 安行故不勉而中. 顔子, 猶必擇善而固執之. 然其博文約禮工力俱到, 其未至於聖人者特一息之間耳. 使非短命而死, 則不淹時日, 所守者化而與聖人一矣.

○성인은 태어나면서 아는 자이기 때문에 생각하지 않아도 얻고, 편안하게 행하는 자이기 때문에 힘쓰지 않아도 중도를 행한다. 안자는 그래도 반드시 선을 택해 굳게 잡아야 한다. 그러나 널리 배우고 예로 요약하는 공부가 모두 지극하여, 그가 성인에 이르지 못한 것은 다만 한 숨의 차이일 뿐이다. 만약 그가 단명으로 죽지 않았다면, 오래지 않아 지키던 것이 질적으로 변화하여 성인과 같아졌을 것이다.

後人不達, 以謂聖本生知, 非學可至, 而爲學之道遂失. 不求諸己而求諸外, 以博聞強記巧文麗辭爲工, 榮華其言, 鮮有至於道者, 則今之學與顔子所好異矣." 〔『程氏文集』8卷(伊川先生文 4)「顔子所好何學論」[25]〕

후세 사람들이 이를 통달하지 못하고, 성인은 본래 태어나면서 아는 자이기 때문에 배워서 이를 수 있는 경지가 아니라고 생각하여 학문을 하는 도가 드디어 상실되었다. 자신에게서 구하지 않고 밖에서 구하며, 견문이 넓고 기억력이 뛰어나며 기교 있고 화려한 문사를 재주라고 생각하여, 그 말을 화려하게 하지만 도에 이른 자가 드무니, 지금의 학문은 안자가 좋아하던 것과 다르다."

---

25) 이 글은『문집』주에는 20세 때 지은 것이라고 되어 있으나, 주희가 지은 「이천선생연보」와『伊洛淵源錄』에는 18세 때 지은 것으로 되어 있다. 18세가 맞다고 보아야 한다(『근사록상주집평』72쪽 주28 참조). 또 영역본 주에 의하면 주희는 「顔子所好何學論」714자 중에서 255자를 빼고 13자를 추가하여 472자의 글로 만들었으나 글의 주된 내용을 바꾸지는 않았다고 한다.

○『文集』.

○ 後世聖學無傳, 不知反身脩德, 徒以記問詞章爲學, 去道愈遠矣.

○『문집』에 나온다.

○ 후세에 성학(聖學)[26]이 전해지지 않아 자신을 반성해 덕을 닦을
줄 모르고, 한갓 기억하고 묻고 문장이나 짓는 것을 학문이라 여겨 도
와의 거리가 더욱 멀어졌다.

4

橫渠先生問於明道先生曰 : "定性未能不動, 猶累於外物, 何如?"
明道先生曰 : "所謂定者, 動亦定, 靜亦定, 無將迎, 無內外.

장재가 정호에게 물었다. "성을 안정시키려고 해도 마음이 움직이
지 않을 수 없어서 오히려 외물에 영향을 받으니, 어떻게 해야 합니
까?" 정호가 말했다.[27] "이른바 안정이라는 것은 움직임에도 안정되고,
고요함에도 안정된 상태이니, 뒤따라가거나 맞이함이 없고,[28] 안과 바

---

26) 유학자들에 의하면 유학은 성인의 가르침을 계승한 학문이며, 학문의 목표도 성
    인이 되는 것이다. 그래서 유학자들은 유학을 '聖學'이라고 불렀다.

27) 이는 정호가 23세 때 지은 글이다.

28) 『장자』 제7편인 「應帝王」과 제22편인 「知北遊」에 '將迎'이라는 용어가 나온다.
    '장'은 전송하러 나가는 것이며, '영'은 맞이하러 나가는 것이다. '장영이 없다'는
    것은 텅 빈 마음이 제자리에 머물며 사물이 오면 응하고, 사물이 사라지면 다시
    텅 비어 마음은 제자리를 떠나지 않는다는 뜻이다(「應帝王」: 無爲名尸, 無爲謀
    府, 無爲事任, 無爲知主. 體盡無窮, 而遊無朕. 盡其所受乎天, 而無見得, 亦虛而
    已. 至人之用心若鏡. 不將不迎, 應而不藏, 故能勝物而不傷. / 「知北遊」: 顔淵
    問乎仲尼曰 : 回嘗聞諸夫子. 曰 : 無有所將, 無有所迎, 回敢問其遊. 仲尼曰 : 古
    之人, 外化而內不化. 今之人內化而外不化. 與物化者, 一不化者也. 安化安不化,
    安與之相靡, 必與之莫多).

깔의 구별도 없는 것이다.

○ 此章就'猶累於外物'一句, 反覆辨明. 蓋萬物不同, 而無理外之物,
萬理不同而無性外之理. 凡天下之物理, 酬酢萬端, 皆吾性之所具也. 所
謂'定性'者, 非一定而不應也. 發而中節, 動亦定也, 敬而無失, 靜亦定
也. '將', 送也. 事之往也無將, 事之來也無迎. 動靜一定, 何有乎將迎!
寂然不動者存於內也, 感而遂通者應於外也. 體用一貫, 何間乎內外?

○ 이 장은 '오히려 외물에 영향을 받는다'는 구절에 나아가 반복하
여 변별하고 밝힌 것이다. 대개 만물은 같지 않으나 이치 밖의 사물은
없으며, 만 가지 이치가 다르지만 성 바깥의 이치는 없다. 무릇 천하
사물의 이치는 주고 받으며 행해지는 것이 만 갈래로 다양하지만, 모
두 나의 본성이 갖추고 있는 것이다. 이른바 성을 안정시킨다는 것은
한 가지로 정하여 사물에 응하지 않는다는 것이 아니다. 발현하여 절
도에 맞는 것은 '움직이면서 안정된 것'이요, 경건하여 잃음이 없는 것
은 '고요하면서 안정된 것'이다. 장(將)은 전송이다. 일이 지나감에 따
라감이 없고, 일이 옴에 맞이함이 없다. 동과 정이 일정하니 어찌 따
라가고 맞이함이 있겠는가! 고요하여 움직이지 않는 것은 안에 보존
함이요, 느껴 드디어 통하는 것은 밖에 응하는 것이다. 본체와 작용이
일관되니, 어찌 안과 밖의 틈이 있겠는가?

苟以外物爲外, 牽己而從之, 是以己性爲有內外也. 且以性爲隨物
於外, 則當其在外時, 何者爲在內? 是有意於絶外誘, 而不知性之無
內外也. 旣以內外爲二本, 則又烏可遽語定哉?

만일 자기 밖의 사물을 외재적인 것으로 여겨 자신을 끌어다가 그
것을 좇는다면, 이는 자신의 성에 내외가 있다고 여기는 것이다. 또한

성을 바깥의 사물을 좇는 것으로 여긴다면 밖에 있을 때를 당해서는, 어떤 것이 안에 있겠는가? 이는 외부의 유혹을 끊는 데에 뜻을 두어 성이 내외가 없음을 모르는 것이다. 이미 내외를 두 가지 근본으로 여긴다면, 또한 어찌 갑자기 안정됨을 말할 수 있겠는가?

○ 承上文而言. 苟以外物爲外, 凡應物者, 必牽己而從之, 是以性爲有內外. 如是, 則方其逐物在外之時, 在內已無此性矣. 其可乎? 蓋有意於絶外物之誘, 而不知性本無內外之分也. 旣分內外爲兩端, 則人在天地間, 不能不與物接, 是無時而能定也.

○ 윗글을 이어 한 말이다. 자기 밖의 사물을 외재적인 것으로 여긴다면, 사물에 응하는 모든 경우에 반드시 자신을 끌어다가 그것을 좇아야 하니, 이는 성에 내외가 있다고 여기는 것이다. 이와 같다면 사물을 좇아 밖에 있을 때에 안에는 이미 이 성이 없게 된다. 이것이 가능한 것인가? 이는 대개 외물의 유혹을 끊는 데에 뜻을 두어서, 성에 본래 내외의 구분이 없음을 모르는 것이다. 이미 내외를 나누어 두 가지 단서로 여긴다면, 사람이 천지 사이에 살며 사물과 접촉하지 않을 수 없으니, 이렇게 되면 어떤 때에도 안정될 수 없을 것이다.

夫天地之常, 以其心普萬物而無心. 聖人之常, 以其情順萬事而無情. 故君子之學, 莫若擴[29]然而大公, 物來而順應.

대저 천지의 일정한 도는 그 마음으로 만물에 보편적으로 대하지만 사심(私心)이 없다. 성인의 일정한 도는 그 정으로 모든 일에 순응하지만 사정(私情)이 없다. 따라서 군자의 학문은 마음이 확 트여 크게

---

29) '廓'자로 된 책도 많다. 의미상의 차이는 없다.

공정하여, 사물이 오면 순순히 응하는 것보다 나은 것이 없다.

○ '常', 常理也. 天地之心, 運用主宰者, 是也. 然而普徧萬物, 實未嘗有心焉. 聖人之情, 應酬發動者, 是也. 然而隨順萬事, 亦未嘗容情焉. 故君子之學, 廓然大公, 何嫌於外物? 物來順應, 何往而不定哉? 此二句, 又此書之綱領也.

○ '상(常)'은 변하지 않는 이치이다. 천지의 마음이란 것은 운용하고 주재하는 것을 가리킨다. 그러나 그것은 만물에 보편적으로 대하면서 실제로 마음이 없다. 성인의 정이란 것은 감응하고 발동하는 것을 가리킨다. 그러나 그것은 모든 일에 순순히 따르니, 또한 사사로운 감정을 용납하지 않는다. 그러므로 군자의 학문은 확 트여 크게 공정하니 어찌 외물을 싫어하겠는가? 사물이 오면 순순히 응하니, 어디 간들 안정되지 않겠는가? 이 두 구절은 (또한) 이 글의 강령이다.

『易』曰: '貞吉悔亡, 憧憧往來, 朋從爾思.' 苟規規於外誘之除, 將見滅於東, 而生於西也. 非惟日之不足, 顧其端無窮, 不可得而除也.

『주역』에 '곧으면 길하니 후회가 없고, 안절부절못하고 왔다갔다 하면 친구들만 너의 생각을 따른다'[30]라고 하였다. 진실로 외부의 유혹

---

30) 『주역』 함괘(咸卦 : ䷞) 九四의 효사. 유학에서는 感應을 중시하며, 이는 『주역』
   의 철학에 기초한다고 할 수 있다. 감응이론은 체용이론과 분리될 수 없는 이론
   형식이다. 체용론은 유학뿐 아니라 노장 사상과 선불교 사상에까지 이르는 중국
   문화의 보편적 사유틀 중 하나이다. 함괘의 '함'은 '感'자와 같은 의미이다. 이 괘
   는 산 위에 못이 있어서 못의 물과 산의 기운이 감응하는 상으로서 각각의 효는
   감응의 여러 가지 상황을 설명하고 있다. 감응은 바르게 이루어져야 하기 때문에
   "바르면 길하여 후회가 없다"고 한다. 그러나 사심이 개입되어 조바심을 일으키
   면 친구나 따를까, 일반인들은 따르지 않는다고 하였다.

을 제거하는 데만 세세하게 힘쓴다면, 장차 동쪽에서 소멸되면 서쪽에서 생기게 될 것이다. 날이 부족할 뿐 아니라, 도리어 그 단서가 끝이 없어서 다 제거할 수 없다.

○ 咸卦九四爻辭. '憧憧往來', 不絶貌. 各以朋類從其所思. 蓋人之一心應感無窮, 苟惡外物之誘, 而欲除滅之, 將見滅於彼而生於此. 非惟日見其用力之不足, 而亦有不可得而除滅者矣.

○ 함괘 구사의 효사이다. '동동왕래(憧憧往來)'는 끊이지 않는 모양이다. 친구들끼리는 각기 그 생각하는 바를 따르게 된다. 대개 사람의 마음은 감응함이 끝이 없으니, 만약 외물의 유혹을 싫어하여 외물을 제거하고 없애고자 한다면, 장차 저쪽에서 없어지면 이쪽에서 생겨나게 될 것이다. 오직 날마다 힘을 써도 노력이 부족하다고 생각하게 될 뿐 아니라, 그래도 또한 제거하고 없앨 수 없는 것이 있게 될 것이다.

人之情各有所蔽, 故不能適道. 大率患在於自私而用智. 自私則不能以有爲, 爲應迹, 用智則不能以明覺, 爲自然. 今以惡外物之心, 而求照無物之地, 是反鑑而索照也.

사람의 정에는 각각 가리운 점이 있기 때문에, 도에 나아갈 수 없다. 대개 근심은 사사롭게 자신을 위하는 것과 지략을 쓰는 것에 있다. 사사롭게 자신을 위하면 행동하는 것이 외물에 응하는 것이 될 수 없고, 지략을 쓰면 밝게 깨닫는 것이 자연스럽게 될 수 없다. 지금 외물을 싫어하는 마음으로 사물이 없는 경지를 비추고자 한다면, 이는 거울을 엎어놓고 사물을 비추려고 하는 것이다.

○ 人心各有所蔽, 大概在自私與用智之兩端. 蓋不能廓然而大公故

182

自私. 不能物來而順應, 故用智. 自私者, 則樂於無爲而不知以有爲爲
應迹之當然. 用智者, 則作意於有爲而不知以明覺爲循理之自然. 今
惡外物之累己, 是自私之心也. 而求照無物之地, 是亦用智之過也, 猶
反鑑以索照. 寧可得哉? 蓋自私與用智, 雖若二病, 而實展轉相因也.

○ 或問: "自私用智之語恐卽是佛氏之自私?" 朱子曰: "常人之私
意與佛氏之自私皆一私也. 但明道說得闊非專指佛之自私也."

○ 愚謂: "橫渠欲去外物之累, 便已近於釋氏. 故程子推其病源, 自
然與釋氏相似. 然其自私類於釋, 而用智則又類於老. 要之二氏用意,
皆欲不累於外物而已."

○ 사람의 마음은 각각 가리운 바가 있으니, 대개 사사롭게 자신을
위하는 것과 지략을 쓰는 것 두 가지 때문이다. 마음이 확 트여 크게
공정할 수 없기 때문에, 사사롭게 자신을 위하게 된다. 사물이 오면
순순히 응할 수 없기 때문에 지략을 사용하게 된다. 사사롭게 자신을
위하는 자는 무위(無爲)를 즐거워하여 유위(有爲)가 자취에 응하는 당
연함이 됨을 알지 못한다. 지략을 쓰는 자는 유위(有爲)에 뜻을 두어,
밝은 깨달음이 이치에 따르는 자연스러움이라는 것을 모른다. 지금 외
물이 자신에 영향을 미치는 것을 싫어한다면, 이는 사사롭게 자신을
위하는 마음이다. 사물이 없는 경지를 비추려고 한다면, 이는 또한 지
략을 씀이 지나친 것이니 거울을 엎어놓고 사물을 비추려고 하는 것
과 같다. 어찌 가능한 일이겠는가? 대개 사사롭게 자신을 위하는 것
과 지략을 쓰는 것은 두 가지 병폐인 듯하나, 실제로는 돌고 돌아 서
로 원인이 된다.

○ 어떤 사람이 물었다.

"사사롭게 자신을 위하는 것과 지략을 사용하는 것은 곧 불씨(佛氏)
의 사사롭게 자신을 위하는 것이 아닙니까?"

주희가 말했다.

"보통사람의 사사로운 뜻과 불가의 사사롭게 자신을 위하는 것은 모두 같은 사사로움이다. 다만 정호는 넓게 말했으니, 불가의 사사로움만을 지적한 것은 아니다."

○ 내 생각은 이렇다.

"장재는 외물의 영향을 제거하고자 하였으니, 곧 이미 불가에 가깝다. 정자가 병폐의 근원을 추론하니, 자연히 불가와 서로 유사하게 되었다. 그러나 장재가 사사롭게 자신을 위하는 것은 석가와 비슷하고, 지략을 사용하는 것은 또한 노자(老子)와 비슷하다. 요컨대 이 두 사람의 의도는 모두 외물에 영향을 받지 않고자 했을 뿐이다."

『易』曰：“艮其背, 不獲其身, 行其庭, 不見其人.” 孟氏亦曰：“所惡於智者, 爲其鑿也.”

『주역』에서 "그 등에 멈추어 자기 몸을 보지 않고, 뜰에 가서도 그 사람을 보지 않는다"[31]라고 하였다. 맹자도 '지략을 싫어하는 것은 천착하기 때문이다'[32]라고 하였다.

---

31) 『주역』, 간괘(☶)의 효사. 유학의 문제의식은 일상적 삶이 지선한 삶을 유지하는 것이다. 유학의 이념을 체계적으로 약술한 『대학』의 삼강령은 "밝은 덕을 밝힘", "인민을 새롭게 함", "지선에 머무름"이며 "격물·치지"에서 "천하를 태평하게 하는 것"에 이르는 팔조목도 삼강령을 보다 자세하게 설명한 것이다. 지선의 인식을 통해 지선을 실천하는 삶, 이것은 유학이 지향하고자 하는 삶과 학문의 궁극적 목표이다. 지선은 자연스러운 합당한 도리에 따르는 것이다. 간괘의 '간'이란 멈춘다는 뜻이며 멈출 자리에 멈춘다는 것은 곧 지선과 같은 의미로 된다. 원대의 胡炳文과 鄭夢周를 위시하여 여러 성리학자들이 간괘 하나의 괘가 『화엄경』 한 권보다 낫다고 하는 것은 간괘의 주장이 유학의 이념과 일치하기 때문이다. 그러나 지선에 머무르기 위해서는 內外의 차별을 잊고 자연의 이치에 순응할 수 있어야 된다. "자기 몸을 보지 않는다"는 것과 "그 사람을 보지 않는다"는 것은 자신의 안과 바깥에 있는 사물을 다 잊고 자연의 이치에 순응함을 가리킨다.

32) 『맹자』「이루」하 26장. "孟子曰：天下之言性也, 則故而已矣. 故者, 以利爲本.

○朱子曰: "'不獲其身, 不見其人', 此說廓然而大公, '所惡於智爲 其鑿也', 此說物來而順應."

○주희가 말했다.
"'그 몸을 보지 않고, 그 사람을 보지 않는다'는 것은 마음이 넓고 매우 공정함을 말한 것이며, '지략을 싫어하는 것은 천착하기 때문이 다'라는 것은 사물이 오면 순순히 응함을 말한 것이다."

與其非外而是內, 不若內外之兩忘也. 兩忘則澄然無事矣. 無事則 定, 定則明, 明則尙何應物之爲累哉?

밖은 그르고 안을 옳다고 하기보다는 안과 밖을 모두 잊는 것이 낫 다. 둘 다 잊으면 마음이 맑아 일삼음이 없을 것이다. 일삼음이 없으 면 안정되고, 안정되면 밝아지고, 밝아지면 어찌 사물에 응하는 것이 해가 되겠는가?

○自私用智之患, 其根在於分內外爲二, 以在外者爲非, 在內者爲 是. 然在外者終不容以寂滅, 故常爲外物所撓. 惟能知性無內外而兩 忘之, 則動靜莫非自然, 澄然無事矣, 所謂廓然大公者也. 無事則心無 所累, 故能明, 明則物來順應, 尙何外物之累哉? 蓋內外兩忘則非自 私, 能定而明則非用智也.
○朱子曰: "內外兩忘, 非忘也. 一循乎理, 不是內而非外也."

○사사롭게 자신을 위하는 것과 지략을 사용하는 것의 문제점은 그

所惡於智者, 爲其鑿也. 如智者, 若禹之行水也, 則無惡於智矣. 禹之行水也, 行 其所無事也."

근본이 내외를 둘로 나누어, 밖에 있는 것은 그르고 안에 있는 것은 옳다고 여기는 데 있다. 그러나 밖에 있는 것을 끝내 고요하게 없앨[寂滅] 수 없으니, 항상 외물에 흔들리게 된다. 오직 성에 내외가 없음을 알아서 둘 다 잊는다면, 동정이 자연스럽지 않은 것이 없고, 마음이 맑아 일삼는 것이 없게 될 것이니, 이른바 마음이 확 트여 크게 공정하다는 것이다. 일삼음이 없으면 마음을 해치는 것이 없기 때문에 밝아질 수 있고, 밝아지면 사물이 옴에 순순히 응하니 어찌 외물이 방해할 수 있겠는가? 대개 안과 밖을 모두 잊게 되면 사사롭게 자신을 위하지 않게 되고, 안정되어 밝아지면 지략을 사용하지 않게 된다.

　○주희가 말했다.

"내외를 모두 잊는다는 것은 잊는 것이 아니다. 한결같이 이치에 순응하니, 안은 옳고 밖은 그르다고 하지 않는다."

聖人之喜, 以物之當喜, 聖人之怒, 以物之當怒. 是聖人之喜怒不繫於心, 而繫於物也. 是則聖人豈不應於物哉? 烏得以從外者爲非, 而更求在內者爲是也? 今以自私用智之喜怒, 而視聖人喜怒之正, 爲如何哉?

성인은 마땅히 기뻐해야 하는 일에 기뻐하고, 성인은 마땅히 성낼 일에 성낸다. 이는 성인의 기뻐하고 성냄이 마음에 달려 있지 않고 사물에 달려 있기 때문이다. 이렇다면 성인이 어찌 사물에 응하지 않겠는가? 어찌 밖에 있는 것을 따르는 것은 잘못이라고 하고, 다시 안에 있는 것을 찾는 것은 옳다고 할 수 있겠는가? 지금 사사롭게 자신을 위하고 지략을 사용한 기뻐함·성냄을 성인의 올바른 기뻐함·성냄과 비교한다면 얼마나 다르겠는가?

　○聖人未嘗無喜怒, 是未嘗自私也. 然其喜怒, 皆繫彼而不繫此, 是

未嘗用智也. 以自私用智之喜怒, 其視聖人之喜怒, 一循乎天理之正
者, 豈不大相戾哉?

○ 성인은 기뻐하고 성냄이 없지 않았으나, 사사롭게 자신을 위하지
는 않았다. 그 기뻐하고 성냄이 모두 저쪽에 달려 있지, 자기에게 달려
있지 않으니, 이는 지략을 쓰지 않은 것이다. 사사롭게 자신을 위하고
지략을 사용한 기뻐함·성냄을 한결같이 천리의 바름을 따르는 성인의
기뻐함·성냄과 비교하면 어찌 크게 서로 어긋나지 않겠는가?

夫人之情, 易發而難制者, 惟怒爲甚. 第能於怒時, 遽忘其怒而觀理之
是非, 亦可見外誘之不足惡, 而於道亦思過半矣." 〔『程氏文集』2卷(明道先
生文 2)「答橫渠張子厚先生書」〕

대저 사람의 정에서 발현하기 쉬우나 제어하기 어려운 것은, 오직
성냄이 심하다. 다만 성낼 때에 문득 그 성냄을 잊고 리(理)의 시비를
볼 수 있으면, 또한 외물의 유혹이 싫어할 만한 것이 되지 못함을 볼
수 있어서, 도를 향하여 생각이 반은 넘어선 상태가 될 것이다."

○ 朱子曰 : "忘怒則公, 觀理則順."
○ 주희가 말했다.
"성냄을 잊으면 공정해지고, 리(理)를 보면 순하게 된다."

5

伊川先生答朱長文書曰 :
"聖賢之言, 不得已也. 蓋有是言, 則是理明, 無是言, 則天下之理有
闕焉. 如彼耒耜陶冶之器, 一不制則生人之道, 有不足矣. 聖賢之言,

雖欲已, 得乎? 然其包涵盡天下之理, 亦甚約也.

정이가 주장문(朱長文)[33]에게 답하는 편지에서 말했다.
"성현은 부득이한 경우에 말했다. 대개 이 말이 있으면 이 이치가 밝아지고, 이 말이 없으면 천하의 이치에 빠진 것이 있게 된다. 마치 저 쟁기・보습・질그릇・주물 등의 기구 가운데서 하나라도 만들어지지 않으면, 사람이 살아가는 데 부족함이 있는 것과 같다. 성현이 말을 그만두고자 한들 되겠는가? 그러나 천하의 모든 이치를 포함하면서도 매우 간략하다.

○ 耒之首爲耜, 耜之柄爲耒. 範土曰'陶', 鑄金曰'冶'. 聖人之言本非得已也. 蓋將發明天理, 以覺斯民, 猶民生日用之具不可闕也. 然其言寡而理無不該, 亦不以多言爲貴也.

○ 쟁기의 머리가 보습이고, 보습의 자루가 쟁기이다. 흙으로 만드는 것을 '도(陶)'라고 하고, 쇠로 주조하는 것을 '야(冶)'라 한다. 성인의 말은 본래 그만둘 수 없는 것이다. 대개 천리를 밝혀서 이 백성들을 깨우치니, 백성들의 삶에서 매일 사용하는 도구처럼 빠뜨릴 수 없다. 그러나 그 말은 적으나 포괄하지 않는 이치가 없으니, 또한 말 많음을 귀하게 여기지는 않는다.

後之人始執卷, 則以文章爲先. 平生所爲動多於聖人, 然有之無所補, 無之靡所闕. 乃無用之贅言也. 不止贅而已, 旣不得其要, 則離眞失正, 反害於道必矣.

---

33) 朱長文(1039~1098), 자는 伯源, 호는 樂圃이다. 嘉祐 4년(1059)에 진사가 되고 元祐(1086~1093) 중에 태학박사가 되었다. 문집이 300권에 이르며 『송사』 444권에 傳이 있다.

후대 사람들은 처음 책을 잡으면 문장을 우선적인 것으로 생각한다. 평소에 행하는 것이 대개 성인보다 많으나, 있다고 하여 도움이 되는 것도 아니고 없다고 하여 부족한 일도 아니다. 곧 쓸데없는 군더더기 말일 뿐이다. 군더더기에 그칠 뿐만 아니라, 이미 그 요체를 얻지 못하였으니 참됨을 벗어나고 바름을 잃어서, 도리어 반드시 도를 해치게 된다.

○後人徒志於爲文, 而不足以明理, 則非徒無益而已. 蓋不得其本, 未免流於邪僞, 反害於道矣.

○후대 사람들은 한갓 글짓는 데에 뜻을 두어 이치를 밝힐 수 없었으니 무익할 뿐이 아니다. 대개 근본을 얻지 못하면 사악하고 거짓된 것에 흐름을 면하지 못하여 도리어 도를 해치게 된다.

來書所謂欲使後人見其不忘乎善, 此乃世人之私心也. 夫子疾沒世而名不稱焉者, 疾沒身無善可稱云爾, 非謂疾無名也. 名者可以屬中人, 君子所存, 非所汲汲." [『程氏文集』9卷(伊川先生文 5) 「答朱長文書」]

보내온 편지에 이른바 후대 사람으로 하여금 선을 잊지 않았음을 보게 하고자 한다고 하니, 이는 곧 세상 사람들의 사사로운 마음이다. 공자가 '죽을 때까지 이름이 일컬어지지 않음을 미워한 것'[34]은 죽을 때까지 일컬을 만한 선이 없음을 미워한 것일 뿐이지, 명성이 없음을 미워한다고 한 것은 아니다. 명성은 보통사람을 힘쓰게 할 수 있지만, 군자가 보존하는 바이지 급하게 여기는 바는 아니다."

---

34) 『논어』「위령공」19장. "子曰: 君子疾沒世而名不稱焉."

○ 君子學以爲己. 苟求人知則是私心而已.

○ 군자는 학문을 통해 자신을 완성시킨다. 남이 알아주기를 구한다면, 이는 사심일 뿐이다.

6

內積忠信, 所以進德也, 擇言篤志, 所以居業也.

마음속에 충과 신을 쌓는 것은 덕을 진척시키는 방법이며, 말을 가려서 하고 뜻을 독실히 하는 것은 일[業]에 처하는 방법이다.[35]

○ 乾九三「文言」傳.
○ 朱子曰: "內積忠信是實心, 擇言篤志是實事." 又曰: "忠信者, '如惡惡臭, 如好好色', 表裏無一毫之不實. 擇言謂修辭, 篤志謂立誠. 立誠卽上文忠信." 又曰: "內有忠信, 方能脩辭. 德以心言, 業者德之事. 德要日新又新, 故曰'進'. 業要存而不失, 故曰'居'. 進如日知其所亡, 居如月無忘其所能, 進德修業, 只是一事."

○ 건괘 구삼효「문언」이다.
○ 주희가 말했다.
"마음속에 충·신을 쌓는 것은 마음을 알차게 하는 것이요, 말을 선택하고 뜻을 독실하게 하는 것은 일을 알차게 하는 것이다."

---

35) 덕과 업을 인간의 체와 용으로 이해할 수 있다. 덕은 인격으로 체가 되고 업은 실천으로 용이 된다. 충과 신을 쌓아 체인 인격을 향상시키고 실천인 말을 잘 선택하여 내면과 어긋나지 않게 하면 실천이 향상된다. 덕과 업이 함께 닦여야 인격의 완성이 이루어질 수 있다.

또 말했다.

"충신은 '나쁜 냄새를 싫어하고 좋은 색을 좋아하는 것 같이'[36] 하여, 겉과 속에 터럭만큼의 알차지 않음도 없게 하는 것이다. 말을 선택하는 것은 말을 닦는 것이며, 뜻을 독실히 하는 것은 성(誠)을 세우는 것이다. 성(誠)을 세우는 것은 윗문장의 '충신'이다."

또 말했다.

"안에 충신이 있어야 말을 닦을 수 있다. 덕은 마음으로써 말한 것이고, 업은 덕의 일이다. 덕은 날마다 새로워지고 또 새로워져야 하므로 '진척시킨다'고 하였고, 업은 보전해서 잃지 않아야 하므로 처한다고 하였다. 진척시킨다는 것은 '날마다 없는 바를 아는 것'과 같고, 처하는 것은 '달마다 잘 할 수 있는 것을 잊지 않는 것'[37]과 같으니, 덕을 진척시키는 것과 업을 닦는 것은 하나의 일일 뿐이다."

知至至之, 致知也. 求知所至而後至之. 知之在先, 故可與幾. 所謂 "始條理者, 智之事也."[38]

이를 데를 알아 그 곳에 이르는 것[39]은 앎을 이루는 것[致知]이다. 이를 데를 알기를 구한 뒤에 거기에 이르는 것이다. 앎이 먼저 이루어졌기 때문에 함께 기미를 알 수 있다. 이른바 "조리를 시작하는 것은 지(智)의 일이다."[40]라는 것이다.

---

36) 『대학』 전 6장. "所謂誠豈意者, 毋自欺也. 如惡惡臭, 如好好色, 此之謂自謙, 故君子必愼其獨也."
37) 『논어』 「자장」 5장. "子夏曰: 日知其所亡, 月無忘其所能, 可謂好學也已矣."
38) 우리나라 판본 『역전』과 『근사록』에는 모두 '知'로 되어 있다. 그러나 『맹자』 원문에는 '智'로 나오니 '智'가 맞다.
39) 『주역』 건괘 「문언」. "知至至之, 可與幾也. 知終終之, 可與存義也."
40) 『맹자』 「만장」 하 1장. "始條理者, 智之事也. 終條理者, 聖之事也."

○ 至謂至善之地也. 求知至善之地, 而後至其所知, 所重者在知. 故曰'可與幾.' 蓋幾者動之微事之先見者也. 致知以正其始, 則能得乎事之幾微矣. 智者知之至明也.

○ '이를 곳'이란 지선(至善)의 자리(경지)이다. 지선의 자리(경지)를 알기를 구한 뒤에 아는 데 이르니, 중요한 것은 앎에 있다(중점을 두는 것이 앎에 있다). 그러므로 기미를 알 수 있다고 하였다. 대개 기미는 미미한 움직임으로 일에 앞서 나타나는 것이다. 앎을 이루어 시작을 바르게 하면, 일의 기미를 제대로 얻을(이해할) 수 있다. 지(智)는 지극히 밝은 앎이다.

知終終之, 力行也. 旣知所終, 則力進而終之. 守之在後, 故可與存義, 所謂"終條理者, 聖之事也." 此學之終始也. 〔『易傳』, 乾卦(䷀)「文言」九三〕

끝마칠 곳을 알아 끝마치는 것은 힘써 행하는 것이다. 이미 끝마칠 곳을 알면 힘써 나아가 끝마친다. 지키는 것이 뒤에 있기 때문에 의를 보존할 수 있으니, 이른바 '조리를 끝마치는 것은 성(聖)의 일이다'라는 것이다. 이는 학문의 처음과 끝이다.

○ 『易傳』, 下同.
○ 終卽至善之盡處也. 旣知所終則力行而終之. 所重在行, 故曰'可與存義.' 蓋義者當然之則, 存者守而勿失也. 力行以成其終, 斯能立乎事之則義矣. 聖者行之至盡也. 始終條理之說詳見『孟子』.

○ 『역전』에 나오며, 아래도 동일하다.
○ 끝마칠 곳이란 지선을 다하는 곳이다. 이미 끝낼 곳을 알면 힘써

행하여 그것을 끝내게 된다. 중점을 두는 것이 행에 있기 때문에 의를 보존할 수 있다고 하였다. 대개 의는 당연한 법칙이며, 보존한다는 것은 지켜서 잃지 않는 것이다. 힘써 행하여 마칠 것을 이루면 일의 마땅한 원칙을 세울 수 있다. 성(聖)이란 실천의 극치이다. 조리를 시작하고 끝맺는 것에 대해서는 『맹자』[41]에 자세하다.

7

君子, 主敬以直其內, 守義以方其外. 敬立而內直, 義形而外方. 義形於外, 非在外也.

군자는 경을 주로 하여 그 안을 곧게 하고, 의를 지켜 밖을 방정하게 한다.[42] 경이 서면 안이 바르게 되고, 의가 드러나면 밖이 방정하게 된다. 의는 밖으로 드러나지만 밖에 있는 것은 아니다.

○坤六二「文言」傳. 敬主于中, 則動靜之間, 心存戒謹, 自然端直, 而無邪曲之念. 義見于外, 則應酬之際, 事當其則, 截然方正, 而無回撓之私. 然義之用達於外耳, 義非在外也.

○곤괘 육이효의 「문언」이다. 경이 마음속에서 주인이 되면 움직이고 고요한 사이에 경계하고 삼가함을 마음에 보존하여, 자연히 단정하고 곧게 되어 간사하고 굽은 생각이 없게 된다. 의가 외부에 드러나면 주고 받을 때 일마다 법칙에 맞아, 단연코 반듯하고 바르게 되어 왜곡된 사사로움이 없게 된다. 그러나 의(義)의 작용이 밖으로 표현되었을

---

41) 「만장」 하 1장을 가리킨다.
42) 『주역』 곤괘 「문언」 六二. "直, 其正也, 方, 其義也. 君子敬以直內, 義以方外. 敬義立而德不孤. 直方大不習无不利, 則不疑其所行也."

뿐이지, 의가 밖에 있는 것은 아니다.

敬義旣立, 其德盛矣, 不期大而大矣, 德不孤也.

경과 의가 서고 나면 그 덕이 성대해져서, 크게 됨을 기약하지 않아도 커지게 되니 덕이 외롭지 않다.[43]

○ 內直外方, 敬義交養, 其德自然盛大, 故曰'不孤也.'

○ 안은 곧고 밖은 반듯하며 경과 의를 함께 길러 그 덕이 자연히 성대하므로 '외롭지 않다'고 말했다.

無所用而不周, 無所施而不利, 孰爲疑乎? 〔『易傳』 坤卦 「文言」〕

작용하여 두루 미치지 못하는 바가 없고, 베풀어서 이롭지 않은 것이 없으니, 누가 의심하겠는가?

○ 德至於大, 則其所行, 無一而不備, 無往而不順, 故曰'不疑其所行也.'

○ 덕이 커지게 되면, 행하는 바에 하나라도 갖추어지지 않은 것이 없고, 어디를 가도 순조롭지 않은 것이 없으므로, '행하는 바를 의심하지 않는다'[44]고 말한다.

---

43) 『주역』곤괘 「문언」. "敬義立而德不孤."
44) 『주역』곤괘 「문언」. "君子敬以直內, 義以方外, 敬義立而德不孤. 直方大不習無不利, 則不疑其所行也."

194

動以天爲無妄, 動以人欲則妄矣, 無妄之義大矣哉!

천리에 따라 움직이는 것이 무망(無妄 : 거짓이 없음)이요, 사람의 욕망에 따라 움직이면 거짓되니, 무망의 의미는 크도다!

○震下乾上爲無妄. 震, 動也, 乾, 天也. 故曰'動以天', 無邪僞也. 動而純乎天理, 則無邪僞矣.

○ 아래가 진(震)이고 위가 건(乾)인 괘가 무망괘다. 진은 움직임을 뜻하고 건은 하늘을 뜻한다. 따라서 "천리에 따라 움직인다"고 하였으니, 비뚤어지고 거짓됨이 없다. 움직임에 순수하게 천리에 따른다면 비뚤어지고 거짓됨이 없다.

雖無邪心, 苟不合正理則妄也, 乃邪心也. 旣已無妄, 不宜有往, 往則妄也. 故無妄之象曰 : "其匪正, 有眚, 不利有攸往." 〔『易傳』无妄卦 (☳) 卦辭〕

비록 비뚤어진 마음이 없더라도 올바른 이치에 합치하지 않으면 거짓되니, 곧 비뚤어진 마음이 된다. 이미 거짓됨이 없다면 더 나아가는 것은 마땅하지 않으니, 더 나아가면 거짓이 된다. 때문에 무망괘(☳)의 단사에서 "올바르지 않으면 재앙이 있으니 가면 이롭지 않다"고 했다.

○心雖非出於邪妄, 而見理不明, 所爲或乖於正理, 是卽妄也, 卽邪心也. 故無妄而有匪正之眚. 又事至於無妄, 則得所止矣, 不宜有往.

往乃過也, 過則妄也. 故曰'不利有攸往.'

○마음이 비록 비뚤어지고 거짓된 데서 나오지 않았더라도, 이치를 살피는 것이 밝지 못하여 행동이 혹 올바른 이치에 어긋나게 되면, 곧 거짓됨이 되고 비뚤어진 마음이 된다. 따라서 거짓됨이 없으면서도 바르지 않은 재앙이 있게 된다. 또 일이 무망의 상태에 이르면 그칠 바를 얻은 것이니, 더 나아가는 것이 마땅치 않다. 더 나아가면 지나치게 되고 지나치면 거짓이 된다. 따라서 '가면 이롭지 않다'고 말했다.

9

人之蘊蓄, 由學而大, 在多聞前古聖賢之言與行. 考跡以觀其用, 察言以求其心, 識而得之, 以蓄成其德.〔『易傳』大畜卦(䷙)「象傳」〕

사람의 온축은 학문을 통하여 커지니 옛 성현의 말과 행적에 대하여 많이 듣는 데 달려 있다. 자취를 살펴 그 활용을 보며, 말을 살펴 그 마음을 구하고 이것을 기억해 두었다가 터득함으로써 덕을 쌓아 완성해야 한다.

○大畜卦「象傳」. 考聖賢之行, 可以觀其用, 察聖賢之言, 可以求其心. 有見於此, 則蓄德日大, 蓋非徒多聞之爲貴.

○대축괘의 「상전」이다. 성현의 행적을 고찰하면 그들의 용사(用事)를 볼 수 있고, 성현의 말을 살피면 그들의 마음을 알 수 있다. 성현의 용사와 마음을 알게 되면 쌓은 덕이 날로 커질 것이니, 한갓 많이 듣기만 하는 것을 귀하게 여기는 것은 아니다.

咸之象曰："君子以虛受人"『傳』曰："中無私主, 則無感不通. 以量
而容之, 擇合而受之, 非聖人有感必通之道也."〔『易傳』咸卦(䷞)「象傳」〕

함괘(咸卦 : ䷞)의 「상전(象傳)」에 "군자는 허(虛)로써 남을 받아들인
다"고 하였다. 그 『역전』에 "마음속에 사사로운 주장이(주인이) 없으
면 느껴 통하지 못하는 것이 없다. 국량(局量)에 따라 받아들이고 합
당한 것을 선택해 받아들이는 것은, 성인의 '느낌이 있으면 반드시 통
하는 도'가 아니다"라고 하였다.

○ 咸者感也故咸卦皆以感爲義. 惟虛中而無所私主, 則物來能應有感
必通也. 若夫有量則必有限, 有合則必有不合. 此非聖人感通之道也.

○ 함(咸)은 느끼는 것이므로 함괘는 모두 느끼는 것으로 의미를 삼
았다. 오직 마음이 텅 비고 사사로운 주장이 없으면, 사물이 오면 응
할 수 있고 외부에서 오는 느낌이 있으면 반드시 통한다. 만약 국량이
있으면 반드시 한계가 있고, 합치함이 있으면 반드시 합치하지 않는
것이 있다. 이는 성인의 느껴 통하는 도가 아니다.

其九四曰："貞吉悔亡. 憧憧往來, 朋從爾思."『傳』曰："感者, 人
之動也. 故咸皆就人身取象. 四當心位, 而不言咸其心. 感乃心也. 感
之道無所不通, 有所私係, 則害於感通, 所謂悔也. 聖人感天下之心,
如寒暑雨暘, 無不通無不應者, 亦貞而已矣. 貞者, 虛中無我之謂也.

그 구사효에 "곧으면 길하고 후회가 없다. 안절부절못하고 왔다갔
다 하면 친구들만 너의 뜻을 좇는다"라고 하였다. 그 『역전』에 "느끼

는 것은 사람의 감정이 움직이는 것이다. 따라서 함괘는 모두 사람의 몸에 나아가 상을 취하였다. 사효는 마음의 위치에 해당하나 '마음을 느끼게 한다'라고 말하지 않았다. 왜냐하면, 느끼는 것이 곧 마음이기 때문이다. 느끼는 것의 도는 통하지 않는 것이 없지만, 사사로이 얽매이는 바가 있으면 느끼어 통하는 데 해로우니, 이른바 후회한다는 것이다. 성인이 천하에 대하여 느끼는 마음은 춥고 덥고 비 오고 해 뜨는 것과 같아서 통하지 못하는 것이 없고, 응하지 못하는 것이 없으니 또한 곧을 뿐이다. '곧다[貞]'는 것은 속이 비어 사적인 자아가 없음을 일컫는다.

○ 咸卦取象人身. 初爲拇, 二爲腓, 三爲股, 五爲脢, 上爲輔頰舌, 四當心位. 而不言心者, 感者必以心也. 有感則有通. 然使在此者有所私係, 則爲感之道狹矣, 必有所不通, 是悔也. 聖人之感天下如寒暑雨暘周徧公溥無所私係, 故無不通應. 所謂貞吉而悔亡也. 或謂: "貞者, 正也. 未有解爲虛中無我者." 愚聞之師曰: "諸卦之貞, 各隨卦義以爲正. 乾以健爲貞, 坤以順爲貞, 故曰'利牝馬之貞.'" 虛中無我者, 咸之貞也. 然此與象以虛受人異者, 蓋象取山澤通氣之義, 謂虛中以受人之感. 爻取四爲感之主謂虛中以感人也. 惟虛則能應人之感, 惟虛則能感人之應, 其理亦一也.

○ 함괘는 상을 사람의 몸에서 취했다. 초효는 발가락이고, 이효는 장딴지이고, 삼효는 허벅지이고, 오효는 등심이고, 상효는 입이니, 사효는 심장의 위치에 해당한다. 그러나 마음이라고 말하지 않는 것은 느끼는 것은 반드시 마음으로써 하기 때문이다. 느낌이 있으면 통함이 있다. 그러나 만일 자기에게 사사롭게 관계하는 바가 있으면, 느끼는 도가 좁아져 반드시 통하지 못하는 바가 있을 것이니 이것이 후회이다. 성인이 천하에 대하여 느끼는 것은 춥고 덥고 비 오고 해 뜨는 것

이 두루 (퍼지고 공평하게) 미쳐 사사로이 관계하는 바가 없는 것과 같아, 통하여 응하지 못하는 것이 없다. 이른바 곧으면 길하고 후회가 없다는 것이다.

어떤 사람은 "곧음은 바름이니, '마음속이 텅 비어 사적인 자아가 없다'고 해석한 적은 없었다"고 한다. 나는 스승에게서 이렇게 들었다. "모든 괘의 곧음은 각각 괘의 뜻을 따르는 것을 바름으로 여긴다. 건(乾)괘는 굳셈〔健〕을 곧음으로 삼고, 곤(坤)괘는 순종함〔順〕을 곧음으로 여기므로 '암말처럼 곧은 것이 이롭다'[45]고 하였다." '마음속이 비어 사적인 자아가 없음'은 함괘의 곧음이다. 그러나 이것이 상전의 '허로써 남을 받아들인다'는 것과 다른 점은 대개 상(象)은 산과 연못이 기를 통하는 데서 뜻을 취했기 때문에, 마음을 비워 남의 느낌을 받아들인다고 말했다. 효에서는 사효를 느낌의 주인으로 삼기 때문에 마음을 비워 남을 느끼는 것을 말했다. 오직 텅 비면 남의 자극에 응할 수 있고, 오직 텅 비면 남의 반응을 받아들일 수도 있으니 이치는 또한 하나이다.

若往來憧憧然, 用其私心以感物, 則思之所及者, 有能感而動, 所不及者不能感也. 以有係之私心, 旣主於一隅一事, 豈能廓然無所不通乎!" 〔『易傳』咸卦 九四〕

만약 왔다갔다 애태우며, 그 사사로운 마음을 가지고 사물에 감응하면, 생각이 미치는 것은 감동시킬 수 있지만, 생각이 미치지 못하는 것은 감동시킬 수 없다. 얽매임이 있는 사사로운 마음으로 이미 한 모퉁이나 하나의 일을 주로 삼는 것이니, 어찌 확연하게 통하지 않는 바가 없을 수 있겠는가!"

---

45) 『주역』 곤괘 괘사. "坤元亨利牝馬之貞."

○憧憧往來者私心也. 若無私心則澄然泰然, 何至憧憧也? 惟其私心有係, 故其所思者有及與不及, 而其所感者有通與不通. 所謂朋從爾思者, 蓋思惟及其朋類, 亦惟朋類乃從其思耳.

○안절부절못하고 왔다갔다 하는 것은 사사로운 마음이다. 만약 사사로운 마음이 없으면 맑고 태연할 것이니, 어찌 안절부절못하는 데에 이르겠는가? 오직 사사로운 마음이 얽매인 데가 있기 때문에 생각하는 것에 미치는 것과 미치지 못하는 것이 있고, 그 느끼는 것에 통하는 것과 통하지 못하는 것이 있다. 이른바 '친구들만 너의 생각을 좇는다'는 것은 생각이 친구에만 미치므로 친구들만 그 생각을 따를 뿐이다.

11

君子之遇艱阻, 必自省於身, 有失而致之乎. 有所未善則改之, 無歉於心則可勉, 乃自修其德也. 〔『易傳』蹇卦(☵☶)「象傳」〕

군자는 어렵고 험난함을 당하면 자신이 잘못해서 그렇게 되었는지 반드시 자기 자신에게 스스로 반성한다. 그래서 선하지 못한 점이 있으면 그것을 고치고, 마음에 꺼림칙한 것이 없으면 더욱더 힘쓰니 그것이 곧 스스로 덕을 닦는 것이다.

○蹇卦「象傳」. 此敎人以處險難之道. 自省其身而有不善, 則當速改, 不可以怠而廢. 苟無愧焉, 則益當自勉, 不可以沮而廢. 君子反躬之學, 雖遇艱阻, 亦莫非進德之地.

○건괘(蹇卦)「상전」이다. 이는 사람에게 험난함에 대처하는 방법

을 가르친 것이다. 스스로 그 몸을 반성하여 선하지 못한 것이 있으면 속히 고쳐야지 게을리 하다가 그만두어서는 안 된다. 만일 부끄러워할 만한 것이 없으면 더욱 힘써야지 막힌다고 그만두어서는 안 된다. 자신을 항상 반성하는 군자의 학문은 비록 어렵고 험난함을 만나더라도 덕을 진척시키는 터전이 아닌 것이 없다.

12

非明則動無所之, 非動則明無所用. 〔『易傳』 豊卦(☲☳) 初九〕

밝음이 아니면 움직여갈 방향을 모르고, 움직임이 아니면 밝음을 쓸 데가 없다.

○豐卦初九傳. 知行相需, 不可偏廢. 非知之明, 則動將安之? 如目盲之人動, 則不知所如也. 非行之力, 則明亦無所用. 如足痿之人, 雖有見焉, 亦不能行矣.

○풍괘 초구효의 전이다. 지와 행은 서로 필요로 하기 때문에 한쪽을 그만둘 수 없다. 앎이 밝지 않으면 움직인들 장차 어디로 가겠는가? 맹인이 움직임에 갈 곳을 알지 못하는 것과 같다. 힘써 행하지 않으면 밝음도 쓸모없다. 앉은뱅이가 볼 수 있으나 다닐 수 없는 것과 같다.

13

習重習也. 時復思繹, 浹洽於中則説也.

'습(習)'은 거듭 익히는 것이다. 때때로 다시 생각하고 풀어서 마음 속에 젖어들면 기쁘게 된다.

○ 說見『論語』. '繹', 往來紬繹也. 學者於所學之事, 時時思繹, 不驟不輟. 義理久, 則浹洽其中, 自然悅豫也.

○ 견해가 『논어』에 보인다. '역(繹)'은 반복하여 실마리를 찾는 것이다. 학자는 배운 일을 때때로 생각하여 서두르지도 않고 그만두지도 않아야 한다. 의리가 오래 되면 마음속에 젖어들어 자연히 기쁘게 될 것이다.

以善及人而信從者衆, 故可樂也.

선으로 남에게 미쳐 믿고 따르는 자가 많으니, 즐거워할 만하다.

○ 善有諸己, 足以及人, 信從者衆, 同歸於善, 豈不可樂也! 蓋與人爲善之意如此.

○ 선을 몸에 지녀 남에게 미치기에 충분하면, 믿고 따르는 자가 많아지고 함께 선한 데로 돌아갈 것이니 어찌 즐겁지 않겠는가! 대개 '남을 도와 선을 행하게 하는' 뜻이 이와 같다.

雖樂於及人, 不見是而無悶, 乃所謂君子. 〔『程氏經說』「論語解」 '學而'〕

남에게 미치는 것을 즐거워하지만, "옳다고 인정받지 못해도 번민

이 없는 것"[46]이 바로 이른바 군자이다.

○『經說』, 下同.
○ 君子者成德之名也. 雖樂於以善及人, 然人或未信, 則亦安其在
我而已, 奚慍焉? 蓋自信之篤而無待於外, 所以爲成德也.

○『경설』에 나오며, 아래도 동일하다.
○ 군자는 덕을 이룬 자를 일컫는다. 선으로 남에게 미치는 것을 즐
거워하지만 사람들이 혹 믿지 않으면, 또한 나에게 있는 것을 편안히
여길 뿐이니, 어찌 그것에 성낼 수 있는가? 대개 스스로 믿음이 독실
하여 밖에 기대하지 않는 것이 덕을 이루는 까닭이다.

14

古之學者爲己, 欲得之於己也, 今之學者爲人, 欲見知於人也. 〔『論
語』「憲問」25의 註〕

옛날의 학자는 자신을 위했으니 자신에게 얻고자 하였고, 지금의
학자는 남을 위하니 남들에게 알려지고자 한다.

○ 說見『論語』. 爲己者, 如食之求飽衣之求溫, 溫飽在己, 非爲人也.
爲人者, 但求在外之美觀, 非關在我之實用. 故學而爲己, 則所得者皆
實得. 學而爲人, 則雖或爲善亦非誠心. 況乎志存務外, 自爲欺誑, 善日
消而惡日長矣.

---

46)『주역』건괘 「문언」. "子曰: 龍德而隱者也. 不易乎世, 不成乎名 遯世无悶, 不
見是而无悶. 樂則行之, 憂則違之. 確乎其不可拔, 潛龍也."

○ 朱子曰 : "爲學, 且須分內外義利, 便是生死路頭."

○ 설명이 『논어』에 보인다. 자기를 위한다는 것은 먹을 때 배부름을 구하고 옷 입을 때 따뜻함을 구하는 것과 같으니, 따뜻함과 배부름은 나에게 달려 있지, 남을 위한 것이 아니다. 남을 위한다는 것은 밖으로 드러나는 미관만을 구하는 데 있으니, 나의 실용과 관계가 없다. 그러므로 자신을 위하여 배운다면 얻는 바가 모두 실제로 얻은 것이다. 남을 위하여 배운다면, 혹여 선을 행한다 하더라도 진실한 마음이 아니다. 하물며 외부에 힘쓰는 데 뜻이 있으면, 스스로 속이게 되어 선은 날로 줄어들고 악은 날로 늘어날 것이다.

○ 주희가 말했다.

"학문을 하는 데는 우선 반드시 안과 밖, 의리와 이익을 구분해야 하니, 이것은 곧 삶과 죽음의 갈림길이다."

15

伊川先生謂方道輔曰 :

"聖人之道, 坦如大路, 學者病不得其門耳. 得其門, 無遠之不可到也. 求入其門, 不由於經乎? 今之治經者亦衆矣, 然而買櫝還珠之弊, 人人皆是. 經所以載道也. 誦其言辭, 解其訓詁, 而不及道, 乃無用之糟粕耳."

정이가 방도보(方道輔)[47]에게 말했다.

"성인의 도는 큰길과 같이 평탄하니, 학자들이 그 입문처를 얻지 못하는 것이 병통일 뿐이다. 그 입문처를 얻으면 멀다고 해서 도달하

---

47) 方道輔의 이름은 元寀이며 程子의 문인이다.

지 못할 곳이 없다. 그 문을 찾아 들어가려고 한다면, 경전을 말미암지 않겠는가? 지금 경전을 공부하는 자들이 또한 많으나, 구슬함을 사서 구슬은 돌려주는 폐단[48]이 있으니 모두 다 그러하다. 경전은 도를 싣고 있는 것이다. 그 말을 외우고 뜻을 풀이하지만, 도에 미치지 못하면, 쓸데없는 찌꺼기일 뿐이다."

○方元寀, 字道輔. 經所以載道, 猶櫝所以藏珠. 治經而遺乎道, 猶買櫝而還其珠. 說見『韓子』.

○ 방원채(方元寀)는 자가 도보(道輔)이다. 경은 도를 싣는 것이니 구슬함이 구슬을 간직하는 도구인 것과 같다. 경전을 다루면서 도를 빠뜨리는 것은 함을 사고 그 구슬은 돌려주는 것과 같다. 견해가 『한비자』에 보인다.

覬足下由經以求道, 勉之又勉. 異日見卓爾有立於前, 然後不知手之舞足之蹈, 不加勉而不能自止矣. 〔『程氏文集』「遺文」'與方元寀手帖'〕

나는 그대가 경전에서 도를 찾아, 힘쓰고 또 힘쓰기를 바라노라. 어느 날 성인의 도가 우뚝 앞에 서 있음을 본 뒤에는 자신도 모르게 손발이 춤추게 되어, 노력을 더하려고 하지 않아도 스스로 그만들 수 없을 것이다.[49]

---

48) 『한비자』「외저설좌상」에 나온다. "楚人有賣其珠於鄭者. 爲木蘭之櫃, 薰桂椒之槨, 綴以珠玉, 飾以玫瑰, 輯以羽翠. 鄭人買其櫝而還其珠. 此可謂善賣櫝矣, 未可謂善鬻珠也. 今世之談也, 皆道辯說文辭之言, 人主覽其文而忘其用."

49) 『논어』「자한」11장 참조. 안연은 博文約禮의 방법으로 가르쳐준 스승 공자의 가르침을 힘써 따르다 보니 "선생님의 도가 앞에 우뚝하게 서 있는 듯하다(如有所立卓爾)"고 말하였다.

○『手帖』.

○道非有形狀之可見. 蓋其志道之切行道之篤, 視聽言動, 造次顚沛, 不違乎道. 用力能久, 所見益爲親切, 如有卓然而立於前者. 則中心喜樂, 自然欲罷不能矣.

○「수첩」에 나온다.

○도는 볼 수 있는 형상이 있는 것이 아니다. 도에 절실하게 뜻을 두고 독실하게 행하면 보고 듣고 말하고 행동하는 것과 위급할 때나 경황이 없을 때에도 도에 벗어나지 않을 것이다. 힘을 쓰는 것이 오래되면 보는 것이 더욱 친절하게 되어 마치 앞에 우뚝 서 있는 것 같을 것이다. 그러면 마음속이 기쁘고 즐거워 자연히 그만두고자 해도 그렇게 할 수 없을 것이다.

16

明道先生曰:

"修辭立其誠, 不可不子細理會. 言能修省言辭, 便是要立誠. 若只是修飾言辭爲心, 只是爲僞也."

정호가 말했다.

"'말을 닦아 성(誠)을 세운다[50]'는 구절을 자세히 이해하지 않으면 안 된다. 이는 말을 닦아 살필 수 있으려면 곧 성(誠)을 세워야 된다는 말이다. 만약 말을 꾸미는 것만 목적으로 삼는다면 거짓이 될 뿐이다."

---

50)『주역』건괘「문언」. "子曰: 君子進德修業, 忠信所以進德也. 修辭立其誠, 所以居業也."

○ 修省言辭者, 中有其誠, 省治之, 將以立實德也. 修飾言辭者, 中無其誠, 虛飾之, 將以爲誇美也. 誠飾之間, 乃天理人欲之分.

○ 朱子曰: "橫渠以立言傳後爲修辭居業. 明道所謂修辭, 但是非禮勿言."

○ 말을 잘 살피는 자는 마음속에 성실함이 있으니, 말을 살펴 다스리면 장차 알찬 덕을 세우게 된다. 말을 꾸미는 자는 마음속에 성실함이 없으니, 헛되게 말을 꾸미면 장차 아름다움을 과장하게 된다. 살피는 것과 꾸미는 것 사이에서 곧 천리와 인욕이 나뉜다.

○ 주희가 말했다.

"장재는 '학설을 세워 후대에 전하는 것'을 '말을 닦고 일에 거처하는 것[修辭居業]'으로 여겼다. 명도가 말하는 '말을 닦는다'는 것은 '예가 아니면 말하지 않는 것'일 뿐이다."

若修其言辭, 正爲立己之誠意, 乃是體當自家, 敬以直內, 義以方外之實事.

만약 말을 닦는 것이 바로 자신의 성의를 세우기 위한 것이라면, 이것은 스스로 '경으로써 안을 바르게 하고, 의로써 밖을 방정하게 하는 것'[51]'을 체험하고 감당하는 실제적인 일이다.

○ '敬義', 說見前. '誠意'者, 合敬義之實而爲言也. '體當', 俗語猶所謂體驗勘當也. 蓋修其言辭者, 所以擬議其敬義之實事, 而非徒事於虛辭也.

---

51) 『주역』 곤괘 「문언」.

○ 경과 의에 대한 설명은 앞에 보인다. '성의'란 것은 경과 의의 실질을 합해서 말한 것이다. '체당(體當)'이란 속어의 체험감당(體驗堪當)이라는 말과 같다. 대개 말을 닦는다는 것은 경과 의의 실질적인 일을 의론하는 것이지, 한갓 헛된 말을 일삼는 것이 아니다.

道之浩浩, 何處下手? 惟立誠, 纔有可居之處. 有可居之處, 則可以修業也.

도는 넓고 넓으니 어느 곳에서 시작할 것인가? 오직 성(誠)을 세우면 곧 거처할 만한 기반이 있게 된다. 거처할 만한 기반이 있게 되면 일을 닦을 수 있다.

○ '浩浩', 流行盛大貌. '下手', 言用力處. 道之廣大, 於何用功? 惟立己之誠意, 始有可據守之地. 此誠旣立, 則其業之所就, 日以廣大.

○ '넓고 넓다'는 것은 흐름이 성대한 모양이다. '시작한다'는 것은 힘쓸 곳을 말한다. 도는 광대하니 어디에 힘을 써야 하는가? 오직 자신의 성의를 세우면 비로소 근거하여 지킬 수 있는 터전이 있게 된다. 이 성(誠)이 확립되고 나면, 일을 성취하는 것이 날마다 넓고 커지게 된다.

'終日乾乾', 大小大事. 却只是忠信所以進德, 爲實下手處, 修辭立其誠, 爲實修業處."〔『程氏遺書』1-5〕

'종일토록 힘써 노력하는 것'은 매우 중요한 일이다. 오히려 단지 '충과 신이 덕을 진척시키는 것이다'[52]라는 것은 실제로 공부하기 시작하는 곳이며, '말을 닦아 성을 세운다'는 일은 실제로 덕업을 닦는 곳이다."

○『遺書』, 下同.

○說並見『易』「文言」. 君子終日乾乾, 是體天行健之事, 可謂大矣. 然其實, 則惟忠信積於內, 而無一念之不實者爲用功之地, 修辭立於外, 而無一言之不實者爲見功之地. 蓋表裏一於誠, 至誠故乾乾而不息.

○『유서』에 나오며, 아래도 동일하다.

○학설이 『역』「문언」에도 보인다. 군자가 종일토록 힘써 노력하는 것은 하늘의 씩씩한 운행을 체험하는 일이니 위대하다고 할 수 있다. 그러나 사실은 오직 충신을 안으로 쌓아 진실하지 않은 생각이 하나도 없게 하는 것이 공부해야 할 자리이고, 밖으로 말을 닦아 진실하지 않은 말이 하나도 없게 하는 것이 결과가 드러나는 자리이다. 대개 겉과 속이 한결같이 성실해야 하나니, 지극히 성실하기 때문에 씩씩하여 쉬지 않는다.

17

伊川先生曰:

"志道懇切, 固是誠意. 若迫切不中理, 則反爲不誠. 蓋實理中自有緩急, 不容如是之迫. 觀天地之化乃可知." [『程氏遺書』2上-4]

정이가 말했다.

"도에 뜻을 두는 것이 간절한 것은 물론 성실한 생각이다. 그러나 박절해서 이치에 맞지 않는다면 도리어 성실하지 않게 된다. 대개 실

---

52) 『주역』 건괘 「문언」.

리(實理) 가운데는 자연 느린 것과 굽한 것이 있으나, 이와 같이 박절한 것을 용납하지는 않는다. 천지의 조화를 살펴보면 알 수 있다."

○ 有志於道, 懇惻切至, 固誠意也. 然迫切之過, 而至於欲速助長, 則反害乎實理. 如春生夏長秋成冬實, 固不容一息之間斷, 亦不能一日而遽就也.

○ 도에 뜻을 두는 것이 간절하고 절실한 것이 원래 성실한 생각이다. 그러나 박절한 것이 지나쳐서 일을 급히 이루고자 해서 조장한다면 도리어 실리(實理)를 해치게 된다. 봄에 나고 여름에 자라고 가을에 이루고 겨울에 열매를 맺는 것이 한 순간의 끊어짐도 용납하지 않지만, 역시 하루에 급하게 이룰 수는 없다.

18

孟子才高, 學之無可依據. 學者當學顏子. 入聖人, 爲近有用力處.
〔『程氏遺書』2上-46〕

맹자는 재질이 높아서 (그를) 배움에 의거할 만한 곳이 없다. 배우는 자는 안자를 배우는 것이 마땅하다. 그러면 성인이 되는 데 가까이 힘쓸 곳이 있게 된다.

○ 孟子, 天資超邁, 故難學. 顏子, 天資純粹而功夫縝密, 進德有序, 故學者有用力處.

○ 맹자는 타고난 재질이 뛰어나므로 배우기가 어렵다. 안자는 타고난 재질이 순수하고 공부가 면밀하며 덕에 나아가는 것이 순서가 있

으므로 배우는 자가 힘쓸 곳이 있다.

又曰 : "學者要學得不錯, 須是學顏子." 〔『程氏遺書』 3-41〕

또 말했다. "배우는 자가 학문이 잘못되지 않으려면 반드시 안자를 배워야 한다."

○ 本注云 : "有準的."

○ 본주에서 "표준이 있게 된다"고 하였다.

19

明道先生曰 :

"且省外事, 但明乎善, 惟進誠心. 其文章雖不中, 不遠矣. 所守不約, 泛濫無功." 〔『程氏遺書』 2上-54〕

정호가 말했다.
"잠시 외부 일을 줄이고 단지 선을 밝혀 오직 성심(誠心)을 진척시켜라. 그러면 예법과 제도가 중도에 맞지 않더라도 도에서 멀지 않게 될 것이다.[53] 지키는 것이 요점을 얻지 못하면 넘쳐서 공이 없게 된다."[54]

---

53) 『대학』 전 9장. "康誥曰 : 如保赤子, 心誠求之. 雖不中不遠矣. 未有學養子而后嫁者也."

54) 『맹자』 「공손추」 상 2장(北宮黝之養勇也, 不膚撓, 不目逃. 思以一毫挫於人, 若撻之於市朝, 不受於褐寬博, 亦不受於萬乘之君. 視刺萬乘之君, 若刺褐夫. 無嚴諸侯, 惡聲至, 必反之. 孟施舍之所養勇也, 曰 : 視不勝猶勝也, 量敵而後進. 慮勝而後會, 是畏三軍者也. 舍豈能爲必勝哉. 能無懼而已矣. 孟施舍似曾子, 北宮黝似子夏. 夫二子之勇, 未知其孰賢. 然而孟施舍守約也)과 「이루」 하 15장(孟

○朱子曰: "知至則意誠. 善才明, 誠心便進. '文章'是威儀制度之類. 此段恐是呂與叔自關中來初見程子時說話. 蓋橫渠學者, 多用心於禮文制度之事, 而不近裏, 故此告之."

○주희가 말했다.

"앎이 지극하게 되면 뜻이 성실하게 된다. 선이 밝아지면 성실한 마음이 진척된다. '문장(文章)'이란 위의(威儀)와 제도(制度) 같은 종류이다. 이 구절은 아마도 여여숙(呂與叔)[55]이 관중(關中)에서 와서 처음 정자를 만났을 때 정자가 한 말인 듯하다. 대저 장재의 제자들은 예법과 제도에 마음을 쓰는 때가 많고, 내면을 가까이 힘쓰지 않으므로 이렇게 말했다."

20

學者, 識得仁體, 實有諸己, 只要義理栽培. 如求經義, 皆栽培之意.
〔『程氏遺書』2上-21〕

배우는 자가 인의 본체를 알아서 진실로 자기의 것으로 삼고자 한다면 다만 의리를 가꾸어야 한다. 경서의 의미를 탐구하는 것과 같은 것이 모두 의리를 가꾸는 의미이다.

○仁者, 天地之生理, 人心之全德也. 其體具於心, 固人之所本有.

___

子曰: 博學而詳說之. 將以反說約也)의 '約'의 의미 참조.
55) 여숙은 呂大臨(1046-1092)의 자이다. 陝西城 藍田人이다. 처음에는 장재에게 배웠으나, 그가 죽고 나서 二程(정호와 정이)에게 배워서 이정 문하의 네 선생(나머지 세 명은 楊時, 謝良佐, 游酢) 중 한 명이 되었다. 그는 금석학자로서 중국 최초의 古器物圖錄인 『考古圖』를 저술하였다.

然必內反諸己察之精養之厚, 有以見夫仁之全體. 實爲己有則吾心所存
無非天理. 而後博求義理以封植之, 則生理日以充長而仁不可勝用矣.

○ 인이라는 것은 천지의 생성의 이치(生理)이며 사람 마음의 온전
한 덕이다. 그 본체가 마음에 갖추어져 있으니 사람이 본래 갖고 있는
것이다. 그러나 반드시 안으로 자기에게 반성하여 정밀하게 살피고 두
텁게 길러야 저 인의 온전한 본체를 볼 수 있다. 참으로 자기의 것으
로 하게 되면 나의 마음에 보존된 것이 천리가 아님이 없게 된다. 그
다음에 의리를 널리 구하여 북돋운다면 생성의 이치는 날로 충만되고
성장하여 인을 이루 다 쓸 수 없게 될 것이다.

21

昔受學於周茂叔, 每令尋顔子仲尼樂處, 所樂何事. 〔『程氏遺書』2上-
23〕

지난날 주무숙에게서 학문을 배우며 안자와 중니가 즐겼다는 곳에
이를 때마다, 그는 그들이 즐긴 것이 무엇인가를 찾게 하였다.[56]

○ 朱子曰 : "按程子之言'引而不發'. 蓋欲學者深思而自得之, 今亦
不敢妄爲之說. 學者但當從事於博文約禮之誨, 以至於欲罷不能, 而

---

56) 유학자라고 하면 딱딱하게 경직된 사람을 생각하는 경향이 있지만 이는 잘못된
선입관이다. 『논어』는 "배우고 때로 익히면 또한 기쁘지 않겠는가! 벗이 먼 곳에
서 찾아온다면 또한 즐겁지 않겠는가! 남이 알아주지 않아도 화내지 않으니 또한
군자가 아닌가!"라고 하여 제1장부터 기쁨과 즐거움으로 시작된다. 『논어』 가운
데는 즐거움에 대한 언급이 매우 많으며, 공자는 삶의 즐거움을 예술로 승화시킨
음악을 누구보다도 사랑하여, 인격은 음악을 통해 완성된다고 하였다. 삶의 즐거
움을 모르면 군자가 될 자격이 없다고 할 수 있다.

竭其才, 則庶乎其可以得之矣."

○주희가 말했다.

"정자의 '당기기만 하고 쏘지는 않았다'[57]는 말을 살펴보면 대저 배우는 자들이 깊이 생각하여 스스로 얻기를 바란 것이니, 지금도 감히 함부로 설명하지 못한다. 다만 배우는 자들이 글을 넓게 배우고 예로 요약하는 가르침[58]에 종사하여 그만두고자 해도 그만둘 수 없는 지경[59]에 이르러 그 재능을 다한다면, 아마도 얻을 수 있을 것이다."

22

所見所期, 不可不遠且大. 然行之亦須量力有漸. 志大心勞, 力小任重, 恐終敗事. 〔『程氏遺書』 2上-57〕

보는 바와 기약하는 바가 멀고도 크지 않으면 안 된다. 그러나 실행함에 있어서는 또한 모름지기 능력을 헤아려 점진적으로 해나가야 한다. 뜻이 커서 마음을 괴롭히거나 능력이 작은데 책임이 무거우면 끝내 일을 그르치게 될까 두렵다.

○朱子曰: "學者志識, 固不可不以遠大自期. 然苟悅其高, 而忽於近, 慕於大, 而略於細, 則無漸次經由之實, 而徒有懸想跂望之勞, 亦

---

57) 『맹자』 「진심」 상 41. "孟子曰 : 大匠不爲拙工, 改廢繩墨. 羿不爲拙射. 變其彀率. 君子引而不發, 躍如也. 中道而立, 能者, 從之."

58) 『논어』 「안연」 15장. "子曰 : 博學於文, 約之以禮, 亦可以弗畔矣夫."

59) 『논어』 「자한」 10장. "顏淵喟然歎曰 : 仰之彌高, 鑽之彌堅. 瞻之在前, 忽焉在後. 夫子循循然善誘人. 博我以文, 約我以禮. 欲罷不能, 旣竭吾才, 如有所立卓爾. 雖欲從之, 末由也已."

終不能以自達矣." 張南軒曰 : "學者當以聖人爲準的. 然貪高慕遠躐
等以進, 非徒無益而又害之也."

○ 주희가 말했다.

"배우는 자는 뜻과 식견을 멀고 큰 것으로 기약하지 않을 수 없다.
그러나 만약 높은 것만 좋아하고 가까운 것을 소홀히 하거나 큰 것만
을 흠모하고 세밀한 것을 소홀하게 한다면, 점차적으로 거쳐 나아가는
알맹이가 없고 억측으로 상상하고 억지로 바라는 수고만 하게 되고,
결국은 스스로 도달할 수 없게 된다."

장식이 말했다.

"배우는 자는 성인을 표준으로 삼아야 한다. 그러나 높은 것을 탐
내고 먼 것을 흠모하여 순서를 뛰어넘어 나아가는 것은 아무런 도움
이 없을 뿐만 아니라, 또한 배움을 해치게 된다."

23

朋友講習, 更莫如'相觀而善'工夫多. 〔『程氏遺書』 2上-83〕

친구끼리 학문을 익힘에 있어서는 '서로 살피면서 선하게 되는'[60]
공부가 많은 것보다 더 좋은 것이 없다.

○ 朋友相處, 非獨講辨之功. 薰陶漸染, 得於觀感, 自然進益.

○ 친구가 함께 있으면 뜻을 풀이하고 변별하는 공부뿐이 아니다.

---

60) 『예기』 「學記」 8장. "大學之法, 禁於未發之謂豫. 當其可之謂時. 不陵節而施之
謂孫. 相觀而善之謂摩. 此四者敎之所由興也."

(도야하면서) 서로 영향을 받아 점차 거기에 물들며, 살피고 느끼는 데에서 얻어 자연히 진보하고 보탬이 된다.

24

須是大其心, 使開闊. 譬如爲九層之臺, 須大做脚始[61]得. 〔『程氏遺書』 2上-132〕

마음을 반드시 크게 가져 탁 트이게 해야 한다. 비유컨대 9층의 누대를 쌓기 위해서는 반드시 기초를 크게 해야만 비로소 될 수 있는 것과 같다.[62]

○ 心不開闊, 則規模狹陋而安於小成, 持守固滯而惰於進善.

○ 마음이 넓지 못하면, 규모가 협소하고 고루하여 조그마한 성공에 안주하고, 지키는 것이 고루하고 막혀 선을 향하여 나아가는 데 게으르다.

25

明道先生曰:
"自舜發於畎畝之中, 至孫叔敖擧於海, 若要熟, 也須從這裏過."〔『程

---

61) 중국본과 한국본에는 '始'로 되어 있고 일본본에는 '方'으로 되어 있다. 『유서』 원문의 '須'자는 오자로 보아야 한다(『근사록상주집평』 참조).

62) 『노자』 64장. "其安易持, 其未兆易謀, 其脆易判, 其微易散. 爲之於未有, 治之于未亂. 合抱之木, 生於豪末, 九層之臺, 起於累土. 千里之行, 始於足下. 爲者敗之, 執者失之. 是以聖人無爲, 故無敗, 無執故無失."

정호가 말했다.

"순임금이 시골에서 등용된 것으로부터 손숙오[63]가 바다에서 천거
된 것에 이르기까지,[64] 학문을 익히려면 반드시 이러한 고난을 겪어야
한다."

○ 說見『孟子』. 履難處困, 則歷變多而慮患深, 察理密而制事審.
○ 朱子曰 : "曾親歷過, 方認得許多險阻去處."

○ 내용이 『맹자』에 보인다. 어려움을 겪고 곤란함에 처하면, 변화
를 많이 경험하고 우환을 깊이 생각하며, 이치를 세밀히 살피고 일을
다스리는 데 자세하게 된다.
○ 주희가 말했다.
"일찍이 직접 경험해 보아야 비로소 수많은 험난한 것을 대처한다."

26

參也, 竟以魯得之. 〔『程氏遺書』3-42〕

증삼[65]은 노둔하기 때문에[66] 마침내 도를 얻었다.

---

63) 그는 춘추시대의 현인으로 바닷가에서 은거하여 살다가 초나라 莊王에게 천거되
   어 令尹(초나라의 재상)이 되어 초나라를 覇者가 되게 하였다.
64) 『맹자』「고자」하 15장. "孟子曰 : 舜發於畎畝之中, 傅說擧於版築之間, 膠鬲擧
   於魚鹽之中, 管夷吾擧於士. 孫叔敖擧於海. 百里奚擧於市. 故天將降大任於是人
   也. 必先苦其心志, 勞其筋骨, 餓其體膚, 空乏其身, 行拂亂其所爲. 所以動心忍
   性, 曾益其所不能." 단, 『유서』에는 "百里奚擧於市"로 되어 있다.
65) 曾子(기원전 505-436)라고 불리며, 參은 이름이다. 자는 子輿이고, 공자의 제자

○按程子又曰："曾子之學, 誠篤而已. 聖門學者聰明才辯不爲不多. 而卒傳其道乃質魯之人爾. 故學以誠實爲貴也."尹氏曰："曾子之才魯, 故其學也確, 所以能深造乎道也."

○정자가 또 말했다.

"증자의 학문은 진실하고 독실할 뿐이다. 성인의 문하에서 배운 자들 가운데 총명하고 논변에 뛰어난 자가 많지 않은 것은 아니다. 그러나 마침내 그의 도를 전수한 자는 재질이 노둔한 사람뿐이다. 그러므로 학문은 성실을 귀하게 여긴다."

윤씨(尹氏)[67]가 말했다.

"증자는 재질이 노둔하기 때문에 그 학문이 확실하다. 그래서 도에 깊이 나아갈 수 있었다."

27

明道先生以記誦博識爲玩物喪志. 〔『程氏遺書』3-17〕

정호는 기억하고 암송하여 박식한 것을 '외물을 즐기다가 뜻을 잃는 것'[68]으로 보았다.

○本注云：時以經語錄作一冊. 鄭轂云："嘗見顯道先生. 云：'某從洛中學時, 錄古人善行, 別作一冊.'明道先生見之曰：'是玩物喪志.'

이며 효행이 뛰어났다고 알려져 있다.

66)『논어』「선진」17장. "柴也愚, 參也魯. 師也辟, 由也喭."

67) 이름은 焞, 자는 彥明이며, 河南 사람으로 정자의 문인이다.

68)『서경』「旅獒」에 나옴. "不役耳目, 百度惟貞, 玩人喪德, 玩物喪志. 志以道寧, 言以道接."

蓋言心中不宜容絲髮事." 胡安國云: "謝先生初以記問爲學自負該博. 對明道擧史書成篇, 不遺一字. 明道曰: '賢却記得許多, 可謂玩物喪志.' 謝聞此語, 汗流浹背, 面發赤. 及看明道讀史, 又却逐行看過不蹉一字, 謝甚不服. 後來省悟, 却將此事做話頭, 接引博學之士."

○ 謝良佐, 字顯道, 上蔡人, 程子門人也. 人心虛明所以具萬理應萬事. 有所繫滯, 則本志未免昏塞. 所貴乎讀書, 將以存心而明理也. 苟徒務記誦爲博, 則書也者亦外物而已. 故曰'玩物喪志.'

○ 朱子曰: "上蔡記誦明道看史, 此正爲己爲人之分."

○ 본주에 나온다.

양시(楊時)[69]가 경전의 말들을 기록하여 책을 한 권 만들었다. 정곡(鄭轂)[70]이 말하였다. "일찍이 현도(顯道)[71] 선생을 만났다. 선생이 말하였다. '내가 낙양에서 공부할 때 옛사람들의 선한 행실을 기록하여 따로 한 책을 지었다.' 정호 선생이 보고 '외물을 즐기다가 뜻을 잃는 것이다'라 하였다. 대개 마음 가운데 터럭만한 일도 용납해서는 안 된다는 뜻이다."

호안국(胡安國)[72]이 말했다. "사(謝) 선생은 처음에 기억하고 묻는 것을 학문으로 여겨 해박함을 자부했다. 정호를 마주하여 한 자도 빠뜨리지 않고 역사서 한 권을 다 말했다. 정호가 말했다. '그대가 많은 것을 기억하는 것은 외물을 즐기다가 뜻을 잃는 것이라고 할 수 있다.' 사 선생은 이 말을 듣고 온몸에 땀을 흘리면서 얼굴이 빨개졌다.

---

69) 양시(1053-1135)의 자는 中立이며 龜山 선생이라 불린다. 二程의 제자이다.

70) 자는 致遠이며, 建安 사람이다.

71) 현도는 謝良佐(1050-1103)의 자이다. 上蔡 선생이라 불리며 이정의 네 제자 중 한 명이다.

72) 1074-1138. 南宋의 경학자로 자는 康侯이다. 福建省 崇安 사람이며 시호는 文定이다. 춘추에 밝아 『춘추전』을 지었으며, 『춘추』를 차용하여 자주 정치를 논했다.

정호가 역사서를 읽는 것을 보니 도리어 줄 따라 보면서 한 글자도 빠뜨리지 않는지라 매우 승복하지 않았다. 나중에 깨닫고서 도리어 이 일을 화두로 삼아 박학을 중시하는 학자들을 인도하였다."

○ 사량좌(謝良佐)는 자가 현도이고 상채(上蔡) 사람이며 정자의 문인이다. 사람의 마음은 텅 비고 밝아서 만 가지 이치를 갖추어 만 가지 일에 응한다. 얽매이거나 막히는 바가 있으면 본래의 뜻이 혼미하고 막힘을 면하지 못한다. 독서에서 귀한 것은 마음을 보존하여 이치를 밝히는 것이다. 만약 한갓 기억하고 암송하는 것에 종사하는 것을 박식이라 한다면 책이라는 것도 역시 외물일 뿐이다. 때문에 '외물을 즐기다가 뜻을 잃는다'고 말했다.

○ 주희가 말했다.

"상채가 암기하고 독송한 것과 정호가 역사서를 본 것의 차이는 바로 자기를 위한 것〔爲己之學〕과 남을 위한 것〔爲人之學〕이었다."

28

禮樂只在進反之間, 便得性情之正. 〔『程氏遺書』3-113〕

예와 악은 단지 나아가고 돌아오는 사이에서 성정의 올바름을 얻는 데 달려 있다.

○ 以上並明道語.
○「樂記」曰: "禮主其減, 樂主其盈. 禮減而進, 以進爲文. 樂盈而反, 以反爲文." 朱子曰: "減是退讓樽節, 收斂底意思, 是禮之體本如此. 然非人之所樂, 故須進步向前, 著力去做, 故以進爲文. 盈是舒暢發越, 快滿底意思, 是樂之體本如此. 然易至於流蕩, 却須收拾向裏. 故以反爲文." 又曰: "禮減而不進, 則銷, 樂盈而不反, 則放. 故禮有報而樂有反."

　ㅇ 이상[73] 본문은 모두 정호의 말이다.
　ㅇ 「악기」에서 말하였다.
　"예는 줄이는 것을 주로 하고 악은 채우는 것을 주로 한다. 예는 줄이면서 나아가니, 나아가는 것으로 꾸민다. 악은 채우면서 돌아가니, 돌아가는 것으로 꾸민다."
　주희가 말했다.
　"줄인다는 것은 물러나고 양보하고 억누르고 조절하고 수렴한다는 뜻으로 예의 바탕이 본래 이러한 것이다. 그러나 사람들이 즐기는 바가 아니므로 반드시 진보해서 앞으로 나아가게 하고, 힘써 행하게 하여야 하므로 나아가는 것으로 꾸민다. 채운다는 것은 펼치고 드러내며 즐거움이 가득하다는 뜻이니 악의 바탕이 본래 이러한 것이다. 그러나 방탕하는 데 이르기 쉬우므로 반드시 수습하여 안으로 향하게 해야 한다. 때문에 돌이키는 것으로 꾸민다."
　또 말했다.
　"예는 줄이지만 나아가지 않으면 쇠약하게 되고, 악은 충만하지만 돌아가지 않으면 방탕하게 된다. 그러므로 예에는 답례가 있고, 악에는 반복(재창)이 있다."

29

　父子君臣, 天下之定理, 無所逃於天地之間. 安得天分, 不有私心, 則行一不義, 殺一不辜, 有所不爲. 有分豪私, 便不是王者事. 〔『程氏遺書』5-10〕

---

73) 19 이하를 가리킨다.

부자, 군신관계는 천하의 정해진 이치이며 천지 사이에서 이를 벗어날 곳이 없다. 천분을 편안히 지키고 사심이 없으면 '하나의 불의를 행하고 하나의 무고한 생명을 죽이는 일을 하지 않게 된다.'[74] 조금이라도 사심이 있다면 이는 군주된 자의 일이 아니다.

○ 父子君臣, 人倫之大端, 天下之定理, 立於天地之間者, 必有而不容廢者也. 惟能全其天理而無私心者, 則處之各當其分. 而行一不義之事, 殺一不辜之人, 雖可以得天下, 亦不爲也. 蓋堯舜授禪無虧父子之恩, 湯武征伐無愧君臣之義, 皆無私心故也.

○ 부자와 군신은 인륜의 중요한 실마리이고 천하의 정해진 이치로서 천지 사이에 서 있는 인간으로서는 반드시 가져야 하고 폐지할 수 없는 것이다. 오직 천리를 온전히 하여 사심이 없는 자만이 모든 일을 처리함에 자기의 본분을 다할 것이다. 한 가지라도 의롭지 않은 일을 하고 한 사람이라도 무고한 사람을 죽이는 일은, 비록 천하를 얻을 수 있다 해도 하지 않는다. 대저 요순이 주고 받으면서 부자의 은혜를 더럽힘이 없었으며, 탕무가 정벌하면서도 군신의 의에 부끄럽지 않았던 것은 모두 사심이 없었기 때문이다.

30

論性不論氣, 不備, 論氣不論性, 不明, 二之則不是. 〔『程氏遺書』
6-20〕

---

74) 『맹자』「공손추」상 2장. "伯夷伊尹, 於孔子若是班乎. 曰否. 自有生民以來, 未
有孔子也. 曰然則有同與. 曰有. 得百里之地而君之, 皆能以朝諸侯有天下. 行一
不義, 殺一不辜, 而得天下, 皆不爲也. 是則同."

성을 말하고 기를 말하지 않으면 완비되지 않고, 기를 말하고 성을 말하지 않으면 밝지 않으니, 둘로 나누면 옳지 않다.

○ 此段疑當在首卷. 論性之善而不推其氣稟之不同, 則何以有上智下愚之不移? 故曰'不備.' 論氣稟之異而不原其性之皆善, 則是不達其本也. 故曰'不明.' 然性者氣之理, 氣者性之質, 元不相離判而二之, 則亦非矣.

○ 朱子曰: "論性不論氣, 孟子言性善, 是也. 論氣不論性, 荀子言性惡, 楊子言善惡混, 是也." 愚謂: "孟子推原性之本善. 雖未及乎氣質, 固不害其爲性也. 至於荀楊但知氣質之或異, 而不知性之本同. 則是不識性也, 豈不害道! 要之, 必若程子橫渠之言, 始爲明備."

○ 아마도 이 단락은 제1권에 있어야 한다. 성의 선함만을 논하고 그 기품이 다름을 추구하지 않는다면 어찌 바뀌지 않는 가장 지혜로운 사람과 가장 어리석은 사람이 있을 수 있겠는가? 그러므로 '완비되지 않다'고 말한다. 기질이 다른 것만 논하고 본성이 모두 선하다는 것을 살피지 않는다면 그 근본에 이르지 못할 것이다. 그러므로 '밝지 않다'고 말한다. 그러나 성은 기의 리(理)이고 기는 성의 질로서 원래 서로 떨어지지 않으니 나누어 둘로 만드는 것도 역시 옳지 않다.

○ 주희가 말했다.

"성을 논하고 기를 논하지 않은 경우는 맹자가 말한 '성이 선하다'는 것이 이것이다. 기를 논하고 성을 논하지 않은 경우는 순자의 '성이 악하다'[75]는 것과 양자(揚子)의 '선과 악은 뒤섞인 것이다'[76]가 그렇다."

---

75) 『순자』「성악」. "人之性, 惡, 其善者僞也. 今人之性, 生而有好利焉. 順是故爭奪生而辭讓亡焉. 生而有疾惡焉, 順是故殘賊生而忠信亡焉. …… 故必將有師法之化禮義之道, 然後出於辭讓, 合於文理, 而歸於治. 用此觀之, 然則人之性惡, 明矣."

나는 이렇게 생각한다.

"맹자는 성은 본래 선하다는 것을 미루어 밝혔다. 비록 기질에 대하여 언급하지 않았으나, 본래 본성을 해치지는 않았다. 순자와 양웅의 경우는 기질이 혹 다른 것만 알고 성이 본래 같다는 것을 몰랐다. 이는 성을 모른 것이니 어찌 도를 해치지 않으리오! 요컨대 반드시 정자나 장재의 말과 같아야 비로소 밝고 완비되었다고 할 수 있다."

31

論學便要明理, 論治便須識體. 〔『程氏遺書』5-7〕

학문을 논하려면 반드시 리(理)를 밝혀야 하고, 다스리는 것을 논하려면 반드시 체통을 알아야 한다.

○ 論學而不明理, 則徒事乎詞章記誦之末, 未爲知學也. 論治而不識其體, 則徒講乎制度文爲之末, 未爲知治也.

○ 학문을 논하면서 리(理)에 밝지 못하면 문장을 짓고 외우고 기억하는 말단적인 일에만 종사하게 되니, 학문을 안다고 할 수 없다. 다스리는 것을 논하면서 그 체통을 알지 못하면 제도나 형식 같은 말단적인 것만 강구하게 되니 정치를 안다고 할 수 없다.

---

76) 양웅 『法言』「修身」. "修身以爲弓, 矯思以爲矢. 立義以爲的, 奠而後發, 發必中矣. 人之性也, 善惡混, 修其善則爲善人, 修其惡則爲惡人."

32

曾點漆雕開已見大意, 故聖人與之. 〔『程氏遺書』 6-104〕

증점[77]과 칠조개[78]는 이미 도의 큰 뜻을 알았으므로 성인이 인정하였다.

○ 曾點言志, 以爲: "暮春者春服旣成, 冠者五六人童子六七人, 浴乎近, 風乎舞雩, 詠而歸." 蓋有見於是道之大流行充滿, 而於日用之間從容自得, 有與物各適其所之意. 子使漆雕開仕. 對曰: "吾斯之未能信." 開於是理, 必有見焉, 顧於應酬之際, 未能自信其悉中乎是理. 此其所見之大而不安於小成, 所守之篤而必期於自信. 二者雖其行之未成, 要皆有見於聖人之大意.

○ 朱子曰: "點更規模大, 開更縝密." 蔡節齋曰: "點之意欲止, 開之意方進而未已."

○ 증점은 자기의 뜻을 말할 때 "늦은 봄에 봄옷이 이미 완성되면 어른 5-6명, 동자 6-7명과 함께 기수에서 목욕하고 무우(舞雩)[79]에서 바람을 쐬고 노래를 읊조리며 돌아오고 싶다"[80]고 하였다. 대개 이 커다란 도가 유행하고 충만되어 있는 것을 보고 일상생활에서 자연스럽게 자득하여 사물과 함께 각각 제 본분에 어울리는 뜻이 있는 것이다.

---

77) 증점은 공자의 문인으로 자는 晳이며 曾參의 아버지이다.
78) 漆雕는 성이고 開가 이름이다. 자는 子若이며 공자의 문인이다.
79) '무'는 기우제를 지내는 곳이다.
80) 『논어』「선진」 25장. "點爾何如, 鏗爾舍瑟而作. 對曰: 異乎三子者之撰. 子曰: 何傷乎. 亦各言其志也. 曰: 莫春者, 春服旣成. 冠者五六人, 童子六七人, 浴乎沂, 風乎舞雩, 詠而歸. 夫子喟然歎曰: 吾與點也."

공자는 칠조개에게 벼슬을 시키려고 하였다. 그는 "나는 정치를 도에 합당하게 할지 믿을 수 없다"[81]고 대답하였다. 칠조개는 리(理)를 반드시 보았다지만, 다만 응대하고 수작할 때 모든 것이 리에 적중될 수 있을지 자신할 수 없었다. 이것은 본 것이 커서 작은 성공에 안주하지 않은 것이며, 지키는 바가 독실하여 반드시 스스로 믿을 수 있기를 기약한 것이다. 두 사람은 비록 행하는 바가 완성되지는 않았지만 요컨대 모두 성인의 큰 뜻을 본 자들이다.

　ㅇ주희가 말했다.

"증점은 규모가 더욱 크고 칠조개는 더욱 치밀하다."

　채연이 말했다.

"증점의 뜻은 머물려고 하는 것이고, 칠조개의 뜻은 앞으로 나가 그치지 않는 것이다."

33

根本須是先培壅, 然後可立趨向也. 趨向旣正, 所造淺深則由勉與不勉也. 〔『程氏遺書』6-113〕

근본을 반드시 먼저 기른 뒤에야 방향을 확립할 수 있다. 방향이 이미 올바르다면 나아가는 정도의 깊고 얕음은 힘을 씀과 쓰지 않음에 달려 있다.

　ㅇ涵養心德, 根本深厚, 然後立趨向而不差. 又勉而不已, 乃能深造.

　ㅇ朱子曰: "收其放心, 然後自能尋向上去, 亦此意也."

---

81) 『논어』 「공야장」 5장. "子使漆彫開仕. 對曰 : 吾斯之未能信."

○마음의 덕을 함양하여 근본을 깊고 두텁게 한 뒤에 방향을 세운다면 잘못되지 않는다. 그리고 또한 노력을 멈추지 않는다면 깊이 나아갈 수 있다.

○주희가 말했다.

"풀어진 마음을 수습한 뒤에 향상되기를 추구할 수 있다는 것도 이러한 의미이다."

34

敬義夾持. 直上達天德自此. 〔『程氏遺書』5-30〕

경과 의를 함께 지녀야 한다. 바로 위로 하늘의 덕에 이르는 것은 이것을 통해서이다.

○朱子曰 : "敬主乎中, 義防乎外. 二者相夾持, 要放下霎時也不得. 直上去故便達天德." 又曰 : "表裏夾持, 更無東走西作. '直上'者, 不爲物慾所累, 則可上達天德矣."

○주희가 말했다.

"경은 내면을 주로 하는 것이고, 의는 바깥을 바르게 하는 것이다. 두 가지는 함께 지녀야지, 잠시라도 놓아서는 안 된다. 오직 곧바로 올라가므로 하늘의 덕에 이를 수 있다."

또 말했다.

"속과 겉을 함께 유지하면 다시 이쪽, 저쪽으로 내닫는 일이 없다. '바로 위로 올라간다'는 것은 물욕에 얽매이지 않아 위로 하늘의 덕에 이를 수 있다는 것이다."

35

懈意一生, 便是自棄自暴. 〔『程氏遺書』 6-55〕

게으른 마음이 일단 생기면 곧 스스로를 버리고 학대하게 된다.

36

不學, 便老而衰. 〔『程氏遺書』 7-48〕

배우지 않으면 곧 늙고 쇠퇴하게 된다.

○ 學問則義理爲主, 故閱理久而益以精明. 不學則血氣爲主, 故閱時久而益衰謝.

○ 학문을 하게 되면 의리를 주로 하므로 리(理)를 아는 것이 오래 될수록 더욱 정밀하고 밝아진다. 배우지 않으면 혈기를 주로 하므로 세월이 오래 될수록 더욱 쇠퇴하고 시든다.

37

人之學不進, 只是不勇. 〔『程氏遺書』 14-12〕

사람의 학문이 진보하지 않는 것은 다만 용감하지 않기 때문이다.

○ 志氣之勇.

○ 지기(志氣)의 용기이다.

38

學者爲氣所勝, 習所奪, 只可責志. 〔『程氏遺書』15-96〕

학자가 기질에 압도되고 습관에 지배된다면 단지 뜻을 자책해야
한다.

○ 立志之不大不剛, 則義理不足以勝其氣質之固蔽, 學力不足以移
其習俗之纏繞. 故曰'只可責志.'

○ 뜻을 세움이 크고 굳세지 못하면 의리가 기질의 굳게 가린 것을
이길 수 없으며, 학문의 힘이 습관과 풍속에 얽매인 것을 고칠 수 없
다. 그러므로 '단지 뜻을 자책해야 한다'고 말했다.

39

內重則可以勝外之輕, 得深則可以見誘之小. 〔『程氏遺書』6-201〕

안이 신중하면 외부의 가벼운 것을 이길 수 있고, 얻음이 깊으면
유혹이 작아짐을 볼 수 있다.

○ 道義重則外物輕, 造理深則嗜欲微.

○ 도의가 중요하게 되면 외부의 것이 가볍게 되고, 리(理)에 나아감
이 깊으면 욕망이 작아진다.

40

董仲舒謂：‘正其義, 不謀其利. 明其道, 不計其功.’

동중서[82]가 말했다. ‘그 정의를 바르게 하되 그 이익을 도모하지 않으며, 그 도를 밝히되 그 공을 헤아리지 않는다.’[83]

○ 仲舒詳見十四卷. 義者當然之理, 利者義之和也. 然君子惟欲正其義而已, 未嘗預謀其利. 有謀利之心, 則是有所爲而爲之, 非正其義矣. 道者自然之路, 功者行道之效也. 然君子惟欲明其道而已, 未嘗計度其功. 有計功之心, 則是有私意介乎其間, 非明其道矣.

○동중서에 대해서는 제14권에 자세하다.[84] 의는 당연한 이치이고 이익은 의의 조화로움이다. 그러나 군자는 오직 의를 바르게 하고자 할 뿐이지, 미리 이익을 도모하지 않는다. 이익을 도모하고자 하는 마음이 있으면 ‘하고자 하는 바(의도)’를 가지고 일을 하게 되니 의를 바르게 하는 것이 아니다. 도라는 것은 자연의 길이며, 공은 도를 행한 효과이다. 그러나 군자는 오직 도를 밝히고자 할 뿐이지 공을 헤아린 적이 없었다. 공을 헤아리는 마음이 있으면 사사로운 생각이 그 사이에 개입하게 되니 도를 밝히는 것이 아니다.

孫思邈曰：‘膽欲大而心欲小, 智欲圓而行欲方.’ 可以爲法矣. 〔『程

---

82) 동중서(기원전 176-104). 漢 武帝 때의 유학자로 유교를 관학으로 만드는 데 공헌했다. 그는 금문경학자로서 『춘추공양전』을 깊게 연구하여 천인감응설을 제창하였다. 저서로 『춘추번로(春秋繁露)』가 있다.
83) 『한서』 56권 「동중서전」.
84) 제14권 7장 참조.

손사막[85]은 '담은 크게 하되 마음은 작게 하고 지혜는 둥글게 하되 행위는 방정하게 하라'[86]고 말했는데 법도로 삼을 만하다.

○思邈, 隋唐間人. 膽大則敢於有爲, 心小則密於察理. 智圓則通而滯, 行方則正而不流.

○朱子曰 : "志不大則卑陋, 心不小則狂妄. 圓而不方則譎詐, 方而不圓則執而不通."

○ 손사막은 수(581-618)와 당(618-907) 사이의 사람이다. 담이 크면 대담하게 행할 수 있고, 마음이 작으면 이치를 살핌이 세밀하다. 지혜가 둥글면 통하여 막히지 않고, 행위가 방정하면 정당하여 흐르지 않는다.

○ 주희가 말했다.

"뜻이 크지 않으면 비루하고, 마음이 세밀하지 않으면 함부로 하게 된다. 둥글되 방정하지 않으면 간사하고 거짓되며, 방정하되 둥글지 않으면 고집스러워 통하지 않는다."

41

大抵學不言而自得者, 乃自得也. 有安排布置者, 皆非自得也. 〔『程氏遺書』 11-53〕

---

85) 손사막(601-682). 수・당(隋唐) 시대의 陝西省 京兆 사람이다. 『唐書』 「方技傳」에 의하면 손사막은 음양과 의약에 뛰어났으며 벼슬하지 않고 은거하며 살았다.
86) 『회남자(淮南子)』 권9 「주술훈(主術訓)」. "凡人之論心欲小而志欲大, 智欲員而行欲方. 能欲多而事欲鮮."

대저 학문에 있어서 아무 말 없이 스스로 얻는 것이 곧 자득이다. 안배하고 배치함이 있는 것은 모두 자득이 아니다.

○ 學而有得, 則暗者忽而明, 疑者忽而信, 欣然有契于心, 蓋有所不能形容者. 安排布置, 卽是著意强爲, 非眞自得者也.

○ 학문을 해서 얻음이 있으면 어둡던 것은 홀연히 밝게 되고, 의혹스럽던 것은 홀연히 믿어지게 되면서, 기쁘게 마음에 맞는 바가 있으니, 대개 형용할 수 없는 바가 있게 된다. 안배하고 배치하는 것은 의도적으로 억지로 하는 것이니 진실로 자득한 것이 아니다.

42

視聽思慮動作, 皆天也. 人但於其中要識得眞與妄爾. 〔『程氏遺書』 11-155〕

보고 듣고 생각하고 행동하는 것이 모두 자연이다. 사람은 다만 그 가운데서 참된 것과 거짓된 것을 식별해야 한다.

○ 視聽思慮言動, 皆天理自然而不容已者. 然順理則爲眞, 從欲則爲妄.

○ 보고 듣고 생각하고 말하고 행동하는 것은 모두 천리가 스스로 그러한 것으로 그만둘 수 없는 것이다. 그러나 이치에 따르면 참이 되고 욕망에 따르면 거짓이 된다.

43

明道先生曰:

"學只要鞭辟近裏, 著己而已. 故切問而近思, 則仁在其中矣.

정호가 말했다.

"학문이란 내면적으로 독려하여 자기에게 달라붙게 해야 한다. 그러므로 절실하게 묻고 가까운 일에서 생각한다면 인은 그 가운데 있다.[87]

○鞭辟近裏著己者, 切己之謂也. 切問近思而不泛遠, 則心德存矣.

○내면적으로 독려하여 자기에게 달라붙게 한다는 것은 자기에게 절실하게 하는 것을 가리킨다. 절실하게 묻고 가까운 일에서 생각하여, 범범(泛泛)하게 멀리 있는 것을 생각하지 않는다면 마음의 덕이 보존된다.

'言忠信, 行篤敬, 雖蠻貊之邦行矣. 言不忠信, 行不篤敬, 雖州里行乎哉. 立則見其參於前也, 在輿則見其倚於衡也, 夫然後行', 只此是學.

'말이 충실하고 믿음직하며 행동이 독실하고 공경스러우면 야만의 나라에서라도 통할 것이다. 말이 충실하고 믿음직하지 않으며 행동이 독실하고 공경스럽지 않으면 자기의 마을이라 해도 통할 수 있겠는가. 서 있을 때는 그것이 앞에 있는 것을 보는 듯하고 수레에 있을 때에

---

87) 『논어』「자장」6장. "子夏曰: 博學而篤志, 切問而近思, 仁在其中矣." 『近思錄』이라는 이 책의 제목은 이 구절에서 취한 것이다. "절실하게 묻되 가까운 일에서 생각한다"는 이 구절은 인간의 일상적인 삶을 진리의 인식과 실천의 장으로 삼는 유학의 학문적 특수성을 가장 잘 드러낸다고 할 수 있다.

는 그것이 멍에에 의지하고 있는 것을 보는 것 같이 된 뒤에야 통하게 되니[88] 바로 이것이 학문이다.

○言必忠信而無一辭之欺誕, 行必篤敬而無一事之慢弛, 則以是行於遠方異類, 猶可以誠實感通. 苟不信不敬, 則雖近而州里之間, 其可得而行乎? 然非可以暫焉而强爲之也. 要必眞積力久, 隨其所寓, 常若有見乎忠信篤敬之道而不可須臾離者. 如此一於誠實自然信順, 無往而不可.

○以上皆切己之學. 切問近思者, 致知之事也. 言忠信行篤敬者, 力行之事也. 說並見『論語』.

○말은 반드시 충실하고 믿음직하여 한 마디의 속임도 없고, 행동은 반드시 독실하고 공경스러워 한 가지 일도 느리고 해이함이 없다면, 먼 지방의 다른 민족에게 가서 행하더라도 오히려 성실로써 감동시켜 통하게 할 수 있다. 신실하지 않고 공경스럽지 않다면 비록 가까운 마을에서라도 통할 수 있겠는가? 그러나 잠시 동안의 노력으로 억지로 할 수 있는 것은 아니다. 요컨대 진실이 쌓이고 노력이 오래 되어 머무는 곳마다 충실하고 믿음직하며 독실하고 공경스러운 도를 보는 듯하여 잠시라도 떠날 수 없어야 한다. 이와 같이 하여 한결같이 성실하면 자연히 믿고 따르게 되어 어디를 가더라도 할 수 없는 일이 없게 된다.

○위의 것은 모두 자기에게 절실한 학문이다. 절실하게 묻되 가까운 일에서 생각하는 것은 앎을 이루는 일이다. 말을 충실하고 믿음직하게 하며 행동을 독실하고 공경스럽게 하는 것은 힘써 행하는 일이

---

88) 『논어』 「위령공」 5장. "子張問行. 曰: 言忠信, 行篤敬, 雖蠻貊之邦, 行矣. 言不忠信, 行不篤敬, 雖州里行乎哉? 立則見其參於前也. 在輿則見其倚於衡也. 夫然後行, 子張書諸紳."

다. 설이 모두 『논어』에 보인다.

質美者, 明得盡, 查滓便渾化, 却與天地同體. 其次, 惟莊敬持養.
及其至則一也."〔『程氏遺書』11-171〕

바탕이 아름다운 사람은 다 밝게 되면 찌꺼기가 온통 변화하여
도리어 천지와 한 몸이 된다. 다음 수준의 사람은 엄숙하고 공경스러
운 태도로 마음을 유지하여 길러야 한다. 지극한 데 이르면 같다."

○朱子曰: "查滓是私意人欲之消未盡者. 人與天地本同體. 只緣查
滓未去, 所以有間隔. 若無查滓, 便與天地同體. 質美者明得盡, 是見
得透徹. 如顔子克己復禮, 天理人欲截然兩段, 更無查滓. 其次旣未到
此, 則須莊敬持養, 以消去其查滓. 如仲弓出門如見大賓使民如承大
祭. 常如此持養久久, 亦自明徹矣."

○주희가 말했다.
"찌꺼기란 소멸하여 없어지지 않은 사사로운 생각과 인간적 욕망이
다. 사람은 천지와 본래 한 몸이다. 단지 찌꺼기를 다 없애지 못했기
때문에 간격이 있게 되었다. 만약 찌꺼기가 없다면 곧 천지와 한 몸이
다. 바탕이 아름다운 사람이 다 밝다는 것은 투철하게 보는 것이다.
안자와 같이 자기를 극복하고 예로 돌아가니 천리와 인욕이 엄연히
둘로 나누어져 더 이상의 찌꺼기가 없게 된 경우이다. 그 다음 사람은
아직 이에 이르지 못하니 반드시 엄숙하고 공경스러운 태도로 마음을
유지하여 가꿈으로써 찌꺼기를 없애야 한다. 중궁(仲弓)과 같이 문을
나서면 큰 손님을 맞이하듯 행동하고 백성을 부릴 때는 큰 제사를 받
들 듯이 하여야 된다. 늘 이와 같이 하여 오랫동안 마음을 유지하여
가꾼다면 스스로 명철하게 될 것이다."

44

忠信所以進德, 脩辭立其誠所以居業者, 乾道也. 敬以直內, 義以方
外者, 坤道也. 〔『程氏遺書』11-185〕

 '충신은 덕을 진척시키는 것이며, 말을 닦아 성(誠)을 세우는 것은
일에 거처하는 것이라는 것'[89]은 건의 도이다. '경으로써 안을 곧게 하
고 의로써 바깥을 바르게 하는 것'[90]은 곤의 도이다.

 ○乾主健主動, 故進德修業. 皆進爲不息之道. 坤主順主靜, 故敬直
義方. 皆收斂截節之道.

 ○ 건(乾)은 굳세고 활동하는 것을 주로 하므로 덕을 진척시키고 일
을 닦는다. 모두 나아가서 쉬지 않는 도이다. 곤(坤)은 따르고 고요한
것을 주로 하므로 경으로 곧게 하고 의로써 바르게 한다. 모두 수렴하
고 재단하여 조절하는 도이다.

凡人才學, 便須知著力處, 旣學便須知得力處. 〔『程氏遺書』12- 16〕

 무릇 사람이 처음 학문을 할 때에는 모름지기 힘쓸 곳을 알아야 하
고, 학문을 한 뒤에는 힘을 얻는 곳을 알아야 한다.

 ○ 始學而不知用力之地, 則何以爲入道之端? 旣學而不知得力之地,

---

89) 『주역』 건괘 「문언」.
90) 『주역』 곤괘 「문언」.

則何以爲造道之實? 學者隨其淺深, 必各有所自得, 不然是未嘗實用
力於學也.

○ 처음 배우면서 힘쓸 곳을 모른다면 무엇을 도에 들어가는 단서로
삼겠는가? 이미 배우고서 힘을 얻는 곳을 모른다면 무엇으로 도에 나
아가는 실질로 삼겠는가? 학자가 공부의 깊고 얕음에 따라 각각 자득
한 바가 있어야 하나니, 그렇지 않으면 아직 진실로 학문에 힘쓰지 않
은 것이다.

46

有人治園圃, 役知力甚勞. 先生曰: "蠱之象, 君子以振民育德. 君
子之事, 惟有此二者, 餘無他焉. 二者爲己爲人之道也." 〔『程氏遺書』
14-2〕

어떤 사람이 농장을 가꾸는 데 매우 수고롭게 지혜와 힘을 썼다.
선생이 말했다. "고괘(蠱卦)의 상전(象傳)에 '군자는 백성을 진작시키
고 덕을 기른다'고 하였다. 군자의 일에는 오직 이 두 가지가 있으며
나머지 다른 일은 없다. 이 두 가지는 자기를 위하고 남을 위하는 도
이다."

○ '振民'謂興起而作成之, '育德'謂涵養己德. 成己成人皆吾道之當
然. 外此則無益之事, 非君子所務矣.

○ '백성을 진작시키는 것'은 흥기시켜 이루게 하는 것이며, '덕을 기
르는 것'은 자기의 덕을 함양하는 것이다. '자기를 이루는 것과 남을
이루는 것'[91]은 모두 유학의 당연한 도이다. 이 밖에는 도움이 되지 않

는 일이니 군자가 힘쓸 바가 아니다.

47

博學而篤志, 切問而近思, 何以言仁在其中矣? 學者要思得之. 了
此便是徹上徹下之道. 〔『程氏遺書』14-3〕

'널리 배우되 뜻을 독실하게 하고, 절실하게 묻되 가까운 일에서 생
각하면' 어째서 '인이 그 가운데 있다'[92]고 말하는가? 학자가 생각해서
알아야 한다. 이것을 이해하면 이것이 곧 위와 아래를 꿰뚫는 도이다.

○朱子曰：“四者皆學問思辨之事耳, 未及乎力行而爲仁也. 然從事
於此, 則心不外馳而所存自熟, 故曰‘仁在其中矣.’” 愚謂：“學問思辨
學者所以求仁也. 然博學而篤志切問而近思, 皆懇切篤厚之意. 卽此一
念, 便是惻隱之心流行發見之地. 不待更求, 而仁之全體可識矣. 故曰
‘徹上徹下之道.’”

○주희가 말했다.

"네 가지는 모두 배우고 묻고 생각하고 분별하는 일일 뿐이며, 힘
써 행하여 인을 실천하는 데는 미치지 않는 것이다. 그러나 여기에 종

---

91) 『중용』25장. “誠者非自成己而已也, 所以成物也. 成己, 仁也 ; 成物, 知也. 性
之德也, 合內外之道也. 故時措之宜也.” 자연이 객관화시켜 물질로 이해한 현대
과학은 인간 자신마저도 물질로 이해하게 되었다. 자아와 타자의 인간적인 완성
을 학문의 목표로 삼는 유학은 인간에 내재된 진리를 인식하고 실천함으로써 인
간 완성의 길을 닦아나간다. 그러나 인간에 내재된 진리는 인간 스스로가 만든
진리가 아니라 인간을 생산한 자연의 진리이니, 동양철학의 이상인 인간과 자연
의 합일은 인간이 자신에 내재된 진리를 확인함에서부터 시작된다고 하겠다.
92) 주석 249 참조(『논어』「자장」6장).

사하면 마음이 밖으로 달리지 않아 보존한 것이 저절로 익게 되므로, 인이 그 가운데 있다고 말한 것이다."

나는 이렇게 생각한다.

"배우고 묻고 생각하고 분별하는 것은 학자가 인을 찾는 방법이다. 그러나 널리 배우되 뜻을 독실히 하며, 절실히 묻되 가까운 일에서 생각하는 것은 모두 간절하고 독실한 뜻이다. 이 한 가지 생각이 바로 측은하게 여기는 마음이 유행하여 발현되는 터전이다. 다시 더 찾을 필요 없이 여기에서 인의 온전한 본체를 알 수 있다. 그러므로 위와 아래를 꿰뚫는 도라고 말하였다."

48

弘而不毅, 則難立, 毅而不弘, 則無以居之. 〔『程氏遺書』 14-4〕

넓되 굳세지 않으면 덕을 세우기 어렵고, 굳세되 넓지 않으면 덕이 자리잡을 곳이 없게 된다.[93]

○ 本注云 : "「西銘」, 言弘之道."
○ 說見『論語』. 弘寬大, 毅剛強也. 弘而不毅, 則寬大有餘而規矩不足, 故不能自立. 毅而不弘, 則剛強有餘而狹隘自足, 故無以居之.

○ 본주에서 말했다. "「서명」은 넓음〔弘〕의 도를 말했다."
○ 내용이 『논어』(「태백」 7장)에 보인다. '홍(弘)'은 넓고 큰 것이며, '의(毅)'는 굳세고 강한 것이다. 넓되 굳세지 않으면 넓고 큰 것이 여

---

93) 『논어』 「태백」 7장. "曾子曰 : 士不可以不弘毅. 任重而道遠. 仁以爲己任, 不亦重乎. 死而後已, 不亦遠乎."

유가 있지만 법도가 부족하므로 자립할 수 없다. 굳세되 넓지 않으면 굳세고 강한 것은 여유가 있지만 좁고 고루한 것에 스스로 만족을 느끼므로 자리잡을 곳이 없다고 한다.

49

伊川先生曰:
"古之學者, 優柔厭飫, 有先後次序. 今之學者, 却只做一場話説, 務高而已.

정이가 말했다.
"옛날의 학자는 여유 있게 충족시켜 선후의 차례가 있었다. 오늘날의 학자는 도리어 한바탕 말만 지어내어 높은 것을 추구할 뿐이다.

○ 古之爲學者有序. 隨時隨事, 各盡其力, 優柔而不迫, 厭飫而有餘. 故其用功也, 實而自得也深. 後之學者, 躐等務高徒, 資口耳之末而已.

○ 옛날에 학문을 한 자들은 순서가 있었다. 때와 일에 따라 각자 능력을 다하여 여유 있고 박절하지 않으며 충족시켜 여유가 있었다. 그러므로 공부가 실제적이고 스스로 얻는 바도 깊었다. 후세의 학자들은 순서를 뛰어넘어 높은 것을 추구하여 한갓 말단적인 '귀로 듣고 입으로 말하는 학문[口耳之學]'의 밑천으로만 삼을 뿐이다.

常愛杜元凱語: '若江海之浸, 膏澤之潤, 渙然冰釋, 怡然理順, 然後爲得也.'

두원개의 다음과 같은 말을 항상 좋아한다. '강물과 바닷물이 스며 들듯이 하며, 기름이 윤택하게 하듯이 하며, 얼음이 확 녹아 풀어지듯 하며, 기쁘게 진리에 따라야 한다. 그런 다음에야 자득하게 된다.'

○ 杜預, 字元凱, 作『春秋左氏經傳集解』, 序中語也. 江海之浸, 則 漸漬而深博. 膏澤之潤, 則優柔而豐腴. 此皆言涵養有漸而周徧融液 也. 至於所見者明徹而無滓, 則渙然而冰釋, 所存者安裕而莫逆, 則怡 然而理順. 學至於是, 其深造而自得也, 可知矣.

○ 두예(杜預: 222-284)의 자는 원개(元凱)이며『춘추좌씨경전집해』 를 지었는데, 서문에 나오는 말이다. 강과 바다가 스며들 듯이 한다는 것은 점차적으로 스며들어 깊고 넓다는 것이다. 기름이 윤택하게 하듯 이 한다는 것은 여유롭고 풍만하다는 것이다. 이것은 모두 점차적으로 함양하고 두루두루 녹아들게 한다는 것이다. 보는 것이 맑고 투철하여 찌꺼기가 없게 되면 얼음이 확 녹아 풀어지듯 하며, 보존한 것이 편안 하고 여유로워 이치를 어기지 않게 되면 기쁘게 진리에 따르게 된다. 학문이 이러한 경지에 도달하였다면, '깊이 나아가서 스스로 얻음이 있다[94]'는 것을 알 수 있다.

今之學者, 往往以游夏爲小不足學. 然游夏一言一事, 却惣是實. 後 之學者好高, 如人游心於千里之外, 然自身却只在此."〔『程氏遺書』15- 22〕

오늘날 학자들은 때때로 자유와 자하[95]는 작아서 배울 바가 못된

---

94)『맹자』「이루」하 14. "君子深造之以道, 欲其自得之也. 自得之, 則居之安, 居 之安, 則資之深, 資之深, 則取之左右逢其原, 故君子欲其自得之也."
95) 자하는 공자의 제자이며, 성은 卜이고 이름은 商이다.

다고 한다. 그러나 자유와 자하의 한 마디 말과 일은 도리어 모두 실제적인 것이다. 후세의 학자는 높은 것만 추구하니, 마치 사람들이 마음은 천리 밖으로 떠돌아 다니지만 몸은 도리어 이 곳에 있는 것과 같다."

○ 言偃, 字子游, 卜商, 字子夏. 二子在孔□固非顔魯□然, 其所言所事皆明辯而力行之, 無非實也. 今之學者□好高而無實得, 則亦何所至哉!

○ 언언(言偃)의 자는 자유(子游: 기원전 50□445)이고, □상(卜商)의 자는 자하(子夏: 기원전 507-420)이다. 두 사람□ 공자□ 제자 가운데서 본래 안자나 증자와 비할 바는 아니지만, □□이 □ 말과 행한 일은 모두 명백하게 말하고 힘써 행한 것이니, 실□□□ 아닌 것이 없다. 오늘날 학자들은 한갓 높은 것만 좋아하고 실제□는 얻은 바가 없으니, 어찌 그들에게 미치겠는가!

50

脩養之所以引年, 國祚之所以祈天永命, 常人之至於聖賢, □─□
到這裏則有此應.〔『程氏遺書』15-56〕

수양이 수명을 늘이는 것, 하늘에 빌어 나라의 운명을 늘이는 것[96] 그리고 보통사람이 성현에 이르는 것은 모두 공부가 이러한 경지에 이르면 이와 같은 응답이 있게 되는 것이다.

---

96)『서경』「召誥」. "宅新邑肆, 惟王其疾敬德, 王其德之用, 祈天永命."

○ 人生壽夭有命, 而修養之士保煉精氣, 乃可以引年而獨壽. 國祚
之脩短有數, 而聖賢之君力行仁義, 乃可以祈天之永命. 常人資質, 其
視夫生知安行者, 亦遠矣. 然學而不已, 卒可與聖賢爲一. 凡是三者,
皆非一旦之功, 苟簡超越幸而得之者. 蓋其工夫至到, 有此應效耳. 所
以明學聖人者, 當眞積力久而得之也.

○ 사람이 태어나 장수하고 요절하는 것은 명이 있지만, 수양하는
선비가 정기를 연마하면 수명을 늘여 특별히 장수할 수 있다. 국운의
길고 짧음은 운수가 있지만, 성군이나 현군은 인의를 힘써 행하여 하
늘에 명을 늘여주기를 빌 수 있다. 보통사람의 자질은 태어나면서 알
고 편안히 도를 실천하는 성인과 비교하면 멀리 뒤진다. 그러나 학문
을 멈추지 않고 계속하면, 마침내 성현과 같이 될 수 있다. 무릇 이
세 가지는 모두 하루 아침의 공부로 대충대충 뛰어넘어 요행히 얻을
수 있는 것이 아니다. 대개 공부가 극진하게 될 때 이와 같은 효과가
있을 뿐이다. 그러니 성인을 배우는 자는 진리를 오랫동안 쌓고, 노력
을 오랫동안 해야 한다는 것을 밝힌 것이다.

51

忠恕所以公平. 造德則自忠恕, 其致則公平. 〔『程氏遺書』15-83〕

충과 서는 공평하게 되는 까닭이다. 덕에 나아가는 것은 충서로부
터 시작되니, 지극하게 되면 공평하게 된다.

○ 發乎眞心之謂忠, 推以及人之謂恕. 忠恕則視人猶己, 故大公而
至平. '致', 極至也. 學者進德則自忠恕, 其極至則公平.

○ 진심에서 발한 것은 충이라 하고, 미루어 남에게 미치는 것을 서(恕)라고 한다. 충서를 행하면 남을 자신과 같이 보게 되므로 크게 공정하고 지극히 공평하게 된다. '치(致)'란 지극한 것이다. 학자가 덕을 진척시키는 것은 충서로부터 시작되고, 지극하게 되면 공평하게 된다.

52

仁之道, 要之只消道一公字. 公只是仁之理, 不可將公便喚做仁, 公而以人體之故爲仁.

인의 도는 요컨대 단지 하나의 '공(公)'자로 말해 버릴 수 있다. 공은 인의 리(理)일 뿐이니, 공을 곧 인이라 불러서는 안 된다. 공을 사람이 체득하면 인이 된다.

○ 仁者以天地萬物爲一, 其理公而已. 然言其理, 至公而無私. 必體之以人, 則其寬平普博之中, 自然有惻怛慈愛之意, 斯所謂仁也. '體', 猶鞁骨也.

○ 朱子曰: "公則無情, 仁則有愛. 公字屬理, 愛字屬人. 克己復禮, 不容一毫之私, 豈非公乎! 親親仁民而無一物之不愛, 豈非仁乎!"

○ 인은 천지 만물을 하나로 여기는 것이니 그 이치는 공평함일 따름이다. 그러나 그 이치는 지극히 공평하여 사사로움이 없다. 사람으로서 반드시 그것을 뼈대로 삼으면, 관대하고 평온하며 넓게 펼쳐진 가운데 자연스럽게 측은하게 여기고 자애로운 뜻이 있게 되니, 이것이 이른바 인이다. '체(體)'는 줄기가 되는 뼈대이다.

○ 주희가 말했다.

"공정하면 인정이 없지만, 어질면 사랑이 있다. 공정함은 이치에 속하고 사랑은 사람에 속한다. 자신을 극복하여 예로 돌아가면 터럭만한 사심도 용납치 않으니, 어찌 공정하지 않겠는가! 어버이를 친애하고 백성을 인애하며 한 물건도 아끼지 않는 것이 없으니, 어찌 인이 아니겠는가!"

只爲公則物我兼照. 故仁所以能恕, 所以能愛. 恕則仁之施, 愛則仁之用也. 〔『程氏遺書』15-84〕

공정하기만 하면 남과 나를 함께 비추게 된다. 그러므로 인은 서(恕)를 행할 수 있고 사랑할 수 있는 근거가 된다. 서는 인을 베푸는 것이며, 사랑은 인의 쓰임이다.

○ 恕者推於此, 愛者及於彼. 仁譬泉之源也, 恕則泉之流出, 愛則泉之潤澤, 公則疏通而無壅塞之謂也. 惟其疏通而無壅塞, 故能流而澤物.

○ 서(恕)는 이쪽에서 미루어 나가는 것이고, 사랑은 저쪽에 미치는 것이다. 인을 샘의 원천에 비유한다면 서는 샘이 흘러가는 것이고, 사랑은 샘이 윤택하게 하는 것이며, 공평함은 소통하여 막힘이 없다는 것이다. 오직 그것이 소통하여 막힘이 없기 때문에 흘러서 사물을 윤택하게 할 수 있다.

53

今之爲學者, 如登山麓. 方其迤邐, 莫不闊步, 及到峻處, 便止. 須是要剛決果敢以進. 〔『程氏遺書』17-18〕

오늘날 학문하는 자는 산기슭을 올라가는 것과 같다. 지세가 완만

한 곳에서는 활보하지 못함이 없으나 험준한 곳에 이르면 곧 멈추고 만다. 모름지기 굳센 결단력을 가지고 과감하게 전진해야 한다.

○ 朱子曰：“爲學須要剛毅果決, 悠悠不濟事. 且如發憤忘食, 樂以忘憂, 是什麼精神, 什麼骨肋!”

○ 주희가 말했다.

“학문을 하려면 반드시 굳세고 꿋꿋하고 과감하고 결단력이 있어야 지, 완만하게 해서는 일을 이루지 못한다. '발분하여 먹는 것도 잊어버리고 즐거워서 근심도 잊는다'[97]는 것은 어떤 정신이며 어떤 기개인가!”

54

人謂要力行, 亦只是淺近語. 人旣能知見一切事皆所當爲, 不必待著意. 纔著意, 便是有箇私心. 這一點意氣, 能得幾時了. 〔『程氏遺書』 17-63〕

사람들은 힘써 행해야 한다고 말하나 이 역시 천근(淺近)한 말일 뿐이다. 사람이 이미 모든 일이 다 마땅히 해야 하는 일이라는 것을 알수 있다면 의도적으로 하기를 기다릴 필요가 없다. 의도적으로 하면이는 곧 사심이 있는 것이다. 이러한 한 조각 의지의 힘으로 얼마나오래 갈 수 있겠는가.

○ 眞知事之當然, 則不待著意, 自不容已. 著意爲之已是私心. 所謂

---

97) 『논어』 「술이」 19장. “葉公問孔子於子路. 子路不對. 子曰：女奚不曰其爲人也, 發憤忘食, 樂以忘憂, 不知老之將至云爾.”

私者非安乎天理之自然, 而出乎人力之使然也. 徒以其意氣之使然, 則亦必不能久, 故君子莫急於致知.

○ 일의 당연함을 참으로 안다면 의도적으로 하기를 기다릴 필요 없이 스스로 그만둘 수 없다. 의도적으로 한다면 이미 사심이다. 이른바 사심이란 것은 천리의 자연스러움에 편안히 따르지 않고 사람의 힘에 의해 그렇게 되도록 시키는 것이다. 다만 의지의 힘으로 그렇게 되도록 한다면 역시 반드시 오래갈 수 없으므로, 군자는 앎을 이루는 것을 가장 급하게 여긴다.

55

知之必好之, 好之必求之, 求之必得之. 古人此簡學, 是終身事. 果能顚沛造次必於是, 豈有不得道理. 〔『程氏遺書』 17-66〕

알면 반드시 좋아하고, 좋아하면 반드시 찾으며, 찾으면 반드시 얻는다. 옛사람의 학문은 종신의 일이었다. 과연 급하고 어려울 때라도 반드시 여기에 뜻을 둔다면[98] 어찌 얻지 못할 도리가 있겠는가.

○ 學是終身事, 則不求速成, 不容半塗而廢. 勉焉孳孳, 死而後已, 可也. 顚沛造次必於是, 則無一事而非學, 無一時而不勉. 苟能如是, 其有得於斯道可必矣. 所以誘進學者之不容自已矣.

○ 학문은 종신의 일이니 급하게 이루기를 구해서는 안 되며, 중도에서 그만두어도 안 된다. 부지런히 힘써서 죽은 뒤에야 그만두어야

---

98) 『논어』 「이인」 5장. "君子無終食之間違仁. 造次必於是, 顚沛必於是."

한다. 급하고 어려울 때라도 반드시 여기에 뜻을 둔다면, 학문이 아닌 일이 없으며 힘쓰지 않는 때가 없게 된다. 이렇게만 할 수 있다면 반드시 이 도를 얻게 되리라는 것을 기약할 수 있다. 그러므로 학자를 인도하여 스스로 그만둘 수 없는 경지에 나아가게 한다.

56

古之學者一, 今之學者三, 異端不與焉. 一曰文章之學, 二曰訓詁之學, 三曰儒者之學. 欲趨道, 舍儒者之學不可. 〔『程氏遺書』 18-22〕

옛날의 학문은 하나였고, 오늘날의 학문은 셋인데 이단은 포함하지 않았다. 첫째는 문장의 학문이고, 둘째는 훈고의 학문이요, 셋째는 유자의 학문이다. 도를 좇으려고 한다면 유자의 학문을 버리고는 안 된다.

○ 釋敎言爲訓, 釋古言爲詁. 『爾雅』有釋訓釋詁, 是也. 儒者之學所以求道. 文章訓詁, 皆其末流.

○ 교훈적인 말을 해석하는 것을 훈(訓)이라고 하고, 옛 말을 해석하는 것을 고(詁)라고 한다. 『이아(爾雅)』에 나오는 석훈(釋訓)과 석고(釋詁)가 이것이다. 유자의 학문은 도를 구하는 것이다. 문장과 훈고는 모두 그 말류이다.

57

問 : "作文害道否?" 曰 : "害也. 凡爲文, 不專意則不工. 若專意則志局於此, 又安能與天地同其大也. 『書』曰'玩物喪志', 爲文亦玩物也.

질문하였다. "글을 짓는 것이 도를 해칩니까?" 대답하였다. "해친다. 무릇 글을 짓기 위하여 뜻을 집중하지 않으면 글이 교묘하지 않을 것이다. 만약 뜻을 집중한다면 뜻이 여기에 국한되니 또한 어찌 천지와 더불어 크기를 같이 할 수 있겠는가. 『서경』에서 '외물을 즐기다가 뜻을 잃게 된다'[99]고 하였는데, 글을 짓는 것도 외물을 즐기는 것이다.

○ 人所以參天地而並立者, 惟此心爲之主耳. 苟志有所局, 又安能與天地參哉! 故玩習外物, 則正志喪失. 專意爲文, 亦玩物也.

○ 사람이 천지와 더불어 함께 설 수 있는 것은 단지 이 마음이 주인이 되기 때문이다. 만약 뜻에 제한되는 것이 있다면 어찌 천지와 함께 할 수 있겠는가! 그러므로 외물을 즐기는 것이 습성이 되면 바른 뜻을 잃게 된다. 문장을 짓는 데 전념하는 것도 외물을 즐기는 것이다.

呂與叔有詩云: '學如元凱方成癖, 文似相如殆類俳. 獨立孔門無一事, 只輸顔氏得心齋', 此詩甚好. 古之學者, 惟務養情性, 其他則不學. 今爲文者, 專務章句悅人耳目. 旣務悅人, 非俳優而何?"

여여숙(呂與叔)의 시에 '학문을 두원개처럼 하면 바야흐로 병통이 되고, 문장을 사마상여처럼 하면 거의 배우와 같이 되네. 공자의 문하에 홀로 서서 일삼는 바가 없으니 다만 안연의 심재(心齋)[100]에 정성을

---

99) 『서경』「旅獒」, 주 230) 참조.
100) 『장자』「인간세」에 나온다(顔回曰, 回之家貧, 唯不飮酒不茹葷者, 數月矣. 若此則可以爲齋乎. 曰是祭祀之齋, 非心齋也. 回曰敢問心齋. 仲尼曰若一志, 無聽之以耳, 而聽之以心. 無聽之以心, 而聽之以氣. 聽止於耳, 心止於符. 氣也者, 虛而待物者也. 唯道集虛. 虛者, 心齋也). 곧 안회가 공자에게 心齋에 대하여 질문하였을 때, 공자는 "도는 텅 빈 곳에 모이니, 마음이 텅 빈 것이 심재이다"라고 답하였다.

다할 뿐이네'라고 하였는데, 이 시는 매우 좋다. 옛날 학자들은 성정을 기르는 데만 힘썼고 기타의 것은 배우지 않았다. 오늘날 글 쓰는 사람들은 문장을 지어 사람들의 귀와 눈을 즐겁게 하는 데 힘쓴다. 이미 사람을 즐겁게 하는 데 힘쓰니, 배우가 아니고 무엇인가?"

○ 呂大臨, 字與叔, 張程門人也. 杜元凱, 嘗自謂有『左氏』癖. 所著『訓解』凡十餘萬言. 司馬相如作「子虛」·「上林」等賦. 徒衒文詞務以悅人, 故曰'類俳.' '俳優', 倡戲也. '齋', 齊肅純一之意. 心齋說, 見『莊子』.

○ 여대림(呂大臨)은 자가 여숙(與叔)이며 장횡거와 정자의 문인이다. 두원개는 (일찍이) 스스로 『좌씨』의 습벽(習癖)이 있다고 하였다. 그가 지은 『훈해』는 거의 십여만 자가 된다. 사마상여(司馬相如 : 기원전 179-117)는 「자허(子虛)」, 「상림(上林)」 등의 부(賦)를 지었다. 한갓 문사를 현란하게 지어 사람들을 기쁘게 하는 데만 힘썼으므로 배우와 비슷하다고 하였다. 배우는 노래하고 놀이하는 사람이다. '재(齋)'는 가지런하고 엄숙하고 순수하고 한결같다는 뜻이다. '심재'에 대한 설명은 『장자』(「인간세」)에 나온다.

曰: "古者學爲文否?" 曰: "人見六經, 便以謂聖人亦作文, 不知聖人亦攄發胸中所蘊, 自成文耳. 所謂'有德者必有言'也."

질문하였다. "옛날에도 문장 짓는 법을 배웠습니까?" 대답하였다. "사람들은 육경을 보고 곧 성인도 글을 지었다고 생각하고, 성인이 가슴속에 쌓여 있는 것을 표현하면 저절로 문장이 된다는 것을 모른다. 이른바 '덕이 있는 자는 반드시 할 말이 있다'[101]는 것이다."

---

101) 『논어』「헌문」5장. "子曰 : 有德者必有言. 有言者, 不必有德, 仁者必有勇, 勇

○聖人道全德盛, 非有意於爲文, 而文自不可及耳.

○성인은 도가 온전하고 덕이 성대해서, 문장을 짓는 데 목적이 있
는 것이 아니지만 그가 지은 문장은 아무도 따라갈 수 없다.

曰: "游夏稱文學, 何也?" 曰: "游夏亦何嘗秉筆學爲詞章也.

"자유와 자하를 문학을 잘 한 사람이라고 부르는 것[102]은 무엇 때문
입니까?" "자유와 자하가 언제 붓을 잡고 문장 짓는 것을 배웠겠는가.

○游夏蓋習於『詩』·『書』·『禮』·『樂』·之文者. 舊說子游作「檀弓」,
子夏作「樂記」之類. 凡此皆道體之流行·人事之儀則. 固未嘗秉筆學爲
如此之文, 而亦非若後世無用之空言也.

○자유와 자하는 대개 『시』, 『서』, 『예』, 『악』의 문장을 배운 자이
다. 구설에 자유가 「단궁(檀弓)」을 지었고 자하가 「악기(樂記)」 등을
지었다고 한다. 무릇 이러한 글은 모두 도체의 유행(流行)이고 인사의
의칙(儀則)이다. 붓을 잡고 이와 같은 문장을 짓는 것을 배운 일이 없
지만, 또한 후세의 쓸데없는 빈말과는 다르다.

且如觀乎天文以察時變, 觀乎人文以化成天下, 此豈詞章之文也." [『程
氏遺書』18-229]

또한 천문을 보아 때의 변화를 살피고, 인문을 보아 천하를 교화시

者不必有仁."
102) 『논어』「선진」 2장. "德行顏淵閔子騫冉伯牛仲弓, 言語宰我子貢. 政事冉有季
路, 文學子游子夏."

쳐 이루는 것[103]이 어찌 사장의 글이겠는가."

○ 說見賁卦.
○ 天文謂日月星辰之文, 人文謂人倫禮樂之文.

○ 해설이 비괘(賁卦 : ䷕)에 보인다.
○ 천문은 해와 달과 별과 별자리의 문채이고, 인문은 인륜과 예악의 문채이다.

58

涵養須用敬, 進學則在致知. 〔『程氏遺書』 18-28〕

함양하기 위해서는 반드시 경을 사용해야 하며, 학문을 진척시키는 것은 앎을 이루는 것에 있다.

○ 朱子曰 : "主敬以立其本, 窮理以進其知. 二者不可偏廢. 使本立而知益明, 知精而本益固, 二者亦互相發."

○ 주희가 말했다.
"경을 주로 하여 그 근본을 세우고 이치를 궁구하여 앎을 진척시킨다. 두 가지는 하나라도 그만두어서는 안 된다. 근본이 서면 지혜는 더욱 밝아지며 지혜가 정밀해지면 근본도 더욱 확고하게 되니, 두 가지는 또한 서로 꽃피우는 것이다."

---

103) 『주역』 비괘(賁卦 : ䷕) 「단전」. "彖曰 : 賁亨柔來而文剛故亨. 分剛上而文柔故小利有攸往, 天文也. 文明以止, 人文也. 觀乎天文, 以察時變. 觀乎人文, 以化成天下."

59

莫説道將第一等讓與別人, 且做第二等. 才如此説, 便是自棄. 雖與
不能居仁由義者, 差等不同, 其自小一也. 言學便以道爲志, 言人便以
聖爲志. 〔『程氏遺書』18-32〕

일등을 다른 사람에게 양보하고 이등을 하겠다고 말하지 말라. 이
와 같이 말을 한다면 곧 스스로를 버리는 것이다. 비록 인에 거처하지
못하고 의를 따를 수 없다고 하는 자[104]와 등급이 같지 않으나 스스로
작게 여기는 것은 마찬가지이다. 학문을 말할 때는 곧 도를 목표로 삼
아야 하고, 사람을 말할 때는 곧 성인을 목표로 삼아야 한다.

○ 性無不善, 人所同得. 苟安於小成, 皆自棄也.

○ 본성은 선하지 않음이 없으니 사람들이 같이 얻은 것이다. 자그
마한 성취에 만족을 느낀다면 모두 스스로 버리는 것이다.

問: "必有事焉, 當用敬否?" 曰: "敬是涵養一事. 必有事焉, 須用
集義. 只知用敬, 不知集義, 却是都無事也."

질문하였다. "반드시 일삼음이 있어야 한다는 것은 경을 사용해야
만 한다는 것입니까?" 대답하였다. "경은 함양하는 일이다. 반드시 일

---

104) 『맹자』 「이루」 상 10장. "孟子曰: 自暴者, 不可與有言也. 自棄者, 不可與有爲
也. 言非禮義, 謂之自暴也장. 吾身不能居仁由義, 謂之自棄也."

삼음이 있으려면 의를 쌓아야 한다. 경을 사용할 줄만 알고 의를 쌓는 것을 모른다면 도리어 아무 일삼음도 없는 것이다."

○ 孟子言養氣曰 "必有事焉", 又曰 "是集義所生者." 人之所爲, 皆合於義, 自反無愧, 此浩然之氣, 所以生也. 敬者存心而已. 若不集義, 安得謂之必有事焉!

○ 맹자는 기를 기르는 것을 말하면서 "반드시 일삼음이 있어야 한다"고 하고, 또 "의를 쌓아서 생기는 것이다"[105]라고 하였다. 사람의 하는 일이 모두 의에 합당하고 스스로 반성하여 부끄러움이 없으면 이것이 호연지기가 생기는 까닭이다. 경은 마음을 보존하는 것일 뿐이다. 의를 쌓지 않는다면 어찌 '반드시 일삼음이 있다'고 말할 수 있겠는가!

又問 : "義莫是中理否?" 曰 : "中理在事, 義在心." 〔『程氏遺書』 18-101〕

또 질문하였다. "의는 사물의 이치에 맞는 것인가?" 대답하였다. "이치에 맞는 것은 일에 있고, 의는 마음에 있다."

○ 義者吾心之裁制. 中理者合乎事理之宜也. 故有在事在心之別.

○ 의는 나의 마음의 재제(裁制)이다. 이치에 맞다는 것은 사리의 마땅함에 부합되는 것이다. 그러므로 일에 있는 것과 마음에 있는 것의

---

105) 『맹자』 「공손추」 상 2장. "其爲氣也, 配義與道, 無是餒也. 是集義所生者, 非義襲而取之也. 行有不慊於心, 則餒矣. 我故曰 '告子未嘗知義', 以其外之也. 必有事焉而勿正, 心勿忘, 勿助長也."

구별이 있다.

61

問：“敬義何別?”曰：“敬只是持己之道, 義便知有是有非, 順理而行, 是爲義也. 若只守一箇敬, 不知集義, 却是都無事也.

질문하였다. “경과 의는 어떻게 구별하는가?” 대답하였다. “경은 자기를 지키는 도일 뿐이고, 의는 시비가 있음을 알고 이치에 따라서 행하는 것이니, 이것이 의이다. 경을 지키기만 하고 의를 쌓을 줄 모른다면 도리어 아무 일삼음도 없는 것이다.

○張南軒曰：“居敬集義工夫, 並進相須而相成也. 若只要能敬不知集義, 則所謂敬者亦塊然無所爲而已, 烏得心體之周流哉?” 又曰：“集義, 只是事事求箇是而已.” 朱子曰：“敬義工夫不可偏廢. 彼專務集義而不知主敬者, 固有虛驕急迫之病, 而所謂義者或非其義. 然專言主敬, 而不知就日用間念慮起處, 分別其公私義利之所在, 而決取舍之幾焉, 則亦未免於昏憒雜擾, 而所謂敬者亦非其敬矣.”

○ 장식이 말했다.
“경에 거처하는 것과 의를 쌓는 공부는 함께 나아가면서, 서로 의지하며 서로를 완성시켜 주는 것이다. 만약 경 공부만 하고 의를 쌓는 것을 모른다면, 이른바 경도 홀로 떨어져 할 바가 없게 될 것이니, 어찌 마음의 본체가 두루두루 유행함을 얻을 수 있겠는가?”
또 말했다.
“의를 쌓는 것은 일마다 옳은 것을 구하는 것일 따름이다.”
주희가 말했다.

"경과 의의 공부는 어느 한 가지라도 그만둘 수 없다. 저 의를 쌓는데 전념하고 경을 주로 할 줄 모르는 자는 원래 쓸데없이 교만하고 급하게 서두르는 병통이 있어서 그들이 의라고 생각하는 것도 간혹 정당한 의가 아니다. 그러나 경을 주로 해야 한다고만 말하고 일상 생활에서 생각이 일어날 때 공과 사, 의(義)와 이(利)가 있는 곳을 분별하여 취하고 버릴 계기를 결정할 줄 모른다면, 역시 어둡고 심란하며 잡되어 어지러움을 면치 못할 것이니, 이른바 경이라는 것도 정당한 경이 아니다."

且如欲爲孝, 不成只守著一箇孝字. 須是知所以爲孝之道, 所以侍奉當如何, 溫清當如何, 然後能盡孝道也."〔『程氏遺書』18-101〕

예를 들면 효도를 하려고 하면 효라는 글자만 지키고 있어서는 안된다. 반드시 효도하는 도리를 알아야 하니, 모시는 것은 어떻게 해야 하며 따뜻하고 시원하게 해드리는 것[106]은 어떻게 해야 하는가를 안 뒤에야 효도를 다할 수 있다."

○ 言此以明集義之道, 必有事焉者也.

○ 이것을 말함으로써 의를 쌓는 방법이 '반드시 일삼음이 있는 것'이 됨을 밝혔다.

---

106) 『예기』「곡례」상 11장. "凡爲人子之禮, 冬溫而夏淸. 昏定而晨省, 在醜夷不 爭."

62

學者須是務實, 不要近名, 方是. 有意近名, 則是僞也. 大本已失, 更
學何事. 爲名與爲利, 淸濁雖不同, 然其利心則一也. [『程氏遺書』
18-152]

배우는 사람은 모름지기 실제에 힘쓰며 명성을 가까이 하지 말아야
옳다. 명성을 가까이 하려는 마음을 가지면 이것은 곧 거짓이다. 커다
란 근본을 이미 잃었는데 다시 무엇을 배우겠는가. 명성을 위하는 것
과 이익을 위하는 것은 비록 청탁은 다르지만 그 이로움을 추구하는
마음은 같다.

○ 志於求名, 則非務實. 有爲而爲, 卽是利心.

○ 명성을 구하는 데 뜻을 두는 것은 진실을 힘쓰는 것이 아니다. 의
도하는 마음을 가지고 행하는 것은 곧 이로움을 추구하는 마음이다.

"回也其心三月不違仁", 只是無纖豪私意. 有少私意, 便是不仁. [『程
氏遺書』22上-41]

"안회는 그 마음이 석 달 동안 인을 어기지 않았다"[107]는 것은 터럭
만큼의 사사로운 뜻도 없는 것이다. 조금이라도 사사로운 뜻이 있으면
곧 인이 아니다.

---

107) 『논어』 「옹야」 5장. "子曰 : 回也, 其心三月不違仁. 其餘則日月至焉而已矣."

○仁者天理之公, 心德之全也. 有一毫私意介乎其間, 則害乎仁之全體矣.

○인이라는 것은 천리의 공정함이요 마음의 온전한 덕이다. 터럭만큼의 사사로운 뜻이라도 그 사이에 끼어들면 인의 온전한 본체[全體]를 해치게 된다.

64

"仁者先難而後獲." 有爲而作, 皆先獲也. 古人惟知爲仁而已, 今人皆先獲也. [『程氏遺書』 22上-81]

"인자란 어려움을 먼저 하고 이득은 뒤로 한다."[108] 목적이 있어서 하는 것은 모두 이득을 먼저 계산하는 것이다. 옛사람들은 오직 인을 위할 줄 알 뿐이었으나, 오늘날의 사람들은 모두 이득을 앞세운다.

○說見『論語』. '後', 猶"未有義而後其君"之後. 先難者, 存心之篤而不容一念之或間, 克己之力而不容一事之非禮. 後獲者, 順乎天理而未嘗謀其私, 發乎誠心而未嘗計其效, 此仁者之事也. 或曰: "智者利仁, 是亦先獲也." 曰: "所謂利仁者, 以其察之明而後行之決, 蓋擇善而固執之者也. 未若仁者安行乎天理之自然而已, 又豈區區計功謀效者之爲哉! 萌計謀之私則已非仁矣, 尚何利仁之有!"

○설명이 『논어』에 보인다. 뒤로 한다는 것은 "의로우면서 자기 임

---

108) 『논어』「옹야」20장. "樊遲問知. 子曰: 務民之義. 敬鬼神而遠之, 可謂知矣. 問仁. 子曰: 仁者, 先難而後獲, 可謂仁矣."

금을 뒤로 하는 자는 없다"[109]의 '뒤로 한다'는 것이다. 어려움을 먼저
한다는 것은 마음을 보존함이 독실하여 조금도 사사로운 생각이 끼여
드는 것을 용납치 않는 것이며, 자기를 극복하는 데 힘을 써 예가 아
닌 일은 한 가지도 용납하지 않는 것이다. '이득을 뒤로 한다'는 것은
천리에 순응하여 사사로움을 꾀하지 않는 것이며, 성심(誠心)에서 발
하여 효과를 계산하지 않는 것이니, 이것은 인자의 일이다. 어떤 사람
이 "지혜로운 자가 인을 이롭게 여기는 것[110]도 이득을 먼저 하는 것
이다"라고 말했다. "이른바 '인을 이롭게 여긴다'는 것은 살피는 것이
밝은 뒤에 행하는 것이 결단성이 있는 것이니, 대개 '선을 선택하여
굳게 잡는 자'[111]이다. 인자가 천리의 자연스러움을 편안하게 행하는
것과 같지는 못하겠지만, 어찌 구차하게 공을 계산하고 효과를 도모하
는 일을 할 수 있겠는가! 계산하고 도모하는 사사로움이 싹트면 이미
인이 아니니, 어찌 인을 이롭게 여김이 있겠는가!"라고 말하였다.

65

有求爲聖人之志, 然後可與共學. 學而善思, 然後可與適道. 思而有
所得, 則可與立. 立而化之, 則可與權. 〔『程氏遺書』 25-58〕

성인이 되기를 추구하는 뜻이 있은 뒤에 함께 배울 수 있다. 배워
서 잘 생각한 뒤에 함께 도에 나아갈 수 있다. 생각하여 얻은 바가 있

---

109) 『맹자』「양혜왕」상 1장. "苟爲後義而先利, 不奪不饜. 未有仁而遺其親者也. 未
   有義而後其君者也. 王亦曰: 仁義而已矣. 何必曰利."
110) 『논어』「이인」2장. "子曰: 不仁者, 不可以久處約, 不可以長處樂. 仁者安仁,
   知者利仁."
111) 『중용』20장. "誠者, 天之道也. 誠之者, 人之道也. 誠者, 不勉而中, 不思而得,
   從容中道, 聖人也. 誠之者, 擇善而固執之者也."

으면 함께 도에 입각하여 설 수 있다. 도에 선 다음에 '도와 하나가 되면[化之]' 함께 권도(權道)를 행할 수 있다.[112]

○ 說見『論語』. 學者所以學, 爲聖人也. 有志希聖, 然後可與共學. 學原於思, 善於致思, 然後能通乎道. 思而有實得, 然後可與立, 而物欲異端不能奪之. 旣立矣, 又能通變而不滯, 斯可與權. 蓋權者隨時制宜, 唯變所適, 又非執一者, 所能與也.

○ 설명이 『논어』에 보인다. 학자들이 배우는 이유는 성인이 되기 위한 것이다. 성인을 바라는 뜻이 있은 뒤에 함께 배울 수 있다. 배움은 생각에 근원을 두니, 생각을 잘 한 뒤에 도에 통할 수 있다. 생각하여 실제로 얻은 것이 있은 뒤에 함께 설 수 있어서, 물질에 대한 욕망과 이단이 그 뜻을 빼앗을 수 없다. 이미 선 뒤에 또 변화에 통달하여 막힘이 없으면 함께 권도를 행할 수 있다. 대체로 '권(權)'이라는 것은 때에 따라 마땅함을 제정하여 오직 변화에 알맞게 따르는 것이니, 또한 한 가지를 고집하는 자가 함께 할 수 있는 바가 아니다.

66

古之學者爲己, 其終至於成物. 今之學者爲物, 其終至於喪己.〔『程氏遺書』25-84〕

옛날의 학자들은 자기를 위했으나, 끝내는 타인을 이루어주는 데에 이르렀다. 오늘날의 학자들은 타인을 위하지만, 결국은 자신을 잃어버

---

112) 『논어』「자한」 29장. "可與共學, 未可與適道. 可與適道, 未可與立. 可與立, 未可與權."

리는 데 이른다.[113]

○ 爲己者, 盡吾性之當然, 非有預於人也, 其終至於成物者. 蓋道本無外, 人己一致, 能盡己之性, 則能盡物之性矣. 然其成物也, 亦無非盡己之性事也. 苟徒無外, 則將陷於邪僞, 反害其性矣.

○ 자기를 위하는 자는 자기 본성의 당연함을 다하여 타인에게 관여함이 있는 것이 아니지만, 결국 남을 이루어주는 데에까지 이르게 된다. 도에는 본래 밖이 없어서 남과 자기가 일치하기 때문에 자기의 본성을 다하면, 남의 본성도 다하게 할 수 있다. 그러나 그가 남을 이루어주는 것도 자기를 다하는 일이 아님이 없다. 한갓 외적인 것에 힘쓴다면, 거짓에 빠져 도리어 자기의 본성을 해치게 된다.

67

君子之學, 必日新. 日新者, 日進也. 不日新者, 必日退. 未有不進而不退者. 唯聖人之道, 無所進退, 以其所造者極也. 〔『程氏遺書』25-88〕

군자의 학문은 반드시 날마다 새로워져야 한다. 날마다 새로워진다는 것은 날마다 진보하는 것이다. 날마다 새로워지지 않는 자는 반드시 날마다 퇴보할 것이다. 진보하지 않고 퇴보하지도 않는 자는 없었다. 오직 성인의 도만이 진보함도 퇴보함도 없으니, 성인은 나아간 바가 지극하기 때문이다.

---

113) 『논어』「헌문」 25장. "子曰: 古之學者, 爲己. 今之學者, 爲人." 『근사록』 제2권 14장 참조.

○君子之學, 當日進而不已. 一或自止, 則智日昏而行且廢矣. 唯聖人理造乎極, 行抵乎成, 則無所進退. 或曰: "聖人, 純亦不已, 固未嘗不日新也." 曰: "論其心則固無時而自已. 一念之或已則是間斷也, 何以爲聖人! 論其進德之地則至於神聖而極, 不容有所加損也."

○ 군자의 학문은 나날이 다 진보해서 그치지 않아야 한다. 한 번이라도 스스로 멈추면 지혜는 나날이 어두워지고, 행동은 나날이 이지러질 것이다. 성인만은 진리가 지극한 데까지 통달하고, 행동은 완성에 이르러 진보하거나 퇴보할 것이 없다. 어떤 사람이 "성인은 순수하고 또 그치지 않으니, 원래 날로 새롭지 않음이 없다"고 한다. "그 마음을 논한다면 원래 스스로 멈추는 때가 없다. 잠시라도 혹 멈춘다면 이것은 곧 중단하는 것이니, 어떻게 성인이라고 하겠는가! 그가 나아간 덕의 경지를 논한다면, 신성(神聖)의 지위에 이르러 지극하니, 보태거나 덜 바가 있을 수 없다"고 하였다.

68

明道先生曰:
"性靜者, 可以爲學." 〔『程氏外書』 1-1〕

정호가 말했다.
"성품이 고요한 자가 학문을 할 수 있다."

○『外書』, 下同.
○ 知以靜而明, 行以靜爲主.

○『외서』의 문장으로, 아래도 동일하다.

○ 지혜는 고요함으로써 밝아지고, 행동은 고요함을 주인으로 삼아야 한다.

69

弘而不毅, 則無規矩, 毅而不弘, 則隘陋. 〔『程氏外書』 2-16〕

넓지만 꿋꿋하지 않으면 법도가 없고, 꿋꿋하지만 넓지 않으면 좁고 고루하다.[114]

○ 說見前.

○ 설명이 앞에 보인다.

70

知性善, 以忠信爲本, 此先立其大者. 〔『程氏外書』 2-37〕

성이 선하다는 것을 알고, 충신을 근본으로 삼는 것,[115] 이것이 "먼저 그 큰 것을 세운다"[116]는 것이다.

○ 學莫大於知性, 眞知性之本善, 則知之大者. 忠信以爲質, 然後禮

---

114) 제2권의 48장 참조.
115) 『논어』 「학이」 8장. "子曰 : 君子不重則, 不威. 學則不固. 主忠信, 無友不如己者. 過則勿憚改."
116) 『맹자』 「고자」 상 15장. "心之官則思, 思則得之, 不思則不得也. 此天之所與我者, 先立乎其大者, 則其小者, 弗能奪也. 此爲大人而已矣."

義有所措, 以忠信爲本, 則行之大者.

○ 학문은 본성을 아는 것보다 더 중대한 것이 없으니, 성이 본래 선하다는 것을 참으로 아는 것은 앎에서 큰 것이다. 충신을 바탕으로 삼은 뒤에야 예의를 둘 곳이 있게 되니, 충신을 근본으로 삼는 것은 실천에서 큰 것이다.

71

伊川先生曰:
"人安重, 則學堅固." 〔『程氏外書』 6-20〕

정이가 말했다.
"사람이 안정되고 무거우면, 학문이 견고하다."[117]

○ 躁擾輕浮, 則所知者易忘, 所守者易隳.

○ 사람이 조급하고 경박하면, 아는 것을 쉽게 잊어버리고 지키는 것이 쉽게 무너진다.

72

博學之, 審問之, 愼思之, 明辨之, 篤行之. 五者, 廢其一, 非學也.
〔『程氏外書』 6-30〕

---

117) 『논어』 「학이」 8장. "君子不重則, 不威. 學則不固."

널리 배우고, 자세하게 묻고, 신중하게 생각하고, 밝게 분별하며, 독실하게 실천해야 한다.[118] 다섯 가지 중에서 하나라도 그만두면 학문이 아니다.

○ 說見『中庸』. 學不博, 則無以備事物之理, 旣博矣, 則不能無疑. 疑則不容不問. 問或疎略而不審, 則無以決疑而取正. 問之審矣, 又必反之心志以驗其實. 思之而不謹, 則或浮濫而不切, 或穿鑿而過深. 則亦不足以揆所聞之當否. 思之謹矣, 至於應酬事物之際而辨其是非疑似之間者, 必極其明而不容有毫釐之差焉. 然知之明, 行之不力, 則其所已知者, 猶或奪於物欲之私, 而陷於自欺之域矣. 故以力行終之. 此五者雖有次第, 實相須而進, 不容闕其一焉.

○ 설명이 『중용』에 보인다. 배움이 넓지 못하면 사물의 이치를 두루 알 수 없고, 이미 넓어지면 의심이 없을 수 없다. 의심스러우면 묻지 않을 수 없다. 묻는 것이 혹 소략하여 자세하지 않으면 의심나는 것을 해결하여 바른 것을 취할 수 없다. 묻는 것이 이미 자세한 뒤에는 또 마음에 반성하여 그것이 참다운 것인가를 증험해야 한다. 생각하되 신중하지 않으면 혹 넘쳐서 절실하지 않게 되거나, 천착해서 지나치게 깊게 들어가게 된다. 그러면 들은 것의 옳고 그름을 헤아릴 수 없게 된다. 생각이 신중하게 되면 사물과 응대하고 수작하며 분별하기 어려운 시비를 판단할 때 밝음을 극진히 하여 터럭만한 차이도 용납하지 않게 된다. 그러나 밝게 알아도 실행에 힘쓰지 않으면 이미 안 것을 혹 사사로운 물욕에 의하여 빼앗기게 되어 자신을 속이는 지경에 빠지게 된다. 그러므로 힘써 실천하는 것으로 끝맺었다. 이 다섯 가지는 비록 차례가 있지만 실은 서로 의지하며 진척되는 것이어서,

---

118) 『중용』 20장.

한 가지도 빠뜨려서는 안 된다.

73

張思叔請問, 其論或太高. 伊川不答, 良久曰：“累高, 必自下.”
〔『程氏外書』11-25〕

장사숙(張思叔)[119]이 질문하였는데 그 논의가 혹 너무 높았다. 정이
가 대답하지 않고 한참 있다가 말했다. “높이 쌓는 것은 반드시 아래
에서부터 시작해야 한다.”

○ 張繹, 字思叔, 程子門人也. 學必有序, 不容躐等. 積累而高必自
下始.

○ 장역(張繹)은 자가 사숙(思叔)이며, 정이의 문인이다. 학문에는 반
드시 순서가 있으니, 등급을 뛰어넘는 것을 용납하지 않는다. 쌓아서
높게 하려면 반드시 아래로부터 시작해야 한다.

74

明道先生曰：
“人之爲學, 忌先立標準. 若循循不已, 自有所至矣.”〔『程氏外書』
12-20〕

정호가 말했다.

---

119) 장사숙의 이름은 繹(1071-1108)이며 정이의 제자이다.

266

"사람이 학문을 할 때 표준을 먼저 세우는 것을 피해야 한다. 만약 멈춤이 없이 순서를 밟아 나간다면, 자연히 도달하는 곳이 있을 것이다."

○ 標幟準的, 蓋期望之地也. 爲學而先立標準, 則必有好高躐等之患. 故莫若循序而進, 孶孶不已, 自有所至.
○ 朱子曰: "此如'必有事焉而勿正'之謂. 觀顔子喟然之歎, 不於高堅瞻忽處用功, 却就博文約禮上進步, 則可見矣."

○ 표치(標幟)와 준적(準的)은 대개 기대하고 희망하는 경지이다. 학문을 하면서 먼저 표준을 세우면, 반드시 높은 것을 좋아하고 등급을 뛰어넘는 병이 생긴다. 그러므로 순서를 따라 나아가는 것만큼 좋은 것이 없으니, 끊임없이 힘쓰다 보면 저절로 도달하는 곳이 있을 것이다.
○ 주희가 말했다.
"이것은 '반드시 일삼는 바는 있지만, 미리 기약하지는 말라'[120]는 말과 같다. 안자(顔子)가 탄식한 것을 보면, '보면 볼수록 높고, 뚫으면 뚫을수록 견고하며, 바라보면 앞에 있다가 홀연히 뒤에 있는 듯하다'[121]는 그런 경지에서 공부한 것이 아니라, 도리어 글을 넓게 배우고 예로써 요약하는 데서 진보한 것을 보면 알 수 있다."

75

尹彦明見伊川後半年, 方得『大學』·「西銘」看. 〔『程氏外書』 12-107〕

---

120) 『맹자』 「공손추」 상 2장. "必有事焉而勿正, 心勿忘, 勿助長也."
121) 『논어』 「자한」 10장. "顔淵喟然歎曰: 仰之彌高, 鑽之彌堅. 瞻之在前, 忽焉在後, 夫子循循然, 善誘人."

윤언명(尹彦明)[122]이 정이를 만난 지 반 년 만에, 비로소 『대학』과 「서명」을 보게 되었다.

○ 尹焞, 字彦明, 程子門人也. 始學之士未知嚮方, 敎之以『大學』, 使其知入道之門進學之序也. 然學莫大於求仁, 繼之以「西銘」, 所以 使其知仁之體而無私己之蔽也. 然有待於半年之後者, 蓋欲其厚積誠 意, 蠲除氣習, 以爲學問根本也.

○ 윤돈(尹焞)은 자가 언명(彦明)이며, 정자의 문인이다. 처음 배우는 학자는 방향을 모르기 때문에 『대학』을 가르쳐 도에 들어가는 문과 학문에 나아가는 순서를 알게 하였다. 그러나 학문은 인을 구하는 것 보다 더 큰 것이 없으므로, 「서명」으로 계속하여 인의 본체를 알게 해서 자신의 사사로운 생각이 인을 가리움이 없게 하였다. 그러나 반 년 뒤를 기다린 것은 대개 그가 성의를 두터이 쌓고, 기질의 습관을 제거함으로써 학문의 근본을 이루게 하기 위해서였다.

76

有人說無心. 伊川曰∶ "無心便不是. 只當云無私心." 〔『程氏外書』 12-124〕

무심을 말하는 이가 있었다. 정이는 "무심은 옳지 않다. 사심이 없다고 말해야 한다"고 말했다.

○ 苟欲無心, 則心一切絶滅, 思慮槁木死灰而後可, 豈理也哉? 故

---

122) 언명은 尹焞(1071-1142)의 자이며, '화정처사'라고도 불린다. 정이의 제자이다.

聖賢未嘗無心. 特是心之所存所用者, 無非本天理之公而絶乎人欲之私耳.

○ 만일 마음이 없기를 바란다면 일체의 생각을 끊고 마른 나무, 불 꺼진 재와 같이 된 뒤에야 가능하니, 어찌 이치에 맞겠는가? 그러므로 성현은 일찍이 마음이 없었던 적이 없다. 다만 이들의 마음에 보존된 것과 마음을 쓰는 것이 천리의 공평함에 근본하지 않은 것이 없어서 인욕의 사사로움을 끊었을 뿐이다.

77

謝顯道見伊川.

사량좌가 정이를 만났다.

○ 一本, 作"伯淳".

○ 어떤 판본에는 백순(伯淳)[123]으로 되어 있다.

伊川曰：“近日事如何?” 對曰：“天下何思何慮?” 伊川曰：“是則是. 有此理, 賢却發得太早在.”

정이가 “요즈음 일이 어떠한가?” 하고 묻자, “자연이 무엇을 생각하고 꾀합니까?”[124]라고 대답하였다. 그러자 정이는 “옳기는 옳다. 이

---

123) 백순은 명도의 字이다.
124) 『주역』「계사」하 5장. “易曰憧憧往來, 朋從爾思. 子曰：天下何思何慮. 天下同歸而殊塗. 一致而百慮, 天下何思何慮.”

러한 이치가 있긴 하지만, 자네가 말하기에는 너무 이른 감이 있네"
라고 하였다.

○至誠之道, 不思而得, 初何容心? 然未能義精仁熟, 而遽欲坐忘
絶念, 此告子之不動心, 而反爲心害者也.

○지극히 성실한 자는 도를 생각하지 않고도 얻으니, 어찌 애당초
마음의 작용을 용납하겠는가? 그러나 '의가 정밀하고 인이 익숙하지
못한데도[義精仁熟]' 갑자기 '정좌하여 모든 것을 잊고 생각을 끊어버
리려 한다면[坐忘絶念]'[125], 이는 고자(告子)의 부동심[126]으로서 도리어
마음에 해가 되는 것이다.

伊川直是會鍛煉得人. 説了又道恰好著工夫也. 〔『程氏外書』12-37〕

정이는 제대로 사람을 단련시킬 수 있었다. 그 말이 끝난 후 다시
'자신에게 적합한 공부를 하라'고 말했다.

○鍛煉, 治工之治金, 言其善於成治人也. 心無紛擾乃進學之地, 故
又曰"恰好著工夫."

---

125) 『장자』「대종사」. "仲尼蹴然曰: 何謂坐忘? 顏回曰: 墮肢體, 黜聰明, 離形去
知, 同於大通. 此謂坐忘. 仲尼曰: 同則無好也. 化則無常也. 而果其賢乎? 丘也
請從而後也."
126) 『맹자』「공손추」상 2장 참조. '호연지기'장이라고 불리는 이 장에서 맹자 자신
은 知言을 통한 인식의 노력과 도덕성의 함양을 통한 호연지기를 기름으로써 '마
음이 동요되지 않는 경지'에 도달했다고 설명하였다. 그리고 고자의 입장은 인식
의 노력이나 도덕성의 함양이 없이 강제적으로 '마음이 동요되지 않는 경지'에 도
달하려는 것이라고 비판하였다. 『근사록집해』에서는 부동심을 강제적으로 실현하
려는 점에서는 장자의 坐忘도 고자의 입장과 동일하다고 비판하고 있다.

○朱子曰 : "人所患者不能見得大體. 謝氏合下便見得, 只是下學之功都欠, 故道恰好著工夫."

○단련은 대장장이가 쇠를 불리는 것이니, 그가 사람을 다스려 완성시키기를 잘 하였다는 것이다. 마음에 어지러움이 없는 것이 곧 학문을 증진하는 바탕이므로 또 "자신에게 적합한 공부를 하라"고 하였다.
○주희가 말했다.
"사람의 걱정은 대체(大體)를 터득하지 못하는 것이다. 사량좌는 당장 대체는 알고 있지만 하학(下學)의 공부가 부족하므로 '자신에게 적합한 공부를 하라'고 말했다."

78

謝顯道云 :

"昔伯淳教誨, 只管著他言語. 伯淳曰 : '與賢説話, 却似扶醉漢. 救得一邊, 倒了一邊. 只怕人執著一邊.'"〔『程氏外書』 12-40〕

사량좌가 말했다.
"지난날 정호께서 가르치실 때, 나는 그분의 말씀에만 집착하였다. 그러자 정호께서 말씀하셨다. '자네와 이야기하면, 술 취한 자를 부축하고 있는 것 같네. 한쪽으로 쓰러지려는 것을 바로 세우면 다른 쪽으로 쓰러지는군. 사람들이 한쪽에만 집착하는 것이 두렵네.'"

○朱子曰 : "上蔡因有發於明道'玩物喪志'之一言, 故其所論每每過高. 如'浴沂御風'·'何思何慮'之類, 皆是墮於一偏."

○주희가 말했다.

"사량좌는 정호의 '외물을 즐기다가 뜻을 잃는다'는 말에 계발된 바가 있었기 때문에, 그 논의하는 바가 매번 지나치게 높았다. '기수에서 목욕하고 바람을 쏘이고 싶다'와 '무엇을 생각하고 무엇을 걱정하리오' 등과 같은 말은, 모두 한쪽으로 치우친 것이다."

79

橫渠先生曰:
"精義入神, 事豫吾內, 求利吾外也. 利用安身, 素利吾外, 致養吾內也.

장재가 말했다.
"의를 정밀하게 연마해서 정신의 세계에 들어가는 것[127]은 내 마음에서 미리 일을 준비해서 나의 외적인 삶을 순조롭게 하기를 구하는 것이다. 순리대로 행동해서 몸을 편안하게 하는 것[128]은 평소에 나의 외적인 삶을 순조롭게 하여 내 마음을 기르는 것이다.

○ 說見『易』「繫辭」. 硏精義理妙以入神, 知之功也. 然事理素定於內, 則施於外者無不順. 順於致用以安其身, 行之功也. 然所用旣順於外, 則養於內者, 益以厚. 此明內外之交養, 而知行之相資也.

○『역』의 「계사」에 나온다. 의리를 정밀하게 연마하여 오묘하게 정신의 세계에 드는 것은 인식의 공부이다. 그러나 사리가 평소에 내면에서 정해지면 밖으로 베푸는 것도 순조롭지 않음이 없다. 바깥으로

---

127) 『주역』「계사」 하 5장. "尺蠖之屈, 以求信也. 龍蛇之蟄, 以存身也. 精義入神, 以致用也."
128) 『주역』「계사」 하 5장. "利用安身, 以崇德也."

베풀기를 순조롭게 해서 내 몸을 편안히 하는 것은 실천의 공부이다. 그러나 베푸는 바가 바깥에서 이미 순조로우면, 안으로 기르는 것도 더욱 두터워진다. 이것은 안과 밖을 함께 길러야 된다는 것과 인식과 실천은 서로 의지해야 된다는 것을 밝힌 것이다.

窮神知化, 乃養盛自至, 非思勉之能强. 故崇德而外, 君子未或致知也."〔『正蒙』「神化」17〕

정신의 세계를 궁구하여 조화를 아는 것[129]은 성대하게 길러서 저절로 도달하는 경지요, 사려하고 힘써서 억지로 할 수 있는 것이 아니다. 그러므로 덕을 높이는 것 외에, 군자는 혹 앎을 이루려고 하지 않는다."

○ 『正蒙』, 下同.
○ 神者妙萬物而無方, 化者著萬物而有迹. 窮神知化, 蓋窮理盡性以至於命. 是則知行交養, 德盛所致, 非思之所能得, 勉之所能至者. 故君子惟盡力於精義以致其用, 利用以崇其德. 自崇德之外則有所不能致其力者, 故曰過此以往未之或知也.

○ 『정몽』의 구절로, 아래도 동일하다.
○ 정신이란 만물을 오묘하게 이루게 하되 일정한 모양이 없는 것이며, 조화란 만물을 나타나게 하여 자취가 있게 된 것이다. 정신의 세계를 궁구하여 조화를 아는 것은, 이치를 궁구하고 본성을 다하여 천명에 이르는 것이다. 이는 인식과 실천을 함께 길러, 덕이 성대해져서 이루어지는 것이지, 생각으로 얻을 수 있는 것이 아니며 노력으로 도

---

129) 『주역』「계사」하 5장. "過此以往, 未之或知也. 窮神知化, 德之盛也."

달할 수 있는 것이 아니다. 그러므로 군자는 오로지 의를 정밀하게 연마해서 작용을 온전하게 하고, 작용을 순조롭게 하여 덕을 높이는 데 능력을 다할 뿐이다. 덕을 높이는 것 이외에는 노력할 수 있는 것이 없으므로 '이 이상은 혹 알지 못한다'고 말하였다.

80

形而後, 有氣質之性. 善反之, 則天地之性存焉. 故氣質之性, 君子有不性者焉. 〔『正蒙』「誠明」22〕

형체가 생긴 뒤에, 기질의 성이 있게 되었다. 잘 되돌리면 천지의 성이 거기에 있다. 그러므로 기질의 성을 군자는 성으로 여기지 않는 바가 있다.

○天命流行賦予萬物, 本無非善, 所謂天地之性也. 氣聚成形, 性爲氣質所拘, 則有純駁偏正之異, 所謂氣質之性也. 然人能以善道自反, 則天地之性復全矣. 故氣質之性, 君子不以爲性. 蓋不徇乎氣質之偏, 必欲復其本然之善. 孟子謂性無有不善, 是也.
○朱子曰: "天地之性, 專指理而言, 氣質之性, 則以理雜氣而言." 又曰: "性譬之水, 本皆淸也. 以淨器盛之則淸, 以汙器盛之則濁, 澄治之則本然之淸未嘗不在."

○천명이 유행하여 만물에 부여됨에 본래 선하지 않은 것이 없으니, 이른바 천지의 성이다. 기가 모여 형체를 이룸에 본성이 기질의 구애를 받게 되면, 순수하고 잡박함, 치우치고 바름의 차이가 있게 되니, 이른바 기질의 성이다. 그러나 사람이 선한 도로 스스로 되돌리면 천지의 성이 다시 온전하게 될 것이다. 그러므로 기질의 성은 군자가

본성으로 여기지 않는다. 대개 기질의 편벽됨을 따르지 않고, 반드시 본래대로의 선함을 회복하고자 하기 때문이니, 맹자의 '성에는 선하지 않음이 없다'는 말이 이러한 경우이다.

○ 주희가 말했다.

"천지의 성은 오직 리(理)만 가리켜 말한 것이고, 기질의 성은 리를 기와 섞어서 말한 것이다."

또 말했다.

"성을 물에 비유하면 물은 모두 깨끗하다. 깨끗한 그릇에 담으면 깨끗하고 더러운 그릇에 담으면 더러워지지만, 맑게 하면 본래의 그러한 깨끗함이 항상 있는 것과 같다."

81

德不勝氣, 性命於氣, 德勝其氣, 性命於德.

덕이 기를 이기지 못하면 성은 기의 명령을 받고, 덕이 기를 이기면 성은 덕의 명령을 받는다.

○ 義理與氣質, 相爲消長. 德不勝氣, 則氣爲之主, 而性命拘於雜糅之質. 德勝其氣, 則德爲之主而性命全乎本然之善.

○ 의리와 기질은 한쪽이 줄어들면 다른 쪽이 늘어나는 관계에 있다. 덕이 기를 이기지 못하면 기가 그 주인이 되어 성과 명은 잡박한 기질에 구속받게 된다. 덕이 기를 이기면 덕이 주인이 되어 성과 명은 본래대로의 선함을 온전히 보존하게 된다.

窮理盡性, 則性天德, 命天理. 氣之不可變者, 獨死生壽夭而已.

리(理)를 궁구하고 성을 다하면 성은 천덕이 되고, 명은 천리가 된다. 바꿀 수 없는 기는, 오직 죽고 사는 것과 장수와 요절뿐이다.

○ 窮萬物之理而盡一己之性, 此問學之極功也. 學至於是, 則査滓渾化, 義理昭融, 所性者卽天之德, 所命者卽天之理. 尙何氣質之爲累哉? 獨死生壽夭, 則稟氣有定數而不可移耳.

○ 黃勉齋曰: "窮理盡性則不但德勝其氣而已, 且將性命於天矣. 德以所得者而言, 理以本然者而言. 故性曰'天德', 命曰'天理', 一而已矣."

○ 만물의 이치를 궁구하고 자기의 본성을 다하는 것은 학문의 지극한 공효이다. 학문이 여기에 이르면 찌꺼기는 혼연히 변화되고 의리도 밝고 환하게 되어, 성으로 삼은 바는 하늘의 덕이요 명으로 받은 바는 하늘의 이치가 된다. 더 이상 어찌 기질에 구애됨이 있겠는가? 오직 죽고 사는 것과 장수와 요절 등은 품수받은 기에 정해진 운수가 있어 마음대로 바꿀 수 없을 뿐이다.

○ 황간이 말했다.

"이치를 궁구하고 본성을 다하면 덕이 기를 이길 뿐만 아니라, 또한 성이 하늘의 명령을 따르게 될 것이다. '덕'이란 얻은 것를 가지고 말하고, '리'란 본래 그러한 것을 가지고 말한다. 그래서 성을 '천덕'이라 하고 명을 '천리'라 하는데, 하나일 뿐이다."

82

莫非天也, 陽明勝則德性用, 陰濁勝則物欲行. "領惡而全好者", 其

必由學乎. 〔『正蒙』「誠明」31〕

　모두 자연이 아님이 없으나, 밝은 양이 우세하면 덕성이 작용하고, 락한 음이 우세하면 물욕이 행해진다. "악을 다스려 선을 온전히 하는 일"[130]은, 반드시 배움으로 말미암는다.

○ "領惡而全好", 見『戴記』. 鄭氏曰 : "'領', 猶理治也, '好', 善也." 人之氣質不齊, 要皆稟于天也. 陽明而陰暗, 陽淸而陰濁. 稟陽之多者 明而不暗, 故德性用. 稟陰之多者濁而不淸, 故物欲行. 若夫領物欲之 惡而不得行, 全德性之好而盡其用者, 其必由於學乎. 所謂 "雖愚必明 雖柔必强"者也.

○ "악을 다스려 선을 온전히 한다"는 말은 『대대례기(大戴禮記)』에 보인다. 정현(鄭玄)은 "령(領)'은 다스리는 것과 같고, '호(好)'는 선이 다"라고 하였다. 사람의 기질은 고르지 않으니, 요컨대 모두 하늘에서 품수받은 것이다. 양은 밝고 음은 어두우며, 양은 맑고 음은 탁하다. 양을 많이 타고난 자는 밝고 어둡지 않으므로 덕성이 작용한다. 음을 많이 타고난 자는 탁하고 맑지 않으므로 물욕이 행세한다. 만일 물욕의 악을 다스려 행세하지 못하게 하고 덕성의 선을 온전히 해서 그 작용을 다하게 하려면 그것은 반드시 학문을 통해서일 것이다. 이른바 "비록 어리석어도 반드시 밝게 되며, 유약해도 반드시 강하게 된다"[131]는 것이다.

---

130) 『예기』「仲尼燕居」5장. "子貢退. 言游進曰 : 敢問, 禮也者, 領惡而全好者與. 子曰然. 然則何如. 子曰 : 郊社之義. 所以仁鬼神也. 嘗禘之禮, 所以仁昭穆也. 饋 奠之禮, 所以仁死喪也. 射鄕之禮, 所以仁鄕黨也. 食饗之禮, 所以仁賓客也."
131) 『중용』20장. "人一能之, 己百之, 人十能之, 己千之. 果能此道矣. 雖愚必明, 雖 柔必强."

83

大其心, 則能體天下之物, 物有未體, 則心爲有外. 世人之心, 止於
見聞之狹, 聖人盡性, 不以見聞梏其心, 其視天下, 無一物非我.

자기의 마음을 크게 하면, 온 세상 만물을 한몸처럼 여길 수 있으
니, 사물 중에 한몸으로 여기지 못하는 것이 있으면, 마음에 바깥이
있게 된다. 세인들의 마음은 보고 듣는 좁은 감각세계에 머물지만 성
인은 본성을 다하여 보고 듣는 것만으로 마음을 구속하지 않으니, 그
가 천하를 봄에 있어서는 한 물건이라도 나 아닌 것이 없다.

○萬物一體, 性本無外. 苟拘於耳目之偏狹則私意蔽固, 藩籬爾汝,
安能體物而不遺! 惟聖人能盡此性, 故心大而無外, 其視物與己本無
間然也.
○朱子曰: "'體', 猶體認之體. 將自身入事物之中, 究見其理." 又
曰: "只是有私意便內外扞格, 只見得自身上事, 凡物皆不得與己相
關. 便是有外之心."

○만물은 한몸이요, 성은 본래 밖이 없다. 편협한 귀와 눈에 구애된
다면, 사사로운 생각이 가리워 완고해져서 나와 너 사이에 울타리를
만드는 것이니, 어찌 남김없이 모든 만물과 일체가 될 수 있겠는가!
오직 성인만이 이 성품을 다할 수 있으므로 마음이 커 밖이 없어서,
남을 자기와 차이가 없게 본다.
○주희가 말했다.
"체는 몸으로 인식한다고 할 때의 '체(體)'와 같다. 자기를 가지고
사물 가운데 들어가 그 이치를 완전히 깨닫는 것이다."
또 말했다.

"사사로운 생각만 있으면 안과 밖이 어그러져, 오로지 자기 몸의 일만 보게 되어, 모든 사물이 자기와 서로 관련되지 않는다. 이것이 곧 바깥이 있는 마음이다."

孟子謂: '盡心則知性知天', 以此. 天大無外. 故有外之心, 不足以合天心.〔『正蒙』「大心」1〕

맹자가 '마음을 다하면 성을 알고 천을 알게 된다'[132]고 말한 것은 이 때문이었다. 하늘은 커서 밖이 없다. 그러므로 바깥이 있는 마음은 하늘의 마음과 합치하기에 부족하다.

○人能全心德之大, 則知性知天矣. 無一物而非天, 故天大無外. 人之心苟猶有外, 則與天心不相似.

○사람이 위대한 마음의 덕을 온전히 보전할 수 있으면, 성을 알고 천을 알게 된다. 한 물건이라도 하늘에 포함되지 않는 것은 없으므로 하늘은 커서 밖이 없다. 사람의 마음에 오히려 바깥이 있다면 하늘의 마음과 비슷하지 않다.

84

仲尼絶四, 自始學, 至成德, 竭兩端之教也. 意有思也. 必有待也. 固不化也. 我有方也. 四者有一焉, 則與天地爲不相似矣.〔『正蒙』「中正」16, 18〕

132)『맹자』「진심」상 1장. "孟子曰: 盡其心者, 知其性也. 知其性, 則知天矣. 存其心, 養其性, 所以事天也."

'중니는 네 가지를 끊어버렸다'[133]는 것은 학문의 시작으로부터 덕을 완성하기까지 두 끝을 포괄하는 가르침이다. '의(意)'는 사사로운 생각이 있는 것이다. '필(必)'은 기대함이 있는 것이다. '고(固)'는 변화되지 않는 것이다. '아(我)'는 구획을 짓는 것이다. 이 네 가지 중에 하나라도 가지고 있으면 자연과 비슷할 수 없다.

○ 意・必・固・我, 蓋私意見於應事接物之間, 自始至終, 有此四者. 橫渠先生解'絶'母'皆爲禁止之意. 故以此爲聖人設敎之道, 謂自始學以至於成德, 其所以克治融釋者不外乎此. 所謂竭兩端之敎之敎也. '意'者萌心之始, 故曰'有思'. '必'者期望於終, 故曰'有待'. '固'者滯於已往, 故曰'不化'. '我'者成於己私, 故曰'有方'.

○ 朱子曰: "起於意, 遂於必, 留於固, 而成於我. '意'・'必'常在事首, '固'・'我'常在事後." 或問: "四者相爲終始, 而曰'有一焉,' 何也?" 曰: "人之爲事, 亦有其初未必出於私意, 而後來固執而不化者. 若曰絶私意則三者皆無, 則曰絶一斯, 可矣. 何用更言絶四? 以此知四者又各是一病."

○ 사사로운 생각[意], 기필함[必], 고집[固], 나[我], 이 네 가지는 사사로운 생각이 일에 응하고 외물에 접하는 사이에 드러날 때에, 처음부터 끝까지 있는 것이다. 장재는 '절(絶)'과 '무(母)'를 모두 금지의 뜻이라고 생각하였다. 이 말을 성인이 가르침을 세우는 방법으로 여겨, 학문을 시작할 때부터 덕을 완성함에 이르기까지 이기고 다스려 얼음이 녹듯 풀리게 해야 하는 대상이 바로 이것이라고 생각하였다. 이것이 '두 끝을 다한 가르침'이라는 말의 의미이다. '의(意)'는 마음이 싹트는 시초이므로 '사사로운 생각이 있다'고 하였다. '필(必)'은 마지막

---

133) 『논어』「자한」4장. "子絶四, 母意, 母必, 母固, 母我."

을 기약하고 바라는 것이므로 '기대함이 있다'고 하였다. '고(固)'는 이미 지나간 것에 머무르는 것이므로 '변화되지 않는다'고 하였다. '아(我)'는 사사로운 자기를 이루는 것이므로 '구획 지움이 있다'고 하였다.

○ 주희가 말했다.

"사사로운 생각에서 일어나 기필함에서 자라며, 집착함에 머물렀다가 나에 의하여 완성된다. 사사로운 생각과 기필함은 항상 일이 일어나기 전에 있으며, 고집과 나는 항상 일이 일어난 뒤에 있다."

어떤 이가 물었다. "이 네 가지는 처음과 끝으로 서로 이어지는 것인데 '하나라도 있으면'이라고 한 것은 무엇 때문인가?"

대답하였다.

"사람이 일을 할 때는 처음부터 반드시 사사로운 생각에서 나온 것은 아닐지라도 나중에 고집해서 변화되지 않는 것도 있다. 사사로운 생각을 끊어버림으로써 세 가지도 모두 없어진다면 한 가지를 끊었다고만 말해도 되었을 것이다. 무엇 때문에 넷을 끊었다고 말하였겠는가? 이것으로써 이 네 가지가 각각 하나씩의 병이라는 것을 알 수 있다."

85

上達, 反天理, 下達, 徇人欲者歟 〔『正蒙』「誠明」15〕

위로 통달한다는 것은 천리를 돌이키는 것이요, 아래로 통달한다는 것은 욕망을 따르는 것이로다.[134]

○ 說見『論語』. 反天理則所趨日以高遠, 徇人欲則所趨日以沈溺.

---

134) 『논어』「헌문」 24장. "子曰 : 君子上達, 小人下達."

○ 견해가 『논어』에 보인다. 천리를 돌이키게 되면 나아가는 바가 나날이 높고 원대하게 되며, 인욕을 따르게 되면 나아가는 바가 나날이 깊이 빠져들게 된다.

86

知崇天也, 形而上也. 通晝夜而知, 其知崇矣. 知及之而不以禮性之, 非已有也. 故知禮成性而道義出, 如天地位而易行.〔『正蒙』「至當」53〕

지혜가 높은 것은 하늘이며 형이상의 것이다. 낮과 밤의 원리를 통달해 알면, 지혜가 높게 된다. 지혜가 도를 알아도 예로써 자기 성품으로 만들지 않으면 자기 것이 아니다. 그러므로 지혜와 예가 본성을 이루면 도의가 나오는 것은, 천지가 제자리를 잡으면 역이 그 안에서 운행하는 것과 같다.[135]

○ 說見「繫辭」. 人能通晝夜陰陽之變, 智則崇矣, 所以效天也. 又能守品節事物之禮, 性斯成焉, 所以法地也. 智禮相資而成其性, 道義之所從出, 猶天地定位, 而易之理行乎兩間也.
○ 或問"知禮成性"之說. 朱子曰："如習與性成之意." 又曰："性者我所得於天底, 道義是衆人共由底."

○ 「계사」에 나온다. 사람이 밤낮과 음양의 변화에 통달하면 지혜가 높아지게 되니, 하늘을 본받는 것이다. 또 사물을 등급 지우고 질서 지우는 예를 지킬 수 있으면 본성이 이에 완성되어 땅을 본받는 것이

---

135) 『주역』 「계사」 상 7장. "子曰: 易其至矣乎. 夫易, 聖人所以崇德而廣業也. 知崇德卑, 崇效天, 卑法地. 天地設位, 而易行乎其中. 成性存存, 道義之門."

282

다. 지혜와 예의가 서로 도와 그 성을 이루면 도의가 거기서부터 나오는 것이니, 이것은 하늘과 땅이 제자리를 잡으면 역의 이치가 그 사이에서 운행하는 것과 같다.

○ 어떤 이가 "지혜와 예가 본성을 이룬다"는 설에 대해 물었다. 주희가 말했다.

"익히는 것과 본성이 함께 이루어진다[136]는 뜻과 같다."

또 말했다.

"성은 내가 하늘에서 받은 것이고, 도의는 여러 사람들이 함께 따르는 것이다."

87

困之進人也, 爲德辨, 爲感速. 孟子謂'人有德慧術智者, 常存乎疢疾.' 以此. 〔『正蒙』「三十」 5〕

역경이 사람을 진보시키는 것은 덕을 분명히 구별하게 하고 느낌을 신속하게 한다. 맹자가 '사람 중에 덕의 지혜와 기술적 지식이 있는 자는 항상 재난 가운데 있었다'[137]고 한 것은 이 때문이었다.

○「繫辭」曰: "困, 德之辨也." '辨', 明也. 人處患難之時, 則操心危懼而無驕侈之蔽, 故其見理也明. 置身窮厄而有反本之思, 故其從善也敏. '德慧', 謂德之慧, '術智', 謂術之智. '疢疾', 災患也.

---

136) 『서경』「태갑」 상. "伊尹曰: 茲乃不義, 習與性成. 予弗狎于弗順, 營于桐宮, 密邇先王, 其訓無俾世迷."
137) 『맹자』「진심」 상 18장. "孟子曰: 人之有德慧術知者, 恒存乎疢疾. 獨孤臣孽子. 其操心也危, 其慮患也深. 故達."

ㅇ「계사」에 "곤괘의 상황에서 '분별'이라는 덕이 발휘된다(困, 德之
辨也)"[138]라고 되어 있다. '변(辨)'은 밝은 것이다. 사람이 근심스럽고
어려운 때에 처하면 마음을 잡아 조심하고 두려워하며, 교만함이나 사
치에 가리우는 일이 없으므로 그가 이치를 보는 것이 분명하다. 곤궁
함이나 재앙에 빠졌을 때는 근본을 반성하는 마음이 있으므로 그가
선을 따르는 데 민첩하다. '덕혜(德慧)'는 덕의 지혜요, '술지(術智)'는
기술적 지식이다. '진질(疢疾)'은 재난이다.

88

言有教, 動有法, 晝有爲, 宵有得. 息有養, 瞬有存. 〔『正蒙』「有德」7〕

말에는 가르침이 있고 행동에는 법도가 있으며, 낮에는 하는 바가
있고 밤에는 얻는 바가 있다. 숨 한 번 쉬는 사이에도 기르는 바가 있
고 눈 깜짝할 사이에도 보존함이 있다.

ㅇ非先王之法言不敢言, 言有教也. 非先王之德行不敢行, 動有法
也. 終日乾乾, 晝有爲也, 夜氣所養, 宵有得也. 氣之出入爲息, 一息
而必有所養也, 目之開闔爲瞬, 一瞬而必有所存也. 此言君子無往無
時而非學也.

ㅇ선왕의 법도가 될 만한 말이 아니면 감히 말하지 않는 것이 말에
가르침이 있는 것이다. 선왕의 덕행이 아니면 감히 행동하지 않는 것
이 행동에는 법도가 있는 것이다. 종일토록 부지런히 노력하는 것[139]

---

138) 『주역』「계사」하 7장. "是故, 履, 德之基也. 謙, 德之柄也. 復, 德之本也. 恒,
德之固也. 損, 德之修也. 益, 德之裕也. 困, 德之辨也. 井, 德之地也. 巽, 德之
制也."

이 낮에는 하는 바가 있는 것이고, 야기(夜氣)를 기르는 것[140]이 밤에는 얻는 바가 있는 것이다. 기가 출입하는 것이 숨인데, 한 번 숨쉬는 사이에도 반드시 기르는 바가 있다. 눈이 열렸다 닫히는 것이 순간인데, 한 순간에도 반드시 보존하는 바가 있다. 이것은 군자가 어느 때 어느 곳에서나 배우지 않음이 없음을 말하고 있다.

89

橫渠先生作「訂頑」曰:
"乾稱父, 坤稱母. 予玆藐焉, 乃混然中處.

장재가 「정완(訂頑)」을 지었다. 내용은 이렇다.
"하늘을 아버지라 하고, 땅을 어머니라 한다. 나 이렇게 조그마한 존재이지만 혼연히 그 가운데 있다.

○朱子曰: "天, 陽也. 以至健而位乎上, 父道也. 地, 陰也. 以至順而位乎下, 母道也. 人稟氣於天, 賦形於地以藐然之身, 混合無間而位乎中, 子道也. 然不曰'天地', 而曰'乾坤'者, 天地, 其形體也, 乾坤, 其性情也. 乾者, 健而無息之謂, 萬物之所資以始者也. 坤者順而有常之謂, 萬物之所資以生者也. 是乃天地之所以爲天地而父母乎萬物者. 故指而言之."
○愚按『禮記』, "仁人之事親也如事天, 事天如事親", 此謂孝子成身, 卽「西銘」之原也.

---

139) 『주역』 건괘 구삼(九三)의 효사. "九三, 君子終日乾乾, 夕惕若, 厲无咎."
140) 『맹자』 「고자」 상 8장. "其日夜之所息, 平旦之氣. 其好惡與人相近也者, 幾希, 則其旦晝之所爲, 有牿亡之矣. 牿之反覆, 則其夜氣不足以存. 夜氣不足以存, 則其違禽獸不遠矣."

○ 주희가 말했다.

"하늘은 양이다. 지극히 굳세며 위에 자리하니, 아버지의 도이다. 땅은 음이다. 지극히 순하며 아래에 자리하니, 어머니의 도이다. 사람은 하늘에서 기를 품수받고 땅에서 형체를 받아서 조그마한 몸으로 조금의 틈도 없이 혼연히 하나가 되어 가운데 자리잡고 있으니, 아들의 도이다. 그러나 하늘과 땅이라고 말하지 않고 건과 곤이라고 말한 것은, 하늘과 땅은 형체이고 건과 곤은 성질이기 때문이다. 건이란 굳세어 쉼이 없다는 말이니, 만물이 시작하는 바탕이다. 곤이란 순하여 일정함이 있다는 말이니, 만물이 태어나는 바탕이다. 이것이 바로 천지가 되고, 만물의 부모가 되는 까닭이다. 그러므로 지적하여 말했다."

○ 내가 『예기』를 살펴보니, "어진 사람은 어버이 섬기기를 하늘 섬기듯 하고, 하늘 섬기기를 어버이 섬기듯 한다"[141]고 하였는데, 이는 효자가 몸가짐을 완성하는 것에 대하여 말한 것이며, 곧 「서명」의 근원이다.

故天地之塞, 吾其體, 天地之帥, 吾其性.

그러므로 천지에 가득 찬 것은 내가 그것을 몸으로 삼고, 천지를 거느리는 것은 내가 그것을 성으로 삼는다.

○ 朱子曰: "乾陽坤陰, 此天地之氣, 塞乎兩間, 而人物之所資以爲體者也. 故曰'天地之塞吾其體.' 乾健坤順, 此天地之志, 爲氣之帥, 而人物之所得以爲性者也. 故曰'天地之帥吾其性.' 深察乎此, 則父乾母坤, 混然中處之實, 可見矣."

---

141) 『예기』「애공문(哀公問)」. "公曰: 寡人憃愚冥煩, 子志之心也. 孔子蹴然辟席而對曰: 仁人不過乎物. 孝子不過乎物. 是故仁人之事親也, 如事天. 事天如事親. 是故孝子成身."

○ 주희가 말했다.

"양인 건과 음인 곤, 이것은 천지의 기운으로 천지 사이에 가득 찬 것이요, 사람과 만물이 바탕으로 하여 몸으로 삼는 것이다. 그래서 '천지에 가득 찬 것은 내가 그것을 몸으로 삼는다'고 말했다. 굳센 건과 순한 곤, 이것은 천지의 뜻으로 기의 장수이며, 사람과 만물이 얻어서 성으로 삼는 것이다. 그래서 '천지를 거느리는 것을 나의 성으로 삼는다'라고 하였다. 이것을 자세히 살피면 건을 아버지라 하고 곤을 어머니라 하는 말과 '혼연히 그 가운데 있다'는 말의 참뜻을 알 수 있다."

民吾同胞, 物吾與也.

백성들은 나와 동포이고, 만물은 나의 친구이다.

○ 朱子曰 : "人物並生於天地之間, 其所資以爲體者, 皆天地之塞, 其所得以爲性者, 皆天地之帥. 然體有偏正之殊, 故其於性也, 不無明暗之異. 惟人也得其形氣之正, 是以其心最靈而有以通乎性命之全體. 於並生之中又爲同類而最貴焉, 故曰'同胞', 則其視之也皆如己之兄弟矣. 物則得夫形氣之偏而不能通乎性命之全, 故與我不同類而不若人之貴. 然原其體性之所自, 是亦本之天地而未嘗不同也. 故曰'吾與', 則其視之也亦如己之儕輩矣. 惟同胞也, 故以天下爲一家, 中國爲一人如下文之云. 惟吾與也, 故凡有形於天地之間者, 若動若植有情無情, 莫不有以若其性遂其宜焉. 此儒者之道所以必至於參天地贊化育, 然後爲功用之全, 而非有所强於外也."

○ 주희가 말했다.

"사람과 만물이 하늘과 땅 사이에서 함께 생겨났으니, 그것들의 몸이 된 바탕은 모두 천지에 가득 찬 것이요, 그것들이 얻어서 성으로 삼은 것은 모두 천지의 장수이다. 그러나 몸에는 편벽되고 바른 것의 차이가 있으므로 성에 밝고 어두움의 차이가 있다. 사람만이 형체와 기의 바름을 얻었으므로 마음이 가장 신령하여 성명(性命)의 온전한 체에 통할 수 있다. 함께 태어난 가운데서도 같은 종류로서 가장 존귀하므로 '동포'라고 하니, 곧 그들을 볼 때는 자기 형제처럼 여기게 된다. 만물은 편벽된 형체와 기운을 얻어서, 성명의 온전함에 통할 수 없으므로 나와 같은 종류가 아니고, 사람의 귀함과 같지 않다. 그러나 그것들이 몸으로 삼고 성으로 삼은 것의 유래를 캐어보면, (이것) 역시 천지에 근원을 두어 같지 않은 적이 없었다. 그래서 '나의 친구'라고 하니, 곧 그들을 볼 때는 나의 친구들처럼 여기게 된다. 오로지 동포이기 때문에 아래의 글에서처럼 천하를 한집으로 여길 수 있고, 나라 안 사람을 한사람처럼 여길 수 있다. 오로지 나의 친구이기 때문에 하늘과 땅 사이에서 형체를 받은 것은 동물, 식물, 정이 있는 것이나 없는 것이나 구별할 것 없이 모두 자기의 성을 따르고 마땅함을 완수하지 않는 것이 없다. 이것이 유자의 도가 천지에 참여하여 조화와 발육을 도운 뒤에야 공효가 지극한 것으로 여기는 까닭이지만, 외부에서 억지로 하는 바가 없다."

大君者, 吾父母宗子, 其大臣, 宗子之家相也. 尊高年, 所以長其長, 慈孤弱, 所以幼吾幼. 聖其合德, 賢其秀也. 凡天下疲癃殘疾, 惸獨鰥寡, 皆吾兄弟之顛連而無告者也.

임금은 우리 부모의 맏아들이고, 대신은 맏아들의 집사이다. 나이든 사람을 높이는 것은 우리집 어른을 어른 대접하는 것이요, 고아와 약한 자들을 자애롭게 대하는 것은 우리집 어린이를 어린이로 대우하는 것이다.[142] 성인은 자식 가운데서 부모와 덕이 합치된 자이고, 현인은 자식 가운데서 빼어난 자이다. 세상의 피로하고 병든 자, 외롭고

홀몸인 자, 홀아비, 과부들은 모두 우리 형제 가운데서 고난에 빠져도 하소연할 곳 없는 자들이다.[143]

○朱子曰: "乾父坤母, 而人生其中, 則凡天下之人皆天地之子矣. 然繼承天地, 統理人物, 則大君而已, 故爲父母之宗子. 輔佐大君, 綱紀衆事, 則大臣而已, 故爲宗子之宗相. 天下之老一也, 故凡尊天下之高年者乃所以長吾之長. 天下之幼一也, 故凡慈天下之孤弱者乃所以幼吾之幼. 聖人與天地合其德, 是兄弟之合德乎父母者也. 賢者才德過於常人, 是兄弟之秀出乎等夷者也. 是皆以天地之子言之, 則凡天下之疲癃殘疾惸獨鰥寡, 非吾兄弟之無告者而何哉!"

○주희가 말했다.

"건을 아버지로 삼고 곤을 어머니로 삼아 사람이 그 가운데서 태어나니, 천하의 사람들은 모두 천지의 자식이다. 그러나 천지의 뜻을 이어받아 사람과 만물을 다스리는 것은 임금뿐이므로 그는 부모의 맏아들이다. 임금을 보좌하여 모든 일의 기강을 잡는 자는 대신뿐이므로 그는 맏아들의 집사이다. 천하의 노인들은 마찬가지이므로 천하의 노인들을 존대하는 것은 곧 우리집 어른을 어른 대접하는 것이다. 천하의 어린이들은 마찬가지이므로 천하에 외롭고 약한 자들을 자애롭게 대해주는 것이 곧 우리집 어린이를 어린이 대접하는 것이다. 천지와 덕을 합한 성인은 형제 중에서 부모와 덕이 합한 자이다. 재주와 덕이 보통사람보다 뛰어난 현자는 비슷한 형제들 가운데서 그 능력이 빼어난 자이다. 이것은 모두 천지의 자식이라는 관점에서 이야기한 것이

---

142) 『맹자』 「양혜왕」 상 7장. "老吾老以及人之老, 幼吾幼以及人之幼, 天下可運於掌."

143) 『맹자』 「양혜왕」 하 5장. "老而無妻曰鰥, 老而無夫曰寡, 老而無子曰獨, 幼而無父曰孤. 此四者, 天下之窮民而無告者. 文王發政施仁, 必先斯四者."

니, 천하의 모든 피곤하고 병든 자, 외로운 홀몸인 자, 홀아비, 과부들은 우리 형제 가운데서 호소할 데 없는 자들이 아니고 누구이겠는가!"

于時保之, 子之翼也, 樂且不憂, 純乎孝者也.

'이에 하늘의 뜻을 지킨다'[144]는 것은 자식으로서의 공경이요, '즐거워하고 또 근심하지 않는다'[145]는 것은 효에 순수한 것이다.

○朱子曰 : "畏天以自保者, 猶其敬親之至也. 樂天而不憂者, 猶其愛親之純也." 又曰 : "首論'天地萬物與我同體'之意, 固極宏大. 然所論事天功夫, 則自'于時保之'以下, 方極親切."

○주희가 말했다.
"하늘을 두려워하여 스스로를 지킨다는 것은 부모를 지극히 공경하는 것과 같다. 천명을 즐겨 근심하지 않는다는 것은 부모를 친애함이 순수한 것과 같다."
또 말했다.
"앞부분에서 '천지 만물이 나와 한몸이다'라는 것을 논한 뜻은 매우 크다. 그러나 하늘을 섬기는 공부에 관한 주장은 '이에 하늘의 뜻을 지킨다' 이하에서 비로소 지극히 친절하다."

違曰悖德, 害仁曰賊. 濟惡者不才, 其踐形惟肖者也.

천리를 거스르는 자를 패덕(悖德)이라 하고, 인을 해치는 자를 적

---

144) 『시경』 「周頌」에 "하늘의 위엄을 두려워하여 이에 하늘의 뜻을 보존한다〔畏天之威, 于時保之〕"라고 나온다.
145) 『주역』 「계사」 상 4장의 "樂天知命故不憂"에서 인용함.

(賊)이라 한다. 악을 이루는 자는 재능이 부족한 자이며, '타고난 형체를 실현해 나가는 것'[146]은 천지 부모와 닮은 자뿐이다.

○ 朱子曰 : "不循天理而徇人欲者, 不愛其親而愛他人也, 故謂之悖德. 戕滅天理自絶本根者, 賊殺其親, 大逆無道也, 故謂之賊. 長惡不悛, 不可敎訓者, 世濟其凶增其惡名也, 故謂之不才. 若夫盡人之性而有以充人之形, 則與天地相似而不違矣, 故謂之肖."

○ 주희가 말했다.

"천리를 따르지 않고 인욕(人欲)을 따르는 자는 자기 어버이를 사랑하지 않고 다른 사람을 사랑하는 자이므로 패덕(悖德)이라고 부른다. 천리를 해쳐 없애어 스스로 뿌리를 자르는 자는 자기 부모를 해치고 죽이는 '크게 역행하여 도가 없는〔大逆無道〕' 자이므로 그를 적(賊)이라고 부른다. 악을 키우고 고치지 않아서 가르칠 수 없는 자는 대대로 흉악한 짓을 하여 악명을 계속 높여가므로 그를 재능이 부족한 자라고 부른다. 사람의 본성을 다하여 사람의 형체를 온전히 실현하는 자는 천지를 닮고 어기지 않으므로 그를 닮은 자라고 부른다."

知化則善述其事, 窮神則善繼其志.

변화를 알면 하늘의 일을 잘 이어받을 수 있고, 정신의 세계를 궁구하면 하늘의 뜻을 잘 계승할 수 있다.[147]

○ 朱子曰 : "孝子善繼人之志, 善述人之事者也. 聖人知變化之道, 則所行者無非天地之事矣. 通神明之德, 則所存者無非天地之心矣. 此

---

146) 『맹자』「진심」상 38장. "形色, 天性也. 惟聖人然後可以踐形."
147) 『중용』19장. "夫孝者, 善繼人之志, 善述人之事."

二者皆樂天踐形之事也." 又曰："化底是氣有迹可見, 故爲事. 神底是
理無形可窺, 故爲志."

○ 주희가 말했다.

"효자는 부모의 뜻을 잘 계승하고 부모의 일을 잘 따르는 자이다.
성인은 변화의 도를 알기 때문에 행하는 바가 천지의 일 아닌 것이 없
다. 신명의 덕에 통달하니 보존한 것이 천지의 마음 아닌 것이 없다.
이 두 가지는 모두 '천명을 즐거워하고' '형체를 실천'하는 일이다."

또 말했다.

"변화하는 것은 기(氣)여서 볼 수 있는 자취가 있으므로 일이 된다.
신(神)적인 것은 이치여서 엿볼 수 있는 형체가 없으므로 뜻이 된다."

不愧屋漏, 爲無添, 存心養性, 爲匪懈.

집의 한쪽 구석에서도 부끄럽지 않은 것은 더럽히지 않는 것이 되
고, 마음을 보존하여 본성을 기르는 것은 게으르지 않은 것이 된다.

○ 朱子曰："『孝經』引『詩』, 曰'無忝爾所生', 故事天者仰不愧俯不
怍, 則不忝乎天地矣." 又曰："'夙夜匪懈', 故事天者存其心養其性,
則不懈乎事天矣. 此二者畏天之事, 而君子所以求踐夫形者也."

○ 주희가 말했다.

"『효경』에서 『시』를 인용하여, '너를 낳아준 자를 더럽히지 말라'고
하였으니,[148] 하늘을 섬기는 자가 우러러 하늘에 부끄럽지 않고, 굽어

---

148) 『시경』 「소아」 〈小宛〉 및 『효경』 「士章」 참조. "『詩經』: 題彼脊令, 載飛載鳴.
我日斯邁, 而月斯征. 夙興夜寐, 無忝爾所生."

292

땅에 부끄럽지 않으면 천지를 더럽히지 않는 것이다."

또 말했다.

"'새벽부터 밤까지 게을리 하지 않는다'[149]고 하였으니, 하늘을 섬기는 자가 마음을 보존하여 본성을 기르면 하늘 섬기기를 게을리 하지 않는 것이다. 이 두 가지는 하늘을 두려워하는 일이며, 군자가 하늘이 부여해 준 형체를 잘 실천할 수 있기를 구하는 방법이다."

惡旨酒, 崇伯子之顧養, 育英材, 潁封人之錫類.

맛있는 술을 싫어한 것은 숭백(崇伯)의 아들[150]이 부모 봉양할 바를 돌아본 것이요, 영재를 기르는 것은 영(潁)의 봉인(封人)이 선을 가르친 것이다.[151]

○ 朱子曰：“好飮酒而不顧父母之養者, 不孝也. 故遏人欲, 如禹之惡旨酒, 則所以顧天之養者至矣. 性者萬物之一源, 非有我之得私也. 故育英材, 如潁考叔之及莊公, 則所以‘永錫爾類’者廣矣.”

○ 주희가 말했다.

"술 마시기를 좋아하여 부모의 봉양에 마음을 쓰지 않는 것은 불효이다. 그러므로 인욕 막기를 우(禹)가 맛 좋은 술을 싫어하듯이 한다

---

149) 『시경』 「대아」 〈韓奕〉. "奕奕梁山, 維禹甸之, 有倬其道, 韓侯受命. 王親命之, 纘戎祖考, 無廢朕命, 夙夜匪解, 虔共爾位, 朕命不易, 幹不庭方, 以佐戎辟."

150) 숭백의 아들은 우(禹)임금을 가리킨다. 『맹자』 「이루」 하 20장. "孟子曰：禹惡旨酒而好善言. 湯執中立賢無方. 文王視民如傷, 望道而未之見. 武王不泄邇, 不忘遠."

151) 『좌전』 은공 원년. 영봉인은 영땅을 다스린 考叔이다. "『書曰』：鄭伯克段于鄢. 段不弟故不言. 弟如二君故曰：克稱鄭伯譏失敎也. 謂之鄭志不言出奔難之也. 遂寘姜氏于城潁, 而誓之曰：不及黃泉無相見也. 旣而悔之潁考叔爲潁谷封人."

면, 하늘의 봉양에 마음 쓰는 바가 지극한 것이다. 성(性)이란 만물의 동일한 근원이니, 내가 사사로이 할 수 있는 것이 아니다. 그러므로 영재 기르기를 영고숙이 장공(莊公)에게 미친 것처럼 한다면, '너의 선함을 길이 가르쳐줌'이 넓을 것이다."

不弛勞而底豫, 舜其功也, 無所逃而待烹, 申生其恭也.

수고로움을 늦추지 않아 즐거움에 도달하도록 한 것은 순(舜)의 공이요,[152] 도망갈 곳이 없다고 하여 팽형(烹刑)을 기다린 것은 신생(申生)의 공손함이다.[153]

○ 朱子曰:"舜盡事親之道而瞽瞍底豫, 其功大矣. 故事天者盡事天之道而天心豫焉, 則天之舜也. 申生無所逃而待烹, 其恭至矣. 故事天者'夭壽不貳而修身以俟之', 則天之申生也."

○ 주희가 말했다.

"순은 어버이 섬기는 도리를 다하여 고수(瞽瞍)가 즐거움에 이르렀으니, 그의 공이 매우 크다. 그러므로 하늘을 섬기는 자가 하늘 섬기는 도리를 다하여 하늘의 마음이 즐거워하면 이 또한 하늘에 대한 순이다. 신생은 도망갈 곳이 없다고 하여 팽형을 기다렸으니, 그의 공손함이 지극하다. 그러므로 하늘을 섬기는 자가 '요절하거나 장수하는 것을 의심하지 않고 몸을 닦아 하늘의 명을 기다린다'[154]고 하면, 이

---

152) 『맹자』「이루」상 28장. "舜盡事親之道而瞽瞍底豫. 瞽瞍底豫, 而天下化. 瞽瞍底豫, 而天下之爲父子者定. 此之謂大孝."

153) 『좌전』 희공 5년. "晉侯使以殺太子申生之故來告. 初晉侯使蔿爲二公子, 築蒲與屈不愼實薪焉."

154) 『맹자』「진심」상 1장. "孟子曰:盡其心者, 知其性也, 知其性, 則知天矣. 存其

294

또한 하늘에 대한 신생(申生)이다."

體其受而歸全者, 參乎, 勇於從而順令者, 伯奇也.

자기가 받은 몸을 온전하게 돌려준 사람은 삼(參)[155]이요, 좇는 데 용감하여 명령을 따른 사람은 백기(伯奇)[156]이다.

○ 朱子曰: "父母全而生之, 子全而歸之. 若曾子之'啓手啓足', 則體其所受乎親者而歸其全也. 況天之所以與我者無一善之不備, 亦全而生之也. 故事天者能體其所受於天者而全歸之, 則亦天之曾子矣. 子於父母東西南北, 唯令之從. 若伯奇之履霜中野, 則勇於從而順令也. 況天之所以命我者吉凶福禍, 非有人欲之私, 故事天者能勇於從而受其正, 則亦天之伯奇矣."

○ 주희가 말했다.
"부모는 온전하게 낳아주고 자식은 온전하게 돌려드려야 한다. 증자가 '나의 손과 발을 펴보아라'고 한 것은 그가 부모에게서 받은 몸을 온전한 모습으로 돌려드린 것이다. 하물며 하늘이 나에게 준 것은 한 가지 선도 갖추지 않은 것이 없으니, 온전한 모습으로 낳아준 것이다. 그러므로 하늘을 섬기는 자가 하늘로부터 받은 몸을 온전히 돌려드린다면 이 역시 하늘에 대한 증자이다. 자식은 부모에 대해서, 동서

心, 養其性, 所以事天也. 殀壽不貳, 修身以俟之, 所以立命也."
155) 『논어』「태백」3장에서 증삼은 "나의 발을 펴보고 나의 손을 펴보아 …… 이제야 나는 불효를 면한 줄 알겠노라"라고 말하였다.
156) 백기는 『시경』에 나오는 윤길보(尹吉甫)의 아들이다. 길보가 후처의 말을 듣고 아들을 내쫓으니 백기는 이른 아침에 들판에 나가 거문고를 들고 이상조(履霜操)라는 가곡을 부르다가 강물에 투신하여 죽었다고 전한다(『說苑』에 나옴).

남북 가릴 것 없이 그 명령만을 따라야 한다. 이를테면 백기가 들판에서 서리를 밟은 것은 용감히 명령을 따른 것이다. 하물며 하늘이 내게 명한 것은 길흉화복을 불문하고 인욕의 사사로움이 없는 것이니, 하늘을 섬기는 자가 따르는 데 용감하여 순순히 그 바른 것을 받아들인다면, 이 역시 하늘에 대한 백기이다."

富貴福澤, 將厚吾之生也, 貧賤憂戚, 庸玉汝於成也.

부유함, 높은 지위, 복과 은택은 나의 삶을 넉넉하게 하는 것이요, 가난과 낮은 지위, 근심과 슬픔은 너를 옥으로 여겨 완성시켜 주는 것이다.

○朱子曰: "富貴福澤, 所以大奉於我而使吾之爲善也輕. 貧賤憂戚, 所以拂亂於我而使吾之爲志也篤. 天地之於人, 父母之於子其設心, 豈有異哉! 故君子之事天也, 以周公之富而不至於驕, 以顔子之貧而不改其樂. 其事親也愛之, 則喜而弗忘, 惡之則懼而怨其心, 亦一而已矣."

○주희가 말했다.

"부유함과 높은 지위, 복과 은택은 나를 크게 봉양해서 내가 선을 하기 쉽도록 해주는 것이다. 가난과 낮은 지위, 근심과 슬픔은 나를 거스르고 어지럽혀 내가 뜻을 돈독히 가지도록 해주는 것이다. 천지가 인간에 대한 것이 부모가 자식에 대해서 마음을 쓰는 것과 어찌 차이가 있겠는가! 그러므로 군자는 하늘을 섬길 때 주공(周公)처럼 부유해도 교만함에 이르지 않고, 안자(顔子)처럼 가난해도 그 즐거움을 고치지 않는다. 그가 부모를 섬길 때는 부모가 그를 사랑하면 기뻐하며 잊지 않고, 그를 미워하면 두려워하면서도 원망하지 않으니, 그 마음은 역시 하나일 뿐이다."

存吾順事, 沒吾寧也."〔『正蒙』「乾稱」1〕

살아 있을 때는 순종하여 섬기고, 죽어서는 편안하리라."

○ 朱子曰: "孝子之身, 存則其事親也不違其志而已, 沒則安而無所
媿於親也. 仁人之身, 存則其事天也不逆其地而已, 沒則安而無所愧
於天也. 蓋所謂'朝聞夕死', '吾得正而斃焉'者. 故張子之銘以是終焉."

○ 주희가 말했다.
"효자의 몸은, 살아서는 부모를 섬기며 그 뜻을 거스르지 않을 뿐
이고, 죽어서는 편안하여 부모에게 부끄러운 바가 없다. 어진 사람의
몸은 살아서는 하늘을 섬기며 그 이치를 거스르지 않을 뿐이고, 죽어
서는 편안하여 하늘에 부끄러운 바가 없다. 이른바 '아침에 도를 깨치
면 저녁에 죽어도 좋다'[157]는 말이나, '나는 바르게 살다가 죽는다'[158]는
뜻이다. 그러므로 장재의 명(銘)이 이 말로써 끝을 맺었다."

〔本注〕明道先生曰: "「訂頑」之言, 極醇無雜. 秦漢以來, 學者所未
到."
• 又曰: "「訂頑」一篇, 意極完備, 乃仁之體也.

〔본주〕 정호가 말했다. "「정완(訂頑)」의 글은 지극히 순수해서 잡됨
이 없다. 진・한 이후의 학자가 도달하지 못한 바이다."

---

157) 『논어』, 「이인」 8장. "子曰: 朝聞道, 夕死可矣."
158) 『예기』 「檀弓」 상에 나옴. 증삼이 임종을 맞이하여 자신의 직분에 맞지 않는 자
리를 바꾸게 하고서 한 말이다.

• 또 말했다. "「정완」 한 편은 뜻이 지극히 완비되어 있으니 바로 인의 바탕이다.

○ 仁者, 本以天地萬物爲一體.

○ 어진 사람은 본래 천지 만물을 한몸으로 여긴다.

學者其體此意, 令有諸己, 其地位已高. 到此地位, 自別有見處. 不可窮高極遠, 恐於道無補也."

학자가 이 뜻을 체득해서 자기 몸에 있게 한다면, 그 도달한 지위가 이미 높게 된다. 이러한 지위에 도달하게 되면 자연히 달리 보이는 것이 있을 것이다. 높고 먼 것만을 끝까지 추구해선 안 되니, 도에 보램이 되는 것이 없을까 두렵다."

○ 體認此意, 實爲我有, 所謂眞知而實踐之. 至此, 則又有見於大本一原之妙矣.

○ 이 뜻을 체득하여 진실로 나의 것이 되면, 이른바 "참되게 알고 실천이 지극한 것"이다. 이러한 경지에 이르면, 하나의 근원으로서 큰 근본의 오묘함을 알게 될 것이다.

• 又曰: "訂頑立心, 便達得天德."

• 또 말했다. "정완의 목표는 하늘의 덕에 도달하는 것이다."

○ 普萬物而無私, 天德也.

○ 만물을 두루 감싸안아 사심이 없는 것이 하늘의 덕이다.

• 又曰: "游酢得「西銘」讀之, 卽渙然不逆於心, 曰'此中庸之理也.' 能求於言語之外者也."

• 또 말했다. "유초(游酢)[159]가 「서명」을 읽고서 곧 얼음이 녹듯 마음에 거슬리지 않게 되어, '이것은 『중용』의 이치이다'라고 말하였다. 그는 언어의 바깥에서 뜻을 찾을 수 있는 자이다."

○ 游酢, 字定夫, 程子門人也. 『中庸』推本乎天命之性. 中者性之體, 和者性之用. 致中和, 至於天地位萬物育, 實則原於天命之本然. 「西銘」以人物之生, 同稟是氣以爲體, 同具是理以爲性. 雖有差等, 實無二本也. 今一視同仁者, 亦所以盡一己之性而全天命之本然耳. 此卽『中庸』之理也.

○ 유초(游酢)의 자는 정부(定夫)이며, 정자의 문인이다. 『중용』에서는 근본을 미루어 천명인 본성에까지 나아갔다. 중(中)은 성(性)의 본체요, 화(和)는 성의 작용이다. 중화를 극진하게 하여 천지가 제자리를 잡고 만물이 육성되는 상태에 이르는 것도 실은 천명의 본래 그러함에 근거할 따름이다. 「서명」은 '사람과 만물이 태어날 때 동일하게 기를 품수받아 몸으로 삼고 똑같이 리(理)를 갖추어 성으로 삼았으니, 비록 차등이 있더라도 실제로는 두 개의 근본이 없다'고 여긴다. 이제 만물을 하나로 보고 인을 함께 하는 것도 자기 한 몸의 성품을 다하여, 천명의 본래 그러함을 온전히 하는 것일 뿐이다. 이것은 곧 『중용』의 이치이다.

---

159) 유초(1053-1123)의 자는 定夫이고 二程의 문인이다.

• 楊中立問曰: "「西銘」言體而不及用, 恐其流遂至於兼愛. 何如?"
伊川先生曰: "橫渠立言, 誠有過者, 乃在『正蒙』. 「西銘」之書, 推理
以存義, 擴前聖所未發, 與孟子性善養氣之論同功. 豈墨氏之比哉! 「西
銘」理一而分殊, 墨氏則二本而無分.

• 양시가 물었다. "「서명」은 본체만을 말하고 작용에는 미치지 않
으니, 그 폐단이 드디어 겸애에 이르게 될까 두렵습니다. 어떻습니
까?" 정이가 말했다. "장재가 말한 것 중에 정말로 지나침이 있는 것
은 『정몽(正蒙)』에 있다. 「서명」의 글은 이치를 미루어 의를 보존하였
고 옛날의 성인이 밝히지 못한 부분을 넓혀 밝혔으니, 맹자의 성선
설[160] 및 양기설[161]과 더불어 공을 함께 한다. 어찌 묵씨에게 비기겠는
가! 「서명」은 '이치는 하나이지만 분수는 다르다[理一分殊]'는 것을
밝힌 것이요, 묵씨는 근본을 둘로 하여 구분이 없는 것이다.

○ 本注云: "老幼及人, 理一也, 愛無差等, 本二也."
○ 楊時, 字中立, 程子門人也. 「西銘」以天地爲父母, 萬物爲同體,
是理一也. 然而貴賤親疏上下, 各有品節之宜, 是分殊也. 若墨氏惑於
兼愛, 則泛然並施而無差等, 施之父母者猶施之路人. 是親疏並立而

---

160) 『맹자』「고자」상 1-6장. "孟子曰: 水信無分於東西, 無分於上下乎. 人性之善
也, 猶水之就下也. 人無有不善, 水無有不下. 今夫水搏而躍之, 可使過顙; 激而
行之, 可使在山. 是豈水之性哉."(2)/ "孟子曰: 乃若其情, 則可以爲善矣. 乃所謂
善也. 若夫爲不善, 非才之罪也. …… 仁義禮智, 非由外鑠我也. 我故固有之
也."(6)
161) 『맹자』「공손추」상 2장. "我善養吾浩然之氣. 敢問何謂浩然之氣. 曰難言也.
其爲氣也, 至大至剛, 以直養而無害, 則塞於天地之間. 其爲氣也, 配義與道, 無是
餒也. 是集義所生者, 非義襲而取之也."「고자」상 8장. "其日夜之所息, 平旦之
氣. 其好惡與人相近也者, 幾希, 則其旦晝之所爲, 有梏亡之矣. 梏之反覆, 則其夜
氣不足以存. 夜氣不足以存, 則其違禽獸不遠矣."

爲二本也.

○ 或問理一而分殊: "如同胞吾與, 大君家相, 長幼殘疾, 皆自有等差, 是分殊處否?"

朱子曰: "此是一直看下, 更須橫截看. 天氣而地質, 與父母固是一理. 然吾之父母與天地, 自是有个親疎. 同胞裏面, 便有理一分殊, 吾與裏面, 亦便有理一分殊. 龜山正是疑同胞吾與爲近於墨氏, 不知同胞吾與, 各自有理一分殊在其中矣."

○ 본주에서 말했다.

"남의 노인과 남의 어린이에게까지 사랑이 미치는 것은 이치가 하나인 것이며, 사랑에 차등이 없는 것은 근본이 둘인 것이다."

○ 양시(楊時)의 자는 중립(中立)이며, 정자의 문인이다. 「서명」은 천지를 부모로 삼고 만물을 한 몸으로 삼았으니 이것은 '리가 하나라는 것[理一]'이다. 그러나 신분의 귀천, 혈연의 가깝고 먼 관계, 직분의 높고 낮음이 각각 마땅한 등급이 있으니 이것은 '분수가 다르다는 것[分殊]'이다. 묵씨는 겸애에 현혹되어 대충 함께 베풀어 차등이 없으니, 부모에게 베푸는 것을 길거리 사람에게 베푸는 것과 같이 한다. 이것은 친소가 양립하여 두 개의 근본이 된 것이다.

○ 어떤 이가 리일분수에 대해 물었다.

"동포와 친구[吾與], 임금과 집사, 어른과 어린이와 피곤하고 병든 자 같은 것들은 모두 등급을 가지고 있으니, 이것이 분수가 다른 것입니까?"

주희가 말했다.

"이것은 수직으로 내려다본 것이니, 다시 옆으로 잘라서 보아야 한다. 하늘은 기를 주고 땅은 질(質)을 주니, 진실로 부모와 같은 이치이다. 그러나 우리 부모와 천지 사이에는 스스로 별도의 친소 관계가 있다. 동포의 이면에도 리일분수가 있고, 친구의 이면에도 리일분수의 관계가 있다. 양시는 동포와 친구라는 표현이 바로 묵씨의 설에 가깝다고 의심하였지만, 이는 동포와 친구도 각각의 리일분수를 그 안에 가지고 있다는 것을 모른 것이다."

分殊之蔽, 私勝而失仁, 無分之罪, 兼愛而無義.

분수가 다른 것의 폐단은 사사로움이 우세해져 인을 잃어버리는 것이고, 분수를 무시하는 죄는 똑같이 사랑하여 의를 무시하는 것이다.

○徒知分之殊而不知理之一, 則其蔽也, 爲己之私勝而失其公愛之理. 徒知理之一而不知分之殊, 則其過也, 兼愛之情勝而失其施愛之宜.

○분수가 다른 것만 알고 이치가 하나인 것은 알지 못하면, 자기를 위하는 사사로움이 우세해져 공평하게 사랑해야 하는 이치를 잃어버리는 폐단이 있게 된다. 이치가 하나라는 것만 알고 분수가 다른 것을 알지 못하면, 똑같이 사랑하는 정이 우세해져 사랑을 베푸는 마땅함을 잃어버리게 되는 잘못이 있게 된다.

分立而推理一, 以止私勝之流, 仁之方也. 無別而迷兼愛, 以至於無父之極, 義之賊也. 子比而同之, 過矣.

분수가 서면서도 이치가 하나라는 것을 미루어 사사로움이 우세해지는 폐단을 막는 것이 인의 방법이다. 구별이 없어 겸애에 미혹되어 아버지를 무시하는 극치에까지 이르는 것은 의를 해치는 것이다. 그대가 둘을 비교하여 같게 여기는 것은 잘못이다.

○分立而推其理之一, 則無私勝之蔽. 此爲仁之方, 「西銘」, 是也.

施無差等而迷於兼愛, 則其極也至於無父. 此害義之賊, 墨氏, 是也.

○분수가 이미 확립된 뒤에, 그 이치가 하나라는 것에까지 미루어 나가면 사사로움이 우세해지는 폐단이 없게 된다. 이것은 인을 행하는 방법이니, 「서명」이 이러한 경우이다. 사랑을 베푸는 데 차등이 없어 겸애에 미혹되면, 그 극단은 아버지를 무시하는 데에까지 이르게 된다. 이것은 의를 해치는 도적이니, 묵씨가 이런 경우이다.

且彼欲使人推而行之, 本爲用也. 反謂不及, 不亦異乎!"

또한 그는 사람들로 하여금 미루어 행하게 하고자 한 것이니, 본래 작용을 위한 것이다. 도리어 거기에 미치지 않는다고 하니, 또한 이상하지 않은가!"

○「西銘」本言理一, 欲人推大公之用. 因龜山有兼愛之疑, 故程子又明其分之殊. 蓋莫非自然之理也. 或曰: "旣言'理一', 又曰'分殊', 是理與分爲二也." 曰: "以理推之, 則並生於天地之間者同體同性, 不容以異觀也. 然是理也, 則有品節之殊輕重之等, 所謂分也者, 特是理之等差耳, 非二端也."

○「서명」은 본래 이치가 하나라는 것을 말하여 사람들로 하여금 크고 공평한 작용을 미루어 나가도록 하고자 한 것이다. 양시가 '겸애가 아닐까' 하는 의심이 있었기 때문에, 정자는 분수가 다르다는 것을 밝혔다. 모두 자연의 이치가 아닌 것이 없다.
어떤 이가 말했다.
"이미 '이치가 하나'라고 말하고 또 '분수가 다르다'고 하니, 이치와 분수는 둘인 것 같습니다."

대답해서 말했다.

"이치로 미루어 나가 본다면, 하늘과 땅 사이에서 함께 태어난 것들은 같은 몸, 같은 성을 가지고 있으니 서로 다르게 볼 수가 없다. 그러나 이 이치라는 것은 정도의 차이와 경중의 등급이 있으니, 이른바 분수라는 것은 다만 이치의 차등일 뿐이니, 두 가지 단서가 있는 것이 아니다."

〔本注〕 又作「砭愚」曰: "戲言出於思也, 戲動作於謀也. 發於聲, 見乎四支, 謂非己心, 不明也, 欲人無己疑, 不能也.

〔본주〕 또 「폄우(砭愚)」를 지었다. "농담도 생각에서 나오는 것이며, 장난도 의도적인 것에서 나온다. 소리로 발현되고 온몸에 나타났는데 자기 마음이 아니라고 한다면 밝지 못한 것이고, 다른 사람이 자기를 의심하지 않기를 바란다면 될 수 없다.

○ 言雖戲, 必以思而出也, 動雖戲, 必以謀而作也. 戲言發於聲, 戲動見乎四支, 謂'非本於吾心', 是惑也. 本於吾心, 而欲人之不我疑不可得也.

○농담으로 하는 말이라도 생각했기 때문에 나오는 것이 분명하고, 장난으로 하는 행동이라도 의도했기 때문에 일어난다. 농담이 말소리에서 드러나고 장난이 온몸에서 나타났는데도 '내 마음에 뿌리를 둔 것이 아니다'라고 한다면, 이는 미혹된 생각이다. 자기 마음에 뿌리를 둔 것인데도 다른 사람들이 자기를 의심하지 않기를 바란다면 그럴 수 없다.

過言非心也, 過動非誠也. 失於聲, 繆迷其四體, 謂己當然, 自誣也,欲他人己從, 誣人也.

　잘못된 말이 본래 마음에서 나온 것이 아니요, 잘못된 행동이 진실 [誠]에서 나온 것이 아니라고 한다. 말에서 실수하고 행동에서 미혹되어 잘못하고서도, 자기의 당연한 일이라고 생각하는 것은 스스로를 속이는 것이요, 다른 사람이 자기를 따르기를 바라는 것은 남을 속이는 것이다.

　○ 言之過者非其心之本然也, 動之過者非其誠之實然也. 失於聲而爲過言, 繆迷其四體而爲過動. 謂之過者皆誤而非故也. 或者吝於改過, 遂以爲己之當然, 是自誣其心也. 旣憚改而自誣又欲人之從之, 是誣人也. 此夫子所謂"小人之過也, 必文", 孟子所謂"過則順之, 又從而爲之辭."

　○ 지나친 말은 자기 마음의 본연의 상태에서 그렇게 한 것이 아니요, 지나친 행동은 자신의 참모습이 실제로 그런 것은 아니다. 말을 하다 잘못하면 지나친 말이 되고, 행동을 미혹되게 잘못하면 지나친 행동이 된다. 모두 실수로 잘못하는 것이지 고의적인 것은 아니다. 어떤 사람은 잘못을 고치는 데 인색하여 드디어 자기 행위가 당연한 것이라고 생각하지만, 이는 스스로 자기 마음을 속이는 것이다. 고치는 것을 꺼려 이미 자기 자신을 속이고서, 또 남들이 자기를 따르기를 바란다면, 이는 남을 속이는 것이다. 이는 공자가 말한 "소인은 잘못을 저지르고 나면 반드시 꾸민다"[162]는 것이며, 맹자가 말한 '잘못을 저지르고 나서 그것을 따르고, 또 그것을 위하여 변명한다'[163]는 것에 해당

---

162) 『논어』「자장」 8장. 단, 『논어』에는 子夏의 말로 되어 있다. "子夏曰: 小人之過也, 必文."
163) 『맹자』「공손추」 하 9장. "且古之君子, 過則改之. 今之君子, 過則順之. 古之君子, 其過也如日月之食. 民皆見之. 及其更也, 民皆仰之. 今之君子, 豈徒順之, 又

한다.

或者謂出於心者, 歸咎爲己戲, 失於思者, 自誣爲己誠. 不知戒其出
汝者, 歸咎其不出汝者, 長傲且遂非, 不智孰甚焉!"

어떤 사람들은 마음에서 나온 것인데도 자기의 장난으로 허물을 돌
려버리고, 생각에서 잘못한 것을 자신의 진실이라고 하여 자신을 속인
다. 자기에게서 나오는 것을 경계할 줄 모르고 자기에게서 나오지 않
은 것이라는 데로 허물을 돌려, 오만을 키우고 또 잘못을 이루게 되
니, 우매함이 이보다 심한 것이 있겠는가!"

○ 戲謔出於心思, 乃故爲也, 不知所當戒, 徒歸咎以爲戲, 則長傲而
慢愈滋矣. 過誤不出於心思, 乃偶失耳, 不知歸咎於偶失, 反自誣以爲
實然, 則遂非而過不改矣.
○ 學者深省乎此, 則崇德辨惑矯輕警惰之功, 亦大矣. 然其於戲且誤
者, 克治尙如此之嚴, 況乎過之非戲誤者, 豈復留之纖芥以累其身心
哉!

○ 장난과 농담은 마음의 생각에서 나오는 것이니 곧 고의로 한 것
인데, 경계할 줄을 모르고 다만 허물을 돌려 장난으로 치부하면 오만
함을 키워 교만함이 더욱 자라게 할 것이다. 과오는 마음의 생각에서
나오는 것이 아니라 우연한 실수일 뿐인데, 우연한 실수에 허물을 돌
릴 줄 모르고 오히려 스스로를 속여 참된 것으로 여긴다면 잘못을 이
루어 과오를 고치지 못하게 될 것이다.
○ 학자가 여기에서 깊이 반성하면, 덕을 높이고 의심나는 것을 분

從爲之辭."

변하며 경박한 것을 바로잡고 나태한 것을 경계하는 공이 클 것이다. 그러나 장난과 실수에 대해서도 극복하고 다스림이 이와 같이 엄격한데, 하물며 잘못이 장난과 실수가 아닌 경우에야 어찌 다시 티끌만큼이라도 남겨두어 몸과 마음을 더럽히겠는가!

橫渠學堂雙牖, 右書「訂頑」, 左書「砭愚」. 伊川曰 "是起爭端", 改「訂頑」曰「西銘」,「砭愚」曰「東銘」. 〔『正蒙』「乾稱」18〕

장재의 공부방 양쪽 창문에, 오른쪽엔 「정완」을 써놓고, 왼쪽엔 「폄우」를 써놓았다. 이천이 "이것은 싸움을 일으키는 실마리가 된다"고 하고, 「정완」을 고쳐 「서명」이라 하고, 「폄우」를 고쳐 「동명」이라 하였다.

○ 頑者暴忍而不仁, 愚者昏塞而不知.「訂頑」主仁而義在其中,「砭愚」主智而禮在其中.

○ 완고한 자는 사납고 잔인하여 어질지 못하고, 어리석은 자는 어둡고 막혀서 지혜롭지 못하다. 「정완」은 인(仁)을 주로 하나 의가 그 가운데 있고, 「폄우」는 지(智)를 주로 하나 예가 그 가운데 있다.

90

將修己, 必先厚重以自持. 厚重知學, 德乃進而不固矣. 忠信進德, 惟尙友而急賢. 欲勝己者親, 無如改過之不吝. 〔『正蒙』「乾稱」17〕

장차 몸을 닦으려거든 반드시 중후하게 처신해야 한다. 중후하면서 학문을 알면 덕이 진보하여 고루하지 않을 것이다. 충성스럽고 믿음직함으로써 덕을 진보시키려면 오직 벗을 높이고 현자를 사귀기를 급하게 여겨야 한다. 자기보다 나은 자와 친하려면 허물을 고치는 데 인색하지 않는 것만한 것이 없다.[164]

○『文集』, 下同.

○ 說見『論語』. 君子脩己之道, 必以厚重爲本. 苟輕浮則無受道之基. 然徒重厚而不知學, 則亦固滯而不進矣. 然進德之道, 必以忠信爲主, 而求忠信之輔者, 莫急於交勝己之賢. 但或吝於改過, 則無所施其責善之道, 賢者亦不我親矣.

○ '學則不固'之說, 與本文異. 此自是一義有益學者故取焉. 此錄經說有與本文異者放此.

○『문집』에 나오며, 아래도 동일하다.

○ 설명이 『논어』에 보인다. 군자가 자신을 닦는 도는 반드시 중후함을 근본으로 삼아야 한다. 실로 가볍고 들떠 있으면, 도를 받아들일 기반이 없게 된다. 그러나 한갓 중후하기만 하고 학문을 모른다면, 덕이 고루하게 정체되어 진보하지 않을 것이다. 그러나 덕을 진척시키는 방법은 반드시 충신을 주로 삼아야 하며, 충신을 보완할 것을 찾는다면, 자기보다 나은 현자와 사귀는 것보다 더 급한 것은 없다. 그렇지만 혹 잘못을 고치는 데 인색하면 '선함을 요구하는 도'[165]를 베풀 곳이 없게 되니, 현자도 자기를 친하게 여기지 않을 것이다.

○ '학즉불고(學則不固)'의 해설이 『논어집주』의 주와 다르다. 이 글은 별도로 하나의 뜻이 되어 학자에게 유익하므로 여기에 실었다. 이 책에서 기록한 경에 대한 해설이 본문과 다른 점이 있는 것은 모두

---

164) 『논어』「학이」8장. "主忠信, 無友不如己者, 過則勿憚改."

165) 『맹자』「이루」하 30장. "責善, 朋友之道也." 선하게 살기를 요구하는 것은 친구 사이의 도리라는 뜻이다.

이와 같다.

91

　橫渠先生謂范巽之曰：“吾輩不及古人, 病源何在?”巽之請問, 先生曰：“此非難悟. 設此語者, 蓋欲學者存意之不忘, 庶游心浸熟, 有一日脫然如大寐之得醒耳.”〔『張載集』「近思錄拾遺」1〕

　장재가 범손지(范巽之)[166]에게 말했다. “우리들이 옛사람들에게 미치지 못하니, 병의 근원이 어디에 있는가?”손지가 다시 물으니, 선생은 대답하였다. “이것은 깨닫기 어려운 것이 아닐세. 이 말을 한 것은 학자들이 뜻을 보존하여 잊지 않고, 마음을 거의 거기에 노닐게 하여 점점 젖어들고 익숙해져서, 어느 날 확 벗어나 큰 잠에서 깨어난 것 같음이 있기를 바란 것일 뿐일세.”

　○范育, 字巽之. 朱子曰：“橫渠設此語, 正要學者將此題目時時自省, 積久貫熟而自得之耳.”又曰：“人於義理, 須如所謂脫然大寐之得醒, 方始是信得處.”

　○범육(范育)의 자가 손지(巽之)이다.
주희가 말했다.
“장재가 이 말을 한 것은 학자들이 이 주제를 가지고 때때로 반성하고 공부를 오래도록 쌓아 관통하고 익숙해져서, 스스로 얻도록 한 것일 따름이다.”
또 말했다.

---

166) 범손지(생몰년 미상)의 이름은 育이다. 장재의 문인이다.

"사람은 의리에 대해서 이른바 확 벗어나 큰 잠에서 깨어난 듯이 되어야 비로소 믿을 만한 곳이 생긴다."

92

未知立心, 惡思多之致疑, 旣知所立, 惡講治之不精.

아직 마음을 세울 줄 모를 때는 많은 생각이 의심을 불러일으키는 것을 싫어하지만, 이미 세울 바를 안 뒤에는 강론하고 연구하는 것이 정밀하지 못함을 싫어한다.

○立心未定, 而多思致惑, 則所向或移. 立心旣定, 而講治粗疎, 則所業莫進.

○마음 세우는 것이 아직 정해지지 않았는데 생각을 많이 해서 의혹을 불러일으키게 되면 지향점이 때로 바뀌게 된다. 마음 세우는 것이 이미 정해졌는데도 강론하고 연구하는 것이 거칠고 성기면 공부가 진보하지 않는다.

講治之事, 莫非術內, 雖勤而何厭! 所以急於可欲者, 求立吾心於不疑之地, 然後若決江河以利吾往.

강론하고 연구하는 일이 학술 안의 일이 아닌 것이 없으니, 비록 힘들더라도 어찌 싫어하겠는가! 하고자 할 만한 선[167]을 굽하게 여기

---

167) 이것은 善을 가리킨다. 『맹자』「진심」하 25장. "孟子曰: 善人也, 信人也. 何謂善, 何謂信. 曰: 可欲之謂善. 有諸己之謂信. 充實之謂美, 充實而有光輝之謂大, 大而化之之謂聖, 聖而不可知之之謂神. 樂正子二之中, 四之下也."

는 까닭은 내 마음을 의심없는 곳에 세우고자 함이니, 그런 뒤에야 강물을 터놓은 것처럼 나의 가는 길을 순조롭게 할 것이다.

○ 承上文而言. 致思講治, 乃窮理之事, 皆在吾學術之內. 初何厭乎勤! 此言講治之貴精. 然所以急於明可欲之善者, 蓋欲先定吾志無所疑惑, 然後能若決江河, 進而不可遏. 此言立心之必定.

○ 윗글을 이어 말했다. 생각하고 강론하고 연구하는 것은 이치를 궁구하는 일이니, 모두 나의 학술 안에 속하는 일이다. 당초에 어찌 힘든 것을 싫어하겠는가! 이것은 강론과 연구는 정밀한 것을 귀하게 여긴다는 말이다. 그러나 하고자 할 만한 선을 밝히는 데 급히 하는 까닭은, 대개 나의 뜻을 먼저 정하여 의심하거나 미혹되는 바가 없게 된 뒤에, 마치 강물을 터놓으니 흘러감에 막을 자가 없는 것과 같이 되도록 하기 위한 것이다. 이것은 마음을 세우기를 반드시 확고하게 해야 한다는 말이다.

遜此志, 務時敏, 厥修乃來. 故雖仲尼之才之美, 然且敏以求之. 今持不逮之資, 而欲徐徐以聽其自適, 非所聞也. 〔『張載集』「近思錄拾遺」 2〕

'이 뜻을 순조롭게 하고서 당면 과제에 민첩하기를 힘쓴다면, 수양이 이루어질 것이다.[168] 그러므로 중니의 아름다운 재주로도 오히려 민첩하게 구하였다.[169] 오늘날 거기에 미치지 못하는 자질을 지니고서 천천히 자기에게 맞는 것만을 따르려고 하니, 내가 아는 바 아니다.

○ '遜', 順也. '遜此志', 則立心已定. '務時敏', 則講學爲急. 如是則

---

168) 『서경』 「열명」 하. "惟學遜志, 務時敏, 厥修乃來. 允懷于茲, 道積于厥躬."
169) 『논어』 「술이」 19장. "子曰 : 我非生而知之者, 好古敏以求之者也."

所修乃日見其進也. 說見『尙書』.

○'손(遜)'은 순조롭게 하는 것이다. '이 뜻을 순조롭게 한다'는 것은 마음을 세우는 것이 이미 안정되었다는 것이다. '당면 과제에 민첩하기를 힘쓴다'는 말은 강학을 급하게 여긴다는 것이다. 이렇게 되면 수양이 날마다 진척됨을 볼 것이다. 학설은 『상서』에 보인다.

93

明善爲本. 固執之乃立, 擴充之則大, 易視之則小, 在人能弘之而已.
〔『張載集』「性理拾遺」16〕

선을 밝히는 것이 근본이다. 굳게 잡으면 확립되고 확충하면 커지며 가벼이 여기면 작아지니, 사람이 넓히는 데 달려 있을 따름이다.

○明善者, 爲學之本. 知之旣明, 由是固守之, 則此德有立. 推廣之, 則此德日大. 苟以忽心視之, 則所見者亦寢微矣.

○선을 밝히는 것이 학문의 근본이다. 아는 것이 이미 밝아지면 이에 따라 그것을 굳게 지키면, 이 덕이 확립되고, 미루어 넓히면 이 덕이 날마다 커진다. 만일 소홀한 마음으로 그것을 대한다면 보이는 바가 점점 미미하게 될 것이다.

94

今且只將尊德性而道問學爲心, 日自求於問學者, 有所背否, 於德性, 有所懈否. 此義亦是博文約禮下學上達, 以此警策一年, 安得不長!

이제 덕성을 높이고 학문에 종사하는 것[170]만을 마음으로 삼아, 날마다 학문에서 위배되는 것이 없는가, 덕성에 혹 게으른 점이 없는가하고 스스로 반성해 보라. 이 뜻은 역시 널리 글을 배우고 예로 단속하여〔博文約禮〕,[171] 일상적인 데서 배워 위로 천리에 도달한다는 뜻〔下學上達〕[172]이니, 이것으로 경계하고 독려하기를 일 년 정도 하면 어찌자라지 않겠는가!

○ ʻ尊ʼ者崇尙敬持之意. ʻ道ʼ, 由也. 由學問而惟恐背違, 崇德性而惟恐懈怠. 日以此自省, 積之歲月, 則內外兼進矣. 尊德性則是約禮上達之事, 道問學則是博文下學之事.

○ ʻ존(尊)ʼ은 숭상해서 공경스럽게 지닌다는 뜻이다. ʻ도(道)ʼ는 말미암는다는 뜻이다. 학문에 종사하면서 위배되는 점이 있을까 두려워하고, 덕성을 높이면서 게으르게 될까 두려워한다. 날마다 이것으로 자신을 반성하여 여러 해 동안 쌓이면, 안과 밖이 함께 진보될 것이다. 덕성을 높이는 것은 예로 단속하여 위로 천리에 도달하는 일이고, 학문에 종사하는 것은 널리 글을 배우며 일상적인 데서 배우는 일이다.

每日須求多少爲益. 知所亡, 改得少不善, 此德性上之益.

날마다 얼마간의 보람이 있기를 추구해야 한다. 자기에게 없는 점

---

170) 『중용』 27장. "故君子尊德性而道問學, 致廣大而盡精微. 極高明而道中庸. 溫故而知新, 敦厚以崇禮."
171) 『논어』 「안연」 15장. "子曰：博學於文, 約之以禮, 亦可以弗畔矣夫."
  「옹야」 25장. "子曰：君子博學於文, 約之以禮, 亦可以弗畔矣乎."
172) 『논어』 「헌문」 37장. "子曰：莫我知也夫. 子貢曰：何爲其莫知子也. 子曰：不怨天, 不尤人. 下學而上達, 知我者, 其天乎."

을 알고,[173] 조금의 선하지 않은 점이라도 고칠 수 있다면, 이것은 덕성에 보탬이 된다.

○ 學者日省其身. 所以增益其不知者, 何如, 所以改治其不善者, 何如, 以是存心, 則德日新矣.

○ 학자는 날마다 자기 몸을 반성해야 한다. 알지 못하던 것을 알아낸 것이 얼마나 되는가, 자기의 악함을 고친 것이 얼마나 되는가 하는 것이니, 이런 식으로 마음을 보존하면 덕이 날마다 새로워질 것이다.

讀書求義理, 編書須理會, 有所歸著, 勿徒寫過. 又多識前言往行. 此問學上益也.

독서할 때는 의리를 찾아야 하고 책을 지을 때는 이해하여 귀착되는 바가 있어야지, 헛되이 베끼고 지나가서는 안 된다. 또한 옛사람들의 말과 행동을 많이 알아야 한다.[174] 이것은 학문 면에서의 이익이다.

○ 讀書者, 必窮其義理, 不徒事章句訓詁之末. 編書者, 必求其旨歸. 不徒務博洽紀錄之功. 多識前哲之言行, 以廣所知, 則學日進矣.

○ 책을 읽는 자는 반드시 그 의리를 궁구해야지, 장구와 훈고의 말단만 일삼아서는 안 된다. 책을 짓는 자는 반드시 그 의의(意義)를 생각해야 한다. 공연히 널리 기록하는 데만 힘써서는 안 된다. 옛 성현들의 언행을 많이 알아서 자기의 지식을 넓혀나가면 학문이 날로 진

173) 『논어』 「자장」 5장. "子夏曰 : 日知其所亡, 月無忘其所能, 可謂好學也已矣."
174) 『주역』 대축괘의 「상전」. "象曰 : 天在山中大畜. 君子以多識前言往行, 以畜其德."

보할 것이다.

勿使有俄頃閑度. 逐日似此, 三年庶幾有進. 〔『張載集』「近思錄拾遺」3〕

잠시라도 한가로이 보내지 말라. 날마다 이렇게 하여, 삼 년이 되면 거의 진보하는 바가 있을 것이다.

○君子之學, 一有間斷, 則此心外馳, 德性日隳, 問學日廢矣.

○군자의 학문이 한 번이라도 사이가 끊어지면, 이 마음이 바깥으로 달려 덕은 날마다 무너지고, 학문은 날로 폐기될 것이다.

95

爲天地立心, 爲生民立道, 爲去聖繼絶學, 爲萬世開太平. 〔『張載集』「近思錄拾遺」4〕

천지를 위해서 마음을 세우고, 백성을 위해서 삶의 길을 세우고, 옛 성인을 위해 끊어진 학문을 잇고, 만세를 위해 태평을 연다.

○天地以生生爲心, 聖人參贊化育, 使萬物各正其性, 此爲天地立心也. 建明義理, 扶植綱常, 此爲生民立道也. 繼絶學, 謂纘述道統. 開太平, 如有王者起, 必來取法, 利澤垂於萬世. 學者以此立志, 則所任至大而不安於小成, 所存至公而不苟於近用.

○천지는 낳고 또 낳는 것을 마음으로 삼고, 성인은 화육(化育)에

참여하여 만물이 각각 그 성명(性命)의 바름을 얻도록 도와주니, 이것이 천지를 위해서 마음을 세우는 것이다. 의리를 세워 밝히고 삼강(三綱)과 오상(五常)의 윤리를 도와 세우는 것, 이것이 백성을 위해 삶의 길을 세우는 것이다. 끊어진 학문을 잇는다는 것은 도통(道統)을 모아 서술하는 것을 말한다. 태평을 연다는 것은 제왕이 일어나면 반드시 나에게서 법을 구해 그 은택이 만세에까지 드리우게 하는 것이다. 학자가 이것으로 뜻을 세우면 책임이 지극히 커서 작은 성취에 만족하지 않을 것이요, 품은 생각이 지극히 공평해져 구차하게 눈앞의 실용(實用)만 추구하지 않을 것이다.

96

載所以使學者先學禮者, 只爲學禮, 則便除去了世俗一副當習熟纏繞. 譬之, 延蔓之物解纏繞, 卽上去. 苟能除去了一副當世習, 便自然脫灑也. 又學禮, 則可以守得定. 〔『張載集』「語錄 下」15〕

내가 학자들로 하여금 먼저 예를 배우도록 하는 것은, 예를 배우면 습성으로 익숙해진 세속의 일체의[175] 얽매임을 제거할 수 있기 때문이다. 비유컨대, 이리저리 뻗은 넝쿨은 휘감긴 것만 풀어주면 즉시 자라는 것과 같다. 만일 세속의 모든 습관을 제거할 수 있으면, 곧 자연히 탁 트여 시원하게 된다. 또 예를 배우면 안정되게 지킬 수 있게 된다.

○ 學禮, 則可以消除習俗之累, 又有所據依而自守.

○ 예를 배우면 습관이 된 세속의 얽매임을 제거할 수 있고, 또 의

---

175) '一副當'은 관중 지방의 방언으로 '일체 모든 것'이라는 뜻이다.

거하는 바가 있어 스스로를 지킬 수 있다.

97

須放心寬快, 公平以求之, 乃可見道. 況德性自廣大! 易曰 : "窮神
知化, 德之盛也", 豈淺心可得! 〔『橫渠易說』「繫辭」下〕

모름지기 마음을 넓고 시원하게 터서, 공평히 구해야만 도를 볼 수
있다. 하물며 덕성은 스스로 광대한 것임에랴! 『역』에서 "신의 세계를
궁구하여 변화를 아는 것은 덕이 성대함을 통해서다"[176]라고 했으니,
어찌 얕은 마음으로 가능한 일이겠는가!

○ 橫渠 『易說』.
○ 人之德性本自廣大. 故必廣大心, 求之, 偏狹固滯, 豈足以見道!

○ 장재의 『역설』에 나온다.
○ 사람의 덕성은 본래 스스로 광대하다. 그러므로 반드시 광대한
마음으로 구해야 하니, 편협하고 고루하게 정체되어 있다면, 어찌 도
를 볼 수 있겠는가!

98

人多以老成則不肯下問, 故終身不知. 又爲人以道義先覺處之, 不
可復謂有所不知, 故亦不肯下問. 從不肯問, 遂生百端欺妄人我, 寧終
身不知. 〔『張載集』「近思錄拾遺」5〕

---

176) 『주역』 「계사」 하 5장.

많은 사람들은 노숙하다고 생각해서 아랫사람에게 묻지 않으려고 하므로 종신토록 알지 못한다. 또 남에게 도의를 먼저 깨달은 사람으로 자처하여 다시 알지 못하는 것이 있다고 생각하지 못하기 때문에, 아랫사람에게 묻기를 싫어한다. 묻기를 싫어하는 것으로부터 드디어 온갖 일로 남과 자기를 속이면서도 오히려 죽을 때까지 알지 못하고 만다.

○ 橫渠『論語說』.
○ 言人虛驕, 恥於下問, 內則欺己, 外則欺人, 終於不知而已.

○ 장재의『논어설』에 나온다.
○ 사람들은 헛되이 교만을 부려 아랫사람에게 묻기를 부끄러워하니, 안으로는 자기를 속이고 밖으로는 남을 속이게 되어, 결국 알지 못하게 되고 만다는 것을 말하고 있다.

99

多聞不足以盡天下之故. 苟以多聞而待天下之變, 則道足以酬其所嘗知, 若劫之不測, 則遂窮矣. 〔『張載集』「近思錄拾遺」6〕

많이 들은 것만으로 천하 모든 일의 까닭을 알 수 있는 것은 아니다. 만일 많이 들은 것만 가지고 천하의 변화에 대응하면 미리 알고 있던 바에 대해선 도가 응수하기에 충분하지만, 만약 추측할 수 없는 일로 위협하면 드디어 궁하게 된다.

○ 橫渠『孟子說』, 下同.
○ ‘故’, 所以然也. ‘酬’, 應也. 心通乎道, 則能盡夫事理之所以然.

故應變而不窮. 不通乎道而徒事乎記問, 則見聞有限而事變無涯, 卒
然臨之以所未嘗知, 則窮矣.

○ 장재의 『맹자설』에 나오며, 아래도 동일하다.
○ '고(故)'는 그렇게 된 까닭[所以然]이다. '수(酬)'는 응대하는 것이
다. 마음이 도에 통하면 사물의 이치가 그러한 까닭을 알 수 있다. 그
러므로 변화에 응하여 막히지 않는다. 도에 통하지 못하고서 한갓 기
억하고 묻는 것만 일삼으면, 듣고 보는 데는 한계가 있고 일의 변화에
는 끝이 없어서 미리 알고 있지 못하던 것을 갑자기 만나면 막히고
만다.

100

爲學大益, 在自求變化氣質. 不爾, 皆爲人之弊, 卒無所發明, 不得
見聖人之奧. 〔『張載集』「語錄」 中 26〕

학문을 하는 큰 이익은 스스로 기질을 변화시키려고 노력하는 데
있다. 그렇게 하지 않으면 모두 남을 위하는 폐단에 빠지니, 끝내 발
휘하여 밝히는 것이 없게 되어 성인의 깊은 경지를 보지 못하고 만다.

○ 所貴於學, 正欲陶鎔氣質, 矯正偏駁. 不然則非爲己之學, 亦何以
推明聖人之蘊哉!
○ 朱子曰: "寬而栗, 柔而立, 剛而無虐, 簡而無傲, 便是敎人變化
氣質."

○ 학문에서 귀하게 여기는 바는 바로 기질을 도야(陶冶)하여 치우
치고 잡된 것을 교정하고자 하는 것이다. 그렇지 않다면 자기를 위한

학문이 아니니, 어떻게 성인의 깊은 뜻을 미루어 밝히겠는가!

　○주희가 말했다.

"너그러우면서도 위엄 있을 것, 부드러우면서도 꿋꿋할 것, 굳세면서도 사납지 않을 것, 대범하면서도 오만하지 않을 것, 이런 것들이 바로 사람으로 하여금 기질을 변화시키도록 가르친 것이다."

101

文要密察, 心要洪放. 〔『經學理窟』「禮樂」23〕

글은 세밀하게 살펴야 하며, 마음은 넓게 트여야 한다.

　○『語錄』, 下同.
　○文不密察, 則見理麤疎, 心不洪放, 則所存狹滯.

　○『어록』의 글로, 아래도 동일하다.
　○글을 세밀히 살피지 않으면 이치를 보는 것이 거칠고 소략해지며, 마음이 넓게 트이지 않으면 가진 것이 협소하고 정체된다.

102

不知疑者, 只是不便實作. 旣實作, 則須有疑. 必有不行處, 是疑也.
〔『經學理窟』「氣質」15〕

의심할 줄 모르는 자는 단지 참되게 공부하지 않은 자이다. 일단 참되게 공부하였다면, 반드시 의심나는 것이 있다. 반드시 행하지 못하는 곳이 있을 것이니, 이것이 의심나는 곳이다.

○ 始學之士, 知必有所不明, 行必有所不通, 不知疑者是未嘗實用功也.

○ 처음 학문하는 사람은 지혜가 반드시 밝지 못함이 있고, 행하는데 반드시 통하지 않는 곳이 있으니, 의심할 줄 모르는 자는 참되게 공부하지 않은 자이다.

103

心大則百物皆通, 心小則百物皆病. 〔『經學理窟』「氣質」20〕

마음이 크면 갖가지 사물에 두루 통하고, 마음이 작으면 갖가지 사물이 모두 병이 된다.

○ 心大, 則寬平弘遠, 故處己待人, 無往而不達. 心小, 則褊急固陋, 無所處而不爲病也.

○ 마음이 크면 너그럽고 평안하고 넓고 멀어서, 처신하고 응대하는데 가는 곳마다 통달하지 못하는 것이 없다. 마음이 작으면 좁고 급하고 완고하고 비루해서 머무르는 곳마다 병 되지 않는 것이 없다.

104

人雖有功, 不及於學, 心亦不宜忘. 心苟不忘, 則雖接人事, 卽是實行, 莫非道也. 心若忘之, 則終身由之, 只是俗事. 〔『經學理窟』「義理」9〕

사람이 비록 일이 있어 학문할 겨를이 없더라도 마음으로는 역시 잊지 말아야 한다. 진실로 마음에서 잊지 않으면 비록 일을 접하더라도 이것이 바로 실천이니, 도가 아닌 것이 없다. 마음이 만약 잊어버린다면 종신토록 행해도 세속사일 뿐이다.

○人有妨廢學問之功者. 然心不忘乎學, 則日用無非道, 故曰'卽是實行.' 心苟忘乎學, 則日用而不知, 故曰'只是俗事.' 實行與俗事, 非二事, 特以所存者不同耳.

○사람에게는 학문을 방해하고 못하게 하는 일이 있을 수 있다. 그러나 마음이 학문할 것을 잊지 않으면 일상생활이 도가 아닌 것이 없으므로, 삶이 곧 실천이라고 말한다. 만약 마음이 학문할 것을 잊어버린다면 일상생활을 하면서 도를 알지 못하므로, 이것은 세속사일 따름이라고 말한다. 실천과 세속사는 두 가지 일이 아니지만 마음가짐이 같지 않기 때문에 두 가지로 된다.

105

合內外, 平物我, 此見道之大端. 〔『經學理窟』「義理」17〕

안과 밖을 합하고 남과 나를 공평하게 여기는 것은 도를 알았다는 큰 단서가 된다.

○合內外者表裏一致, 就己而爲言也. 平物我者物我一體, 合人己而爲言也.

○안과 밖을 합한다는 것은 겉과 속이 일치된다는 것이니, 자기 자신을 두고 말한 것이다. 남과 나를 공평하게 여기는 것은 남과 나를

한 몸으로 여기는 것이니, 남과 나를 합해서 말한 것이다.

106

旣學而先有以功業爲意者, 於學便相害. 旣有意, 必穿鑿創意, 作起
事端也. 德未成而先以功業爲事, 是代大匠斲, 希不傷手也. 〔『經學理
窟』「學大原」上 4〕

학문을 시작하면서 먼저 공업(功業)에 뜻을 둔다면 학문에 서로 방
해가 된다. 이미 공업에 뜻을 갖게 되면, 반드시 천착하여 새로운 생
각을 내어 일의 단서를 일으킨다. 덕이 아직 완성되지도 않았는데 미
리 업적을 도모하고자 하는 것은 목수를 대신하여 나무를 다듬는 것
과 같으니, 손을 다치지 않음이 드물 것이다.[177]

○功業, 立言立事皆是也. 爲學而先志於功業, 則穿鑿創造, 必害于
道矣.

○ 공업이란 말을 세우고 일을 계획하는 것 등이다. 학문을 하면서
먼저 공업에 뜻을 둔다면 억지로 파헤치고 창조해서 반드시 도를 해
치게 된다.

107

竊嘗病, 孔孟旣沒, 諸儒罵然, 不知反約窮源, 勇於苟作, 持不逮之

---

177) 『노자』 74장. "民常不畏死, 奈何以死懼之. 若使人常畏死, 而爲奇者. 吾得執而
殺之. 孰敢. 常有司殺者殺. 而代司殺者殺, 是代大匠斲. 夫代大匠斲, 希有不傷
其手矣."

資, 而急知後世. 明者一覽, 如見肺肝然, 多見其不知量也. 方且創艾
其弊, 默養吾誠, 顧所患, 日力不足而未果他爲也. 〔『張載集』「近思錄
拾遺」7〕

공맹이 돌아가신 뒤, 여러 유자들이 시끄럽지만 반성하여 자신을
단속하여 근원을 궁구할 줄 모르고 구차히 창작하는 데만 용감하며,
미치지 못하는 자질을 가지고서 후세에 알려지는 데만 급한 것을 걱
정하였다. 밝은 자가 한 번 보면 폐와 간까지 들여다보는 것 같으리
니, 자신들의 능력을 알지 못한다는 것을 드러낼 뿐이다. 이제 잠시
그런 폐단을 다스려 말없는 가운데 나의 성실함을 키우면, 오히려 근
심되는 점은 날짜와 힘이 부족하여 다른 일을 하지 못할까 하는 것일
뿐이다.

○ 不知反約窮源, 故浮淺而無實. 默養吾誠, 則反約窮源之事也.

○ 반성하고 단속하여 근원을 궁구할 줄 모르기 때문에 들뜨고 천박
하여 알맹이가 없다. 묵묵히 자기의 성실함을 키우는 것이 반성하고
단속하여 근원을 궁구하는 일이다.

108

學未至而好語變者, 必知終有患. 蓋變不可輕議, 若驟然語變, 則知
操術己不正. 〔『經學理窟』「義理」1〕

학문이 아직 지극하지 않은데 변(變)을 이야기하기를 좋아하는 자
는 반드시 나중에 근심이 있게 될 줄을 알겠도다. 대개 변이란 가벼이
논의할 수 없으니, 만일 갑자기 변을 논한다면, 그의 지조(志操)와 학

술이 이미 바르지 못한 것을 알 수 있다.

○ '變'者, 非常行之道, 蓋權宜之事也. 自非見理明, 制義精者, 不足以與此. 苟學未至而輕於語變, 則知其學術之源已不正, 終必流於邪譎.

○ '변(變)'이란 일상적으로 행하는 도가 아니며, 마땅함을 저울질하여 행하는 일이다. 스스로 이치를 보는 것이 분명하지 못하고, 의(義)를 제정하는 것이 정밀하지 못하면 여기에 참여할 수 없다. 만일 학문이 지극하지 않으면서 가볍게 변을 이야기한다면, 그 학술의 근원이 이미 바르지 않고 끝내는 비뚤어지고 거짓된 데로 흘러버리고 말 것이라는 것을 알 수 있다.

109

凡事蔽蓋不見底, 只是不求益.

모든 일을 가리고 덮어 볼 수 없는 것은 유익함을 구하지 않는 것일 뿐이다.

○ 行己無隱, 則是非善惡有所取正, 庶可以增益其所未知所未能. 苟固爲蔽覆, 恐人之知, 是則非求益者也.

○ 행동에 있어서 숨기는 것이 없으면 시비선악에서 교정을 받을 수가 있으므로 자기가 아직 알지 못하고 행하지 못하는 바를 채워나갈 수 있을 것이다. 만일 굳게 덮고 가리어 남들이 알기를 두려워한다면, 이는 유익을 구하는 것이 아니다.

有人不肯言其道義所得所至, 不得見底. 又非"於吾言無所不說"〔『經學理窟』「義理」8〕

어떤 사람의 경우에는 습득하고 도달한 도의를 말하기를 꺼려하여 그것을 볼 수가 없다. 이들은 또한 "내 말에 기뻐하지 않음이 없다"[178]라는 것과는 다르다.

○人不肯言其知之所得行之所至, 使人不可得而見者, 蓋苟安自足恐人之非己. 又非若顏子之如愚於聖言無所不悅者之比也.

○사람들이 그 지식이 얻은 바와 행동이 다다른 경지를 말하기를 꺼려서 타인이 볼 수 없게 하는 것은 대개 구차히 안주하고 자족하며 남들이 자기를 비난하는 것을 두려워하기 때문이다. 이는 또한 안자의 어리석은 듯함[179]이나 성인의 말씀에 기뻐하지 않음이 없었다는 것과 비교할 바가 아니다.

110

耳目役於外, 攬外事者, 其實是自墮. 不肯自治, 只言短長, 不能反躬者也. 〔『經學理窟』「義理」19〕

귀와 눈이 외물에 현혹되어 바깥의 일을 잡는 자는, 실은 스스로 타락한 것이다. 자신을 다스리기를 좋아하지 않으면서 남의 장·단점만을 이야기하는 자는 자신을 반성하지 못하는 자이다.

---

178) 『논어』「선진」3장. "子曰 : 回也. 非助我者也. 於吾言, 無所不說."
179) 『논어』「위정」9장. "子曰 : 吾與回言. 終日不違如愚. 退而省其私, 亦足以發. 回也不愚."

○急於自治, 何暇務外, 厚於反躬, 何暇議人!

○ 자신을 다스리는 데 급하면 어찌 밖에 힘쓸 겨를이 있겠으며, 자기 몸을 반성하는 것이 두터우면 어찌 남에 대해 이러쿵저러쿵 할 겨를이 있으리오!

111

學者大不宜志小氣輕. 志小則易足, 易足則無由進. 氣輕則以未知爲已知, 未學爲已學. 〔『經學理窟』「學大原 下」28〕

학자들은 뜻이 작고 기질이 가벼우면 절대로 안 된다. 뜻이 작으면 쉽게 만족하고, 쉽게 만족하면 나아갈 방도가 없게 된다. 기질이 가벼우면 아직 알지 못한 것을 이미 알았다고 여기고, 아직 배우지 못한 것을 이미 배웠다고 여긴다.

○志小則易於自足. 故怠惰而無新功. 氣輕則易於自大. 故虛誕而無實得.

○ 뜻이 작으면 자족하기가 쉽다. 그러므로 게을러져서 새로운 노력이 없게 된다. 기질이 가벼우면 자신을 대단하다고 여기기 쉽다. 그러므로 허튼 소리만 할 뿐 실제로 얻은 것은 없다.

제3권

앎을 이룸〔致知〕[1]

○此卷論致知. 知之至而後有以行之. 自首段至二十二段, 總論致
知之方. 然致知莫大於讀書. 二十三段至三十三段, 總論讀書之法. 三
十四段以後, 乃分論讀書之法而以書之先後爲序. 始於『大學』使知爲
學之規模次序, 而後繼之以『論』『孟』『詩』『書』. 義理充足于中則可探
大本一原之妙. 故繼之以『中庸』. 達乎本原則可以窮神知化, 故繼之
以『易』. 理之明義之精而達乎造化之蘊, 則可以識聖人之大用, 故繼
之以『春秋』. 明乎『春秋』之用, 則可推以觀史而辨其是非得失之致矣.
橫渠『易說』以下, 則仍語錄之序. 而周官之義因以具焉.

---

1) 『대학』의 '格物致知'는 유학의 인식론이라고 할 수 있다. 성리학을 집대성한 주
희는 격물치지설의 재해석을 통해 자신의 학문을 보편적인 학문으로 정립하고자
하였다. 한편 왕수인은 주희의 격물치지설을 부정·비판하고 자신의 새로운 설을
통하여 성리학에 대항하는 명대의 심학을 열었다. 어떤 학문이 보편적 학문으로
정립되기 위해서는 인식론에 기초하지 않으면 안 된다. 이 권은 성리학의 인식이
론을 보여준다. '致知'에 대하여 주희는 "致는 끝까지 밀어 나가는 것이다. 知
는 識(인식능력)이다. 나의 인식능력을 끝까지 밀고 나가 아는 바가 다하지 않음
이 없고자 하는 것이다"라고 하였다(『대학집주』 참조). 쉽게 풀이하면, 나의 인식
능력을 최대한 발휘하여 어떤 것에 대한 완전한 앎을 성취하는 것, 즉 앎을 이루
는 것이다.

○이 권은 앎을 이룸[致知]에 대하여 논하였다. 앎이 이른 뒤에야 행할 수 있다. 첫 장에서 22장까지는 앎을 이루는 방법을 총론하고 있다. 그러나 앎을 이루는 데는 독서보다 중대한 것이 없다. 23장에서 33 장까지는 독서의 방법을 총론하고 있다. 34장 이후에야 비로소 독서의 방법을 세분하여 논하고, 읽어야 할 책의 순서를 정하고 있다. 『대학』에서 시작하여 학문을 하는 규모와 차례를 알게 해주고, 이어서 『논어』, 『맹자』, 『시경』, 『서경』을 읽도록 하고 있다. 의리가 마음속에 가득 차면 커다란 근본이 되는 하나의 근원의 오묘함[大本一原之妙]을 찾을 수 있다. 그래서 『중용』으로 논의를 잇는다. 그 본원(本原)에 도달하게 되면 신의 세계를 궁구하여 조화를 알 수 있으므로, 『역』으로 논의를 잇는다. 이치를 밝히고, 의를 정밀히 하여 조화의 그윽한 이치에 도달하게 되면, 성인의 커다란 활용을 알 수 있으므로, 『춘추』로 논의를 잇는다. 『춘추』의 활용에 밝게 되면, 미루어 역사서를 읽고 시비득실의 갈라짐을 구별할 수 있다. 장재의 『역설』 이하는 어록의 순서에 따른다. 그래서 주관(周官)의 뜻도 여기에 갖추어져 있다.

1

伊川先生答朱長文書曰：

"心通乎道, 然後能辨是非, 如持權衡以較輕重. 孟子所謂知言是也.

정이가 주장문에게 답한 편지에서 말하였다.
"마음이 도에 통한 뒤에야 저울을 가지고 경중을 비교하듯이 시비를 가릴 수 있다. 이것이 맹자가 말한 '말을 이해한다[知言]'2)는 것이 이것이다.

---

2) 『맹자』 「공손추」 상 2장. 유학에서 도는 인간의 삶의 길이지만, 삶의 길은 가깝게는 인간의 본성에 기초하며, 보다 근원적으로는 우주 본체에 근거하므로 존재와 가치는 일치한다. 존재와 가치가 일치할 뿐 아니라 인식능력도 가치와 일치하는 존재

○‘道’者, 事物當然之理. ‘通’, 曉達也. ‘知言’者, 天下之言, 無不究明其理, 而識其是非之所以然.

○‘도’라는 것은 사물이 마땅히 그러해야 하는 이치이다. ‘통(通)한다’는 것은 밝게 안다는 것이다. ‘말을 이해한다[知言]’는 것은 천하의 모든 말에 대해서 이치를 파악하여 옳고 그른 까닭을 알아차리지 못함이 없다는 것이다.

心不通於道, 而較古人之是非, 猶不持權衡而酌輕重. 竭其目力, 勞其心智, 雖使時中, 亦古人所謂‘億卽婁中’, 君子不貴也.” [『程氏文集』 9卷 (伊川先生文 5) 「答朱長文書」]

마음이 도에 통하지 못하고서 옛 사람들의 시비를 비교하는 것은 저울도 가지지 않고서 경중을 짐작하는 것과 같다. 시력을 다하고 마음의 지혜를 수고롭게 하여 비록 때로 들어맞는 경우가 있다 해도 이는 옛사람이 말한 ‘억측하면 자주 적중했다[3]’라는 말에 해당하는 경우에 불과하니, 군자는 이를 귀하게 여기지 않는다.”

○『文集』, 下同.
○‘時中’, 謂有時而中之. ‘億’, 以意揣度也. 揣度而中, 則非明理之致矣. 說見『論語』.

───────────

의 또 다른 한면이다. 그러므로 유학의 진리인 도에 대한 인식은 만물에 대한 바른 인식과 바른 가치판단의 기초가 된다. 그러므로 도를 알아야만 시비를 제대로 판단할 수 있다고 한다.
3) 『논어』 「선진」 18장. “子曰: 回也, 其庶乎. 屢空. 賜不受命, 而貨殖焉. 億則婁中.”

○『문집』에 나오며, 아래도 같다.

○ '때에 들어맞음[時中]'이란 때로 들어맞는 경우가 있다는 것이다. '억측[億]'은 자의로 추측하는 것이다. 추측하여 상황에 적중하는 것은 밝은 이치의 결과가 아니다. 설명이 『논어』에 나온다.

2

伊川先生答門人曰:

"孔孟之門, 豈皆賢哲? 固多衆人, 以衆人觀聖賢, 弗識者多矣. 惟其不敢信己, 而信其師, 是故求而後得. 今諸君於頤言, 纔不合, 卽置不復思. 所以終異也. 不可便放下, 更且思之. 致知之方也." [『程氏文集』9卷(伊川先生文 5)「答門人書」]

정이가 문인에게 답했다.

"공맹의 문하라고 어찌 모두 현명하고 지혜로운 사람들이었겠는가? 범인들도 참으로 많았다. 범인의 입장에서 성현을 바라보면, 이해하지 못하는 자도 많았을 것이다. 다만 그들은 감히 자신을 믿지 않고 스승을 믿었으므로, 구하려고 노력하여 얻을 수 있었다. 오늘날 제군들은 나의 말에 대해 조금이라도 자신의 생각과 합치하지 않으면 버려두고 다시 생각지 않는다. 그래서 끝내 차이가 나는 것이다. 버려두지 말고 다시 생각해 보아야 한다. 이것이 앎을 이루는 방법이다."

3

伊川答橫渠先生曰:

"所論大槪有苦心極力之象, 而無寬裕溫厚之氣. 非明睿所照, 而考索至此. 故意屢偏而言多窒, 小出入時有之.

정이가 장재에게 답했다.

"그대가 말한 것은 대체로 마음을 괴롭히고 힘을 다한 모습은 있지만 관대하고 온후한 기상이 없다. 밝은 예지로 비추어 안 것이 아니라 고찰하고 탐구해서 여기에 이르게 되었다. 그러므로 그 뜻이 자주 편벽되고 말이 통하지 못하는 경우가 많으며 사소한 오류가 발생하는 경우도 있다.

○ 本注云 : "明所照者, 如目所覩, 纖微盡識之矣. 考索至者, 如揣料於物, 約見髣髴爾, 能無差乎?"

○ 본주에서 말했다.

"'밝은 예지로 비추어 안다'는 것은 눈으로 보듯이 사소한 것까지 다 아는 것이다. '고찰하고 탐구해서 이른다'는 것은 대상에 대해 추측해서 비슷한 모습을 대강 보는 것이니, 차이가 없을 수 있겠는가?"

更願完養思慮涵泳義理, 他日自當條暢." 〔『程氏文集』 9卷(伊川先生文 5)「答橫渠先生書」〕

바라건대 생각을 완전하게 기르고 의리 속에서 헤엄치며 노닐어〔涵泳〕 뒷날 저절로 통달하게 하라."

○ 苦思强索, 則易至於鑿, 而不足以達於理. 涵泳深厚, 則明睿自生.

○ 생각을 괴롭혀 억지로 찾으면 천착하는 데 이르기 쉬워 이치에 통달하기에 부족하다. 헤엄치고 노닐어 깊고 두텁게 되면 밝은 예지가 저절로 생긴다.

4

欲知得與不得, 於心氣上驗之. 思慮有得, 中心悅豫, 沛然有裕者,
實得也. 思慮有得, 心氣勞耗者, 實未得也, 强揣度耳.

터득했는지 터득하지 못하였는지를 알고 싶으면 심기(心氣)에서 시
험해 보아야 한다. 사려하는 가운데 터득한 것이 있어 마음속으로부터
기쁨이 생겨 성대하게〔沛然〕여유로움이 있게 되면 참으로 터득한 것
이다. 사려하는 가운데 터득한 것이 있으나 심기가 피로하고 소모됨이
있으면 이는 참으로 터득한 것이 아니라 억지로 추측한 것일 뿐이다.

○ 學固原於思, 然所貴從容厭飫而自得. 不可勞心, 極慮而强通.

○ 학문은 원래 사려에 근원을 두고 있으나 여유 있게 충만되어 자
득함을 귀하게 여긴다. 마음을 수고롭게 하고 생각을 끝까지 하여 억
지로 통하고자 해서는 안 된다.

嘗有人言 : "比因學道思慮, 心虛." 曰 : "人之血氣, 固有虛實. 疾
病之來, 聖賢所不免. 然未聞自古聖賢因學而致心疾者."〔『程氏遺書』
2上-27〕

일찍이 어떤 사람이 "요즈음 도를 공부하면서 너무 생각하여 심기
가 허하게 되었다"라고 했다. 내가 말했다. "사람의 혈기는 본래 허
(虛)하고 실(實)할 때가 있다. 질병이 오는 것은 성인도 어쩔 수 없다.
그러나 옛부터 성현들이 학문을 하여 마음의 병을 일으켰다는 말은
듣지 못했다."

5

今日雜信鬼怪異說者, 只是不先燭理. 若於事上一一理會, 卽有甚
盡期? 須只於學上理會. 〔『程氏遺書』 2下-15〕

오늘날 기괴하고 이상한 말들을 잡다히 믿는 것은 먼저 이치를 밝
히지 않기 때문일 뿐이다. 만약 모든 사태를 하나하나 이해하려 하면,
그것을 언제 다 알 수 있겠는가? 모름지기 학문하는 데에서 이해해야
한다.

○ 講學, 則理明, 而怪妖不足以惑之矣.

○ 학문을 강구하게 되면, 이치가 밝아져서 기괴한 것들이 미혹시키
지 못할 것이다.

6

學原於思. 〔『程氏遺書』 6-8〕

학문은 사려에 근원을 두고 있다.

○ 學以明理爲先. 善思, 則明睿生, 而物理可格.

○ 학문에서는 이치를 밝히는 것을 우선시한다. 잘 생각하게 되면
밝은 예지가 생겨나 만물의 이치에 이를 수 있다.

7

所謂'日月至焉', 與'久而不息'者, 所見規模, 雖略相似, 其意味氣象
迥別.

'하루나 한 달에 한번 인에 이르렀다'고 하는 사람과 '오래도록 머
무르며 쉬지 않는'[4] 사람의 경우, 그들이 본 규모는 비슷한 듯하지만
의미와 기상은 매우 다르다.

○ 學者於仁, 或日或月而至焉. 方其至之時, 其視夫三月不違者, 所
造所見, 亦無以異. 但其意味氣象, 則淺深厚薄迥然不同.

○ 학자들은 혹 하루나 한 달에 한 번 인에 이른다. 인에 이르렀을
때는 석달 동안 어기지 않는 자와 비교해 보면 나아간 경지나 바라보
는 바가 다를 것이 없다. 그러나 그 의미와 기상에 있어서 깊고 얕음
과 두텁고 얇음은 아주 다르다.

須心潛默識, 玩索久之, 庶幾自得. 學者不學聖人卽已, 欲學之, 須
熟玩味聖人之氣象. 不可只於名上理會, 如此只是講論文字. 〔『程氏遺
書』15-114〕

모름지기 마음으로 침잠해 들어가고 묵묵히 기억하여 완미하고 탐
색하기를 오래 해야 거의 자득하게 된다. 학자가 성인을 배우지 않으
면 그만이지만 배우려고 한다면, 모름지기 성인의 기상을 깊이 음미해

---

4) 『논어』「옹야」5장에서 공자가 안회를 "석 달 동안 인에 어긋나지 않은 사람
〔其心三月不違仁〕"이라고 평가한 것을 말한다. "回也, 其心三月不違仁. 其餘則
日月至焉而已."

야 한다. 개념만 이해해서는 안 되니, 이와 같이 하면 문자를 강론하는 것에 지나지 않을 뿐이다.

○ 潛玩聖賢氣象, 庶養之厚而得之深. 若徒考論文義, 則末矣.

○ 성현의 뜻과 기상에 침잠하고 이를 완미하여 두텁게 기르고 깊이 있게 얻어야 한다. 단지 글자의 뜻만 고찰하고 논한다면 이는 말단적인 것이다.

8

問: "忠信進德之事, 固可勉强, 然致知甚難."

물었다. "충과 신을 통해서 덕을 향상시키는 것[5]은 참으로 노력을 통해서 가능한 것입니다만, 앎을 이루는 것이야말로 참으로 어렵습니다."

○ 忠信進德, 力行也. 謂行可以强而進, 知不可以强而至.

○ 충과 신을 통해서 덕을 향상시키는 것은 힘써 행하는 것이니, 실행은 억지로 향상시킬 수 있지만 앎은 억지로 이르게 할 수 없다는 것이다.

伊川先生曰:

"學者固當勉强, 然須是知了方行得. 若不知, 只是覷却堯學他行事.

---

5) 『주역』 건괘 「문언」. "君子進德修業, 忠信所以進德也."

無堯許多聰明睿智, 怎生得如他動容周旋中禮?

정이가 말했다.

"학자는 힘써 노력해야 하지만 모름지기 알아야 행할 수 있다. 만약 알지 못한다면, 이는 요임금을 얼핏 보고 그의 행동을 배우기만 하는 것일 뿐이다. 요임금과 같은 커다란 총명함과 예지로움이 없다면 용모를 움직이고 두루 행동하는 것이 어찌 요와 같이 예에 합치할[6] 수 있겠는가?

○ 學者當以致知爲先. 苟明有所不至, 徒規規然學堯之行事, 其可得乎?

○ 학자는 앎을 이루는 것을 우선시해야 한다. 만약 밝음이 미치지 못하고서 자질구레하게 요의 행동을 배우기만 한다면 배우는 것이 가능하겠는가?

如子所言, 是篤信而固守之, 非固有之也.

그대의 말과 같은 경우는 독실하게 믿고서 굳게 지키는 것[7]이지, 진실로 자신의 것으로 가진 것이 아니다.

○ 固守者勉强而堅執, 固有者從容而自得.

---

6) 『맹자』「진심」하 33장. "孟子曰: 堯舜性者也. 湯武反之也. 動容周旋中禮者, 盛德之至也."
7) 『논어』「태백」13장. "子曰: 篤信好學, 守死善道. 危邦不入, 亂邦不居, 天下有道則見, 無道則隱."

○ 굳게 지킨다는 것은 억지로 노력하여 굳세게 지킨다는 것이요, 진실로 가진다는 것은 자연스럽게 자득하는 것이다.

未致知, 便欲誠意, 是躐等也. 勉强行者, 安能持久?

앎을 이루지 못하고서 뜻을 성실하게 하려고 하면, 이는 단계를 뛰어넘는 것이다. 애써서 억지로 행하는 자가 어찌 오래갈 수 있겠는가?

○ 忠信卽誠意之事. 欲誠其意者, 先致其知. 知有未至, 而勉强以爲忠信, 其能久乎?

○ 충과 신은 뜻을 성실하게 하는 일에 속한다. 뜻을 성실하게 하려면 먼저 앎을 이루어야 한다. 앎이 이르지 못하고서 억지로 충신을 행한다면, 어찌 오래 갈 수 있겠는가?

除非[8]燭理明, 自然樂循理. 性本善, 循理而行, 是順理事, 本亦不難. 但爲人不知, 旋安排著, 便道難也.

오직 이치를 밝게 밝히기만 하면 저절로 이치에 따르는 것을 즐기게 된다. 성은 본래 선하므로 이치에 따라 행하는 것은 이치에 순종하는 일이니 본래 어려운 것이 아니다. 단지 사람들이 알지 못하고 일에 임하자 곧 안배하려 하기 때문에 어렵다고 말한다.

○ 見理明, 則眞知而實信之, 自然樂於循理. 蓋人性本善, 順理而

---

8) '除非'는 '오직'이라는 뜻이다.

行, 宜無待於勉强. 惟於理有未知或知有未盡, 臨事布置, 故覺其難.

ㅇ 이치를 명백히 보게 되면, 참으로 알게 되고 진실로 믿게 되어 저절로 이치에 따르는 것을 즐기게 된다. 대개 사람의 본성은 원래 선하여 이치에 따라 행하게 되어 있으니, 억지로 행하는 데 의지할 필요가 없다. 이치를 알지 못하거나 앎이 미진해서 일에 임하여 억지로 안배하려 하기 때문에 어려움을 느낀다.

知有多少般數, 然有深淺. 學者須是眞知. 纔知得是, 便泰然行將去也.

앎에는 여러 가지 종류가 있어서 실로 깊고 천박한 차이가 있다. 학자는 모름지기 참되게 알아야 한다. 옳은 것을 알게 되면 태연하게 행동할 수 있다.

ㅇ 眞知者, 知之至也. 眞知其是, 則順而行之, 莫能遏矣.

ㅇ 참되게 안다는 것은 앎이 극진한 것이다. 옳은 것을 참되게 알면 따라서 행하게 되니, 누구도 막을 수 없다.

某年二十時解釋經義, 與今無異. 然思今日覺得意味與少時自別."〔『程氏遺書』18-25〕

내 나이 스물에 경전을 해석한 것이 지금과 차이가 없었다. 그러나 지금 생각해 보면 그 의미가 어렸을 때와 아주 달라졌음을 느낀다."

ㅇ 此可見先生致知之功進德之實. 而聖經之旨要必玩味. 積久乃能

眞知. 而亦不徒在於解釋文義而已.

○ 여기에서 선생의 앎을 이룬 공부와 덕을 향상시킨 내용을 엿볼
수 있다. 성인이 만든 경전의 뜻은 우리가 모름지기 완미하여야 한다.
쌓이고 오래 되어야 비로소 참으로 알 수 있다. 한갓 글의 뜻만 해석
하는 데 달린 것이 아니다.

9

凡一物上有一理, 須是窮致其理. 窮理亦多端, 或讀書講明義理, 或論
古今人物別其是非, 或應接事物而處其當, 皆窮理也.

무릇 한 가지 사물마다 하나의 이치가 있으니 모름지기 그 이치를
모두 궁구해서 알아야 한다. 이치를 궁구하는 데에는 많은 방법이 있
으니 독서를 통해 의리를 밝히기도 하고, 고금의 인물을 논함으로써
그 시비를 가리기도 하고, 일에 응하고 사람을 접대하며 마땅하게 처
리하는 것도 모두 궁리이다.

○ 三者窮理之目, 當隨遇而究竟. 然讀書講明義理尤爲要切. 而觀
人處事之準則, 要亦於書而得之.

○ 이 세 가지는 궁리의 조목이니 마땅히 마주치는 상황에 따라 끝
까지 추구해야 한다. 그러나 독서를 하여 의리를 해석해 밝히는 것이
더욱 요긴하고 절실하다. 남을 판단하고 일을 처리하는 준칙도 책 속
에서 얻어야 한다.

或問 : "格物須物物格之, 還只格一物而萬理皆知?" 曰 : "怎得便會

貫通? 若只格一物, 便通衆理, 雖顔子亦不敢如此道. 須是今日格
一件, 明日又格一件, 積習旣多, 然後脫然自有貫通處."[『程氏遺書』
18-27]

혹자가 물었다. "사물을 궁구[格]하는 것은 사물마다 궁구하는 것입
니까, 아니면 하나의 사물만 궁구하면 만 가지 이치를 다 알 수 있는
것입니까?" 대답하였다. "어찌 곧바로 관통할 수 있겠는가? 한 가지
사물만 궁구하면 모든 이치를 알 수 있는 경우는 안자[9]라고 해도 감히
이렇게 말하지는 못할 것이다. 오늘 하나의 사물에 나아가 궁구하고
내일 또 하나의 사물에 나아가 궁구하여 쌓이고 익힘이 많게 된 뒤에
야 확 벗어나듯이[脫然] 저절로 관통하는 곳이 있게 된다."

○朱子曰: "程子說'格物', 曰: '格, 至也. 格物而至於物, 則物理
盡.' 意句俱致, 不可移易. 天生烝民, 有物有則. '物'者, 形也. '則'者,
理也. 人具是物而不能明其物之理, 則無以順性命之正而處事物之當.
故必卽是物以求之. 知求其理矣而不至乎物之極, 則事之理有未窮而
吾之知亦未盡. 故必至其極而後已."

○주희가 말했다.
"정자는 '격물(格物)'에 대한 설명에서 '격(格)은 이르는 것[至]이다.
사물을 궁구해서 사물에 이르게 되면, 사물의 이치를 다할 수 있게 된
다'라고 하였다. 뜻과 글이 모두 지극하니 바꿀 수 없다. '하늘이 백성
을 낳을 때 사물이 있으면 법칙이 있게 하였다.'[10] '물(物)'은 형체가

---

9) 안회는 "한 가지를 들으면 열 가지를 안다(聞一以知十)"(『논어』「공야장」9장.
"子謂子貢曰: 女與回也孰愈. 對曰: 賜也, 何敢望回. 回也聞一以知十, 賜也, 聞
一以知二. 子曰: 弗如也. 吾與女弗如也.")는 평을 친구인 子貢으로부터 들을 정
도로 인식 능력이 탁월하였다.

있는 것이며, '칙(則)'이란 리(理)이다. 사람들이 사물을 구비하고 있으면서 사물의 이치를 밝히지 못하면 바른 성명에 따라 사물에 마땅하게 대처할 수 없다. 그러므로 반드시 이 사물에 나아가 앎을 구해야 한다. 그 이치를 알고자 하되 지극한 경지에 이르지 못하면, 사리가 다 궁구되지 못함이 있게 되어 나의 지혜도 미진하게 된다. 그러므로 반드시 지극한 경지에 이른 뒤에야 그친다."

〔本注〕 又曰: "所務於窮理者, 非道盡窮了天下萬物之理. 又不道是窮得一理便到. 只要積累多, 後自然見去."

〔본주〕 또 말했다. "궁리에 힘쓴다는 것은 천하 만물의 이치를 모두 궁구하는 것을 말하는 것은 아니다. 또 하나의 이치를 궁구해 얻으면 곧 통한다고 말하는 것도 아니다. 거듭 많이 쌓이게만 되면 저절로 그 이치를 보게 된다."

○ 朱子曰: "今人務博者却要盡窮天下之理, 務約者又謂反身而誠, 則天下之物無不在我. 此皆不是. 唯程子積累貫通之說爲妙."

○ 주희가 말했다.

"오늘날 박식에만 힘쓰는 이들은 천하의 이치를 모두 다 알고자 하고, 요약에만 힘쓰는 이들은 자신에게 돌이켜 참되면〔誠〕 천하 만물의 이치가 모두 나에게 있다고 말한다. 이는 모두 옳지 않다. 오직 정자의 거듭 쌓아 관통하게 된다는 말이 오묘하다."

---

10) 『시경』 「대아」〈烝民〉. "天生烝民, 有物有則, 民之秉彝, 好是懿德. 天監有周, 昭假于下, 保茲天子, 生仲山甫."

思曰睿, 思慮久後, 睿自然生.

생각의 덕은 슬기로움[11]이니 사려를 오래 하면 슬기로움이 자연 생긴다.

○ 說見『尚書』. ‘睿’, 通微也. 人心虛靈, 本然明德. 致思窮理, 久自通微.

○ 학설이 『상서』에 나온다. ‘슬기로움’이란 은미한 것에 통하는 것이다. 사람의 마음은 텅 비고 신령스러우며 본래 밝은 덕을 갖추고 있다. 사려를 지극히 해서 이치를 탐구하여 오래 되면 (저절로) 은미한 데까지 통할 수 있다.

若於一事上思未得, 且別換一事思之, 不可專守著這一事. 蓋人之知識於這裏蔽著, 雖强思亦不通也. 〔『程氏遺書』18-20〕

만약 한 가지 일에 대해서 깊이 사려해도 깨닫지 못하면, 우선 다른 일을 생각해야지, 이 한 가지 일에만 집착해서는 안 된다. 사람의 지식이란 이런 곳에서 막혀버리면 억지로 생각한다 해도 통하지 않는다.

○ 致知之道弗明弗措. 然人心亦有偏暗處, 當且置之. 庶不滯於一隅.

---

11) 『서경』「홍범」. "二五事. 一曰貌, 二曰言, 三曰視, 四曰聽, 五曰思. 貌曰恭, 言曰從, 視曰明, 聽曰聰, 思曰睿."

○앎을 이루는 도는 분명하게 알지 못하면 그만두지 않는 것이다.[12] 그러나 사람의 마음에는 특별히 치우치고 어두운 곳이 있으니, 그것은 우선 버려두어야 한다. 그러면 한 모서리에만 정체되지 않을 수 있다.

11

問："人有志於學, 然知識蔽固, 力量不至, 卽如之何?" 曰："只是致知. 若知識明, 卽力量自進." 〔『程氏遺書』18-29〕

혹자가 물었다. "학문에 뜻을 두고 있는 사람이 있는데, 지식이 통하지 못하고 역량도 부족하면 어찌 해야 합니까?" 대답했다. "이 경우에는 앎을 이루어야 한다. 지식이 분명해지면 역량도 저절로 향상된다."

○眞知事理之當然, 則自有不容已者.

○사물의 마땅한 이치를 진실로 알게 되면 저절로 그만둘 수 없게 된다.

12

問："觀物察己, 還因見物反求諸身否?" 曰："不必如此説. 物我一理, 纔明彼卽曉此, 此合内外之道也."

---

12) 『중용』 20장의 "배우지 않을지언정 배우려면 알지 못하는 것을 그만두지 않으며, 묻지 않을지언정 물으려면 알지 못하는 것을 그만두지 않으며, …… 하지 않을지언정 행하려면 독실하지 않은 것을 그만두지 않는다(有弗學, 學之弗能弗措也. 有弗問, 問之弗知弗措也. …… 有弗行, 行之弗篤弗措也)"는 정신을 참조할 것.

혹자가 물었다. "'사물을 관찰하고 자기를 살핀다'는 말은 외물을 살피는 것을 통해서 돌이켜 자기에게 반성해 구한다는 말입니까?" 대답했다. "꼭 그렇게 말할 필요는 없다. 사물과 나는 이치가 하나이니, 저것에 밝아지면 곧 이것에 통하게 되어 있으니, 이것이 내외를 합일 시키는 도이다."

○ 天下無二理. 物之理, 卽吾心之理也. 因見物而反求諸身, 則是以物我爲二致.

○ 천하에 두 가지 이치란 없다. 사물의 이치가 곧 내 마음의 이치이다. 외물을 관찰하는 것을 통해 돌이켜 내게 구한다면, 이는 사물과 나를 두 갈래로 여기는 것이다.

又問 : "致知先求之四端如何?" 曰 : "求之情性, 固是切於身. 然一草一木皆有理, 須是察." 〔『程氏遺書』 18-48〕

또 물었다. "앎을 이룸에 있어 먼저 사단[13]에서 구하면 어떠합니까?" 대답했다. "성정에서 구하는 것이 물론 자신에게 가장 절실한 것이다. 하지만 하나의 초목도 모두 이치를 가지고 있으니, 모름지기 살펴야 한다."

○ 四端說, 見『孟子』. 理散於萬物, 而實會於吾心, 皆所當察也.

○ 사단설은 『맹자』에 보인다. 이치는 만물에 퍼져 있지만 실은 내

---

13) 『맹자』 「공손추」 상 6장. "惻隱之心, 仁之端也. 羞惡之心, 義之端也. 辭讓之心, 禮之端也. 是非之心, 智之端也. 人之有是四端也, 猶其有四體也. 有是四端而自謂不能者, 自賊者也."

마음속에 모여 있으니, 모두 살펴야 한다.

〔本注〕 又曰："自一身之中, 以至萬物之理, 但理會得多, 相次自然豁然有覺處."

〔본주〕 또 말했다. "한 몸으로부터 만물의 이치에 이르기까지 다만 이해함이 많아지면 그 다음은 저절로 환하게 열려 깨닫는 곳이 있게 된다."

○ 按, 上段曰：'積習旣多, 然後脫然自有貫通處', 又曰：'積累多後, 自然見去,' 又曰：'理會得多, 自然豁然有覺處', 再三言之, 惟欲學者隨事窮格積習旣多, 於天下事物, 各有以見其當然之則. 一旦融會貫通表裏洞徹, 則覺斯道之大原, 全吾心之本體. 物旣格而知且至矣. 其在孔門, 則顏子卓然之後, 曾子一唯之時乎. 或者厭夫觀理之煩, 而遽希一貫之妙, 或專滯於文義之末, 而終昧上達之旨, 皆不足有見於是道也.

○ 생각건대 윗구절에서 '쌓이고 익힘이 많게 된 뒤에 확 벗어나듯이 저절로 관통하는 곳이 있게 된다'라고 하고, 또 '거듭 많이 쌓이게만 되면 저절로 그 이치를 보게 된다', 또 '이해함이 많아지면 저절로 환하게 열려 깨닫는 곳이 있게 된다'고 하여 두 번, 세 번이나 말하였으니, 이는 다만 학자들이 일마다 궁리하여 쌓인 것이 많아져 천하의 사물에 대해 각기 그 당연한 법칙을 알 수 있기를 바란 것이다. 하루 아침에 환하게 이해하고 관통하여 표리를 꿰뚫게 되면, 이 도의 커다란 근원을 깨달아 내 마음의 본체를 온전히 하게 된다. 그러면 사물이 이미 궁구되고 앎 또한 지극하게 된다. 공자 문하의 제자로 말하자면 안자(顔子)가 공자의 우뚝함을 탄식한 뒤[14]이며, 증자(曾子)가 공자의 도가 하나로 관통하였다는 데 대하여 '예'라고 대답한 때[15]에 해당할

것이다. 어떤 자들은 번거롭게 사물의 이치를 이해하기를 싫어하여 갑자기 하나로 관통하는 오묘함을 바라고, 어떤 자들은 말단적인 문구에 얽매여 위로 진리에 도달하는[上達] 뜻을 모르니, 모두 이 도를 알기에 부족하다.

13

思曰睿, 睿作聖. 致思如掘井, 初有渾水, 久後稍引動得淸者出來. 人思慮, 始皆混濁, 久自明快. [『程氏遺書』18-178]

생각의 덕은 슬기로움이며 슬기롭게 되면 통하게 된다.[16] 생각을 지극히 하는 것은 마치 우물을 파는 것과 같다. 처음에는 흐린 물이 나오다가 오래 된 뒤에야 점차 깨끗한 물이 나오게 된다. 사람이 생각하게 되면, 처음에는 모두가 혼탁하더라도 오래 되면 저절로 명쾌해진다.

○致思則能通乎理, 故明睿生, 充其睿則可以入聖域, 故睿作聖. 然致思之始, 疑慮方生所以溷濁, 致思之久, 疑慮旣消自然明快. 此由思而生睿也.

○사려를 지극히 하면 이치에 통할 수 있기 때문에 밝은 슬기로움이 생기고, 그 슬기로움을 확충하여 나아가면 성인의 경지에 들어갈

---

14) 『논어』「자한」 10장. "顏淵喟然歎曰: 仰之彌高, 鑽之彌堅, …… 博我以文, 約我以禮, 欲罷不能, 旣竭吾才. 如有所立卓爾. 雖欲從之, 末由也已."
15) 『논어』「이인」 15장. "子曰: 參乎! 吾道一以貫之. 曾子曰: 唯. 子出門人問曰: 何謂也. 曾子曰: 夫子之道, 忠恕而已矣."
16) 『서경』「홍범」. "貌曰恭, 言曰從, 視曰明, 聽曰聰, 思曰睿. 恭作肅, 從作乂, 明作哲, 聰作謀, 睿作聖."

수 있기 때문에 '슬기로우면 성인이 된다'고 말한다. 그러나 사려를 처음 시작할 때에는 의심하는 마음이 막 생겨나니 혼탁해지게 되고, 오래도록 지극히 생각하면 의심하는 생각이 사라지니 자연히 명쾌하게 된다. 이것이 사려를 통해 슬기로움이 생기는 것이다.

14

問:"如何是近思?" 曰:"以類而推." [『程氏遺書』22上-33]

혹자가 물었다. "어떻게 하는 것이 가까운 일에서 생각하는 것[近思][17]입니까?" 대답하였다. "일의 유사성에 따라서 미루어 나아가는 것이다."

○思慮泛遠, 而不循序漸進, 則勞心而無得. 卽吾所知者以類推之, 則心路易通, 而思有條理, 是謂'近思'.
○朱子曰:"若是眞箇劈初頭理會得一件, 分曉透徹, 便逐件如此理會去, 相次亦不難." 又曰:"從己理會得處推將去, 便不隔越. 若遠去尋討, 則不切己."

○사려가 넓기만 하고 순서에 따라 점진적으로 나아가지 않으면, 마음을 고달프게만 하고 얻는 것이 없다. 내가 아는 것으로부터 유추해 나아가면 마음의 길이 통하기 쉽고 생각에 조리가 있게 되니, 이것이 가까운 데서 생각하는 것이다.
○주희가 말했다.
"진실로 처음에 하나의 사태를 분명하고 투철하게 이해하고서, 일

---

17) 『논어』 「자장」 6장. "子夏曰:博學而篤志, 切問而近思, 仁在其中矣."

마다 이와 같이 하여 이해하여 나아가면 차츰 어렵지 않게 된다."

또 말했다.

"자신이 이해한 것으로부터 추론해 나아가면 멀리 떨어지지 않게 된다. 만약 멀리 가서 찾는다면 자신에게 절실하지 못하다."

15

學者先要[18]會疑. 〔『程氏外書』11-29〕

학자는 먼저 의심할 수 있어야 한다.

○朱子曰 : "書始讀, 未知有疑. 其次漸有疑, 又其次節節有疑. 過了此一番, 後疑漸漸釋, 以至融會貫通, 都無可疑, 方始是學."

○주희가 말했다.

"책을 처음 읽을 때에는 의심스러운 곳이 있다는 것을 모른다. 그 다음에 점차 의심이 생기고, 그 다음에는 구절구절마다 의심이 생기게 된다. 이런 과정을 한 번 겪은 뒤에야 점차 의심이 풀려 환하게 이해하여 관통하게 되면 의심할 것이 없게 되니 이것이 바로 학문이다."

16

橫渠先生答范巽之曰 :
"所訪物怪神姦, 此非難語. 顧語未必信耳.

---

18) 「外書」에는 要先으로 표기되어 있다.

350

장재가 범손지[19]에게 답하여 말했다.

"그대가 물어본 괴이한 사물과 간사한 신에 대해 말하는 것은 어렵지 않다. 말하더라도 그대가 꼭 믿지는 않을 것이다.

○ 物異爲怪, 神妖爲姦. 見理未明, 自不能無疑. 雖得於人言, 亦未必信.

○ 이상한 사물이 괴이한 것이며, 요사한 신이 간사한 것이다. 이치를 밝게 알지 못하면 저절로 의심이 없을 수 없다. 그러니 비록 남의 말을 듣더라도 반드시 믿지는 못할 것이다.

○ 孟子所論知性知天, 學至於知天, 卽物所從出, 當源源自見. 知所從出, 卽物之當有當無, 莫不心諭, 亦不待語而後知.

맹자가 '성을 알면 천을 안다'[20]고 말하였는데, 학문이 천을 아는 경지에 이르면 만물이 나오는 근원을 저절로 막힘 없이 이해하게 된다. 사물이 나오는 근원을 알게 되면 만물 가운데서 있어야 할 것과 없어야 할 것을 마음속으로부터 깨닫게 되니, 설명을 기다리지 않고서 알게 된다.

○ 天者物理之所自出, 知天則通乎幽明之故. 察乎事物之原, 而妖異之所由興, 皆可識矣.

○ 천은 만물의 이치가 나오는 근원이니 천을 알게 되면 죽음과 삶 [幽明]의 이치에 통달하게 된다. 사물의 근원을 살피게 되면 요사하고

---

19) 범손지의 이름은 育, 巽之는 그의 자이다. 장재의 문인이다.
20) 『맹자』「진심」 상 1장. "孟子曰: 盡其心者, 知其性也. 知其性, 則知天矣."

괴이한 것들이 나오는 까닭을 모두 알 수 있게 된다.

諸公所論, 但守之不失, 不爲異端所劫, 進進不已, 卽物怪不須辯, 異端不必攻. 不逾朞年, 吾道勝矣.

여러분들이 말한 것을 잘 지켜 잃지 말고 이단에 의해 흔들리지 말고 끊임없이 나아가면, 괴이한 것들을 굳이 분별할 필요도 없고 이단을 반드시 공격할 필요도 없다. 일 년이 안 되어 우리의 도가 이길 것이다.

○ 學者知有未至, 且堅守正論, 不爲邪妄所奪, 又能進於學而不已, 則怪異不必攻辯, 將自識破.

○ 학자가 앎에 미진한 바가 있으면 정론(正論)을 잘 지켜서 사악하고 망령된 것에 흔들리지 않고, 또 계속 학문에 힘써서 그만두지 않는다면 괴이한 것과 이단을 반드시 공격하거나 변별하지 않아도 저절로 알아서 깨질 것이다.

若欲委之無窮, 付之以不可知, 卽學爲疑撓, 智爲物昏. 交來無間, 卒無以自存而溺於怪妄必矣."〔『張載集』「文集佚存」〈答范巽之書〉〕

만약 진리를 무궁한 데 맡기고 알 수 없는 것으로 치부하면, 학문은 의심에 의해 흔들리고 지혜는 외물에 의해 어두워지게 된다. 의심과 혼미함이 끝없이 교차하게 되면 마침내 스스로를 지키지 못하고 반드시 괴이하고 망령된 것에 빠지게 된다."

○『文集』, 下同.

○不能堅守正論, 內懷疑端, 外爲邪蔽, 久則所惑愈深矣.

○『문집』에 보이며, 아래도 같다.

○정론을 굳게 지키지 못하고 안으로는 의심을 품고 밖으로는 사악함에 가리움이 오래 되면 의혹이 더욱 깊어질 것이다.

17

子貢謂夫子之言性與天道, 不可得而聞. 旣言夫子之言, 卽是居常語之矣.
聖門學者, 以仁爲己任, 不以苟知爲得, 必以了悟爲聞, 因有是說 [『張載
集』「語錄 上」6]

자공[21]은 '선생님께서 말씀하신 성과 천도에 대한 것은 이해할 수 없었다'[22]라고 말했다. 이미 선생님의 말씀이라고 말했으므로 평소에 항상 이야기하였을 것이다. 성인 문하의 학자들은 '인을 자기의 임무로 여기고'[23] 구차히 아는 것을 얻었다고 여기지 않고, 반드시 완전하게 이해해야 알았다고 여기므로 이러한 말을 한 것이다.

○性者人心稟賦之理, 天道者造化流行之妙. 以仁爲己任, 蓋期於
實體而自得也. 苟知者徒聞其說, 了悟者深達其理. 然則後之學者, 高
談性天而實非領會者, 可以自省矣.

---

21) 자공의 성은 端木, 이름은 賜이며 공자의 제자이다.
22)『논어』「공야장」12장. "子貢曰: 夫子之文章, 可得而聞也. 夫子之言性與天道,
不可得而聞也已矣."
23)『논어』「태백」7장. "曾子曰: 士不可以不弘毅. 任重而道遠. 仁以爲己任. 不亦
重乎. 死而後已, 不亦遠乎."

○ 성(性)이라는 것은 사람의 마음이 품부받은 이치요, 천도란 오묘한 조화의 유행이다. 인(仁)을 자신의 임무로 여긴다면 아마도 실제로 체득해서 자득하는 것을 기약할 것이다. 구차하게 안다는 것은 단지 그 설만을 듣는다는 것이요, 이해한다는 것은 그 이치에 깊이 통달한다는 것이다. 그렇다면 오늘날 학자들이 성과 천에 관하여 고담준론을 나누면서도 그 요체를 이해하지 못하는 것은 반성할 만한 일이다.

18

義理之學, 亦須深沈(一作玩)方有造, 非淺易輕浮之可得也. 〔『經學理窟』「義理」23〕

의리를 위한 학문은 깊이 침잠해야(완미해야) 비로소 진전이 있게 되니, 이는 얕고 소홀하고 경솔하고 들뜬 자들이 얻을 수 있는 것이 아니다.

○朱子曰: "聖人言語一重又一重, 須入深去看, 方有得. 若只見皮膚, 便有差錯."

○ 주희가 말했다.

"성인의 말씀은 한 겹이 있으면 또 한 겹이 있어서 반드시 깊이 들어가 보아야 비로소 얻음이 있게 된다. 만약 피상적인 것만 본다면 바로 착오가 있게 된다."

19

學不能推究事理, 只是心麤. 至如顔子, 未至於聖人處, 猶是心麤. 〔『經學理窟』「義理」33〕

학문에 있어서 사리를 추구하지 못하는 것은 마음이 거칠기 때문일 뿐이다. 안자와 같은 사람도 성인에게 미치지 못한 점은 바로 이 마음이 거친 것이다.

○顔子不能不違仁於三月之後者, 是其察理猶或有一毫之未精, 故所存猶或有一毫之間斷.

○안자가 석 달이 지난 뒤에는 인을 어기지 않을 수 없었던 것은 그가 이치를 살피는 데에 그래도 조금이나마 정밀하지 못한 점이 있었으므로, 그가 보존한 마음에 조금이나마 끊어짐이 있었기 때문이다.

20

博學於文者, 只要得習坎心亨. 蓋人經歷險阻艱難, 然後其心亨通.
〔『經學理窟』「學大原 下」 17〕

글을 널리 배운 자[24]들은 다만 감괘(坎卦 : ䷜)의 '거듭되는 어려운 상황에서도 마음이 형통한다'[25]는 것을 이해해야 한다. 대개 사람은 험난하고 어려움을 거치고 난 뒤에야 그 마음이 형통하게 된다.

○下上坎爲習坎. 卦當重險, 而象辭曰 "維心亨." 人之博學窮理, 始

---

24) 『논어』「옹야」 25장. "君子博學於文, 約之以禮, 亦可以弗畔矣夫."
25) 『주역』 坎卦(䷜)의 象辭에 나온다. 감괘(☵)가 상징하는 것은 물과 험난함이다. 하나의 양효가 음효 사이에 빠져 있는 모양이어서 어려움에 빠진 상이다. 더구나 감괘(䷜)는 감괘(☵)가 중복된 것이므로 '習坎'이라고 하니, 여기서 '習'자는 중복된다는 의미이며 '習坎'이란 험난함이 중첩된다는 의미이다. 그러나 감괘는 양효가 중을 얻어 확고한 자리를 지키고 있으므로 험난한 상황에 빠져 있지만 마음은 형통하여 내면세계의 성숙함을 이루게 된다고 풀이하였다.

多齟齬, 積習旣久, 自然心通.

○ 감괘(坎卦 : ☵)가 아래위로 중복된 것이 중복된 감괘(☵)이다. 괘
는 험난함이 거듭됨에 해당하므로, 단사(彖辭)에서 "마음만 형통한다"
라고 했다.[26] 사람이 널리 배워 이치를 궁구하면 처음에는 어긋나는
것이 많으나, 쌓이고 익숙함이 오래 되면 저절로 마음이 통하게 된다.

21

義理有疑, 卽濯去舊見以來新意.

의리에 대해 의심스러운 점이 있게 되면 옛 견해를 버리고 새 견해
를 받아들여라.

○ 心有所疑而滯於舊見, 則偏執固吝, 新意何從而生, 舊疑何自而
釋?

○ 마음속에 의심스러운 점이 있는데도 옛 견해에 집착한다면 편벽
되고 고집스러워지니, 새로운 뜻이 어디에서부터 생겨나며, 오래된 의
심은 어떻게 풀리겠는가?

心中有所開, 卽便箚記. 不思卽還塞之矣.

마음속에 열리는 바가 있거든 곧 기록해 두어라. 생각하지 않으면
열렸던 마음이 다시 막히게 된다.

---

26) 『주역』 감괘 괘사. "習坎有孚, 維心亨, 行有尙."

○疑義有所通, 隨卽箚記, 則已得者可以不忘, 未得者可以有進. 不記則思不起, 猶‘山徑之蹊間不用, 則茅塞之矣.’

○의심스러운 뜻이 통하게 되자마자 곧 기록해 두면 이미 얻은 것은 잊지 않을 수 있고, 아직 얻지 못한 것은 진보할 수 있다. 기록해 두지 않으면 생각나지 않으니, 이는 ‘산골의 작은 길을 잠시 사용하지 않으면 띠풀이 막아버리는 것’과 같다.[27]

更須得朋友之助, 一日間意思差別. 須日日如此, 講論久, 卽自覺進也.〔『經學理窟』「學大原 下」21〕

또 벗의 도움을 받아 하루 사이에도 생각의 차이가 있어야 한다. 모름지기 날마다 이렇게 하며 강론함이 오래 되면 저절로 진보를 느낄 수 있게 될 것이다.

○按, 此段及焞到問爲學之方一段, 泉州本皆繫卷末. 而舊本, 則此段在第二十一, 尹問一段在三十三. 今考此卷編緝之意, 則二段乃總論致知, 不當在卷末, 無疑也. 但舊本此段不全載. "心中有所開"以下云云, 恐是後來欲添足此數語, 傳者誤成重出耳. 又詳此段, 已是專論讀書之法, 不當在二十一. 疑當時欲移在尹問之後, 故並錄之耳. 今不敢輕改, 姑從舊本而添入"心中有所開"數語.

○생각건대 이 장 및 윤돈(尹焞)이 와서 학문하는 방법을 물어본 장은 천주본(泉州本)에는 권말에 편집되어 있다. 구본(舊本)에는 이 장

---

27) 『孟子』「盡心」下 21장. "孟子謂高子曰山徑之蹊間, 介然用之而成路, 爲間不用則茅塞之矣, 今茅塞子之心矣."

은 21장에 있고 윤돈의 물음은 33장에 있다. 지금 이 권을 편집한 뜻을 살펴보면 이 두 장은 앎을 이룸에 대하여 총론하였으니 권말에 있어서는 안 됨을 의심할 여지가 없다. 단지 구본에는 이 장의 내용 전체가 실려 있지는 않다. "심중유소개(心中有所開)" 이하의 말들은 아마 후세 사람이 이 몇 자를 보충하려고 한 것인데 전하는 자가 실수로 여기에 실어놓은 듯하다. 이 단락을 자세히 살펴보면 오직 독서의 방법을 말하고 있으니 21장 뒤에 있어서는 안될 듯하다. 아마 당시에 윤돈의 물음 뒤에 두려고 함께 기록했던 듯하다. 지금 감히 경솔하게 고치지 않고 구본에 따르고, 그리고 "심중유소개(心中有所開)" 이하의 글도 첨가해 둔다.

22

凡致思, 到說不得處, 始復審思明辨, 乃爲善學也. 若告子, 則到說不得處, 遂已更不復求. 〔『張載集』「近思錄拾遺」9〕

무릇 생각을 완전하게 함에 있어서는 설명할 수 없는 곳에 이르면 비로소 다시 자세히 생각하여 밝게 분별해내야만 공부를 잘 하는 것이다. 고자의 경우에는 설명할 수 없는 곳에 이르면 곧 그만두고 다시 구하지 않았다.

○ 横渠『孟子說』.
○ 思之其說似窮, 然後更加審思明辨之功, 則其窮者通而所得者深也. 若告子'不得於言不復求之於心', 固執偏見而不求至當, 此孟子所深病也.
○ 此以上總論致知之方, 以下乃專論求之於書者. 詳見卷首.

○ 장재의 「맹자설」에 나온다.

○ 생각을 하여 설명이 막힌 듯 한 뒤에 다시 자세히 생각하여 밝게 분별하는 노력을 더하면 막혔던 것이 통하여 얻음이 깊어지게 된다. 고자와 같이 '말을 이해하지 못하면 마음속에서 다시 구하지 않고',[28] 편견을 고집하여 마땅한 것을 구하지 않는 것을 맹자는 깊이 병으로 여겼다.

○ 이 절 이상은 앎을 이루는 방법을 총론한 것이요, 이하는 이를 서적에서 구하는 법을 전적으로 논하였다. 상세한 것은 이 권의 서두에 나온다.

23

伊川先生曰:

"凡看文字, 先須曉其文義, 然後可求其意. 未有文義不曉而見意者也."
[『程氏遺書』22上-93]

정이가 말했다.

"문자를 볼 때는 먼저 반드시 문장의 뜻을 이해한 뒤에 의미를 찾을 수 있다. 문장의 뜻을 알지 못하면서 그 의미를 아는 자는 없었다."

24

學者要自得. 六經浩渺, 乍來難盡曉. 且見得路徑後, 各自立得一箇門庭, 歸而求之, 可矣. [『程氏遺書』22上-96]

---

28) 『맹자』「공손추」상 2장. "告子曰: 不得於言, 勿求於心. 不得於心, 勿求於氣. 不得於心, 勿求於氣, 可. 不得於言, 勿求於心, 不可."

학자들은 자득해야 한다. 육경은 매우 넓고 아득하니 잠깐 사이에 다 이해하기는 어렵다. 우선 나아갈 길을 알고, 각자 스스로 계획[門庭]을 세운 다음 다시 육경으로 돌아와 그 뜻을 구한다면 가능할 것이다.

○ 識路徑, 則知趨向, 立門庭, 則有規模. 得於師友者如此, 然後歸而求之, 可矣.

○ 나아갈 길을 알게 되면 나아갈 방향을 알 수 있고, 계획을 세운다면 규모가 있게 된다. 스승과 벗에게 얻음이 이와 같은 뒤에 집으로 돌아와 구하면 가능하다.

25

凡解文字, 但易其心, 自見理. 理只是人理, 甚分明. 如一條平坦底道路, 『詩』曰: "周道如砥, 其直如矢", 此之謂也.

문자를 풀이함에 있어서 단지 그 마음을 평안히 하기만 하면 저절로 그 이치를 볼 수 있다. 이치란 사람의 이치일 뿐이니 매우 분명하다. 이는 한 갈래 평평한 도로와도 같으니, 『시경』에서 "주(周)나라의 길은 숫돌처럼 평평하고 화살처럼 곧네"[29]라고 한 것은 바로 이를 말한 것이다.

○ 理本平直, 苟以觭嶇委曲之意觀之, 乃失之鑿. 『詩』見「小雅 · 大

---

29) 『시경』, 「소아」 〈대동(大東)〉. "有饛簋飱, 有捄棘匕, 周道如砥, 其直如矢, 君子所履, 小人所視."

東」篇.

○ 이치란 본래 평평하고 곧은 것이니 만약 험하고 굽은 뜻으로써 구한다면, 천착하는 잘못을 저지르게 된다. 『시경』 중 「소아·대동」 편에 나온다.

或曰: "聖人之言, 恐不可以淺近看他." 曰: "聖人之言, 自有近處, 自有深遠處. 如近處, 怎生强要鑿教深遠得?

혹자가 물었다. "아마도 성인의 말씀은 얕고 가깝게 이해하면 안 될 듯합니다." 대답하였다. "성인의 말씀에는 본래 가까운 내용도 있고, 심원한 내용도 있다. 가까운 내용을 어찌 억지로 천착하여 심원하게 만들겠는가?

○ 聖人之道, 遠近精粗無所不備. 故聖人之言道, 亦無所不至. 如食毋求飽, 居毋求安, 是其近者, 如一貫之旨, 性天之言, 是其遠者, 固無非道也. 又豈容盡求其深遠而過爲穿鑿耶?

○ 성인의 말씀에는 멀고 가깝고 정밀하고 거친 것 등 갖추어지지 않은 것이 없다. 그러므로 성인께서 도를 말씀하심에 있어 이르지 않은 것이 없다. '먹을 때 배부르기를 구하지 말고 거처할 때에 편안함을 구하지 말라[30]'는 것과 같은 가르침은 비근한 것이요, 하나로 관통하였다는 가르침[31]과 성과 천도에 대한 말씀 같은 것은 심원한 내용이

---

30) 『논어』「학이」 14장. "子曰: 君子食無求飽, 居無求安. 敏於事而愼於言. 就有道而正焉. 可謂好學也已."
31) 『논어』「위령공」 3장. "子曰: 賜也, 女以予爲多學而識之者與. 對曰: 然. 曰: 非也. 予一以貫之."

지만 참으로 도가 아닌 것이 없다. 어찌 심원한 것만 구하고자 하여 지나치게 천착함을 용납하겠는가?

> 揚子曰 : ‘聖人之言遠如天, 賢人之言近如地.’ 頤欲改之曰 : ‘聖人之言其遠如天, 其近如地.’” [『程氏遺書』 18-93]

양자[32]가 말했다. ‘성인의 말씀은 고원하기가 하늘과 같고, 현인의 말은 가깝기가 땅과 같다.’[33] 나는 이를 이렇게 고치고 싶다. ‘성인의 말씀에서 고원한 것은 하늘과 같고 가까운 것은 땅과 같다.’”

○ 其遠者, 雖子貢猶未易得而聞, 其近者, 雖鄙夫可得而竭也.
○ 或曰 : “聖人之言, 包蓄無所不盡, 語近而不遺乎遠, 語遠而不遺乎近. 故曰 : ‘其遠如天, 其近如地.’ 非但高遠而已.” 愚按, 此段本欲人平心以觀書, 不可妄生穿鑿. 又謂 : ‘聖人之言, 自有遠處. 自有近處. 如此則謂語近而不遺乎遠者, 意自不同也. 前說爲是.’

○ 고원한 것은 자공이라도 이해할 수 없었고, 가까운 것은 비루한 사람이라도 다 할 수 있다.
○ 혹자가 말했다.
“성인의 말씀은 모든 것을 다 온축하고 있어서 비근한 것을 말하여도 고원한 면도 빠뜨리지 않고, 고원한 것을 말하여도 비근한 면도 빠뜨리지 않는다. 그러므로 ‘고원한 것은 하늘과 같고 가까운 것은 땅과 같다’고 말했다. 단지 고원할 뿐만이 아니다.”
나는 이렇게 생각한다. 이 장은 본래 사람들이 마음을 평안히 하여

---

32) 揚雄(기원전 53-기원후 18)을 말하며, 자는 子雲이다.
33) 양웅, 『법언』 「오백(五百)」. “請問小. 曰 : 事非禮義爲小. 聖人之言遠如天, 賢人之言近如地. 瓏玲其聲者, 其質玉乎.”

책을 보기를 바란 것이니 함부로 천착해서는 안 된다. 또 생각한다. 성인의 말씀에는 자체로 고원한 내용도 있고 가까운 내용도 있다. 그렇다면 '비근한 것을 말하여도 고원한 면도 빠뜨리지 않는다'는 말과는 뜻이 자연히 다르다. 앞의 설이 옳다.

26

學者不泥文義者, 又全背却遠去. 理會文義者, 又滯泥不通. 如子濯孺子爲將之事, 孟子只取其不背師之意. 人須就上面理會事君之道如何也. 又如萬章問舜完廩浚井事, 孟子只答他大意. 人須要理會浚井如何出得來, 完廩又怎生下得來, 若此之學, 徒費心力. [『程氏遺書』18-94]

학자들 중에 문장의 뜻에 얽매이지 않는 자는 그 문장의 뜻을 완전히 도외시하여 멀리 가버리고, 문장의 뜻만을 이해하는 자는 이에 얽매여 통하지 못한다. 자탁유자가 장군이 된 일[34]같은 경우에 맹자는 단지 그가 스승을 배반하지 않았다는 뜻을 취했을 뿐인데, 사람들은 그 이상으로 이야기 속에서 임금을 섬기는 도리가 어떠해야 하는지를 이해하려고 한다. 또 만장이 순(舜)이 창고를 고치고 우물을 준설한 일을 물은 일[35]에 대해서 맹자는 그 대의를 답하였는데, 사람들은 우물을 준설하다가 어떻게 나올 수 있었는지, 창고를 고치다가 어찌 살아 내려올 수 있었는지를 이해하려고 한다. 이와 같은 공부는 헛되이

---

34) 『맹자』「이루」하 24장. "曰薄乎云爾. 惡得無罪. 鄭人使子濯孺子侵衛. 衛使庚公之斯追之. 子濯孺子曰: 今日我疾作, 不可以執弓, 吾死矣夫. 問其僕曰: 追我者誰也. 其僕曰: 庚公之斯也. 曰: 吾生矣."

35) 『맹자』「만장」상 2장. "萬章曰: 父母使舜完廩. 捐階. 瞽瞍焚廩, 使浚井出, 從而揜之."

마음의 정력만을 낭비하는 것이다.

27

凡觀書, 不可以相類, 泥其義. 不爾卽字字相梗, 當觀其文勢上下之
意. 如充實之謂美, 與『詩』之美不同.〔『程氏遺書』18-254〕

책을 볼 때 서로 비슷하다고 해서 그 뜻에 얽매여서는 안 된다. 그
렇게 하지 않으면 글자마다 서로 막히게 되므로, 마땅히 그 문맥과 위
아래의 의미를 살펴야 한다. '내면에 가득 찬 사람을 미인이라고 한
다.[36]'의 미인과 『시경』에서의 미인은 같지 않다.

○ 充實之美在己,『詩』之稱美在人. 如此之類, 豈可泥爲一義?

○ 내면이 가득 찬 미인은 내게 달린 것이고『시경』에서 칭찬한 미
인은 남에게 달린 것이다. 이와 같은 것들을 어찌 글자에 얽매여 하나
로 보겠는가?

28

問 : "瑩中嘗愛文中子. 或問學易, 子曰 : '終日乾乾可也, 此語最盡.
文王所以聖, 亦只是箇不已.'"

물었다. "형중(瑩中)이 일찍이 『문중자(文中子)』[37]를 좋아하였습니

---

36)『맹자』「진심」하 25장.
37) 王通(581-617)이 저술한 책의 제목이다. 그의 자는 仲淹이다. 문인들이 사적으
   로 시호를 '文中子'라고 정하였다. 山西省 河津 사람이다.『문중자』는『논어』의

다. (그 책 속에서) 어떤 사람이 『역』을 배우는 것에 대해 물으니, 문중자가 대답하기를 '종일토록 부지런히 힘쓴다(終日乾乾)[38]는 한 구절이면 된다. 이 말은 가장 극진하다. 문왕이 성인이 된 까닭도 바로 그침 없이 노력하였기(不已) 때문일 뿐이다'라고 했습니다."

○陳忠肅公, 瓘, 字瑩中. "子曰"者, 文中子答或人之問, 謂:'乾乾不息', 此語最爲盡易之道.

○충숙공(忠肅公) 진환(陳瓘: 1062-1126)[39]의 자가 형중이다. "자왈(子曰)"이라고 한 것은 문중자가 혹자의 질문에 대답한 것이니, '부지런히 힘써 쉬지 않는다[乾乾不息]'는 말이 주역의 도를 모두 포괄하는 가장 좋은 말이라고 하였다.

先生曰: "凡說經義, 如只管節節推上去, 可知是盡. 夫終日乾乾, 未盡得易. 據此一句, 只做得九三. 使若謂乾乾是不已, 不已又是道, 漸漸推去, 自然是盡. 只是理不如此." 〔『程氏遺書』19-25〕

선생이 말했다. "경전의 뜻을 설명할 때에는 각각의 구절에서 추론해 나가야만 그 뜻을 다하게 될 것이다. 저 '종일토록 부지런히 힘쓴다'는 말만으로 『주역』의 뜻을 다하지 못한다. 이 한 구절에 근거해서는 〔건괘〕 구삼효만을 이해할 수 있을 뿐이다. 만약[40] 건건(乾乾)은 그침 없는 것이고 또 그침 없는 것은 도라고 생각하여 점차적으로 미루

문체와 비슷하며 『中說』이라고도 불린다.
38) 『주역』 건괘 구삼(九三)의 효사. "君子終日乾乾, 夕惕若, 厲 无咎."
39) 자는 瑩中이고, 호는 了翁이며, 二程을 사숙한 제자이다. 저술에 『了翁易說』과 『存堯集』이 있다.
40) '使若'은 '若使'와 같은 의미로서 가정을 뜻한다.

어 나간다면 자연히 그 이치를 다할 수 있을 듯하다. 그러나 이치는 이와 같지 않을 뿐이다."

○ 學經者, 要當周遍精密, 各窮其旨歸, 而後能通經. 苟但借其一語, 謂足以蓋一經之旨, 豈治經之道? 蓋好高求約之病.

○ 경전을 공부하는 자는 두루두루 정밀하게 살펴 각 구절의 뜻을 다한 뒤에 경전에 통할 수 있다. 만약 한 구절의 말만 빌려 그것이 경전 전체의 뜻을 포괄할 수 있다고 생각한다면 그것이 어찌 경전을 공부하는 방법이겠는가? 아마도 이것은 고원한 것을 좋아하고 간략한 것을 추구하는 병폐일 것이다.

29

子在川上曰: "逝者如斯夫", 言道之體如此. 這裏須是自見得.

공자가 냇가에서 "가는 것이 이와 같구나"[41]라고 말한 것은 도의 본체가 이와 같다는 것을 말한 것이다. 여기에서 반드시 스스로 깨달아야만 한다.

○ 朱子曰: "天地之化, 往者過, 來者續, 無一息之停. 乃道體之本然也. 然其可指而易見者, 莫如川流, 故於此發以示人. 欲學者時時省察而無毫髮之間斷也."

○ 주희가 말했다.

---

41) 『논어』 「자한」 16장. "子在川上曰: 逝者如斯夫, 不舍晝夜."

"천지의 조화는 과거의 것이 지나가버리면 미래의 것이 이어져 잠시의 정지도 없다. 이것이 도체의 본래 모습이다. 그러나 쉽게 가리켜 보여줄 수 있는 것은 흐르는 물만한 것이 없으므로 물가에서 말씀하여 보여주셨다. 이는 배우는 자들이 때때로 성찰하여 잠시라도 쉼이 없게 하고자 한 것이다."

張繹曰: "此便是無窮." 先生曰: "固是道無窮, 然怎生一箇無窮, 便道了得他." 〔『程氏遺書』 19-26〕

장역[42]이 말했다. "이것(도의 본체)은 무궁한 것입니다." 선생께서 답했다. "참으로 무궁하다고 말할 수 있지만, 어찌 '무궁'하다는 것만으로 그것을 다 말했다고 하겠는가?"

○ 朱子曰: "固是無窮, 須見所以無窮, 始得."

○ 주희가 말했다.
"이는 참으로 무궁한 것이지만, 무궁한 까닭(所以)을 보아야 비로소 만족스럽다."

30

今人不會讀書. 如"誦詩三百, 授之以政不達, 使於四方不能專對. 雖多亦奚以爲?" 須是未讀『詩』時, 不達於政, 不能專對, 旣讀『詩』後, 便達於政, 能專對四方, 始是讀『詩』.

---

42) 장역의 자는 思叔이며 河南省 壽安 사람이다. 정자의 문인이다.

오늘날 사람들은 책을 제대로 읽을 줄 모른다. 이는 "시 삼백 편을 외운다 하더라도 정사를 맡기면 통달하지 못하고, 사방에 사신으로 보내면 혼자 응대하지 못한다. 비록 많이 외운들 무엇에 쓰겠는가?"[43]라고 공자가 말한 것과 같다. 모름지기 『시(詩)』를 안 읽었을 때는 정치에 통달하지 못하고 (사신으로 가서) 혼자 응대하지 못하다가도, 이미 『시』를 읽고 난 뒤에는 곧 정사에 통달하고 사방에 사신으로 가서 혼자 응대할 수 있어야 비로소 『시』를 읽은 것이다.

○ 說見『論語』. 朱子曰 : "'專', 獨也. 『詩』本人情該物理, 可以驗風俗之盛衰, 見政治之得失. 其言溫厚和平, 長於風諭. 故誦之者, 必達於政而能專對也."

○ 설명이 『논어』에 나온다.
주자가 말했다.
"'전(專)'이란 '혼자'라는 뜻이다. 『시』는 인정에 뿌리를 두고 만물의 이치를 갖추고 있으니, 풍속의 성쇠를 징험해 볼 수 있고 정치의 득실을 볼 수도 있다. 그 말은 온후하고 화평하여 넌지시 비유하는 데 좋다. 그러므로 이를 암송하는 자는 반드시 정사에 통달할 수 있고 혼자 처리할 수 있다."

"人而不爲周南召南, 其猶正墻面." 須是未讀『詩』時, 如面墻, 到讀了後, 便不面墻, 方是有驗.

"사람이면서 주남, 소남을 공부하지 않으면 이는 담장을 마주하고

---

43) 『논어』 「자로」 5장. "子曰 : 誦詩三百, 授之以政不達. 使於四方, 不能專對. 雖多亦奚以爲."

서 있는 것과 같다."[44] 모름지기 『시』를 읽기 전에는 담장을 마주하고
서 있는 것과 같다가도, 『시』를 읽은 뒤에는 담장을 마주하고 서 있
는 것과 같지 않아야 (시를 읽은) 효험이 있는 것이다.

○ 同上. 朱子曰 : "'爲', 猶學也. 周南召南所言, 皆修身齊家之事.
'正牆面'言, 卽其至近之地, 而一物無所見, 一步不可行也."

○ 위와 같다.
주자가 말했다.
'위(爲)'는 '공부한다'는 뜻이다. 주남, 소남에서 말한 것은 모두 몸
을 닦고 집안을 다스리는 일이다. '담장을 마주하고 서 있다'는 것은
아주 가까운 데에 나아가서 하나도 볼 수 없고 한 발도 나아갈 수 없
다는 말이다."

大抵讀書, 只此便是法. 如讀『論語』, 舊時未讀, 是這箇人, 及讀了
後, 又只是這箇人, 便是不曾讀也. 〔『程氏遺書』 19-80〕

대체로 책을 읽음에 있어서는 다만 이렇게 하는 것이 법도이다. 예
컨대 『논어』를 읽는 경우, 예전에 아직 읽지 않았을 때 이러한 사람
이었는데 읽고 난 후에도 이러한 사람이라면 이는 읽지 않은 것이다.

○ 讀書之法, 但反諸己, 驗其實得, 致其實用, 變化氣質, 必有日新
之功.

---

44) 『논어』 「양화」 10장. "子謂伯魚曰 : 女爲周南召南矣乎. 人而不爲周南召南, 其
　　猶正牆面而立也與."

○ 독서의 법도란 자기에게 반성해 보아 실제로 얻은 것이 있음을 경험하고, 실제로 쓰임을 이루며, 기질을 변화시켜 반드시 날마다 새로워지는 공효가 있는 것이다.

31

凡看文字, 如七年, 一世, 百年之事, 皆當思其如何作爲, 乃有益.
〔『程氏遺書』22上-88〕

문자를 봄에 있어서 칠년, 한 세대, 백년의 사업이라고 한 것들은 모두 어떻게 실행해야 하는 것들인지를 생각해 보아야만 유익하다.

○『論語』, 子曰："善人敎民七年, 亦可以卽戎矣", 又曰："如有王者, 必世而後仁", 又曰："善人爲邦百年, 可以勝殘去殺矣." 觀聖賢治效遲速淺深之殊. 要必究其規模之略, 施爲之方, 乃於己有益, 此致知之法也.

○『논어』에서 공자가 "선한 사람이 백성을 칠년 교화하면 전쟁에 나가게 할 수 있다"[45]고 말하고, "만약 왕도정치를 하는 자가 있더라도 반드시 한 세대는 지나야 천하가 어질게 된다"[46]고 말하며, "선한 사람이 백년 동안 나라를 다스리면 잔악한 자들을 이겨 살인을 없앨 수 있다"[47]고 말했다. 여기서 성현들이 정치를 하는 효험에 있어 속도와 깊이의 차이가 있다는 것을 볼 수 있다. 반드시 그 규모의 대략과 그것을 실행하는 방법을 궁구해야 자신에게 유익하니 이것이 앎을 이

---

45)『논어』「자로」29장. "子曰：善人敎民七年, 亦可以卽戎矣."
46)『논어』「자로」12장. "子曰如有王者, 必世而後仁."
47)『논어』「자로」11장. "子曰：善人爲邦百年, 亦可以勝殘去殺矣."

루는 방법이다.

32

凡解經不同無害, 但緊要處不可不同爾. 〔『程氏外書』〕[48]

경전을 해석하는데 있어 〔해석의〕 차이가 나도 지장이 없지만, 중요한 곳에서는 반드시 일치해야 한다.

○『外書』.
○‘緊要’, 謂綱領也.

○『외서』에 나온다.
○‘긴요(緊要)’란 중요한 곳을 가리킨다.

33

焞初到, 問爲學之方. 先生曰 : “公要知爲學, 須是讀書. 書不必多看, 要知其約. 多看而不知其約, 書肆耳.

윤돈(尹焞)이 처음에 와서 학문하는 방법을 물었다. 선생이 답했다. “그대가 학문의 방법을 알려면 독서를 해야 한다. 책을 많이 읽을 필요는 없지만, 그 요점은 알아야만 한다. 많이 읽기만 하고 그 요점을 모르면 이는 책방과 같을 뿐이다.

---

48) 『近思錄』 原註에는 『外書』라고 표기되어 있으나, 현존하는 『二程外書』에는 기록이 없다. 누구의 말인지 알 수 없음.

○ 此言徒貪多而不知其要, 則是畜書之肆而已.

○ 이는 많이 읽는 것만 탐하고 그 요점을 모르면 책을 쌓아두는 책
방과 같음을 말한 것이다.

頤緣少時讀書貪多, 如今多忘了. 須是將聖人言語, 玩味入心記著.
然後力去行之, 自有所得."〔『程氏外書』〕[49]

나는 어려서 독서할 때 다독을 탐하였기 때문에 지금은 많은 부분
을 잊어버리고 말았다. 모름지기 성인의 말씀을 완미하여 마음에 담아
기억해야 한다. 그런 뒤에 힘써 실천해 나가면 스스로 터득하는 것이
있을 것이다."

○ 又言: "徒貪多而無玩習之功, 則所學者非我有也. 玩味而不忘而
又力行其所知, 則所得爲實得."
○ 以上總論讀書之法, 以下乃分論讀書之序.

○ 또 말했다.
"다독만을 탐하고 완미하는 노력이 없으면 공부한 것이 내 것이 못
된다. 완미하여 잊지 않고, 또 알게 된 것을 힘써 행하여 터득한 것이
참으로 터득한 것이다."
○ 이상은 독서의 방법을 총론한 것이며, 이하에서는 독서의 순서를
나누어 논하고 있다.

---

49) 『近思錄』原註에는 『外書』라고 표기되어 있으나, 현존하는 『二程外書』에는 기
록이 없다. 누구의 말인지 알 수 없음.

34

初學入德之門, 無如『大學』. 其他莫如『語』·『孟』. 〔『程氏遺書』22 上-1〕

초학자가 덕에 들어가는 입문서로『대학』만한 것이 없다. 그 외에 는『논어』·『맹자』만한 것이 없다.

○『遺書』, 下同.
○ 朱子曰: "『大學』規模雖大, 然首尾該備而盡綱領可尋, 節目分明 而工夫有序, 無非切於學者之日用." 又曰: "不先乎『大學』, 無以契提 綱領, 而盡『論』·『孟』之精微, 不參之『論』·『孟』, 無以融會貫通, 而極『中庸』之歸趣."

○『유서』에 나오며, 아래도 같다.
○ 주희가 말했다.
"『대학』은 규모가 비록 크기는 하나 머리와 꼬리를 모두 갖추고 있 어서 강령을 (모두) 살필 수 있으며, 절목이 분명하고 공부에 순서가 있어 학자의 일상생활에 절실하지 않은 것이 없다."
또 말했다.
"『대학』을 먼저 공부하지 않으면 강령을 이해하지 못해서 『논 어』·『맹자』의 정미한 뜻을 다할 수 없고,『논어』·『맹자』를 참조하 지 않으면 융회관통하지 못하여『중용』의 취지를 다할 수 없다."

35

學者先須讀『論』·『孟』. 窮得『語』·『孟』, 自有要約處. 以此觀他

經, 甚省力. 『論』・『孟』如丈尺權衡相似. 以此去量度事物, 自然見得長短輕重. 〔『程氏遺書』18-95〕

학자는 모름지기 먼저 『논어』・『맹자』를 읽어야 한다. 『논어』・『맹자』를 궁구하면 저절로 요점을 파악하게 된다. 이를 통해서 다른 경전을 보면 힘이 아주 절약된다. 『논어』・『맹자』는 자나 저울과 같다. 이를 통해 사물을 헤아리면 자연히 길이와 무게를 알 수 있다.

○『語』・『孟』之書, 尤切於學者身心日用之常. 得其要領, 則易於推明他經, 而可以權度事物矣.

○『논어』・『맹자』라는 책은 학자의 심신과 일상생활에 더욱 절실하다. 그 요점을 파악하면 다른 경전을 추론해 밝히기 쉽고, 사물을 저울질하고 잴 수 있다.

36

讀『論語』者, 但將諸弟子問處便作己問, 將聖人答處, 便作今日耳聞, 自然有得. 若能於『論』・『孟』中深求玩味, 將來涵養成甚生氣質. 〔『程氏遺書』22上-11〕

『논어』를 읽는 자가 여러 제자의 질문을 자신의 질문으로 여기고, 성인의 답변을 오늘 귀로 들은 것처럼 여기면, 자연히 얻음이 있을 것이다. 만약 『논어』・『맹자』 가운데서 깊이 찾아 완미할 수 있으면, 장차 함양을 통해 비상한 기질을 이룰 것이다.

○'甚生', 猶非常也.

374

○‘심생(甚生)’은 비상하다는 뜻이다.

37

凡看『語』・『孟』, 且須熟讀玩味. 將聖人之言語切己, 不可只作一場話說. 人只看得此二書切己, 終身儘多也. 〔『程氏遺書』22上-44〕

『논어』・『맹자』를 읽을 때는 모름지기 숙독하고 완미하여야 한다. 성인의 말을 자신에게 절실하도록 해야 하며 단지 한바탕의 이야기로 여겨서는 안 된다. 사람들이 이 두 책을 자신에게 절실하게 볼 수 있으면 종신토록 써도 다하지 않을 것이다.

○‘終身儘多’, 謂一生受用不盡.

○‘종신진다(終身儘多)’는 일생 동안 써도 다하지 않는다는 뜻이다.

38

『論語』有讀了後全無事者, 有讀了後其中得一兩句喜者, 有讀了後知好之者, 有讀了後不知手之舞之足之蹈之者. 〔『程氏遺書』19-79〕

『논어』를 읽은 후에 전혀 아무렇지 않은 자가 있고, 읽은 후에 그 가운데서 한두 구절을 얻어 기뻐하는 자가 있고, 읽은 후에 좋아할 줄 아는 자가 있고, 읽은 후에 자신의 손발이 춤추는 것을 알지 못할 정도로 즐거워하는 자도 있다.

○‘全無事’者, 全無所得. 朱子曰：“‘有得一二句喜’者, 這一二句喜

處, 便是入頭處. 從此著實理會去, 將久自解. 倏然悟時, 聖賢格言,
自是句句好."

○'전혀 아무 일이 없는 자'는 전혀 얻는 것이 없다.
주자가 말했다.
"'한두 구절을 얻어 기뻐하는 자'는 이 한두 구절이 들어가는 출발
점이다. 여기에서부터 착실히 이해해 가면 오랜 뒤에는 저절로 풀릴
것이다. 갑자기 깨달음이 있게 되면, 성현의 격언을 구절마다 저절로
좋아하게 된다."

39

學者當以『論語』·『孟子』爲本. 『論語』·『孟子』旣治, 卽六經可不
治而明矣.

학자는 모름지기 『논어』·『맹자』를 근본으로 삼아야 한다. 『논
어』·『맹자』를 완전히 익힌 뒤에는 육경에 대해서는 익히지 않더라
도 밝아지게 된다.

○'不治而明', 言易明也.

○'익히지 않아도 밝아지게 된다'는 것은 밝히기 쉽게 된다는 뜻
이다.

讀書者, 當觀聖人所以作經之意, 與聖人所以用心, 與聖人所以至
聖人而吾之所以未至者, 所以未得者.

독서하는 자는 성인이 왜 경전을 지었는가 하는 의도와, 성인이 어떻게 마음을 쓰는가 하는 방식과, 성인은 성인의 경지에 이르렀는데 나는 이르지 못한 까닭과 얻지 못한 까닭을 살펴야 한다.

○ '未至', 以所行言, '未得', 以所知言.

○ '이르지 못했다'는 것은 행동을 말한 것이고, '얻지 못했다'는 것은 앎을 말한 것이다.

句句而求之, 晝誦而味之, 中夜而思之. 平其心, 易其氣, 闕其疑, 卽聖人之意見矣. 〔『程氏遺書』25-54〕

구절구절마다에서 그 의미를 찾으며, 낮에는 읽고 음미하고, 한밤이 되도록 생각하여야 한다. 마음을 평온하게 하고 기운을 편안히 하여, 의심나는 것은 잠시 제쳐두면 성인의 (경전을 지은) 의도를 볼 것이다.

○ 句句而求則察之密. 晝味夜思則思之熟然. 平心易氣而不失於鑿, 有疑則闕而不强其通. 如是則聖人之意可得而見矣.

○ 구절구절에서 찾으면 엄밀하게 살피게 된다. 낮에 음미하고 밤에 생각하면 생각이 익숙하게 된다. 마음을 평온하게 하고 기운을 편안히 하여 천착하는 잘못을 저지르지 않고, 의심나면 제쳐두고 억지로 통하려고 하지 않는다. 이렇게 하면 성인의 의도를 볼 수 있다.

40

讀『論語』·『孟子』而不知道, 所謂 "雖多亦奚以爲?" 〔『程氏遺書』6-

『논어』・『맹자』를 읽었는데도 도를 모르면, 공자가 "비록 많이 읽은들 무엇에 쓰겠는가?"[50)]라고 말한 경우와 같다.

○『語』・『孟』極聖賢之淵源, 爲斯道之統會. 體用兼明, 精粗畢備. 讀之而不通於道, 則章句訓詁而已, 雖博而何益!

○『논어』・『맹자』는 성현의 깊은 연원을 다하여 유학의 도를 다 담고 있다. 체용(體用)을 모두 밝혀 정밀하고 거친 것(精粗)이 모두 갖추어져 있다. 이것을 읽고도 도에 통하지 못하면 사장학이나 훈고학일 뿐이니, 많이 읽은들 무슨 도움이 되리오!

41

『論語』・『孟子』只剩讀著, 便自意足. 學者須是玩味, 若以語言解著, 意便不足. 某始作二書文字, 旣而思之, 又似剩. 只有些先儒錯會處, 却待與整理過.〔『程氏外書』5-7〕

『논어』・『맹자』는 충분히 읽기만 하면 저절로 의미를 만족스럽게 이해하게 된다. 학자는 모름지기 완미해야지, 글자만 가지고 풀이한다면 뜻을 만족스럽게 이해하지 못한다. 내가 이 두 책에 주석을 달았는데 잠시 후 생각해 보니 군더더기 같았다. 그래서 나는 이전 학자[51)]들

---

50)『논어』「자로」5장. "子曰 : 誦詩三百, 授之以政不達. 使於四方, 不能專對, 雖多亦奚以爲."

51) 영역본에서는『논어집해』를 저술한 何晏과『맹자주』를 저술한 趙岐라고 하였다 (Chan, Wing-tsit(trans), *Reflection on Things at Hand*, Columbia University

이 잘못 이해한 곳이 있으면 그 때마다 정리해 나갔다.

42

問: "且將『語』・『孟』緊要處看, 如何?" 伊川曰: "固是好. 然若有得, 終不浹洽. 蓋吾道非如釋氏一見了, 便從空寂去." 〔『程氏外書』 12-130〕

물었다. "우선 『논어』・『맹자』의 중요한 곳만 보려고 하는데 어떠합니까?" 정이가 답했다. "물론 좋은 말이다. 그러나 만약 얻는 것이 있더라도 의미가 끝내 몸에 푹 배어들지는 않을 것이다. 대개 우리의 도는 한 번 보기만 하면 곧. 텅 비고 고요한 세계로 들어가는 불교와는 다르다."

○ 朱子曰: "此是程子答呂晉伯問. 後來晉伯終身坐此病, 說得孤單, 入禪學去. 學者讀書須逐一去理會, 便通貫浹洽."

○ 주희가 말했다.
"이는 정자가 여진백(呂晉伯: 呂與叔의 형)의 질문에 답한 것이다. 후에 여진백은 끝내 이 병에서 헤어나지 못하고 견해가 단조로워져 선학(禪學)에 빠지게 되었다. 학자가 독서할 때는 반드시 하나씩 이해 해나가 뜻이 관통되고 푹 배어들게 해야 한다."

Press, 1967, p. 104).

"興於詩"者, 吟詠情性涵暢道德之中而歆動之, 有"吾與點"之氣象. 〔『程氏外書』3-5〕

"시에서 흥기된다"[52]는 것은 시인의 성정(性情)을 읊조리고 도덕을 함양하여 창달시키는 가운데 마음이 감동되어 (공자로 하여금) "나는 증점(曾點)과 함께 하리라"고 말하게 한 증점과 같은 기상[53]을 가지게 된다는 것이다.

○ 詩大抵出於人情之眞, 感化之自然者. 學者於詩, 吟哦諷詠其情性, 涵養條暢於道德, 自然有感動興起之意. 此卽曾點浴沂詠歸之氣象.

○ 시는 대개 진실한 감정과 자연스러운 감화에서 나오는 것이다. 학자가 시를 통해 시인의 성정을 읊조리고 도덕을 함양하여 창달시키는 가운데 저절로 감동하여 흥기되는 뜻이 있게 된다. 이것은 바로 증점이 '기수(沂水)에 목욕하고 읊조리며 돌아오고자 한' 기상이다.

〔本注〕又云: "興於詩, 是興起人善意, 汪洋浩大, 皆是此意."

〔본주〕또 말했다. "시에서 흥기된다는 것은 사람의 선한 마음을 흥기시켜 넓고 크게 만드는 것이 모두 이 뜻이다."

○ 『遺書』.

---

52) 『논어』 「태백」 8장. "子曰 : 興於詩, 立於禮, 成於樂."
53) 『논어』 「선진」 25장. "曰莫春者, 春服旣成, 冠者五六人, 童子六七人, 浴乎沂, 風乎舞雩, 詠而歸. 夫子喟然歎曰 : 吾與點也."

○詩人之詞寬平忠厚, 故有興起人汪洋浩大之意.

○『유서』에 나온다.
○시인의 말은 관대하며 공평하고 충후(忠厚)하므로 사람의 넓고
큰 뜻을 흥기시킴이 있다.

44

謝顯道云:
"明道先生善言『詩』. 他又渾不曾章解句釋. 但優游玩味, 吟哦上下,
便使人有得處. '瞻彼日月, 悠悠我思. 道之云遠, 曷云能來', 思之切
矣. 終日: '百爾君子, 不知德行? 不忮不求, 何用不臧', 歸于正也."
〔『程氏外書』12-29〕

사량좌가 말했다.
"정호께서는 『시경』을 잘 해설하셨다. 선생은 시를 전체적〔渾然〕으
로 이해하여 장구별로 해석하지 않으셨다. 다만 여유 있게 음미하시
고, 소리를 높였다 낮추었다 읊으시며 듣는 이로 하여금 얻는 바가 있
게 하셨다. '저 해와 달을 보니, 하염없는 님 생각이로다. 길이 멀고
머니, 언제나 돌아오실까'[54]는 간절하게 사모함을 읊은 것이라고 말씀
하셨다. 시의 끝에 '여러 군자들이여, 덕행을 알지 못하는가? 남을 해
치지 않고 탐내지 않으면 어찌 선하지 않음이 있겠는가'라고 읊은 것
은, 올바른 데로 돌아가게 한 것이라고 말씀하셨다."

○朱子曰: "讀『詩』之法, 只是熟讀涵泳, 自然和氣從胸中流出. 其

---

54) 『시경』 「邶風」 〈雄雉〉. "瞻彼日月, 悠悠我思, 道之云遠, 曷云能來."

妙處不可得而言, 不待安排立說. 只平讀著意自足."

○주희가 말했다. "『시』를 읽는 법은 숙독하여 그 속에 푹 빠져서 노닐어 자연스럽게 온화한 기운이 (가슴으로부터) 우러나오도록 하는 것이다. 오묘한 곳은 말로 표현할 수 없으니 억지로 안배하여 설명할 필요가 없다. 평안한 마음으로 읽는 가운데 뜻을 충분히 이해하게 된다."

又云: "伯淳嘗[55]談『詩』, 幷不下一字訓詁. 有時只轉却一兩字, 點掇地念過, 便教人省悟." 又曰: "古人所以貴親炙之也."〔『程氏外書』12-48〕

또 말했다.
"백순(明道의 字)께서 『시』에 대해 말할 때는 결코 한 글자도 훈고하지 않으셨다. 때때로 한두 글자만 바꾸어 띄엄띄엄 읽어나갔는데 사람들로 하여금 깨닫는 바가 있게 하셨다."
또 말했다.
"옛사람들이 스승을 곁에 모시고 직접 배우는 것을 귀하게 여긴 까닭이 바로 여기에 있다."

○『外書』, 下同.
○'點掇', 猶沾綴拈掇也. 意如上章. '親炙', 親近而熏炙之也.

○『외서』에 나오며, 아래도 같다.
○'점철(點掇)'은 첨철(沾綴), 염철(拈掇)과 같은 말이다. 의미는 윗

<hr>

55) '상(嘗)'자는 '상(常)'자로 되어 있는 판본도 있다.

글과 같다. '친자(親炙)'라는 것은 가까이에서 배운다는 뜻이다.

45

明道先生曰 :

"學者不可以不看『詩』. 看『詩』便使人長一格價." 〔『程氏外書』 12-59〕

정호가 말했다.

"공부하는 자는 『시경』을 보지 않으면 안 된다. 『시경』을 읽으면 그 사람의 가치를 한 단계 높여준다."

○ 觀『詩』, 則使人興起感發, 便自然有進.

○『시경』은, 읽으면 사람을 흥기시키고 감동시키니 자연스럽게 공부에 진전이 있게 된다.

46

"不以文害辭." 文, 文字之文. 擧一字則是文, 成句是辭. 『詩』爲解一字不行, 却遷就他説. 如有周不顯, 自是作文, 當如此. 〔『程氏外書』 1-23〕

"글자로 문장의 뜻을 해치지 말라"[56]는 말이 있다. '문(文)'이란 문자

---

56) 『맹자』 「만장」 상 4장. "詩云普天之下, 莫非王土 ; 率土之濱, 莫非王臣,. 而舜旣爲天子矣. 敢問瞽瞍之非臣如何. 曰是詩也, 非是之謂也. 勞於王事, 而不得養父母也. 曰此莫非王事, 我獨賢勞也. 故說詩者, 不以文害辭, 不以辭害志. 以意

라고 할 때의 문(文)이다. 한 글자만을 말하면 문이지만, 구절(句)을 이루면 문장이다. 시를 해설할 때 한 자라도 해석되지 않으면, 다른 해석으로 나아가야 한다. 예를 들면, "주나라가 어찌 드러나지 않겠는가!"[57]와 같은 표현이니 문장을 지을 때는 이렇게 하는 것이 마땅하였다.

○ 詳見『孟子』. 『詩』「大雅・文王」篇曰"有周不顯." 言'周家豈不顯乎' 蓋言其顯也. 苟直謂之不顯, 則是以文害辭.

○ 자세한 것은 『맹자』에 나온다. 『시경』 「대아・문왕」편에 "유주불현(有周不顯)"이라는 시구가 나온다. '주나라 종실이 어찌 드러나지 않겠는가'라는 뜻이다. 아마 드러나리라는 것을 말하는 것이다. 만일 드러나지 않는다고 곧이곧대로 해석한다면 이것이 바로 글자로써 말을 해치게 되는 경우이다.

47

看『書』須要見二帝三王之道. 如二典, 卽求堯所以治民, 舜所以事君. 〔『程氏遺書』 24-11〕

『서경』을 읽을 때는 이제(二帝)와 삼왕(三王)의 도를 살펴야 한다. 「요전」과 「순전」에서는 요가 백성을 다스린 방법과 순이 임금을 섬긴 방법을 찾아야 한다.

逆志, 是爲得之. 如以辭而已矣."
57) 문자의 뜻은 "주나라가 드러나지 않는다"이지만 문맥 가운데서의 뜻은 "주나라가 어찌 드러나지 않겠는가"로 되어야 한다.

『中庸』之書, 是孔門傳授, 成於子思·孟子. 其書雖是雜記, 更不分精粗, 一衰説了. 今人語道, 多説高便遺却卑, 説本便遺却末.〔『程氏遺書』15-129〕

『중용』이라는 책은 공자의 제자들 사이에 전수되어, 자사[58]와 맹자[59]에 의하여 완성되었다. 그 내용이 비록 잡다한 기록이지만 다시 정미한 것과 거친 것[60]을 나누지 않고 하나로 뭉뚱그려 말하였다. 요즘 사람들은 도를 말할 때, 높은 것을 말하면 비근한 것을 빠뜨리고, 근본적인 것을 말하면 말단적인 것들을 빠뜨리는 경우가 많다.

○『中庸』, 子思所述而傳之孟子者也. 其言天命之性則推之於修道之敎, 言中和則極之天地位萬物育. 言政而本之於達德達道, 言治天下國家則合之於誠. 小大並擧, 費隱兼該. 蓋是道之大, 體用相涵, 本末一貫, 元不相離. 説本而遺其末, 則亦陷於空虛而未達天下之大本矣.

○『중용』은 자사가 서술하여 맹자에게 전한 것이다. 그 책에서는 하늘이 명령한 본성을 말하고서는 그것을 도를 닦는 가르침까지 미루어 나아가고, 중화(中和)를 말하고서는 천지가 자기 자리에 있고 만물이 자라나는 것까지 말한다. 정치를 말할 경우에는 '보편적인 도〔達道〕'와 '보편적인 덕〔達德〕'에 근본을 두며, 천하와 국가를 다스리는

---

58) 子思(기원전 483-402)는 공자의 손자로 이름은 伋이다. 공자의 제자인 曾參에게서 배웠다고 하며 『중용』의 저자로 알려져 있다.

59) 孟子(기원전 372-289)의 이름은 軻, 자는 子輿, 추나라 사람이다. 자사의 문인에게 배웠으며 『맹자』를 저술함.

60) '정미한 것'과 '거친 것'은 '형이상'과 '형이하'를 가리킨다.

것을 말할 경우에는 '성(誠)'과 함께 말했다. 크고 작은 일을 모두 거론하고, '넓은 작용〔費〕'과 '은미한 이치〔隱〕'를 모두 갖추고 있다. 대개 이 도는 커서 본체와 작용을 함께 포함하고 있고, 근본과 말단이 일관되어 있어, 원래 서로 떨어지지 않는다. 근본을 말하고 말단을 버린다면 또한 공허한 데 빠져 천하의 큰 근본에 통달하지 못할 것이다.

49

伊川先生『易傳』「序」曰：
"易變易也, 隨時變易, 以從道也.

정이가 『역전』「서문」에서 말했다.
"역이란 '변화하여 바뀌는 것〔變易〕'이다. 때에 따라 변역함으로써 도를 따르는 것이다.

○ 陰陽變易而生萬化. 聖人象之而畫卦爻, 使人體卦爻之變易而隨時以從道也.
○ 或問："易卽道也. 何以言變易以從道?" 朱子曰："易之所以變易, 固皆理之當然. 聖人作易, 因象明理, 敎人以變易從道之方耳. 如乾初則潛, 二則見之類, 是也."

○ 음양이 변역하여 모든 조화를 낳는다. 성인이 그것을 형상화시켜 괘효를 그려, 사람들로 하여금 괘효의 변역을 체득하여 시간에 따라 도를 따르게 하였다.
○ 어떤 사람이 물었다.
"역이 곧 도인데, 어째서 변역하여 도를 따른다고 말하는가?"
주희가 대답했다.

"역이 변화하는 까닭은 모두 리(理)의 당연함이기 때문이다. 성인이 역을 만들어, 상(象)을 통해 리를 밝혀, 사람들에게 변역함으로써 도를 따르는 방법을 가르친 것 뿐이다. 건괘의 초구에서는 '물에 잠긴 용'이라고 하고, 구이에서는 '나타난 용'이라고 한 것이 이러한 것이다."

其爲書也, 廣大悉備. 將以順性命之理, 通幽明之故, 盡事物之情, 而示開物成務[61]之道也. 聖人之憂患後世, 可謂至矣.

이 책은 광대하여 모든 것이 갖추어져 있다. (성인은) 『역』을 통해서 성명(性命)의 이치를 따르고, 죽음과 삶의 까닭에 통달하고, 사물의 실정을 완전히 드러내어 개물성무(開物成務)[62]의 도를 보여주신 것이다. 성인이 후세를 걱정함이 지극하다 하겠다.

○ '故', 所以然也. '開物'者, 使其知之明, '成務'者, 使其行之就也.

○ 고(故)'는 그러한 이유(所以然)이다. '개물(開物)'이라는 것은 그 지혜를 밝게 하는 것이고, '성무(成務)'라는 것은 행동을 완수하게 하는 것이다.

去古雖遠, 遺經尙存. 然而前儒失意以傳言, 後學誦言而忘味. 自秦而下, 蓋無傳矣. 予生千載之後, 悼斯文之湮晦, 將俾後人沿流而求原. 此傳所以作也.

---

61) 『周易』「계사」 상 11장. "子曰 : 夫易何爲者也. 夫易, 開物成務, 冒天下之道, 如斯而已者也. 是故聖人以通天下之志, 以定天下之業, 以斷天下之疑."

62) '開物'이란 아직 모르는 것들을 알게 한다는 의미이며, '成務'란 '개물'을 통해 앞으로 어떻게 행할지의 방법을 이루어준다는 의미이다. 『역』은 점을 위한 책이니 점의 기능이란 곧 '개물성무'인 것이다.

옛날과의 거리가 비록 멀지만 성인이 남긴 경전은 여전히 보존되어 있다. 그러나 옛 유학자들은 그 의미를 잃어버린 채 말만 전하였고, 후학들은 그 말을 외우기만 하고 그 의미를 잊고 있다. 그래서 진(秦)나라 이후에는 성인이 전하려던 진정한 의미가 전해지지 않았다. 나는 천년 뒤에 태어나 우리 유학에서 『역』의 의미가 소멸되고 어두워지는 것을 슬퍼하여, 후대의 사람들로 하여금 흐름을 거슬러 올라가 근원을 깨닫게 하고자 한다. 이것이 『역전』을 지은 이유이다.

○ '沿流而求源', 謂因言以求其意也.

○ '흐름을 거슬러 올라가 근원을 깨닫게 한다'는 것은 말을 통해 그 의미를 찾는다는 것이다.

『易』有聖人之道四焉. 以言者尚其辭, 以動者尚其變, 以制器者尚其象, 以卜筮者尚其占. 吉凶消長之理, 進退存亡之道, 備於辭. 推辭考卦, 可以知變, 象與占, 在其中矣.

『역』에는 성인의 도리가 네 가지 갖추어져 있다. 말을 하는 경우에는 문장〔辭〕을 존중하고, 행동을 하는 경우에는 그 변화〔變〕를 존중하며, 기구를 만드는 경우에는 그 물상〔象〕을 존중하고, 점을 칠 경우에는 그 점괘〔占〕를 존중하는 것이다.[63] 길흉·소장(消長)의 이치와 진퇴·존망의 도리가 『역』의 문장에 갖추어져 있다. 그 괘효사의 문장을 미루어 괘를 살펴보면, 변화를 알 수 있으니, 물상과 점괘는 그 안에 있다.

---

63) 『주역』 「계사」 상 10장.

○‘尙’, 尊尙之也. ‘辭’者聖人所繫之辭. ‘變’者陰陽老少之變. ‘象’者
天地山澤雷風水火之類是也. ‘占’者吉凶悔吝厲無咎之類是也. 辭者言
之則也. 故以言者尙其辭. 變者動之時也. 故以動者尙其變. 象事知
器. 故制器者尙其象. 占事知來. 故卜筮者尙其占. 然辭變象占雖各有
尙, 而吉凶消長進退存亡, 易之大用, 皆具於辭. 故變推辭而可知. 象
與占皆不外乎辭也.

○‘상(尙)’이란 존중한다는 뜻이다. ‘사(辭)’라는 것은 성인이 붙여
놓은 문장이다. ‘변(變)’이란 음양, 노소의 변화이다. ‘상(象)’이란 하늘,
땅, 산, 연못, 번개, 바람, 물, 불 같은 것들이다. ‘점(占)’이란 길흉, 회
린(悔吝), 위태로움(厲), 허물이 없음(無咎)과 같은 것이다. 사(辭)는 말
의 법도이다. 그러므로 말을 할 때는 그 사(辭)를 존중한다. ‘변’이란
운동의 시의성(時宜性)이다. 그러므로 행동할 때에는 그 ‘변’을 존중한
다. “일의 형상을 보고 기구〔器〕를 안다.”[64] 그러므로 기구를 만드는
자는 ‘상’을 존중한다. “일을 점쳐서 미래를 안다.”[65] 그러므로 점칠 때
에는 그 ‘점’을 존중한다. 그런데 ‘사’와 ‘변’과 ‘상’과 ‘점’에 대하여 각
각 존중하는 것이 있으나 길흉, 소장, 진퇴, 존망과 같은 역의 대용(大
用)은 모두 ‘사’에 갖추어져 있다. 그러므로 ‘변’은 ‘사’를 미루어 알 수
있다. ‘상’과 ‘점’도 모두 ‘사’의 밖에 있는 것이 아니다.

‘君子居則觀其象, 而玩其辭. 動則觀其變, 而玩其占.’ 得於辭, 不達
其意者, 有矣, 未有不得於辭, 而能通其意者也.

‘군자는 평상시에는 그 물상을 살피고 그 문장을 음미한다. 활동할

---

64) 『주역』「계사」하 12장. “能說諸心, 能硏諸侯之慮, 定天下之吉凶, 成天下之亹
亹者. 是故變化云爲, 吉事有祥, 象事知器. 占事知來.”
65) 『주역』「계사」하 12장(앞의 주 64) 참조).

때에는 그 변화를 살피고 그 점괘를 음미한다.'[66] 문장을 이해하면서 의미를 모르는 자는 있을 수 있지만, 문장을 이해하지 못하면서 의미에 통달할 수 있는 자는 없다.

○ '玩', 厭習也, 不止於觀而已. 蓋卦之象可觀, 而辭之理則無窮. 故必玩習其辭. 爻之變可觀, 而占之義則無窮. 故必玩習其占. 平居而觀象玩辭, 則各盡乎卦之理. 臨事而觀變玩占, 則各盡乎爻之用. 然象與變占皆具于辭, 故必由辭以通其意.

○ '완(玩)'이란 것은 만족스럽도록 익숙하게 하는 것이니, 그저 살펴보는 것에 그치는 것이 아니다. 대개 괘의 '상'은 살펴볼 수 있지만, '사'의 이치는 무궁하다. 그러므로 반드시 그 '사'를 완미하여 익숙하게 해야 한다. 효의 변화는 살필 수 있지만, '점'의 의의는 무궁하다. 그러므로 반드시 그 '점'을 완미하여 익숙하게 해야만 한다. 평상시에 '상'을 살피고 '사'를 완미하면 각각의 괘의 이치를 다 궁구하게 된다. 일에 임해서 '변'를 살피고 '점'을 완미하면 각각의 '효'의 작용을 알게 된다. 그러나 '상'과 '변'과 '점'은 모두 '사'에 갖추어져 있으므로, 반드시 그 '사'를 통해 그 의미를 이해해야만 한다.

至微者理也, 至著者象也. 體用一原, 顯微無間. 觀會通以行其典禮, 則辭無所不備.

지극히 은미한 것은 이치요, 지극히 드러난 것은 물상이다. 본체와 작용은 근원을 같이 하고 드러난 것과 은미한 것 사이에는 틈이 없다. '모이고 통하는 것〔會通〕을 살피어 전례(典禮)를 행하니',[67] 문장에는

---

66) 『주역』「계사」상 2장.
67) 『주역』「계사」상 8장. "聖人有以見天下之動, 而觀其會通, 以行其典禮, 繫辭

갖추어지지 않은 것이 없다.

○朱子曰 : "自理而觀, 則理爲體象爲用. 而理中有象, 是一源也.
自象而觀, 則象爲顯理爲微. 象中有理, 是無間也." 又曰 : "會以理之
所聚而言, 通以事之所宜而言. 其實一也." 又曰 : "衆理會處, 便有許
多難易窒礙, 必於其中得其通處, 乃可行耳. 典禮者典常之理."

○ 주희가 말했다.

"리(理)로부터 보면, 리는 본체이고, 상은 작용이다. 하지만 리 가운
데 상이 있으므로 그 근원은 같다. 상으로부터 보면, 상은 뚜렷이 드
러난 것이요, 리는 은미하여 드러나지 않는 것이다. 상 가운데 리가
있으니, 그 사이에 틈이 없다."

또 말했다.

"회(會)라는 것은 리가 모인 것을 말하는 것이고, 통(通)이란 것은
일의 마땅함으로써 말한 것이다. 사실상 같은 것이다."

또 말했다.

"많은 이치[理]가 모여 있는 곳에는 이해하기 어려워 막힌 곳이 많
으니, 반드시 그 가운데에서 통달해야 실천할 수 있는 것이다. 전례라
는 것은 법도가 되는 떳떳한 이치이다."(『주자어류』 권67, 653쪽)[68]

故善學者, 求言必自近. 易於近者, 非知言者也. 予所傳者辭也. 由
辭以得意, 則在乎人焉." 〔『易傳』 「易傳序」〕

그러므로 잘 배우는 자가 말을 구할 경우, 반드시 가까운 데에서

___

焉. 以斷其吉凶, 是故謂之爻."

68) 이하에서 페이지가 표시된 『어류』의 저본은 中華書局에서 理學叢書로 발행된
『주자어류』이다.

출발해야 한다. 가까운 것을 소홀히 여기는 사람은 말을 잘 이해하는 사람이 아니다. 내가 전하는 것은 문장이다. 문장을 통해 의미를 이해하는 것은 읽는 사람에게 달려 있다."

○『文集』, 下同.
○ 道無遠近之間. 然觀書者必由粗以達於精, 卽顯以推其微. 本民彝日用之常, 而極於窮神知化之妙. 不可忽乎近而徒務乎高遠也.

○『문집』에 나오며, 아래도 같다.
○ 도에는 멀고 가까움의 차이가 없다. 그러므로 책을 읽는 자는 거친 것으로부터 정미한 것에 통달해 나가야 하고, 드러난 것에 나아가 그 은미한 것을 미루어 보아야 한다. 백성이 지닌 덕〔民彝〕과 일상에 쓰이는 항상된 도리에 근본하여 '정신을 궁구하여 변화를 아는〔窮神知化〕' 신묘한 경지에까지 도달해야 한다. 가까운 것을 소홀히 하고 허황되이 고원한 것만을 추구해서는 안 된다.

50

伊川先生答張閎中書曰:
"『易傳』未傳, 自量精力未衰, 尚覬有少進爾. 來書云'易之義本起於數', 則非也. 有理而後有象, 有象而後有數.『易』因象以明理, 由象以知數. 得其義, 則象數在其中矣.

정이가 장굉중(張閎中)[69]에게 보낸 답장에서 말했다.
"(내가 편찬한) 『역전』을 다른 사람에게 전하지 않은 것은 아직 정

---

69) 정이의 문인인데, 자세한 것은 알려져 있지 않다.

력이 쇠하지 않았다고 생각하여, 여전히 조금이라도 진전이 있기를 바라기 때문입니다. 보내주신 편지에 '역의 의미는 본래 수(數)에서 나타난다'고 하셨는데, 틀린 이야기입니다. 리(理)가 있은 후에 상(象)이 있고, 상이 있은 후에 수가 있습니다.『역』은 상에 의지하여 리를 밝히고, 상을 통하여 수를 알게 합니다. 의미를 알게 되면 상과 수는 그 가운데 있는 것입니다.

○ 本注云：“理無形也. 故因象以明理. 理既見乎辭矣, 則可由辭以觀象. 故曰：'得其義, 則象數在其中矣.'”

○ 張閩中見『程氏門人錄』. '易有太極', 形而上之理也. '是生兩儀' 而後, 象與數形焉. 此作『易』之本也.『易』之理寓於象, 象必有數. 知其理, 則象與數皆在其中. 此學『易』之要也.

○ 본주에서 말했다.

"리(理)는 형체가 없는 것이다. 그러므로 상에 근거해 리를 깨우쳐야 한다. 리는 이미 사(辭)에 나타나 있으므로 사를 통해 상(象)을 볼 수도 있다. 그러한 까닭에 '그 의미를 알게 되면 상과 수는 그 가운데 있다'라고 말하는 것이다."

○ 장굉중은 『정씨문인록(程氏門人錄)』에 보인다. '역에는 태극이 있다'[70]는 것은 형이상의 리를 가리킨다. '이것이 양의(兩儀)를 낳은'[71] 뒤에 상과 수가 이루어진다. 이것이 『역』의 근본이(『역』을 지은 근본이) 되는 것이다. 『역』의 이치는 상에 깃들여 있는데, 상은 반드시 수를 가지고 있다. 그 리를 알게 되면 수와 상이 모두 그 중에 있다. 이것이 『역』을 배우는 요체이다.

---

70)『주역』「계사」상 11장. "是故易有太極, 是生兩儀, 兩儀生四象, 四象生八卦."
71)『주역』「계사」상 11(앞의 주 70) 참조).

必欲窮象之隱微, 盡數之毫忽, 乃尋流逐末, 術家之所尚, 非儒者之所務也."〔『程氏文集』9卷(伊川先生文 5)「答張閎中書」[72]〕

기필코 상의 은미한 것과 수의 아주 미세한 부분까지 천착해 들어가고자 하는 것은 흐름을 따라 말단을 추구하는 것이니, 점쟁이들〔術家〕이나 하는 짓이지 유자가 힘써야 할 일은 아닙니다."

○ 理者象數之本. 不務求其本而徒欲窮其末. 如管輅郭璞之流是也.

○ 리(理)는 상수의 근본이다. 그 근본을 구하는 데 힘쓰지 않고 말단만을 궁구하는 자들이 있다. 관로(管輅),[73] 곽박(郭璞) 같은 자들이 그렇다.

51

知時識勢, 學『易』之大方也.〔『易傳』夬卦(䷪) 九二「象傳」〕

때와 형세를 아는 것이 『역』을 배우는 중요한 방법이다.

○『易傳』, 下同.
○ 夬卦九二「象傳」. '方', 猶術也. 時有盛衰, 勢有強弱. 學『易』者當隨其時勢. 惟變所適, 惟道之從也.

○『역전』에 나오며, 아래도 같다.
○ 쾌괘 구이효「상전」이다. '방(方)'은 방법이다. 때에는 성쇠가 있

---

72) 같은 글이 『유서』21上-18(271쪽)에 실려 있다.
73) ≪한문대계≫본에는 京房이다.

고, 형세에는 강약이 있다. 『역』을 배우는 자는 때와 형세에 따라야
한다. 변화하는 대로 따라가는 것이 도를 따르는 것이다.

52

　大畜初二, 乾體剛健, 而不足以進. 四五陰柔而能止. 時之盛衰, 勢
之强弱, 學『易』者, 所宜深識也. 〔『易傳』大畜 九二「象傳」〕

　대축괘[74]의 초구와 구이는 건괘에 속하여 강건하지만 앞으로 나아
가기에는 부족하다. 육사와 육오가 부드러운 음효로서 멈추게 할 수
있기 때문이다. 때의 성쇠와 형세의 강약은 『역』을 배우는 자들이 마
땅히 깊이 알아야 할 것이다.

　○ 乾下艮上爲大畜. 初與二雖剛健而不足以進者, 以畜之時不利於
進, 初二俱位乎下, 勢又不能進也. 四與五雖陰柔, 而能止乎健者, 以
畜之時在於止, 四五位據乎上, 勢又足以爲止也.

　○ 건괘(☰)가 아래 있고 간괘(☶)가 위에 있는 것이 대축괘(䷙)이다.
초구와 구이가 강건하지만 나가기에 부족한 것은 축(畜)의 때에는 나
아가기에 불리한 데다가, 초구와 구이는 모두 아래에 위치하고 있어서
또한 나아갈 수 없는 형세이기 때문이다. 육사와 육오는 부드러운 음

---

74) '大畜'이란 크게 쌓는다는 의미이다. 쌓기 위해서는 막아야만 한다. 호수는 물의
　흐름을 막아서 물이 쌓인 것이며, 저축이란 지출을 막아 돈을 모으는 것이다. 대
　축괘를 보면 아래의 괘는 하늘을 상징하고 위의 괘는 산을 상징한다. 산의 기운
　으로 아래의 하늘 기운을 막고 있으니 크게 쌓았다고 말한다. 小畜卦(䷈)는, 아
　래의 괘는 같은 하늘이지만 위의 괘는 바람을 상징하는 巽卦(☴)이다. 바람으로
　하늘 기운을 막더라도 많이 쌓을 수 없으므로 작게 쌓는다는 소축이 되었다.

효이지만 강건한 것을 멈추게 할 수 있는 것은, 축의 때는 멈추는 것에 해당하고, 육사와 육오가 윗자리에 있어서 멈추게 할 수 있는 형세이기 때문이다.

53

諸卦二五, 雖不當位, 多以中爲美. 三四雖當位, 或以不中爲過. 中常重於正也. 蓋中則不違於正, 正不必中也. 天下之理, 莫善於中, 於九二六五可見. 〔『易傳』震卦(☳) 六五〕

모든 괘의 두 번째 효와 다섯 번째 효는 비록 자리에 맞지 않더라도, 많은 경우 중으로 존중된다. 세 번째 효와 네 번째 효는 비록 자리에 맞더라도, 어떤 경우에는 중이 아니라고 여겨 허물로 삼는다. 중(中)은 항상 정(正)보다 중요하다. 왜냐하면 중하면 정에 어긋나지 않지만, 정이라고 해서 반드시 중은 아니기 때문이다. 천하의 이치로서 중보다 나은 것은 없으니, 구이와 육오에서 볼 수 있다.

○震卦六五傳. 二者內卦之中, 五者外卦之中, 皆中也. 三爲內卦之上, 四爲外卦之下, 皆不中也. 六爻之位初三五爲陽. 二四上爲陰. 以陽爻居陽位, 陰爻居陰位, 爲當位. 反此者, 爲不當位. 當位者正也. 不當位者非正也. 坤六五非正也而曰"黃裳元吉." 泰九二非正也而曰"得尙于中行", 蓋以中爲美也. 蠱之三四皆正也, 而三則有"悔", 四則"往吝." 旣濟之三四皆正也, 而三則有"三年之憊", 四則有"終日之戒", 蓋以不中爲慊也. 正者天下之定理, 中者時措之宜也. 正者有時而失其中, 中則隨時而得其正者也. 故中之義重於正.

○진괘 육오효 전이다. 이효는 내괘의 가운데이며 오효는 외괘의

가운데이므로 모두 중이다. 삼효는 내괘의 맨 위이며 사효는 외괘의
맨 밑이므로 모두 중이 아니다. 육효의 위치 중에서 첫 번째, 세 번째,
다섯 번째 효는 양의 자리이다. 두 번째, 네 번째, 여섯 번째 효는 음
의 자리이다. 양효로서 양의 자리에 있고, 음효로서 음의 자리에 있으
면 자리가 맞는 것이다. 이에 반대가 되는 것은 모두 자리가 맞지 않
은 것이다. 자리에 맞는 것을 정(正)이라고 한다. 자리에 맞지 않는 것
은 정이 아니다. 곤괘의 육오는 정이 아니지만 "황색 치마를 입었으니
크게 길하다"라고 했다. 태괘(泰卦 : ䷊)의 구이는 정이 아니지만 "중
도를 행하는 덕에 합치한다"라고 하니, 대개 중을 존중한 것이다. 고
괘(蠱卦 : ䷑)의 삼효와 사효는 모두 정이지만, 삼효에는 "후회한다"는
말이 있고, 사효에는 "가면 인색하다"는 말이 있다. 기제괘(旣濟卦 :
䷾)의 삼효와 사효는 모두 정이지만, 삼효에는 "삼 년 동안 피곤하다"
는 말이 있고, 사효에는 "종일토록 경계한다"는 말이 있으니, 대개 중
이 아닌 것을 좋지 않게 여긴 것이다. 정은 천하에 일정한 이치이지
만, 중은 시의적절하게 조치하여 합당한 것이다. 정은 때때로 중을 잃
지만, 중은 때에 따라 정을 얻는 것이다. 그러므로 중이 정보다 중요
하다.

54

問 : "胡先生解九四作太子, 恐不是卦義." 先生云 : "亦不妨. 只看
如何用. 當儲貳則做儲貳使. 九四近君, 便作儲貳亦不害. 但不要拘
一. 若執一事, 則三百八十四爻, 只作得三百八十四件事, 便休了."
〔『程氏遺書』 19-14〕

물었다. "호(胡) 선생이 구사를 태자로 해석한 것은, 아마도 괘의 뜻
이 아닌 듯합니다." 선생이 답했다. "그래도 문제되지 않는다. 다만 어

떻게 쓰이는가를 잘 살펴야 한다. (점치는 사람이) 태자의 지위에 해당한다면, 태자로 여겨 사용할 수 있다. 구사는 임금과 가까운 자리이므로 태자라고 해석해도 문제가 없기 때문이다. 그러나 (해석에 있어) 하나의 경우에만 구애되어서는 안 된다. 만일 한 가지 해석에만 집착한다면, 384효로써 384건의 일만 설명하고 나면 그만일 것이다."

○『遺書』, 下同.
○ 胡瑗, 字翼之. 號安定先生. 五爲君位, 四近君, 亦可以爲儲貳. 然『易』本無拘, 惟其所遇, 皆可用占.

○『유서』에 나오며, 아래도 같다.
○ 호원(胡瑗: 993-1059)[75]의 자는 익지(翼之)이다. 안정(安定) 선생이라고 불린다. 오효는 임금의 위치이고 사효는 임금에 가까우니 태자로 여길 수 있다. 그러나『역』은 본래 구애됨이 없으니, 상황에 따라서 모든 것을 점칠 수 있다.

55

看『易』且要知時. 凡六爻人人有用. 聖人自有聖人用, 賢人自有賢人用, 衆人自有衆人用, 學者自有學者用, 君有君用, 臣有臣用, 無所不通. 因問: "坤卦是臣之事, 人君有用處否?" 先生曰: "是何無用? '如厚德載物', 人君安可不用?"〔『程氏遺書』19-15〕

『역』을 읽을 경우에 우선 때를 알아야 한다. 일반적으로 육효는 사

---

75) 호원은 治事齋, 經義齋를 설립했다. 그가 국자감 교수로 있고 정이가 수학할 때,「顔子所好何學」에 관한 문제를 냈다.

람마다 각각의 용법이 있다. 성인에게는 성인의 용법이 있고, 현인에게는 현인의 용법이 있고, 보통사람에게는 보통사람의 용법이 있고, 배우는 사람에게는 배우는 사람의 용법이 있고, 임금에게는 임금의 용법이 있고, 신하에게는 신하의 용법이 있어서, 통하지 않는 곳이 없다. (위의 말에 따라) 질문하였다. "곤괘는 신하의 일에 해당하는데, 임금에게도 쓸 데가 있습니까?" 선생이 대답했다. "어째서 쓸모가 없겠는가? '두터운 덕으로 사물을 싣는 것'[76]과 같은 구절을 임금이 어찌 사용하지 않을 수 있겠는가?"

56

『易』中只是言反復往來上下.〔『程氏遺書』14-17〕

『역』에서는 반복, 왕래, 상하만을 말하고 있을 뿐이다.

○反復, 如復姤之類. 往來, 如賁無妄之類. 上下, 如咸恆之類. 皆陰陽變易之道而『易』之所以爲『易』也.

○ 반복은 복괘(復卦 : ䷗)와 구괘(姤卦 : ䷫) 등이 이에 해당된다. 왕래는 비괘(賁卦 : ䷕)와 무망괘(無妄卦 : ䷘) 등이 이에 해당된다. 상하는 함괘(咸卦 : ䷞), 항괘(恒卦 : ䷟) 등이 이에 해당된다. 모두 음양 변역의 도이니, 『역』이 『역』이게끔 하는 것이다.

---

76) 『주역』 곤괘 「상전」에 "땅의 형세가 坤卦이니, 군자는 이것을 본받아 두터운 덕으로 만물을 싣는다(地勢坤, 君子以厚德載物)"고 나온다.

57

作『易』, 自天地幽明, 至昆蟲草木微物, 無不合. 〔『程氏外書』 7-27〕

『역』을 만들자, 천지와 유명(幽明)으로부터 곤충, 초목, 그리고 미생물에 이르기까지 (『역』의 이치와) 맞지 않는 것이 없다.

○『外書』, 下同.
○『易』, 無不該無不合者, 理之根極, 本一貫也.

○『외서』에 나오며, 아래도 같다.
○『역』이 포괄하지 않는 것이 없고 들어맞지 않는 것이 없는 것은, 리(理)는 본래 뿌리에서 끝에 이르기까지 일관되기 때문이다.

58

今時人看『易』, 盖不識得『易』是何物, 只就上穿鑿. 若念得不熟, 與就上添一德. 亦不覺多, 就上減一德. 亦不覺少. 譬如不識此丌子, 若減一隻脚, 亦不知是少, 若添一隻脚, 亦不知是多. 若識則自添減不得也. 〔『程氏外書』 5-3〕

요즘 사람들은 『역』을 읽을 때, 『역』이 어떤 것인지 모르고 천착만 할 뿐이다. 친숙하도록 읽지 않으면, 거기에 덕을 하나 보태어도 많아진 것을 알지 못하고, 덕을 하나 빼버려도 적어진 줄 알지 못한다. 비유컨대, 이 의자를 모른다면, 다리 하나를 없애도 적어진 줄 모르고, 다리 하나를 덧붙여도 많아진 줄을 모르는 것과 같다. 만일 제대로 안다면 저절로 덧붙이거나 뺄 수 없다.

○ 學者當體此意. 使於卦象辭義, 皆的然見其不可易, 而後爲得也.

○ 배우는 자는 이러한 뜻을 체인하도록 해야 한다. 괘의 상(象)과
사(辭)의 뜻을 바꿀 수 없다는 것을 모두 확실하게 이해해야 역을 안
것이 된다.

59

游定夫[77]問伊川"陰陽不測之謂神." 伊川曰: "賢是疑了問, 是揀難
底問." 〔『程氏外書』12-140〕

유정부가 정이에게 "음양의 헤아릴 수 없음을 신이라고 한다"[78]는
말에 대해 물었다. 이천이 답했다. "자네는 의심스러워 묻는 것인가?
아니면 어려운 것을 골라 묻는 것인가?"

○ 游氏或未之深思, 特以此語艱深, 而率爾請問. 故伊川不答, 而直
攻其心, 欲使反己而致思也.

○ 유씨는 아마도 깊이 생각하지 않고, 그저 이 말이 어렵고 깊은
것이니까 아무 생각 없이 물어보았을 것이다. 그러므로 정이가 대답하
지 않고 그의 마음을 직접 지적하여, 자기 안에서 돌아보고 생각을 극
진하게 하도록 하였다.

---

77) 游酢(1053~1132)를 가리킨다. 定夫는 그의 자이며, 호는 廌山(치산)이다.
78) 『주역』「계사」상 5장. "成象之謂乾, 效法之謂坤. 極數知來之謂占, 通變之謂
事. 陰陽不測之謂神."

60

伊川以『易傳』示門人曰："只說得七分, 後人更須自體究."〔『程氏外書』11-71〕

정이가『역전』을 문인들에게 보여 주면서 말했다. "단지 10분의 7 정도만 말하였으니, 후학들은 다시 스스로 깊이 생각해 보기를 바란다."

○ 義理無窮, 聖賢之心亦無窮. 學者不可以不自勉.

○ 의리는 무궁한 것이요, 성인의 마음 또한 무궁하다. 배우는 자는 스스로 노력하지 않으면 안 된다.

61

伊川先生『春秋傳』「序」曰：
"天地生民, 必有出類之才, 起而君長之. 治之而爭奪息, 導之而生養遂, 敎之而倫理明. 然後人道立, 天道成, 地道平.

정이가『춘추전』「서문」에서 말했다.
"하늘이 백성을 낳음에 반드시 특출한 인재를 두고, 그를 임금이나 지도자로 삼았다. 그가 백성들을 다스리자 세상의 분쟁이 사라지게 되었고, 인도하자 백성의 생활이 안정되었고, 가르치자 윤리가 분명해졌다. 그런 뒤에야 인도가 서고, 천도가 이루어지며, 지도가 안정되었다.

○ 天生烝民, 必有司牧爲之制節. 而後爭奪息. 導之播植佃漁, 而後生養遂, 示之五品敎之孝悌忠信, 而後倫理明. 三者具矣, 故建極秉彝而人道立. 五氣順布而天道成. 山川奠位而地道平.

○ 하늘이 백성을 낳음에 반드시 지도자들을 두어 백성을 다스리게
하였다. 그런 뒤에야 분쟁이 종식되었다. 농사 짓는 법과 물고기 잡는
법으로 인도한 뒤에야 생활이 안정되었고, 오륜과 효제(孝悌)·충신
(忠信)으로 가르친 뒤에야 윤리가 분명해졌다. 이 세 가지가 다 갖추
어졌기 때문에, 표준[極]을 세우고, 본성을 지니게 되어, 인도(人道)가
확립되었다. 오기(五氣)[79]가 순조롭게 운행하여 천도(天道)가 이루어졌
다. 또 산천이 제자리에 있게 되어 지도(地道)가 안정되었다.

二帝而上, 聖賢世出, 隨時有作, 順乎風氣之宜. 不先天以開人, 各
因時而立政.

두 제왕[80] 때까지는 성인과 현인들이 대대로 나타났는데, 그들은 때
에 따라 제도를 만들어 풍토와 기후에 맞게 하였다. 그러나 그것은 하
늘에 앞서서 사람을 개발하려 한 것이 아니며, 각각 때에 맞게 정치를
행한 것이었다.

○ 以大聖人之資, 豈不能一旦而盡興天下之利, 而必待相繼而始備
者? 蓋聖人之所爲, 惟其時而已.

○ 위대한 성인의 자질을 가지고서도 어째서 하루 아침에 천하의 이
로움을 다 일으키지 않고 대를 이어 성인이 나온 후에야 비로소 (천하
를 위하는 사업이) 갖추어지게 되었을까? 그것은 성인의 행위가 그 때
에 맞음을 따를 뿐이기 때문일 것이다.

---

79) '오기'는 오행의 기운이다.

80) 요와 순을 가리킨다.

暨乎三王之迭興, 三重既備, 子丑寅之建正, 忠質文之更尚. 人道備矣, 天運周矣.

삼대의 왕〔三王〕이 차례로 일어나 세 가지 중요한 것〔三重〕을 갖추고 나서, 자월·축월·인월[81]을 각각의 정월로 정하고, 충(忠)·질(質)·문(文)을 각각 번갈아 존중하였다. 이로써 인도가 갖추어지게 되고, 하늘의 운행이 갖추어졌다.

○『中庸』曰 : "王天下有三重焉." 鄭氏曰 : "三重, 謂三王之禮. 天開於子, 地闢於丑, 人生於寅. 周正建子, 爲天統, 商正建丑, 爲地統, 夏正建寅, 爲人統. 而天運周矣. 夏尙忠, 商尙質, 周尙文. 而人道備矣."

○『중용』에서는 "천하에 왕 노릇하는 데에는 세 가지 중요한 것이 있다"[82]고 하였다. 정현(鄭玄)은 다음과 같이 해석하였다. "세 가지 중요한 것은 삼대의 왕의 예를 말한다. 자시에 하늘이 열리고, 축시에 땅이 열리고, 인시에 사람이 생겨났다. 주(周)나라는 자월을 정월로 삼아 천통(天統)이 되었고, 상(商)나라는 축월을 정월로 삼아 지통(地統)이 되었고, 하(夏)나라는 인월을 정월로 삼아 인통(人統)이 되었다. 그리하여 하늘의 운행이 갖추어졌다. 하나라는 충을 숭상하였고, 상나라는 질을 숭상하였고, 주나라는 문을 숭상하였다. 그리하여 인도가 갖추어지게 되었다."

---

81) 자월은 음력 11월, 축월은 음력 12월, 인월은 음력 1월을 말한다.

82) 『중용』 29장. "王天下有三重焉. 其寡過矣乎. 上焉者, 雖善無徵. 無徵不信. 不信民弗從. 下焉者, 雖善不尊. 不尊不信. 不信民弗從."『중용집주』에서는 세 가지 중요한 것을 "예법을 의논하는 것, 제도를 만드는 것, 문자를 상고하여 정하는 것(議禮, 制度, 考文)"이라고 하였다. 여기서 정이는 정현의 주를 따르고 있다는 것을 알 수 있다.

聖王旣不復作, 有天下者, 雖欲傲古之迹, 亦私意妄爲而已. 事之繆, 秦至以建亥爲正, 道之悖, 漢專以智力持世, 豈復知先王之道也?

성왕이 이미 일어나지 않게 되자, 천하를 소유한 자들이 비록 옛 자취를 따르고자 하나, 자신의 사사로운 생각으로 함부로 행하는 데에 그쳤다. 일이 잘못되어 진(秦)나라는 해월(亥月)을 정월로 삼게 되었고, 도가 어그러져 한(漢)나라는 지혜의 힘만으로 세상을 유지하였으니, 어찌 다시 선왕들의 도리를 알겠는가?

○三代而下王者之迹熄. 時君雖欲傲而爲之, 亦皆無所考證, 不過用其私意妄爲而已. 子丑寅建正, 蓋本三才以更始. 秦至以亥月歲首, 自謂水德欲以勝周. 忠質文更尙, 皆本仁義以致用. 漢專以智力把持天下, 故謂漢家自有制度. 蓋極言世變之不復近古.

○삼대 이후로는 선왕의 자취가 사라졌다. 당시의 왕들이 그것을 본따 행하려 하였지만 모두 옛 일을 고증할 수 없어서, 자신의 개인적인 소견으로 함부로 행한 것에 지나지 않게 되었다. 자월·축월·인월을 정월로 삼은 것은 삼재(三才)[83)]에 근거해서 일 년의 시작을 바꾼 것이다. 진나라 때 해월로 정월을 삼는 데 이르러서는 스스로를 수덕(水德)이라 하여 주나라를 이기려 하였다. 충·질·문을 교대로 숭상한 것은 모두 인의(仁義)에 근본하여 쓰임을 다한 것[致用]이다. 한나라는 오직 지혜의 힘만으로 천하를 유지했기 때문에 '한나라는 따로 자신의 제도를 가지고 있다'고 말하였다. (대체로) 그것은 세태가 변하여 옛날에 가깝게 돌이킬 수 없음을 극언한 것이다.

---

83) '삼재'는 천·지·인을 가리킨다.

夫子當周之末, 以聖人不復作也, 順天應時之治, 不復有也. 於是作
『春秋』, 爲百王不易之大法. 所謂'考諸三王而不謬, 建諸天地而不悖,
質諸鬼神而無疑, 百世以俟聖人而不惑'者也.

공자는 주나라 말기에 태어났는데, 성인이 다시 나오지 못할 것이
기 때문에 하늘에 따르고 때에 따르는 통치가 없으리라 생각하였다.
그러한 까닭에 『춘추』를 지어 수많은 왕이 나와도 바꾸지 못할 위대
한 법도를 세웠다. 이른바 '삼왕의 일에 비추어 상고하여 보아도 잘못
된 것이 없고, 천지에 세워도 어그러진 바 없으며, 귀신에게 질문하여
보아도 의심할 만한 것이 없으며, 오랜 세월이 지난 뒤에 성인이 나타
난다 하더라도 의혹을 품지 않을'[84) 책이다.

○夫子因魯史作『春秋』, 寓經世之大法. 所以上承將墜之緒, 下開
無窮之治也. 故考諸前聖而無差謬, 參諸天地而無違背, 驗諸鬼神之
幽而無所疑, 待乎百世之遠而使所惑. 蓋天地鬼神同此理, 前聖後聖
同此心.

○공자께서는 노(魯)나라 역사를 근거로 『춘추』를 지어, 세상을 경
영하는 위대한 법도을 거기에 담았다. 그래서 위로는 끊어지려는 실마
리를 잇고, 아래로는 무궁한 통치를 열었다. 그러므로 이전의 성인에
비추어 상고해 보아도 잘못이 없고, 천지와 함께 참여[與天地參]하여
도 어긋남이 없고, 심원한 귀신에게 징험해 보아도 의심할 바가 없으
며, 오랜 세월이 지난 후에라도 의혹을 품을 만한 것이 없다. 그것은
천지와 귀신이 같은 이치이며, 앞의 성인이나 뒤에 나올 성인이 같은
마음이기 때문일 것이다.

---

84) 『중용』 29장.

先儒之傳曰‘游夏不能贊一辭.’ 辭不待贊也, 言不能與於斯已. 斯道
也, 惟顏子嘗聞之矣. ‘行夏之時, 乘殷之輅, 服周之冕, 樂則韶舞’, 此
其準的也.

선유의 기록에 의하면 ‘자하(子夏)와 자유(子游)는 (춘추의) 문장에
한 마디도 도을 수 없었다[85]라고 전한다. 그 문장이 도움을 필요로 하
지 않았다는 것은 그들이 여기에 참여할 수 없었다는 것을 말한다. 이
도는 오직 안회(顏回)만이 들어서 알고 있었다. ‘하(夏)나라의 역법을
쓰고, 은(殷)나라의 수레를 타고, 주나라의 면류관을 쓰고, 음악은 소
무(韶舞)[86]로 한다’[87]고 한 것이 바로 표준이다.

○聖人之辭本無待於贊助. 然游夏擅文學之秘而不能贊一辭者, 以
見其微權奧旨, 非聖人不能與於此也. 顏子‘克己復禮’以至三月不違其
於道也, 庶幾矣. 故四代禮樂獨得與聞其說. 夏時謂夏以斗柄初昏建
寅之月爲歲首. 得乎人時之正, 始事之宜者也. ‘輅’, 古之木車也, 殷車
曰‘大輅’. 『左傳』曰: “大輅越席, 昭其儉也.” 蓋適於用而辨於等, 故
不厭其質也. ‘冕’, 祭冠也. 周禮有五冕, 其制始備. 蓋尊首飾而嚴視
事, 故不厭其華也. 韶舞舜樂, 蓋‘盡善盡美’者也.
○或問: “顏子嘗聞『春秋』大法, 何也?” 朱子曰: “不是孔子將『春
秋』大法向顏子說. 蓋三代制作大備矣, 不可復作, 告以四代禮樂. 只
是集百王不易之大法. 其作『春秋』, 善者則取之, 惡者則誅之, 要亦明
聖王之大法而已. 故伊川引以爲據.”

○원래 성인의 말은 보탤 필요가 없다. 그러나 자하와 자유가 문학

85) 선유는 사마천을 말하며, 이는 『사기』 「공자세가」에 나온다.
86) 소무는 순임금의 음악을 말한다.
87) 『논어』 「위령공」 10장. “顏淵問爲邦. 子曰: 行夏之時, 乘殷之輅, 服周之冕.”

에 뛰어났음에도 불구하고 한 마디도 보탤 수 없었다는 것은, 미묘한 권도와 오묘한 뜻은 성인이 아니면 여기에 참여할 수 없다는 것을 보인 것이다. 안회는 '자신을 극복하고 예로 돌아가',[88] '석 달 동안 인에서 어긋나지 않는 데 이르렀으니',[89] 거의 성인의 경지에 가깝다고 할 수 있다. 그러므로 4대의 예악에 대하여 오직 그만 들을 수 있었다. 하(夏)나라의 역법은 북두칠성의 자루가 초하루 초저녁에 인(寅)을 가르치는 달을 그 해의 처음으로 삼았다. 그래서 인시(人時)의 올바름과 일을 시작함의 마땅함을 얻었다. '로(輅)'는 옛날의 나무수레로서 은(殷)나라 수레를 '대로(大輅)'라고 한다. 『좌전』에는 다음과 같이 말한다. "대로와 활석(越席)[90]은 검소함을 밝힌 것이다."[91] 대개 용도에 알맞고 등위가 분명하므로 질박함을 싫어하지 않은 것이다. 면류관은 제관(祭冠)이다. 주나라의 예에 다섯 가지 면류관이 있게 되자, 비로소 그 제도가 갖추어지게 되었다. 그것은 머리 장식을 존중하고 눈으로 보는 것을 존엄하게 여겼기 때문에, 그 화려함을 싫어하지 않은 것이다. '소무'는 순의 음악으로서 '선함과 아름다움을 다한 것'[92]이다.

○ 어떤 사람이 물었다.

"안회는 『춘추』의 큰 법도를 들었다고 하는데, 어떤 것입니까?"

주희가 말했다.

"공자께서 『춘추』의 큰 법도를 안회에게 말한 것은 아니다. 삼대 시대에 제도가 크게 갖추어졌으나, 다시 일어날 수가 없다고 생각했기 때문에, (공자가 안회에게) 사대의 예악을 말한 것이다. (『춘추』는 후대

---

88) 『논어』 「안연」 1장. "顔淵問仁. 子曰 : 克己復禮爲仁. 一日克己服禮, 天下歸仁焉. 爲仁由己而由人乎哉. 顔淵曰 : 請問其目. 子曰 : 非禮勿視, 非禮勿聽, 非禮勿言, 非禮勿動. 顔淵曰 : 回雖不敏, 請事斯語矣."

89) 『논어』 「옹야」 7장. "子曰 : 回也, 其心三月不違仁, 其餘則日月至焉而已矣."

90) '越'자의 음은 활, '활석'은 버들로 만든 자리이다.

91) 『좌전』 환공 2년 전(傳). "大路越席, 大羹不致, 粢食不鑿, 昭其儉也."

92) 『논어』 「팔일」 25장. "子謂韶盡美矣, 又盡善也. 謂武盡美矣, 未盡善也."

의) 모든 왕이 바꿀 수 없는 큰 법도를 모아 이야기한 것이다. 『춘추』를 지으면서 선한 것은 취하고 악한 것은 벌 주었는데, 그것은 성왕의 큰 법도를 밝힌 것일 뿐이다. 그러므로 정이가 공자가 안연에게 한 말을 인용하여 근거로 삼았다." (『주자어류』 권83 2153쪽 淳)

後世以史視『春秋』, 謂褒善貶惡而已. 至於經世之大法, 則不知也. 『春秋』大義數十. 其義雖大, 炳如日星, 乃易見也. 惟其微辭隱義, 時措從宜者, 爲難知也. 或抑或縱, 或與或奪, 或進或退, 或微或顯. 而得乎義理之安, 文質之中, 寬猛之宜, 是非之公. 乃制事之權衡, 揆道之模範也.

후대 사람들은 『춘추』를 역사책으로만 간주하여 선악에 대해 포폄한 책이라고만 보고 있다. 그래서 그것이 세상 다스리는 위대한 도리라는 것은 알지 못한다. 『춘추』가 가진 큰 의리는 수십여 가지나 된다. 하지만 그 의리가 비록 큰 것이기는 하지만 해나 별과 같이 밝고 분명해서 쉽게 볼 수 있다. 오직 그 은미한 말과 감추어진 의미, 때에 따라 알맞게 조치한 것 등은 알기가 어렵다. 때에 따라 억누르기도 하고 놓아주기도 하며, 주기도 하고 뺏기도 하며, 나아가기도 하며 물러서기도 하며, 은미하기도 하며 분명히 드러나기도 한다. 그러나 그것은 적절한 의리와 문질(文質)의 조화, 관용과 용맹의 적당함, 시비의 공평함을 얻은 것이다. 그러니 일을 처리함에 있어 저울이 되며, 도를 헤아림에 있어 모범이 되는 것이다.

○『春秋』大義, 如尊君而卑臣, 貴仁義而賤詐力, 內中國而外夷狄之類, 其義雖大, 非難見也. 其難見者, 蓋在於微辭奧義, 各適乎時措之宜者. 非深明乎時中者, 未易窺也. 或有功而抑, 或有罪而宥, 或功未就而予, 或罪未著而奪. 或尊而退之, 或卑而進之, 或婉其辭, 或章

其實. 要皆得乎義理之安而各當其則, 文質之中而不華不俚, 寬猛之
宜而無過與不及, 是非之公而無有作好作惡. '揆', 度也. '權衡'者, 酌
一時之輕重. '模範'者, 立萬世之軌則.

○朱子曰: "『春秋』大義, 如'成宋亂', '宋災故'之類, 乃是聖人直著
誅貶, 自是分明. 如胡氏謂'書晉侯, 爲以常情待晉襄, 書秦人, 爲以王
事責秦穆'之類, 却恐未必如此. 所謂'微辭隱義時措從宜者爲難知', 政
謂此爾."

○『춘추』의 큰 의리들 중, 임금을 높이고 신하를 낮추며, 인의를
높이고 속임수와 무력을 천시하고, 중국을 안으로 여기고 이민족을 밖
으로 여기는 것과 같은 것들은, 그 의의가 비록 크다 할지라도 보기
어렵지 않다. 보기 어려운 것들은 대체로 완곡한 말과 오묘한 의미,
시의적절하게 조치한 것 등이다. 이러한 것들은 시중(時中)에 깊이 밝
은 자가 아니라면 쉽게 엿볼 수 있는 것이 아니다. 공이 있는데 누르
고, 죄가 있는데 너그럽게 처리하기도 하며, 공이 이루어지지 않았는
데 주고, 죄가 드러나지 않았는데 뺏기도 한다. 존귀한데 물러나게 하
고, 비천한데 나아가게 하기도 하며, 말을 완곡하게 하기도 하고, 그
실정을 분명하게 드러내기도 한다. 요컨대 모두 적절한 의리를 얻어
각각 법도에 들어맞으며, 문질의 조화를 이루어 화려하지도 비루하지
도 않으며, 관용과 용맹이 알맞아 지나치거나 부족한 것이 없고, 시비
가 공평하여 좋아하고 싫어한 것이 없다. '규(揆)'는 헤아린다는 뜻이
다. '권형(權衡)'은 한 시기의 경중을 헤아리는 것이다. '모범(模範)'은
영원토록 변치 않을 법도를 세우는 것이다.

○주자가 말했다.

"『춘추』의 큰 의리[『春秋』大義]란 '송나라의 어지러움을 평정하다
(成宋亂)'[93]나 '송나라의 재앙 때문이다(宋災故)'[94]라고 한 경우와 같이
성인이 직접 벌 주고 깎아내리는 것[誅貶]을 드러냈으니 이는 자명한

경우이다. 호씨(胡氏)[95]는 '진후(晉侯)[96]라고 기록한 것은 보통의 감정으로 진(晉) 양공(襄公)을 대한 것이고, 진인(秦人)[97]이라고 쓴 것은 왕의 일로 진(秦) 목공(穆公)을 비난한 것이다'라고 말하였는데, 아마도 반드시 이러한 것은 아닐 것이다. 이른바 '은미한 말과 감추어진 의미, 시의적절하게 조치한 것 등은 알기 어렵다'라고 (정이가 말한 것은) 바로 이러한 것들을 가리킨다." (『주자어류』 권83 2154쪽 人傑)

夫觀百物, 然後識化工之神, 聚衆材, 然後知作室之用. 於一事一義, 而欲窺聖人之用心, 非上智不能也. 故學『春秋』者, 必優游涵泳, 默識心通, 然後能造其微也.

많은 것을 관찰해야만 자연의 조화가 신묘함을 알게 되고, 많은 목재를 모아야 집 짓는 데 있어 각각의 쓰임새를 알게 된다. 단 하나의 일이나 도리를 통해서 성인의 마음 씀을 엿보고자 한다면, 뛰어난 지혜를 가진 자가 아니면 불가능하다. 그러므로 『춘추』를 공부하는 자는 반드시 여유 있게 거기에 푹 젖도록 하고 묵묵히 마음속에서 깨달은 뒤에야 그 은미한 데에 나아갈 수 있다.

---

93) 『좌전』 환공 2년 전. "宋督攻孔氏, 殺孔父而取其妻. 公怒, 督懼, 遂弑殤公. 君子以督爲有無君之心, 而後動於惡. 故先書殺其君, 會于稷, 以成宋亂爲賂, 故立華氏也."

94) 『좌전』 양공 30년 전. "甲午, 宋大災, 宋伯姬卒, 待姆也."

95) 胡安國(1074-1138)을 가리킨다. 그의 자는 康候이며 복건성 崇安 사람이다. 시호는 文定이다. 『春秋傳』을 저술하였다. 胡宏(1105-1155 또는 1102-1161)이 그의 막내아들이며, 호는 五峰이다.

96) 『좌전』 문공 4년 전. "晉侯伐秦, 圍刓新城, 以報王官之役."

97) 『좌전』 문공 3년 경(經). "叔孫得臣會, 晉人·宋人·陳人·衛人·鄭人伐沈, 沈潰."

○聖人精義入神, 泛應曲當. 未可以一端窺測. 故學『春秋』者必優
游而不迫涵泳而有餘. 心悟自得, 庶能深造微奧.

○ 성인은 의(義)를 정밀하게 연마하여 정신의 세계에 들어가며〔精
義入神〕, 널리 응대하면서도 자세한 부분까지 법도에 부합한다. 따라
서 한 가지 단서로 (성인의 마음을) 엿볼 수 없다. 그러므로 『춘추』를
배우는 자는 반드시 여유 있게 서두르지 말고, 거기에 푹 젖도록 하여
충분히 익혀야 한다. 그렇게 하여 마음으로 깨달아 스스로 터득하게
되면, 거의 은미하고 오묘한 도에 깊이 나아갈 수 있을 것이다.

後王知『春秋』之義, 則雖德非禹湯, 尚可以法三代之治. 自秦而下,
其學不傳. 予悼夫聖人之志, 不明於後世也, 故作傳而明之. 俾後之人,
通其文而求其義, 得其意而法其用, 則三代可復也. 是傳也, 雖未能極
聖人之蘊奧, 庶幾學者得其門而入矣."〔『程氏經說』「春秋傳序」〕

후대의 왕이 『춘추』의 의리를 알게 되면, 비록 그의 덕이 우(禹)·
탕(湯)과 같지 않더라도, 삼대의 정치를 본받을 수 있다. 진(秦)나라
이래로 춘추의 학문이 전수되지 않았다. 나는 성인의 뜻이 후세에 분
명하게 전해지지 않은 것을 안타깝게 생각하여 『춘추전』을 지어 밝히
고자 한다. 그리하여 후대의 사람들이 그 글을 이해하여 그 도리를 찾
고, 그 의미를 깨달아 그 쓰임을 본받게 되면 삼대의 정치가 다시 회
복될 것이다. 이 『춘추전』이 비록 성인의 깊은 뜻을 완전히 드러내지
는 못했으나 배우는 자는 이 책을 통해 입문할 수 있을 것이다."

○『文集』.
○ 通其文而後能明其義, 得其意而後能法其用.

412

○『문집』에 나온다.

○그 글을 이해해야 그 도리를 이해할 수 있고, 그 의미를 이해해야 그 쓰임을 본받을 수 있다.

62

『詩』・『書』載道之文, 『春秋』聖人之用. 『詩』・『書』如藥方, 『春秋』如用藥治病. 聖人之用, 全在此書. 所謂'不如載之行事, 深切著明'者也.

『시경』과 『서경』은 도를 실어놓은 글이며, 『춘추』는 성인이 (실제로 도를) 적용한 것이다. 『시경』과 『서경』은 약의 처방과 같은 것이며, 『춘추』는 약을 사용하여 병을 치료하는 것과 같다. 성인이 도리를 적용한 것은 모두 이 책에 담겨 있다. 이것이 이른바 '실제의 일을 실어 구체적이고 깊이 있게 드러내는 것만한 것이 없다'[98]는 것이다.

○道無非用, 用無非道. 然『詩』『書』卽道而推於用. 主道而言, 故曰'載道之文.' 『春秋』卽用以明道. 主用而言, 故曰'聖人之用.' 『詩』『書』如藥方, 固可以治病. 『春秋』如因病用藥, 是非得失尤爲深切著明者也.

○도는 적용되지〔用〕 않는 것이 없고, 적용된 것은 도 아닌 것이 없다. 『시경』과 『서경』은 도에 바탕하여 적용된 사례〔用〕로 미루어 나아간 것이다. 도를 주로 하여 말했기 때문에 "『시경』과 『서경』은 도를 실어놓은 글이다"라고 말한다. 『춘추』는 적용된 사례〔用〕에 바

---

98)『사기』「太史公自序」. "子曰 : 我欲載之空言, 不如見之於行事之深切著明也. 夫春秋, 上明三王之道, 下辨人事之紀. 別嫌疑, 明是非, 定猶豫, 善善惡惡, 賢賢賤不肖, 存亡國, 繼絶世, 補敝起廢, 王道之大者也."

탕하여 도를 밝힌 것이다. 사례〔用〕를 주로 하여 말했기 때문에 "성인이 실제 일에 대해 도를 사용한 것이다"라고 말한다. 『시경』과 『서경』은 약의 처방과 같은 것이기 때문에 (그 처방에 따라) 병을 치료할 수 있다. 그러나 『춘추』는 병에 따라 약을 사용한 것이기 때문에 그 시비·득실이 더욱 분명하게 드러난다.

有重疊言者, 如征伐盟會之類. 盖欲成書, 勢須如此. 不可事事各求異議. 但一字有異, 或上下文異, 則義須別. 〔『程氏遺書』2上-43〕

반복적으로 말해지는 것들이 있으니, 정벌(征伐), 맹회(盟會) 같은 것들이다. 대개 글을 쓰려고 하면 형세상 반드시 이와 같이 해야 할 것이다. 각각의 사건마다 다른 의미를 구해서는 안 된다. 그러나 한 글자라도 다르거나 상하의 문맥이 다르다면 그 의미를 다르게 (해석해야) 한다.

63

五經之有『春秋』, 猶法律之有斷例也. 律令唯言其法, 至於斷例, 則始見其法之用也. 〔『程氏遺書』2上-43[99]〕

오경에 『춘추』가 있는 것은 법률에 판례가 있는 것과 같다. 율령은 법만 말하는 것이므로, 판례에 이르러서야 비로소 그 법이 어떻게 쓰이는가를 알 수 있다.

○律令者立法以應事, 斷例者因事以用法.

---

99) 이 장은 원래 『유서』2上-43(62)의 주이다.

○ 율령은 법을 세워 사태에 대응하는 것이고, 판례는 개별적 사태에 맞게 법을 적용한 것이다.

64

學『春秋』亦善. 一句是一事, 是非便見於此. 此亦窮理之要. 然他經豈不可以窮理? 但他經論其義, 『春秋』因其行事, 是非較著. 故窮理爲要.

『춘추』를 배우는 것은 정말 좋다. (『춘추』에서) 한 구절은 하나의 사건이므로 시비가 여기서 드러난다. (그러므로) 이것(『춘추』를 배우는 것)이 또한 궁리(窮理)의 핵심적인 방법이다. 그러나 어찌 다른 경전이라고 해서 궁리할 수 없겠는가? 다만 다른 경전들은 그 도리만을 논하고 있는 데 반해, 『춘추』는 (실제로) 행해진 일에 근거하고 있으므로 시비가 보다 분명하게 드러난다. 그러므로 이것이 궁리의 핵심적인 방법이 된다.

○ '較', 判別也. 『春秋』一句爲一事, 故是非易決. 又考其事迹而是非易明. 故於窮理爲要.

○ '교(較)'는 분명히 나누어지는 것이다. 『춘추』에서는 한 구절이 한 사건이므로 시비가 쉽게 결정된다. 또 그 사건의 자취를 잘 살펴보면 시비가 쉽게 드러난다. 그러므로 궁리의 핵심적인 방법이 된다.

嘗語學者, 且先讀『論語』『孟子』, 更讀一經, 然後看『春秋』. 先識得箇義理, 方可看『春秋』.

전에 학생들에게 '우선『논어』와『맹자』를 읽고 난 다음 다시 하나의 경서를 더 읽은 뒤에야『춘추』를 볼 수 있다'고 하였다. 먼저 의리를 알아야『춘추』를 읽을 수 있다.

○ "更讀一經", 如下文所論『中庸』.『春秋』雖於窮理爲要, 然又須義理通明, 然後能察人事得失之機, 識聖人裁制之權.

○ "또 하나의 경서를 읽어야 한다"란 다음 문장에서 말하는『중용』과 같은 것이다.『춘추』가 비록 궁리의 핵심적 방법이 되지만, 의리를 분명히 안 뒤에야 사람의 일에서 득실이 나누어지는 기미를 살필 수 있고, 성인이 세상 다스리는 권도를 알 수 있다.

『春秋』以何爲準? 無如『中庸』. 欲知『中庸』, 無如權. 須是時而爲中. 若以手足胼胝, 閉戶不出, 二者之間取中, 便不是中. 若當手足胼胝, 則於此爲中, 當閉戶不出, 則於此爲中.

『춘추』는 무엇을 기준을 삼는가?『중용』만한 것이 없다. 그리고『중용』을 알고자 한다면 권(權)[100]만한 것이 없다. 때에 따라 적절한 중을 얻어야 한다. 손발에 못이 박히도록 일하는 것[101]과 문 닫고 바깥 출입을 안 하는 것, 이 둘 사이에서 중을 취한다고 하면, 그것은 중이 아니다. 손발에 못이 박히도록 일해야 할 때에는 그렇게 하는 것이 중이고, 문을 닫고 바깥 출입을 안 해야 할 때는, 그렇게 하는 것이 중이다.

---

100) '권'은 상황에 따라 저울질하여 헤아리는 것을 말한다.
101)『荀子』「子道」. "子路問於孔子曰: 有人於此, 夙興夜寐, 耕耘樹藝, 手足胼胝, 以養其親, 然而無孝之名, 何也. 孔子曰: 意者身不敬與, 辭不遜與, 色不順與."

○『春秋』之權衡, 卽『中庸』之時中也. 若於禹顔之間取中, 則洪水之時不躬乎胼胝之勞, 在陋巷之時不安乎簞瓢之樂, 皆失乎時中矣.

○『춘추』의 표준은 『중용』의 시중(時中)이다. 만일 우(禹)와 안회 사이에서 중을 취한다면, 홍수가 났을 때에 손과 발에 못이 박히도록 열심히 일하지 않을 것이고, 어렵게 살 때에 한 그릇의 밥과 한 표주박의 물로 즐겁게 사는 것을 편안하게 여기지 않게 되니, 모두 시중을 잃게 된다.[102]

權之爲言, 秤錘之義也. 何物爲權? 義也時也. 只是説得到義, 義以上更難説. 在人自看如何.〔『程氏遺書』 15-148〕

권(權)이라는 말은 저울의 추란 뜻이다. 어떤 것이 저울추인가? 마땅함〔義〕이며 때에 맞음〔時〕이다. 그런데 의(義)에 대해서 말할 수 있을 뿐이고, 의 이상은 말하기 어렵다. 그 이상은 사람들이 스스로 어떻게 이해하느냐에 달려 있다.

○義者, 所以處時措之宜, 所謂權也. 義以上則聖人之妙用, 未易以言盡也.

○의는 때에 맞게 조치하여 처리하는 것이니, 이른바 권(權)이다. 의 이상은 성인의 묘용(妙用)이니, 말로써 다하기 어렵다.

---

102)『맹자』「이루」하 29장. "禹稷當平世, 三過其門而不入. 孔子賢之. 顔子當亂世, 居於陋巷. 一簞食, 一瓢飮, 人不堪其憂. 顔子不改其樂, 孔子賢之. 孟子曰：禹稷顔回同道."

65

『春秋』, 傳爲按, 經爲斷. 〔『程氏遺書』 15-151〕

『춘추』에서 전(傳)[103]은 사건에 대한 조사 기록이고, 경(經)은 판결문이다.

○ 本註程子又云：“某年二十時看『春秋』, 黃聱隅問：‘某如何看?’ 某答曰：‘以傳考經之事迹, 以經別傳之眞僞.’”

○ 본주에서 정자가 또 말했다.
“내가 스무 살에 『춘추』를 읽었을 때, 황오우(黃聱隅)[104]가 나에게 물었다. ‘『춘추』를 어떻게 읽어야 하는가?’ 나는 다음과 같이 답했다. ‘전으로 경의 사적을 살펴보고, 경으로 전의 진위를 구별한다.’”

66

凡讀史, 不徒要記史迹, 須要識記治亂安危, 興廢存亡之理. 且如讀「高帝紀」, 便須識得漢家四百年, 終始治亂, 當如何. 是亦學也. 〔『程氏遺書』 18-205〕

역사책을 읽을 경우에는, 한갓 사건만 기억할 뿐 아니라 치란(治亂), 안위(安危), 흥폐(興廢), 존망(存亡)의 이치를 알아야 한다. 한나라의 「고제본기」를 읽을 경우에는, 한나라 사백 년의 끝과 시작, 치와 난이 어떠했는가를 알아야만 한다. 이것 또한 배우는 것이다.

---

103) 『춘추』에는 公羊, 穀梁, 左氏의 세 전이 있다.
104) 黃聱隅의 이름은 晞이고 자는 景徽이다.

○ 觀高祖寬大長者能用三傑, 則知漢所以得天下. 觀其入關除秦苛法, 則知漢所以立四百年基業. 觀僞遊雲夢, 則知諸侯王次第而叛. 觀繫蕭相國獄, 則知漢之大臣多不保終. 如此之類, 皆致知之方也.

○ 관대하고 대범한 어른인 한 고조가 세 호걸[105]을 부릴 수 있었던 것을 보면, 한나라가 천하를 얻은 까닭을 알 수 있다. 함곡관(函谷關)으로 들어가 진(秦)의 가혹한 법을 없앤 것[106]을 보면, 한나라가 어떻게 사백 년을 다스릴 기반을 확립했는지 알 수 있다. 운몽(雲夢)에서 가짜 야유회를 연 것[107]을 보면, 제후들이 왕을 차례로 모반할 것을 알 수 있다. 재상인 소하(蕭何)를 감옥에 가두는 것[108]을 보면, 한나라의 대신들 가운데 천수를 누리지 못하는 자가 많은 것을 알 수 있다. 이와 같은 것들이 모두 앎을 이루는 방법[致知]이다.

67

先生每讀史, 到一半便掩卷思量, 料其成敗. 然後却看, 有不合處, 又更精思. 其間多有幸而成, 不幸而敗. 今人只見成者, 便以爲是, 敗者便以爲非. 不知成者煞有不是, 敗者煞有是底. 〔『程氏遺書』19-70〕

선생은 역사책을 읽을 때마다 반쯤 읽고서는 책을 덮고 생각하며 성패를 헤아려 보았다. 그런 뒤에 계속 읽어 자신의 생각과 합치되지

---

105) 蕭何, 韓信, 張良을 가리킨다.
106) 漢 高祖가 함곡관에 들어간 다음 진(秦)나라의 가혹한 법을 다 없애고 "사람을 죽인 자는 사형에 처하며, 사람을 해친 자와 도적질한 자는 벌을 받는다"는 세 조목의 법령만 발표한 사실을 가리킨다.
107) 楚王 韓信이 반역을 꾀한다고 밀고하는 자가 있어서 그를 잡기 위해 운몽에서 야유회를 한다고 속여 그를 오게 함으로써 사로잡은 사실을 가리킨다.
108) 민간인들을 왕의 空地에 살게 하자고 간언한 蕭何를 구속한 사건을 가리킨다.

않는 것이 있으면, 다시 더욱 깊이 생각하였다. 그 중에는 운이 좋아서 성공한 경우도 있고, 운이 나빠서 실패한 경우도 많이 있다. 요즘 사람들은 성공한 것을 보고는 곧 옳은 것이라 여기고, 실패한 것을 보고는 곧 그른 것이라 여긴다. 성공했더라도 옳지 않은 경우가 있고, 실패했더라도 옳은 경우가 있다는 것을 알지 못한다.

68

讀史, 須見聖賢所存治亂之機, 賢人君子出處進退. 便是格物. 〔『程氏遺書』 19-71〕

역사책을 볼 때에는 성현이 중시한 치란의 기미와 현인과 군자의 출처, 진퇴를 보아야만 한다. 이것이 곧 격물(格物)이다.

○ '機', 謂治忽動於幾微者.

○ '기(機)'라는 것은 미묘한 가운데 움직이는 치란의 기미(幾微)를 말한다.

69

元祐中, 客有見伊川者. 几案間無他書, 惟印行『唐鑑』一部. 先生曰: "近方見此書, 三代以後, 無此議論." 〔『程氏外書』 12-141〕

원우(元祐)[109] 연간에 정이를 만나러 온 손님이 있었다. 그의 책상

---

109) 송나라 哲宗(재위 1086-1093)의 연호이다.

주위에는 다른 책은 없고 인쇄된 『당감』(唐鑑)[110]만이 있었다. 선생이 말했다. "최근 이 책을 보았는데, 삼대 이래로 이만한 의론이 없었다."

○『外書』.
○ 范祖禹, 字淳夫. 按『外書』又云: "范淳夫嘗與伊川論唐事. 及爲『唐鑑』, 盡用先生之說. 先生謂門人曰: '淳夫乃能相信如此.'"

○『외서』에 나온다.
○ 범조우(范祖禹: 1041-1098)는 자가 순부(淳夫)이다. 『외서』에 또 이렇게 나온다. "범순부는 일찍이 이천과 당사(唐史)를 논한 적이 있었다. 그 후 그가 『당감』을 쓸 때 선생의 주장을 모두 따랐다. 선생이 제자들에게 '순부와는 이렇게 서로 믿을 수 있다'고 말했다." 〔『외서』 11-59〕

70

橫渠先生曰:
"「序卦」不可謂非聖人之蘊. 今欲安置一物, 猶求審處, 況聖人之於易? 其間雖無極至精義, 大概皆有意思. 觀聖人之書, 須遍布細密如是. 大匠豈以一斧可知哉?" 〔『橫渠易說』「序卦」〕

장재가 말했다.
"「서괘」는 성인의 깊은 뜻이 담긴 책이 아니라고 할 수 없다. 지금 어떤 물건 하나를 어디에 놓아두려 해도 자리를 잘 살펴야 하는데, 하

---

110) 사마광이 『자치통감』을 편찬할 때, 범조우는 唐 왕조(618-907) 부분의 책임을 맡았다. 그 후 당나라의 통치를 논하기 위해 『당감』을 지었다.

물며 성인이 역에 대해서는 어떠하겠는가? 그 사이에 비록 지극하게 정미한 도리는 없다고 하더라도, 대체로 모두 의미가 있는 것이다. 성인의 책을 읽을 경우, 이와 같이 아주 자세히 읽어야 한다. 뛰어난 목수를 어찌 도끼 하나의 솜씨로 알 수 있겠는가?"

71

天官之職, 須襟懷洪大, 方看得. 蓋其規模至大. 若不得此心, 欲事事上, 致曲窮究, 湊合此心, 如是之大, 必不能得也.

천관의 직책은 마음이 넓고 커야 비로소 이해할 수 있다. 왜냐하면 그 규모가 지극히 크기 때문이다. 만일 이러한 마음을 얻지 못한다면 각각의 일마다 곡진하게 궁구하여 이 마음과 합치하기를 바라더라도 이와 같이 큰 마음을 반드시 얻지는 못할 것이다.

○周建六官, 而天官冢宰統理邦國. 內外之政小大之事, 無所不總. 若非心量廣大, 何以包擧四海, 綜理百職? 今無此心量, 但欲每事委曲窮究, 必不能周悉通貫之矣.

○주나라에서는 육관을 설치했는데 천관인 총재(冢宰)를 두어 나라를 다스리게 하였다. 그는 안팎의 정치와 크고 작은 일들을 모두 통솔하였다. 마음이 넓고 크지 않다면, 어떻게 사해를 모두 포괄하고 온갖 직책을 종합하여 관리할 수 있었겠는가? 지금 이런 마음의 도량이 없이 각각의 일마다 아주 자세히 궁구하려고만 하면 전체를 두루 관통할 수 없을 것이다.

釋氏錙銖天地, 可謂至大. 然不嘗爲大, 則爲事不得. 若畀之一錢,

則必亂矣. 〔『經學理窟』「周禮」4〕

　불교에서는 천지를 아주 작은 것으로 간주하므로 (그들의 이론은) 정말 크다고 할 수 있다. 그러나 실제로는 크지 않기 때문에 실제적인 일을 처리해 낼 수 없다. 만일 (그들에게) 한 푼의 돈을 준다면, 그들은 반드시 어지럽게 될 것이다.

　○ 釋氏論性極廣大, 然不可以理事. 其體用不相涉也, 如此.

　○ 불교에서 성(性)을 논하는 것은 아주 넓고 크지만, 실제적인 일을 다스리지 못한다. 그들의 체용(體用)이 서로 관계를 맺지 못하는 것이 이와 같다.

　又曰: "太宰之職難看. 蓋無許大心胸包羅, 記得此復忘彼. 其混混天下之事, 當如捕龍蛇, 搏虎豹, 用心力看方可. 其他五官便易看, 只一職也." 〔『經學理窟』「周禮」39〕

　또 말했다. "재상의 일은 알기 어렵다. 왜냐하면 큰 마음으로 모든 것을 포괄하지 못하면, 이것을 기억하는 순간 다시 저것을 잊어버리기 때문이다. 끊임없이 일어나는 천하의 일은 마치 용이나 뱀을 잡거나, 호랑이나 표범을 잡을 때처럼 (마음을) 집중해서 보아야만 알 수 있다. 그 외의 오관[111]의 일은 쉽게 알 수 있다. 왜냐하면 한 가지 일에 그치기 때문이다."

　○『語錄』, 下同.

---

111) 주나라의 다섯 가지 관직인 司徒, 宗伯, 司馬, 司寇, 司空을 가리킨다.

○『어록』에 나오며, 아래도 같다.

72

古人能知『詩』者, 唯孟子, 爲其以意逆志也. 夫詩人之志至平易, 不
必爲艱嶮求之. 今以艱嶮求『詩』, 則已喪其本心, 何由見詩人之志.
〔『經學理窟』「詩書」6〕

옛사람들 중에서 『시』를 알았던 자는 맹자뿐이니, 자신의 마음으로
시인의 뜻을 맞이하였기 때문이다.[112] 시인의 뜻은 지극히 평이한 것
이므로, 어려운 것으로 여겨 이해할 필요가 없다. 지금 어렵다고 여기
는 마음으로 『시』를 이해하려 한다면 이미 자신의 본래 마음을 잃어
버린 것이니, 무엇을 통해서 시인의 뜻을 볼 수 있겠는가?

○ 人情不相遠. 以己之意迎彼之志, 是爲得之. 『詩』以感遇而發於
人情之自然, 本爲平易. 今以艱嶮之心求『詩』, 則已失吾心之自然矣,
而何以見詩人之心?

○ 사람의 정서는 서로 멀지 않다. 자신의 마음으로 그의 뜻을 맞이
하는 것이 올바르게 이해한 것이 된다. 『시』는 외부 사태의 자극을
받아 자연스러운 사람의 정서가 드러난 것이므로, 원래 평이한 것이
다. 지금 어렵다고 여기는 마음으로 『시』를 이해하려 한다면, 자연스
러운 자신의 마음을 이미 잃어버린 것이니, 어떻게 시인의 마음을 볼
수 있겠는가?

---

112) 『맹자』「만장」상 4장. "故說詩者, 不以文害辭, 不以辭害志. 以意逆志, 是爲得
之. 如以辭而已矣."

〔本注〕詩人之情性, 溫厚平易老成, 本平地上道著言語. 今須以崎嶇求之, 先其心已狹隘了, 則無由見得. 詩人之情本樂易. 只爲時事拂著他樂易之性, 故以『詩』道其志.

시인의 성정(性情)은 온후하고, 평이하고, 노숙하여, 본래 평이하게 말하였다. 지금 험준한〔崎嶇〕 길을 통해서 이해하려 한다면, 먼저 자신의 마음을 좁아지도록 한 것이므로 (그것을) 이해할 방법이 없다. 시인의 정서는 원래 즐겁고 안정되어 있다. 다만 세상 일이 그의 즐겁고 안정된 본성을 흔들어 놓은 까닭에 그 뜻을 『시』로 읊은 것이다.

○詩人情性, 溫厚而無刻薄, 平易而無艱險, 老成而無輕躁. 若以崎嶇狹隘之心, 安能見詩人寬平廣大之意?

○시인의 성정은 온후하여 각박하지 않고, 평이하여 어렵지 않고, 노숙하여 경망스럽지 않다. 만약 기구하고 좁은 마음을 갖고서라면 시인의 관대하고 드넓은 마음을 (어떻게) 알 수 있겠는가?

73

『尚書』難看, 蓋難得胸臆如此之大. 只欲解意, 則無難也. 〔『經學理窟』「詩書」11〕

『상서』가 읽기 어려운 것은 마음이 그만큼 커지기 어렵기 때문이리라. 그저 글자의 뜻만을 풀이하는 일은 어렵지 않다.

○朱子曰: "他書却有次第, 『尚書』只合下便大. 如「堯典」'克明俊德以親九族'至'黎民, 於! 變時雍', 展開是大小大. 分命羲和, 定四時,成歲, 便是心中包一箇三百六十五度四分度之一底天, 方見怎地. 若不得一箇大底心胸, 如何看得?"

○ 주희가 말했다.

"다른 책들은 순서가 있는데, 『상서』는 처음부터 크다. 예를 들어 「堯典」에서는 '큰 덕을 밝혀 구족(九族)을 화친하게 함'으로부터 '백성들이, 아! 변화되어 화락하게 되도다'에 이르기까지 그 전개가 아주 크다. 희(羲)씨와 화(和)씨에게 나누어 명령하여, 사시를 정하여 일 년을 이루게 한 것은 그 마음속에 365¼도의 하늘을 포괄하고 있어야 이것을 (그대로) 이해할 수 있다. 큰 마음을 갖지 못한다면 어떻게 이해할 수 있겠는가?"(『주자어류』 권78 1982쪽 賀孫)

74

讀書少, 則無由考校得義精. 蓋書以維持此心, 一時放下, 則一時德性有懈. 讀書則此心常住, 不讀書則看義理不見. 〔『經學理窟』「義理」40〕

책을 적게 읽으면, 의리의 정미한 부분을 자세히 고찰할 방법이 없다. 왜냐하면 책으로 이 마음을 유지시키는데, 잠시라도 책을 놓으면, 잠시 동안의 덕성이 게을러지기 때문이다. 책을 읽으면 이 마음이 항상 머무르고, 책을 읽지 않으면 의리를 보아도 이해하지 못한다.

○ 讀書不多, 則見義不精. 然讀書者, 又所以維持此心使無放逸也. 故讀書則心存, 心存則理得.

○ 책을 많이 읽지 않으면 의리를 정밀하게 이해할 수 없다. 그러나 책을 읽는 것은 또 마음을 유지하여 방일(放逸)하지 않게 하는 방법이

다. 그러므로 책을 읽으면 마음이 보존되고, 마음이 보존되면 리(理)를 얻게 된다.

75

書須成誦. 精思多在夜中, 或靜坐得之. 不記則思不起. 但通貫得大原後, 書亦易記.

책은 암송할 때까지 읽어야 한다. 정밀하게 생각하는 것은 주로 밤 중에 하는 경우가 많으며, 혹은 정좌를 통해서도 할 수 있다. 그러나 외워두지 않으면, 생각할 수가 없다. 다만 큰 근원을 관통하여 이해한 후에는 책을 외우기도 쉬워진다.

○朱子曰: "書須成誦, 少間不知不覺, 自然觸發曉得. 蓋一段文義橫在心下, 自是放不得, 必曉得而後已. 今人所以記不得思不去, 心下若存若亡, 皆不精不熟之故也." 又曰: "橫渠作『正蒙』時, 或夜裏默坐徹曉. 他直是恁地勇, 方做得."

○주희가 말했다.
"책을 암송하게 되면, 얼마 안 되어 자기도 모르게 (자극이 일어나) 자연스럽게 깨우치게 된다. 왜냐하면 한 단락의 글 뜻이 마음속에 걸려 있게 되면 그것을 놓아버릴 수가 없고, 반드시 분명히 깨우친 뒤에야 끝나게 되기 때문이다. 요즘 사람들이 외우지 못하고, 생각도 진전되지 않으며, 마음에 있는 듯 없는 듯한 것은 모두 (학문이) 정미하지 못하고 익숙하지 못하기 때문이다."
또 말했다.
"장재가 『정몽』을 지을 때, 밤중에 조용히 앉아 새벽까지 계속한 경우도 있다. 그는 이렇게 용맹정진하고서야 비로소 이룰 수 있었다."

所以觀書者, 釋己之疑, 明己之未達. 每見, 每知新益, 則學進矣. 於不疑處有疑, 方是進矣. 〔『經學理窟』「義理」40〕

책을 읽는 이유는 자신의 의문을 풀고, 자신이 통달하지 못한 것을 분명히 하려는 것이다. 책을 읽을 때마다 새롭게 아는 것이 더해지면, 학문이 진보하는 것이다. 또 의심하지 않았던 곳에서 의심이 생겨야 진보하는 것이다.

○ 每見是書而每知新益, 則學進矣. 然學固足以釋疑而學亦貴於有疑. 蓋疑則能思, 思則能得. 於無疑而有疑, 則察理密矣.

○ 책을 볼 때마다 새롭게 아는 것이 더해지면 학문이 진보하는 것이다. 그러나 학문은 원래 의심을 푸는 방법이기도 하지만, 배움은 또한 의심이 생겨나는 것을 귀하게 여긴다. 왜냐하면 의심하면 생각할 수 있고, 생각하면 깨우칠 수 있기 때문이다. 의심하지 않았던 곳에서 의심이 생긴다면 리(理)를 살피는 것이 더욱 정밀하게 된다.

76

六經須循環理會. 義理儘無窮, 待自家長得一格, 則又見得別. 〔『經學理窟』「義理」57[113]〕

육경은 돌아가며 이해해야 한다. 의리는 실로 무궁하므로 스스로

---

113) 원문과는 약간 다르다.

한 단계 높아지게 되면 다시 새로운 이해가 가능하다.

77

如『中庸』文字輩, 直須句句理會過, 使其言互相發明. 〔『經學理窟』
「學大原 下」13〕

『중용』의 글자들은 바로 한 구절 한 구절 이해하여 그 말이 서로
그 의미를 밝히게 해야 한다.

78

『春秋』之書, 在古無有. 乃仲尼所自作, 惟孟子能知之. 非理明義
精, 殆未可學. 先儒未及此而治之, 故其說多鑿. 〔『張載集』「近思錄拾
遺」10〕

『춘추』라는 책은 옛날에는 없었다. 공자가 지은 것으로 맹자만 (그
의미를) 알 수 있었다.[114] 도리에 밝고 의에 정밀하지 못하면 거의 배
울 수 없다. 선유들은 이러한 경지에 미치지 못한 상태에서 『춘추』를
연구했기 때문에, 그 주장에 천착한 것이 많았다.

○孟子論『春秋』, 皆發明聖人之大旨, 擧『春秋』之綱領. 後人未及
於理明義精, 而揣摩臆決, 故其說多鑿.

---

114)『맹자』「이루」하 21장. "王者之迹熄而詩亡, 詩亡然後春秋作."「등문공」하 9장.
　　"世衰道微, 邪說暴行有作, 臣弑其君者有之, 子弑其父者有之. 孔子懼, 作春秋."

○ 맹자가 『춘추』를 논한 것은 모두 성인의 큰 뜻을 밝히고 『춘추』의 강령을 드러내었다. 후대 사람들은 (맹자와 같이) 의리가 밝고 정밀한 데 미치지 못하고 자기 생각대로 헤아리고 억측하였기 때문에, 그 주장에 천착한 것이 많다.

제4권

보존하여 기름〔存養〕

○此卷論存養. 蓋窮格之雖至而涵養之不足, 則其知將日昏. 而亦何以爲力行之地哉? 故存養之功實貫乎知行. 而此卷之編, 列乎二者之間也.

○이 권은 존양에 대해 논한다. 격물·궁리가 비록 지극하더라도 함양이 부족하게 되면 그 앎〔知〕은 날로 어두워질 것이다. 그렇다면 다시 어떻게 힘써 행할 수 있겠는가? 그러므로 존양의 효과는 진실로 지행을 관통하는 것이다. 그래서 편집할 때 존양편을 지와 행에 대한 논의 사이에 배치하였다.

1

或問: "聖可學乎?" 濂溪先生曰: "可." "有要乎?" 曰: "有." "請問焉" 曰: "一爲要. 一者無欲也. 無欲則靜虛動直. 靜虛則明, 明則通. 動直則公, 公則溥. 明通公溥庶矣乎." 〔『通書』제20장「聖學」〕

어떤 사람이 물었다. "성인은 배워서 될 수 있습니까?"

주돈이가 답했다. "배워서 될 수 있다."

"핵심적인 방법이 있습니까?"

"있다."

"그 방법을 가르쳐주십시오."

"마음을 하나로 통일하는 것이 그 핵심적인 방법이다. 하나로 통일한다는 것은 사사로운 욕심이 없는 것이다. 욕심이 없으면 고요할 때는 마음이 텅 비고, 움직일 때는 곧다. 고요할 때 텅 비면 밝아지고, 밝아지면 사리에 통한다. 움직일 때 곧으면 공정하고, 공정하면 사물에 두루 미친다. 밝아져서 사리에 통하고, 공정하여 사물에 두루 미치면 거의 성인에 가깝게 될 것이다."

○『通書』.

○ 一者, 純一而不雜也. 湛然無欲, 心乃純一. 靜而所存者一, 人欲消盡. 故虛. 虛則生明, 而能通天下之理. 動而所存者一, 天理流行, 故直. 直則大公, 而能周天下之務. 動靜惟一, 明通公溥, 庶幾作聖之功用.

○ 朱子曰 : "此章之旨, 最爲要切. 學者能深玩而力行之, 則有以知無極之眞兩儀四象之本, 皆不外乎此心. 而日用間自無別用力處矣."

○『통서』에 나온다.

○ 마음을 하나로 통일하는 것은, 마음이 순수하고 한결같아 뒤섞이지 않는 것이다. 고요하여 욕심이 없으면 마음은 순수하여 한결같이 된다. 고요하게 있을 때, 보존한 마음이 하나로 통일되어 있다면 인간적인 욕망[人欲]은 사라질 것이다. 그래서 '텅 비다[虛]'라고 말한 것이다. 텅 비면 밝음이 생겨서 천하의 이치에 관통할 수 있다. 움직일 때, 보존한 마음이 하나로 통일되어 있다면 천리가 유행할 것이다. 그래서 '곧다[直]'고 말한 것이다. 곧으면 아주 공정하게 되어 천하의 일

에 두루 미칠 수 있다. 움직일 때나 고요할 때나 마음이 하나로 통일되어 마음이 밝아져 사리에 통하고, 공정하게 되어 사물에 두루 미칠 수 있으면 성인이 되는 공부가 거의 된 것이다.

○ 주희가 말했다.

"이 장의 요지는 가장 긴요하고 절실하다. 배우는 사람들이 깊이 완미하여 열심히 행할 수 있다면 무극(無極)의 진실함과 음양과 사상(四象)의 근본이 모두 이 마음을 벗어나지 않는다는 것을 알게 된다. 그래서 일상생활 속에서 이 밖에 달리 힘쓸 곳이 없게 될 것이다."
(『通書』, 제20장 「聖學」의 注)

2

伊川先生曰:

"陽始生甚微, 安靜而後能長. 故復之象曰: ‘先王以至日閉關.’"〔『易傳』復卦(䷗) 「象傳」〕

정이가 말했다.

"양기가 생겨나기 시작할 때는 매우 미약하여 편안하고 고요한 뒤에야 성장할 수 있다. 그래서 복괘(復卦 : ䷗)의 「상전(象傳)」에 ‘선왕은 동짓날에 관문을 닫는다’고 하였다."

○『易傳』, 下同.
○ 朱子曰: "一陽初復, 陽氣甚微, 不可勞動. 故當安靜以養微陽. 如人善端方萌, 正欲靜以養之, 方能盛大." 愚謂: "天人之氣流通無間. ‘至日閉關’, ‘財成輔相’之道, 於是見矣."

○『역전』에 나오며, 아래도 같다.

○주희가 말했다.

"하나의 양이 처음 회복될 때는 양기가 매우 미약하여 활동할 수 없다. 그래서 편안하고 고요하게 미약한 양을 길러야 한다. 마치 사람의 선한 실마리가 막 싹트기 시작할 때 고요하게 그것을 길러야 비로소 성대해질 수 있는 것과 같다."

내가 생각하기에 "자연과 사람의 기운은 두루 통하여 틈이 없다. '동짓날에 관문을 닫는다'는 말에서 '마름질하여 이루고 보조하여 돕는〔財成輔相〕[1] 선왕의 도가 드러난다."

3

動息節宣以養生也, 飮食衣服以養形也. 威儀行義以養德也, 推己及物以養人也.〔『易傳』頤卦(䷚) 卦圖〕

활동·휴식·절제·펼침으로 생명을 기르고, 음식과 의복으로 몸을 기른다. 위엄 있는 태도와 의로운 행위로 덕을 기르고, 자기 자신을 미루어 남에게 미침으로써 타인을 기른다.

○頤卦傳. 威儀見於容貌, 行義著於事業.

○이괘전에 나온다. 위엄 있는 태도는 용모에서 나타나고, 의로운 행위는 일에서 드러난다.

---

1)『주역』泰卦 상전. "象曰：天地交泰. 后以財成天地之道, 輔相天地之宜, 以左右民."

434

4

愼言語以養其德, 節飮食以養其體. 事之至近, 而所繫至大者, 莫過
於言語飮食也. 〔『易傳』 頤卦 「象傳」〕

말을 조심스럽게 하여 덕을 기르고, 음식을 알맞게 조절하여 몸을
기른다. 지극히 비근한 일이면서도 삶과 가장 관계가 큰 것은 언어와
음식보다 더한 것이 없다.

○ 頤卦「象傳」. 言語不謹則敗德, 飮食無度則敗身.

○ 이괘 「상전」에 나온다. 언어를 조심하여 쓰지 않으면 덕을 상실
하고, 음식에 절도가 없으면 몸을 망친다.

5

"震驚百里, 不喪匕鬯." 臨大震懼, 能安而不自失者, 唯誠敬而已.
此處震之道也. 〔『易傳』 震卦(☳) 卦辭〕

"천둥소리가 백 리 밖의 사람을 놀라게 해도 (제사 지내는 사람은)
숟가락과 울창주를 놓치지 않는다"고 하였다. 매우 놀랍고 두려운 상
황에 처해서도 편안하게 마음을 잃지 않을 수 있는 것은 오직 성실하
고 공경스럽기〔誠敬〕 때문일 뿐이다. 이것이 진괘(震卦 : ☳)의 상황에
대처하는 도리이다.

○ 震卦「象傳」. '匕', 以載鼎實. '鬯', 秬酒也. 雷震驚百里可謂'震'
矣. 而奉祀者不失其匕鬯. 誠敬盡於祀事, 則雖震而不爲驚也. 是知君

子當大患難大恐懼, 處之安而不自失者, 惟存誠篤至, 中有所主, 則威震不足以動之矣.

○ 진괘 「단전」에 나온다.

'비(匕)'는 솥에 있은 것을 뜨는 숟가락이다. '창(鬯)'은 울창주이다. 우뢰가 백 리 밖의 사람을 놀라게 하니 '두려운 상황'이라고 할 만하다. 그러나 제사를 모시는 사람은 숟가락과 울창주를 놓치지 않는다. 그것은 성실하고 경건하게 제사에 정성을 다하면 두려운 상황에서도 놀라지 않기 때문이다. 이것으로 군자가 아주 어렵고 두려운 상황에서도 편안하게 처신하고 자신의 마음을 잃지 않는 것은, 오직 그가 성실함을 독실하게 보존하여, 마음에 주인된 것이 있으면 위엄과 두려움도 그의 마음을 움직이기에 부족함을 알 수 있다.

6

人之所以不能安其止者, 動於欲也. 欲牽於前, 而求其止, 不可得也. 故艮之道, 當"艮其背." 所見者在前, 而背乃背之, 是所不見也. 止於所不見, 則無欲以亂其心, 而止乃安.

사람이 머물러야 할 자리에 편안할 수 없는 까닭은 욕망에 의하여 동요되기 때문이다. 욕망이 앞에서 끌면 머물러야 할 자리를 찾으려고 해도 그렇게 할 수가 없다. 그러므로 간괘(艮卦 : ䷳)의 도에서 "등에 머물러야 한다"[2]고 한 것이다. 보이는 것은 앞에 있지만, 등은 그것을 등지고 있으니 보지 못한다. 보지 못하는 지점에 머물게 되면 마음을 어지럽히는 욕망이 없게 되어 제자리에 머물러 편안하게 된다.

---

2) 『주역』 간괘 괘사. "艮其背, 不獲其身. 行其庭, 不見其人. 无咎."

436

○ 艮卦「象傳」. 不見可欲則心不亂. 然非屏視聽也. 蓋不牽於慾, 而無私邪之見耳. 朱子曰: "卽非禮勿視聽言動之意."

○ 간괘 「단전」에 보인다. 욕망을 일으킬 만한 것을 보지 않으면 마음은 어지럽지 않다. 그러나 보고 듣는 감각을 물리치는 것은 아니다. 그것은 욕망에 이끌리지 않으면 저절로 사사롭고 잘못된 견해가 없어지기 때문이다.
주희가 말했다.
"이것이 바로 예가 아니면 보지도 듣지도 말고, 말하거나 행동하지 말라는 의미이다."[3](『주자어류』 권73 1855-56쪽 賀孫)

"不獲其身", 不見其身也, 謂忘我也. 無我則止矣, 不能無我, 無可止之道.

"자신의 몸을 얻지 않는다"는 것은 자신의 몸을 보지 않는 것으로 자아를 잊는 것을 말한다. 자아의식이 없으면 편하게 머무를 수 있으나, 자아의식을 없앨 수 없다면 본연의 자리에 머무를 방법은 없다.

○ 朱子曰: "外旣無非禮之視聽言動, 則內自不見有私己之慾矣."

○ 주희가 말했다.
"외적으로 이미 예가 아닌 것을 보고 듣고 말하고 행동하는 일이 없다면, 마음속에도 저절로 자신의 사사로운 욕망이 있음을 보지 못한다."(『주자어류』 권73 1855-56쪽 賀孫)

---

3) 『논어』 「안연」 1장. "子曰: 非禮勿視, 非禮勿聽, 非禮勿言, 非禮勿動."

"行其庭, 不見其人." 庭除之間至近也. 在背則雖至近不見. 謂不交
於物也.

(이어서 간괘는) "그 뜰을 걸어가도 그 주인을 보지 못한다"라고 하
였다. 뜰과 섬돌 사이는 매우 가깝다. 그러나 등에 머물러 있으면 아
무리 가깝더라도 보지 못할 것이다. 이것은 외물과 교섭하지 않음을
의미한다.

○ "不交於物", 非絶物也, 亦謂中有所主, 不誘於外之交也. 朱子曰 :
"奸聲亂色不留聰明, 淫樂慝禮不接心術, 惰慢邪僻之氣不設於身體,
是也."

○ "외물과 교섭하지 않는다"는 말은 외물과 단절됨을 뜻하는 것이
아니라, 마음 가운데 주인이 있어서 외물과의 접촉으로 인하여 이끌리
지 않는 것을 의미한다.
주희가 말했다.
"'간사한 음악과 어지러운 여색(女色)이 임금의 총명함에 머무르지
않고, 음탕한 음악과 사특한 예는 임금의 마음에 닿지 않으며, 태만하
고 사악한 기운이 임금의 몸에 베풀어지지 않는다'라고 하는 것이 바
로 이것이다."

外物不接, 内欲不萌. 如是而止, 乃得止之道, 於止爲無咎也. 〔『易
傳』 艮卦 卦辭〕

외물에 이끌리지 않으면 마음의 욕망은 싹트지 않는다. 이렇게 하
여 머무르는 것이 바로 머무는 도리를 얻은 것이며, 머무는 데 있어
'허물이 없게 된다.'

○ "內慾不萌", 不獲其身也. "外物不接", 不見其人也. 人己兩忘, 內外各定. 如是動靜之間各得其所止, 何咎之有?

○ "마음의 욕망이 싹트지 않는다"는 것은 자신의 몸을 보지 못하기 때문이다. "외물에 이끌리지 않는다"는 것은 남을 보지 못하기 때문이다. 남과 나를 함께 잊으면 내면과 외면이 모두 안정된다. 이렇게 움직이거나 고요한 사이에 각각 그 머물러야 할 자리를 얻으면 무슨 허물이 있겠는가?

7

明道先生曰:
"若不能存養, 只是説話." 〔『程氏遺書』 1-19〕

정호가 말했다.
"만약 마음을 보존하여 기를 수 없다면 말만 하는 것일 따름이다."

○ 『遺書』, 下同.
○ 徒事問辨而不加存養, 口耳之學也.

○ 『유서』에 나오며, 아래도 같다.
○ 한갓 묻고 분별하는 일만 하고 마음을 보존하여 기르지 않는다면, 이것은 입과 귀로만 하는 학문이다.

8

聖賢千言萬語, 只是欲人將己放之心約之, 使反復入身來. 自能尋

向上去, 下學而上達也.〔『程氏遺書』1-22〕

　성현의 수많은 말들은 다만 사람들로 하여금 이미 흩어져버린 마음
을 다잡아[4] 다시 자신에게로 돌아가도록 한 것일 따름이다. 그렇게 하
면 저절로 향상되어 '형이하의 일상에 대한 공부를 통해 형이상의 도
에 이를[下學而上達] 수 있다.'[5]

　○ 聖賢垂訓多端, 求其旨歸, 則不過欲存此心而已. 心不外馳, 則學
問日進於高明矣.
　○ 朱子曰: "孟子'求放心', 乃開示要切之言. 程子又發明之曲盡其
旨. 學者宜服膺而勿失也."

　○ 성현의 가르침에는 여러 가지 단서가 있지만 그 요지는 결국 이
마음을 보존하고자 하는 데 지나지 않는다. 마음이 밖으로 이끌리지
않으면 학문은 날로 높고 밝은 데로 진척된다.
　○ 주희가 말했다.
　"맹자가 '흩어져버린 마음을 찾으라[求放心]'고 한 것은 긴요하고 절
실함을 보여주는 말이다. 그리고 정자가 다시 그 의미를 더욱 자세하게
드러내었다. 배우는 자는 이것을 가슴에 지녀 잃지 말아야 한다."

---

4)『맹자』「고자」상 11장. "孟子曰 : 仁, 人心也. 義, 人路也. 舍其路而弗由, 放
　其心而不知求, 哀哉. 人有雞犬放, 則知求之. 有放心而不知求, 學問之道無他,
　求其放心而已矣."
5)『논어』「헌문」37장. "子曰 : 莫我知也夫. 子貢曰 : 何爲其莫知子也. 子曰 : 不
　怨天, 不尤人. 下學而上達, 知我者其天乎."

9

李籲問 : "每常遇事, 卽能知操存之意. 無事時如何存養得熟?" 曰 :
"古之人, 耳之於樂, 目之於禮, 左右起居, 盤盂几杖, 有銘有戒. 動息
皆有所養. 今皆廢此, 獨有理義之養心耳. 但存此涵養意久, 則自熟矣.
'敬以直內', 是涵養意." 〔『程氏遺書』 1-33〕

이유가 물었다. "사람이 일이 있을 때는 마음을 잡아 보존하는 의
미를 알 수 있습니다. 그러나 아무 일이 없을 때는 어떻게 익숙하게
보존하여 기를 수 있습니까?" (정호가) 답했다. "옛날 사람은 귀로 음
악을 들을 때나 눈으로 예를 볼 때나 일상적인 동작을 할 때에 소반
이나 주발, 안석과 지팡이에 스스로를 경계하는 글을 새겨놓았다. 그
래서 움직일 때나 쉴 때, 항상 그들은 기르는 것이 있었다. 지금은 이
런 것이 모두 없어졌으니 오직 의리를 가지고 마음을 길러야 할 뿐이
다. 그러나 이렇게 함양하려는 뜻을 오랫동안 보존하면, 자연히 익숙
하게 될 것이다. '경(敬)으로써 안을 곧게 한다'[6]는 것이 마음을 함양
하는 뜻이다."

○ 李籲, 字端伯, 程子門人也. 義理養心, 本兼動靜. 但此答'無事時
如何存養得熟?', 故曰'但存涵養意久則自熟.' 敬則心存于中, 無所越
逸. 卽涵養之意.

○ 이유(李籲 : 장년 1088)의 자는 단백(端白)이며 정자의 문인이다.
의리로써 마음을 기르는 것은 본래 움직일 때와 고요할 때를 겸한다.

6) 『주역』 곤괘 「문언」. "直, 其正也. 方, 其義也. 君子敬以直內, 義以方外, 敬義
立而德不孤, 直方大不習无不利, 則不疑其所行也."

그러나 여기에서는 '일이 없을 때는 어떻게 익숙하게 보존하여 기를 수 있느냐'는 질문에 대한 답이기 때문에 '단지 함양하려는 뜻을 오랫동안 보존하면 자연히 익숙하게 될 것이다'라고 하였다. 경(敬)을 유지하면 마음은 내면에 있게 되어 넘거나 일탈함이 없게 된다. 이것이 곧 함양하는 뜻이다.

10

呂與叔嘗言: "患思慮多不能驅除." 曰: "此正如破屋中禦寇. 東面一人來, 未逐得, 西面又一人至矣. 左右前後驅逐不暇. 蓋其四面空疎, 盜固易入, 無緣作得主定. 又如虛器入水, 水自然入. 若以一器實之以水, 置之水中, 水何能入來? 蓋中有主則實, 實則外患不能入, 自然無事." 〔『程氏遺書』 1-41〕

여여숙(呂與叔)이 말했다. "(저는) 생각이 여러 갈래로 일어나는 것을 떨쳐버릴 수 없는 것이 걱정입니다." (정호가) 답했다. "이것은 바로 허물어진 집에서 도적을 막는 것과 같은 것이다. 동쪽에서 들어온 도적을 아직 쫓아내지 못했는데, 서쪽에서 또 다른 도적이 들어온다. 그래서 앞뒤, 좌우에서 들어오면 내쫓을 틈이 없는 것이다. 대개 사면이 모두 허술하기 때문에 도적이 매우 쉽게 들어와 집의 주인으로서 안정시킬 수 없는 것이다. 이것은 또 비어 있는 통을 물에 넣으면 물이 자연스럽게 (통 속으로) 들어가는 것과 같다. 만약 통에 물을 가득 채운 후에, 그것을 물 속에 넣으면 물이 어떻게 들어갈 수 있겠는가? 대개 내면에 주인이 있으면 꽉 차게 되고, 꽉 차면 밖으로부터 근심이 들어오지 못하므로 자연히 아무 일도 없게 될 것이다."

○ 誠存, 則邪自閑矣.

○ 성실함이 보존되면 사악함은 저절로 막히게 된다.

11

邢和叔言:

"吾曹常須愛養精力. 精力稍不足, 則倦. 所臨事皆勉强而無誠意.
接賓客語言尚可見. 況臨大事乎?"〔『程氏遺書』1-57〕

형화숙(邢和叔)이 말했다.

"우리는 항상 정력을 아끼고 길러야 한다. 정력이 조금이라도 부족
하면 피곤해진다. 그러면 일에 임해서 모든 것을 억지로 하게 되어 성
의가 없게 된다. 손님을 맞이하여 말을 할 때조차 경험할 수 있다. 그
러니 큰 일에 임해서는 어떻겠는가?"

○ 邢恕, 字和叔.

○ 형서(邢恕 : 장년 1127)의 자가 화숙(和叔)이다.

12

明道先生曰:

"學者全體此心. 學雖未盡, 若事物之來, 不可不應. 但隨分限應之,
雖不中不遠矣."〔『程氏遺書』2上-13〕

정호가 말했다.

"배우는 사람은 이 마음을 완전히 체득해야 한다. 배움이 비록 완
전하지 않더라도 사물이 이르면 대응하지 않을 수 없다. 그러나 자신

의 역량에 따라 대응하면 비록 중도에 맞지는 않더라도 이치에 크게 벗어나지 않을 것이다."

○ '體' 猶體榦. '全體', 謂全主宰, 以爲應酬之本. 心存而理得, 雖有不中於理, 亦不遠矣.

○ '체(體)'는 몸의 근간이다. '전체(全體)'란 완전히 주재하여 사물에 대응함에 있어 근본으로 삼는 것을 의미한다. 마음을 보존하여 이치[理]를 터득하면, 비록 중도에 꼭 맞지 않더라도 이치에 크게 어긋나지 않을 것이다.

13

"居處恭, 執事敬, 與人忠." 此是徹上徹下語. 聖人原無二語. 〔『程氏遺書』 2上-2〕

"평상시에 공손하고, 일을 행할 때는 경건하며, 타인과 교제할 때는 마음을 다한다"[7]고 하였다. 이것은 형이상과 형이하를 모두 관통하는 말이다. 성인은 본래 형이상과 형이하를 구분하여 말하지 않았다.

○ 說見『論語』. 恭者, 敬之形於外者也. 平居之時, 齋莊嚴肅儼然於容貌而已. 及夫執事而敬主於事, 與人而忠推於人. 自始學以至成德, 皆不外此. 但有勉强與安行之異耳.

---

7) 『논어』 「자로」 19장. "樊遲問仁. 子曰: 居處恭, 執事敬, 與人忠, 雖之夷狄, 不可棄也."

○ 설명이 『논어』에 보인다. 공손함은 경건함[敬]이 밖으로 나타난 것이다. 평상시에는 단정하고 장중하며 엄숙하여 용모에 위엄이 있을 뿐이다. 일을 행하게 되면 경건하게 일을 주관하고, 타인과 교제할 때는 마음을 다하여 남에게까지 미루어 나간다. 학문의 시작에서 덕을 완성하기까지 모두 이것을 벗어나지 않는다. 다만 힘써 노력하는 것과 편안히 행하는 것과의 차이가 있을 뿐이다.

14

伊川先生曰：

"學者須敬守此心, 不可急迫. 當栽培深厚, 涵泳於其間, 然後可以自得. 但急迫求之, 只是私已, 終不足以達道." 〔『程氏遺書』 2上-14〕

정이가 말했다.

"배우는 사람은 반드시 공경스럽게 이 마음을 지켜야 하지만 너무 급하게 서둘러서는 안 된다. 마음을 깊고 두텁게 길러서 그 속에 충분히 젖어든 뒤에야 스스로 터득할 수 있다. 급박하게 서둘러서 구하는 것은 사사로운 욕심일 따름이니, 끝내 도에 통달할 수 없다."

○ 養心莫善於持敬. 然不可執持太迫, 反成私意, 於道却有礙.

○ 마음을 기르는 데는 경(敬)을 유지하는 것보다 나은 것이 없다. 그러나 마음을 너무 급박하게 잡아 지키려는 것은 오히려 사사로운 생각이 되어 도에 방해가 된다.

15

明道先生曰:

"'思無邪', '毋不敬', 只此二句, 循而行之, 安得有差? 有差者, 皆由
不敬不正也."〔『程氏遺書』2上-50〕

정호가 말했다.

"'생각에 사특함이 없다'와 '공경하지 않음이 없다'[8]는 이 두 구절을
따라 행한다면 어떤 잘못이 있겠는가? 잘못이 있는 경우는 모두 공경
〔敬〕하지 않고 바르지〔正〕 않기 때문이다."

○『詩』「魯頌」曰"思無邪", 「曲禮」曰"毋不敬." 心存乎中而邪念不
作, 則身之所行, 自無差失

　○ 朱子曰: "'思無邪', 是心正意誠. '毋不敬', 是正心誠意."

○『시』「노송」에 "생각에 사특함이 없다"고 하였고, 「곡례」에 "공
경하지 않음이 없다"고 하였다. 마음을 보존하여 사특한 생각이 일어
나지 않으면 몸으로 행하는 것은 저절로 잘못이 없어진다.

　○ 주희가 말했다.

"'생각에 사특함이 없다'는 것은 '마음이 바르게 되고, 뜻은 정성스
러워진다〔誠〕'[9]는 것이고, '공경하지 않음이 없다'는 것은 '마음을 바르

---

8) '思無邪'는 『시경』「노송」〈경(駉)〉편의 구절로 『논어』「위정」2장에 인용되어
　있다(駉駉牡馬, 在坰之野. 薄言駉者, 有駜有皇. 有驪有魚, 以車祛祛. 思無邪,
　思馬斯徂). '毋不敬'은 『예기』「곡례」상에 나오는 말이다(曲禮曰: 毋不敬, 儼若
　思, 安定辭, 安民哉).

9) 『대학』의 팔조목 참조. "物格而后知至, 知至而后意誠, 意誠而后心正, 心正而
　后身脩, 身脩而后家齊, 家齊而后國治, 國治而后天下平."

게 하고 뜻을 성실하게 하는 것'이다."[10)

16

今學者敬而不自得[11)], 又不安者, 只是心生.

　요즈음 배우는 사람들이 경(敬)하면서도 스스로 터득하지 못하고 또 편안하게 여기지 못하는 것은 단지 마음이 덜 성숙하기 때문이다.

○ 持敬而無自得之意, 又爲之不安者, 但存心未熟之故.

○ 경을 유지하면서도 스스로 터득하려는 뜻이 없고, 또 경하는 것을 편안하게 여기지 못하는 것은 다만 마음을 보존하는 것이 익숙하지 않기 때문이다.

　亦是太以敬來, 做事得重. 此"恭而無禮則勞"也. 恭者私爲恭之恭也. 禮者非體之禮, 是自然底道理也. 只恭而不爲自然底道理, 故不自在也. 須是'恭而安.'

　이것은 또한 일을 하는 데 경을 지나치게 중시하기 때문이다. 이것이 "공손하면서도 예가 없으면 고생스럽다"[12)]고 하는 것이다. 이 때의 공손함은 사사롭게 작위적으로 공손하다고 할 때의 공손함이다. 예는

---

10) 주자는 "생각에 사특함이 없다"는 것은 학문의 경지로서 설명하고, "공경하지 않음이 없다"는 공부로 설명하고 있다.
11) 『遺書』에는 '見得'으로 되어 있다.
12) 『논어』「태백」2장. "子曰: 恭而無禮則勞, 愼而無禮則葸, 勇而無禮則亂, 直而無禮則絞. 君子篤於親則民興於仁, 故舊不遺則民不偸."

구체화되지 않은 예로서 자연스러운 도리를 가리킨다. 공손하면서 자연스러운 도리를 행하지 못하기 때문에 자유롭지 못한 것이다. 반드시 '공손하면서도 편안해야 한다.'[13]

○作意太過, 勉强以爲恭, 而不知禮本自然, 是以勞而不安也. "私爲恭"者, 作意以爲恭, 而非其公行者也. "非體之禮", 謂非升降揖遜之儀, 鋪筵設几之文. 蓋自然安順之理.

○마음을 지나치게 써서 억지로 힘쓰는 것을 공손하다고 여기고 예가 자연스러움에 바탕을 두어야 한다는 것을 모르기 때문에 고생스러우면서도 편안하지 않은 것이다. "사사롭게 작위적으로 공손하다"는 것은 작위적인 마음을 공손하다고 여기는 것이므로, 공적인 행위가 아니다. "구체화되지 않은 예"라는 것은 오르내리면서 인사하고 공손하게 하는 의식이나 자리를 깔고 궤를 설치하는 외적인 치례가 아님을 의미한다. 즉 자연스럽게 편안하고 순조로운 이치를 말하는 것이다.

今容貌必端, 言語必正者, 非是道獨善其身, 要人道如何. 只是天理合如此. 本無私意, 只是簡循理而已. 〔『程氏遺書』2上-140〕

이제 반드시 용모를 단정하게 하고 언어를 바르게 해야 하는 것은 홀로 자기 자신만을 선하게 하여, 다른 사람이 어떠하다고 평가하기를 바라서 하는 것이 아니다. 이렇게 하는 것은 천리에 합당해서 그럴 뿐이다. 본래 사사로운 뜻이 없이 이치에 따르기만 하는 것일 뿐이다.

○"私意", 謂矯飾作爲之意. "循理", 則順乎自然, 盡乎當然, 何不

---

13) 『논어』 「술이」 37장. "子溫而厲, 威而不猛, 恭而安."

安之有?

○ "사사로운 뜻"이라는 것은 겉으로 꾸며서 조작하려는 생각을 말한다. "이치에 따른다"는 것은 자연에 순응하여 당연히 해야 할 일을 다하는 것이니, 어찌 편안하지 않음이 있겠는가?

17

今志于義理, 而心不安樂者何也? 此則正是剩一箇助之長. 雖則'心操之則存, 捨之則亡', 然而持之太甚, 便是'必有事焉而正之'也. 亦須且恁去.

지금 의리에 뜻을 두고서도 마음이 편안하거나 즐겁지 않은 것은 무엇 때문인가? 이것은 바로 우리가 불필요하게 마음을 조장하기 때문이다. 비록 '마음은 잡으면 보존되고 놓아두면 잃어버린다'[14]고는 하지만 마음을 잡는 것이 너무 지나치면 '반드시 일삼으며 미리 기약하는 것'[15]이 된다. 우선 이러한 것을 제거해야 한다.[16]

○ 有志問學而作意太迫, 則有助長欲速之患. 朱子曰 : "'正', 預期

---

14) 『맹자』「고자」상 8장. "孔子曰 : 操則存, 舍則亡. 出入無時, 莫知其鄕. 惟心之謂與."

15) 『맹자』「공손추」상 2장. "必有事焉, 而勿正, 心勿忘, 勿助長也."

16) "亦須且恁去"를 "우선 이렇게 해야 한다"고 새겨보았다. 학문을 하며 마음이 괴롭고 즐겁지 않은 것은 초학자들의 공통된 병통이다. 처음부터 덕이 성대하다면 이렇지 않겠지만 학문을 시작하면서부터 덕이 성대한 경우는 드물 것이다. 이러한 병통에도 불구하고 계속 학문을 하다가 보면 차츰 덕이 성대하게 되어 외롭지 않은 덕을 얻게 될 것이다. 병통이 걱정이 되어 학문을 그만두어서는 안 된다는 의미로 이처럼 해석하였다.

也.『春秋傳』曰'戰不正勝', 是也."說見『孟子』.

○ 배움에 뜻을 두면서도 마음을 너무 급하게 서두르면 조장하여 성급하게 이루고자 하는 근심이 생긴다.

주희가 말했다.

"'정(正)'은 미리 기약하는 것이다.『춘추전』에서 '전쟁에서 승리를 미리 기약하지 않는다'고 하는 것이 이것이다."

설명은 『맹자』에 보인다.

如此者只是德孤. "德不孤必有隣." 到德盛後自無窒碍, 左右逢其原也.〔『程氏遺書』2上-181〕

이러한 사람은 덕이 외로울 뿐이다. "덕은 외롭지 않으니 반드시 이웃이 있다"[17]라고 했다. 덕이 성대하게 된 후에는 저절로 막힘이 없어 좌우 어디로 가든 덕의 근원과 만나게 될 것이다.[18]

○ '孤', 謂寡特而無輔也. 涵養未充, 義理單薄, 故無自得之意. 及德盛而不孤, 則胸中無滯礙. 左右逢其原, 沛然有餘裕. 又何不安樂之有?

○ '고(孤)'는 고립되어 도와주는 이가 없는 것이다. 함양이 충분하지 않으면 의리가 얕아지기 때문에 스스로 터득하려는 뜻이 없게 된다. 덕이 성대하게 되어 고립되지 않으면 가슴속에 막힘이 없게 된다. 그래서 좌우 어디로 가든지 모든 일이 덕의 근원과 만나게 되고, 성대하게 여유가 생길 것이다. 그러니 어찌 편안하고 즐겁지 않음이 있겠는가?

---

17)『논어』「이인」, 25장.

18)『맹자』「이루」하 14장. "孟子曰 : 君子深造之以道, 欲其自得之也. 自得之, 則居之安. 居之安, 則資之深. 資之深, 則取之左右, 逢其原, 故君子欲其自得之也."

‘敬而無失’, 便是‘喜怒哀樂未發謂之中.’ 敬不可謂中, 但‘敬而無失’,
卽所以中也. 〔『程氏遺書』2上-202〕

‘경을 유지하면서 (그러한 자세를) 잃지 않는 것'[19]이 바로 희·노·
애·락의 감정이 아직 나타나기 이전의 중(中)이다. 경을 바로 중(中)
이라고 말할 수는 없지만, ‘경을 유지하면서 잃지 않는 것’이 곧 중이
되는 방법이다.

○ 此言靜而主敬. 事物未交心, 主乎敬, 不偏不倚, 卽所謂未發之
中. 敬非中, 敬所以養其中也.

○ 이것은 고요할 때 경을 주로 하는 것에 대해 말한 것이다. 사물
과 아직 접촉하지 않았을 때 마음이 경을 주로 하여 치우치거나 기울
지 않는다면, 이것이 이른바 ‘감정이 아직 나타나기 이전의 중〔未發之
中〕’이다. 경이 바로 중은 아니지만, 경은 중을 기르는 방법이 된다.

司馬子微嘗作坐忘論, 是所謂坐馳也. 〔『程氏遺書』2上-213〕

사마자미는 ‘좌망론'[20]을 지은 적이 있으나, 이것은 (도리어) ‘좌치(坐

---

19) 『논어』「안연」5장. “司馬牛憂曰 : 人皆有兄弟, 我獨亡. 子夏曰 : 商聞之矣. 死
　生有命, 富貴在天. 君子敬而無失, 與人恭而有禮, 四海之內皆爲兄弟也. 君子何
　患乎無兄弟也.”
20) 좌망론은 앉아서 나와 사물을 모두 잊어버림에 의하여 도에 도달할 수 있다는

馳)'[21]라고 하는 것이다.

○ 司馬承禎, 字子微. 唐天寶中隱居天台之赤城. 嘗著『論八篇』, 言淸淨無爲, 坐忘遺照之道. 按程子又曰：“有忘之心, 乃是馳也.”

○ 사마승정(司馬承貞 : 655-715)의 자는 자미(子微)이다. 당(唐)대 천보(天寶) 연간 중에 천태(天台)의 적성(赤城)에 숨어 살았다. 『논팔편(論八篇)』[22]을 지어 청정무위(淸靜無爲)와 좌망유조(坐忘遺照)의 도를 말했다. 정자는 또 말했다. “잊어버리려는〔忘〕 마음이 있는 것이 바로 달리는〔馳〕 것이다.”

20

伯淳昔在長安倉中閑坐. 見長廊柱, 以意數之. 已尙不疑, 再數之不合. 不免令人一一聲言數之. 乃與初數者無差. 則知越著心把捉, 越不

주장으로 장자의 방법이다.『장자』「대종사」. “顔回曰：回益矣. 仲尼曰：何謂也? 曰：回忘仁義矣. 曰：可矣, 猶未也. 它日復見曰：回益矣. 曰：何謂也. 曰：回忘禮樂矣. 曰：可矣, 猶未也. 它日復見曰：回益矣. 曰：何謂也? 曰：回坐忘矣. 仲尼蹴然曰：何謂坐忘? 顔回曰：墮肢體, 黜聰明, 離形去知, 同於大通, 此謂坐忘. 仲尼曰：同則無好也. 化則無常也. 而果其賢乎? 丘也請從而後也.”

21) 정자는 사람의 의식은 잊으려고 하면 오히려 더욱 생각이 많아진다고 보았다. 『장자』「인간세」참조. “夫子曰：盡矣. 吾語若. 若能入遊其樊, 而無感其名. 入則鳴, 不入則止. 無門無毒, 一宅而寓於不得已, 則幾矣. 絶迹易, 無行地難. 爲人使易以僞, 爲天使難以僞. 聞以有翼飛者矣, 未聞以無翼飛者也. 聞以有知知者, 未聞以無知知者也. 瞻彼闋者, 虛室生白, 吉祥止止, 夫且不止, 是之謂坐馳. 夫徇耳目, 內通而外於心知. 鬼神將來舍, 而況人乎? 是萬物之化也.”

22) 사마승정이 지은 天隱子의 養生書이다. 그 안에 8가지 조목이 있다. 1. 신선, 2. 易簡, 3. 漸門, 4. 齊戒, 5. 安處, 6. 存想, 7. 坐忘, 8. 解神이다(≪한문대계≫본의 주 참조).

定. 〔『程氏遺書』2上-214〕

예전에 백순(伯淳 : 정호)이 장안의 어떤 창고에서 한가하게 쉬고 있었다. 그는 긴 복도의 기둥들을 보고 마음속으로 이들의 숫자를 세었다. 다 센 후에 그 숫자를 의심하지 않았지만, 그것을 다시 세어보니 (처음에 마음속으로 센 것과) 맞지 않았다. 그는 사람을 시켜 하나하나 소리를 내며 숫자를 세도록 하였다. 그러자 처음의 숫자와 차이가 없었다. 그래서 마음을 써서 마음을 잡으려고 하면 할수록 더욱 안정되지 않는다는 사실을 알았다.

○ 著意把捉, 則心已爲之動, 故愈差.

○ 마음을 써서 잡으려고 하면 마음은 그것으로 인해 이미 동요되어 더욱 잘못된다.

21

人心作主不定, 正如一箇翻車, 流轉動搖, 無須臾停. 所感萬端, 若不做一箇主, 怎生奈何? 張天祺昔嘗言 : "自約數年, 自上著牀, 便不得思量事." 不思量事後, 須强把他這心來制縛, 亦須寄寓在一箇形象. 皆非自然. 君實自謂 : "吾得術矣. 只管念箇中字." 此又爲中所繫縛, 且中亦何形象?

사람의 마음이 (자신의) 주인으로 정립되지 않으면 잠시도 정지하지 않고 돌며 움직이는 물레방아와도 같다. 마음은 수많은 사물과 접촉하는데, (그것의) 주인이 되지 못한다면 무엇을 어떻게 할 수 있겠는가? 장천기(張天祺)는 (예전에) 다음과 같이 말한 적이 있다. "(나는) 스스로 몇 년 동안 잠자리에 들자마자 생각을 하지 않으리라고 마음먹었다." 생각을 끊은 뒤에는 이 마음을 강제로 속박해야 하며, 또 마음을 어떤 형상에 깃들여 있도록 해야 한다. 이러한 것은 모두 자연스러운 일이 아니다. 군실(君實)[23]은 스스로 (다음과 같이) 생각하였다고 한다. "나는 (마음을 다스리는) 방법을 터득했다. 그것은 '중(中)'자만을 생각하는 것이다." 이것은 다시 '중'자에 속박되는 것이다. 도대체 '중'에 무슨 형상이 있겠는가?

○ 張戩, 字天祺. 欲强絶思慮, 然心無安頓處. 司馬溫公欲寓此心於中字, 亦未免有所繫著. 朱子曰: "譬如人家不自作主, 却請別人求作主."

○ 장전(張戩 : 장년 1070)의 자는 천기(天祺)이다. 그는 억지로 생각을 끊으려고 했지만 마음을 편하게 둘 곳이 없었다. 사마온공(司馬溫公)은 마음을 '중'자에 두려고 했으나 그것 역시 속박되는 것을 면치 못했다.
주희가 말했다.
"비유하자면 어떤 사람이 스스로 집의 주인이 되지 못하여 다른 사람을 초청하여 주인으로 삼는 것과 같다." (『주자어류』 권96 2461쪽 賀孫)

有人胸中常若有兩人焉. 欲爲善, 如有惡以爲之間, 欲爲不善, 又若有羞惡之心者. 本無二人, 此正交戰之驗也. 持其志, 使氣不能亂. 此大可驗. 要之, 聖賢必不害心疾.〔『程氏遺書』2下-18〕

사람들의 마음속에는 항상 두 사람이 있는 것처럼 보인다. 선을 행

---

23) 군실은 사마광(司馬光 : 1019-1086)의 자이다.

하려고 하면 악한 사람이 있어 그것을 간섭하는 듯하고, 또 선하지 않는 일을 하려고 하면 다시 그것을 부끄러워하고 미워하는 마음을 가진 사람이 있는 듯하다. 본래 두 사람이 있는 것이 아니라, 이것은 바로 선과 악이 서로 싸우는 증거이다. '자신의 의지를 지켜 기(氣)를 어지럽히지 않게 하라'[24]고 하였다. 이렇게 하면 크게 효과를 얻을 수 있다. 요컨대 성인과 현인들은 결코 이러한 마음의 병에 해를 입지 않았다.[25]

○ 此言應事處有善惡交戰之患, 亦是心無所主故也. 苟能持守其志, 不爲氣所勝, 則所主者定, 何有紛紜?

○ 이 단락은 일에 대응할 때에 선과 악이 서로 싸우는 근심이 있는 것은 마음에 주인이 없기 때문임을 말한 것이다. 만약 자신의 뜻을 지켜 기의 지배를 받지 않는다면 마음의 주인이 정립될 것이니 어찌 어지러움이 있겠는가?

22

明道先生曰:

"某寫字時甚敬. 非是要字好, 只此是學." 〔『程氏遺書』3-23〕

---

24) 『맹자』 「공손추」 상 2장. "夫志, 氣之帥也. 氣, 體之充也. 夫志至焉, 氣次焉. 故曰: 持其志, 無暴其氣."
25) 진영첩의 영역본(Chan, Wing-tsit(trans), *Reflection on Things at Hand*, Columbia University Press, 1967, p. 138)과 이기동의 번역본에서도 "聖賢必不害心疾"을 "성현은 이러한 마음이 병이 없다"로 새기고 있으나, 역자는 그렇게 보지 않는다. 선악의 갈등에 대한 내적 경험은 수양을 위한 학문의 계기이기 때문에, 성현들이 인간의 이러한 경험을 나쁘게 여기지 않았다는 사실로 보고 싶다. 엽채의 『근사록집해』 주 역시 역자의 생각과는 다른 듯하다.

정호가 말했다.

"나는 글씨를 쓸 때 매우 경을 유지한다. 이것은 글씨를 잘 쓰려고 하기 때문이 아니라, 그것이 곧 학문일 뿐이기 때문이다."

○ 篤於持敬, 無往非學.

○ 독실하게 경을 유지한다면 어떠한 상황에서나 배움이 아닌 것이 없게 된다.[26)]

23

伊川先生曰:

"聖人不記事, 所以常記得. 今人忘事, 以其記事. 不能記事, 處事不精, 皆出於養之不完固."〔『程氏遺書』3-74〕

정이가 말했다.

"성인은 일을 기억하려 하지 않기 때문에 언제나 기억할 수 있다. 요즘 사람들이 일을 잊는 것은 그가 어떤 일을 억지로 기억하려고 하기 때문이다. 일을 기억하지 못하고, 일을 정밀하게 처리하지 못하는 것은 모두 마음을 온전하고 확고하게 기르지 못하기 때문이다."

○ 聖人無心記事, 故其心虛明. 自然常記. 今人著心强記, 故其心紛擾. 愈不能記. 然記事不能與處事不精, 二者, 又皆出於所養不厚. 則明德日昏, 故已往者不能記, 方來者不能察也.

---

26) 유학에서의 학문은 과학이 아니라 자아완성을 통한 진리의 인식과 실천이다.

○ 성인은 일을 기억하는 데 마음을 두지 않기 때문에 그 마음은 텅 비고 밝다. 그래서 자연히 늘 기억할 수 있는 것이다. 요즘 사람들은 마음을 써서 억지로 기억하려 하기 때문에 그 마음이 어지러워진다. 그렇게 되면 더욱 기억할 수 없다. 이렇게 일을 기억할 수 없는 것과 정밀하게 일을 처리하지 못하는 것, 이 두 가지는 모두 수양이 두텁지 못한 데서 기인한다. 즉 밝은 덕〔明德〕이 날로 어두워지기 때문에 이미 지나간 것은 기억할 수 없고 앞으로 올 것은 세밀하게 살필 수 없는 것이다.

24

明道先生在澶州日修橋少一長梁, 曾博求之民間. 後因出入, 見林木之佳者, 必起計度之心. 因語以戒學者, 心不可有一事.〔『程氏遺書』3-85〕

정호가 단주에 있을 때,[27] 어느 날 다리를 수리하는 데, 길고 좋은 나무 한 그루가 부족하여 민간에서 그것을 널리 구한 적이 있다. 그후 출입할 때마다 훌륭한 재목을 보면 반드시 (그 길이를) 헤아려 보는 마음이 생겼다고 한다. 그래서 그는 배우는 이들에게 마음에는 단 하나의 일이라도 염두에 두어서는 안 된다고 훈계하였다.

○ 或問: "凡事須思而後通?" 朱子曰: "事如何不思? 但事過則不留于心, 可也."

○ 어떤 사람이 물었다.

---

27) 정호가 단주에서 지방관을 지낸 것은 1070-1071년이다.

"모든 일은 반드시 생각한 뒤에야 통달하게 됩니까?"

주희가 대답하였다.

"일을 어찌 생각하지 않을 수가 있겠는가? 다만 일이 지나가버린 뒤에는 마음에 남겨두지 않는 것이 좋다." (『주자어류』 권96 2462쪽 蓋卿)

25

伊川先生曰：

"入道莫如敬, 未有能致知而不在敬者.

정이가 말했다.

"도에 입문하는 데에는 경(敬)만한 것이 없다. 앎을 이루는 데 있어 경에 머물지 않은 자는 없었다.

○ 非敬, 則心昏雜. 理有不能察, 而知有不能至.

○ 경이 아니면 마음은 어둡고 혼잡하게 된다. 그렇게 되면 이치는 살필 수 없고 앎은 철저할 수 없다.

今人主心不定, 視心如寇賊, 而不可制. 不是事累心, 乃是心累事. 當知天下無一物是合少得者. 不可惡也." 〔『程氏遺書』 3-98〕

요즘 사람은 마음의 주인이 정립되지 않아 마음을 도적과 같이 생각하면서도 (그것을) 제어하지 못한다. 이것은 일이 마음을 해치는 것이 아니라 마음이 일을 해치는 것이다. 천하에 없어야 할 사물은 하나도 없다는 것을 알아야 한다. 그러므로 어떤 것도 싫어해서는 안 된다."

○ 事至當應, 初何爲累? 顧心無所主, 不能定應, 反累事耳.

○ 일이 이르면 그에 합당하게 대응해야 하는데, 여기에 애당초 무슨 해침이 있겠는가? 오히려 마음에 주인이 없어 합당하게 대응할 수 없기 때문에 도리어 일을 해치게 된다.

26

人只有一箇天理, 却不能存得, 更做甚人也? 〔『程氏遺書』18-132〕

사람에게는 천리가 있을 따름인데, 그것을 보존할 수 없다면 다시 어떤 사람이 되겠는가?

○ 人之所以靈於萬物者, 特以全其天理而已.

○ 인간이 만물의 영장이라고 하는 까닭은 인간만이 천리를 온전하게 할 수 있기 때문이다.

27

人多思慮, 不能自寧, 只是做他心主不定. 要作得心主定, 惟是止於事, "爲人君止於仁"之類. 如舜之誅四凶. 四凶已作惡, 舜從而誅之, 舜何與焉?

사람이 생각이 많아 스스로 편안할 수 없는 것은 다만 그에게 있어 마음의 주인이 정립되지 못했기 때문이다. 마음의 주인이 정립되려면 "군주가 인(仁)에 머무르는 것"처럼[28] 일의 지선(至善)에 머물러야 한다. 예컨대 순임금이 '네 명의 악인'[29]을 처벌한 것과 같다. 네 명의 악인이 악을 행하고 나서야 순임금이 그들을 처벌하였으니, 순임금이 어찌 (자신의 사사로운 감정을) 관여시켰겠는가?

○'止'者, 事物當然之則, 如『大學』"爲人君止於仁"之類. 人之應事能止所當止, 則亦無思慮紛擾之患矣. 舜誅四凶, 惡在四凶, 自應竄殛. 舜何預哉?

○'머문다〔止〕'는 것은 사물의 당연한 법칙으로서, 『대학』에서 "군주는 인에 머물러야 한다"고 말한 것과 같다. 사람이 일에 대응함에 있어, 마땅히 머물러야 할 곳에 머물 수 있다면 생각이 어지럽게 일어나는 근심이 없을 것이다. 순임금이 네 명의 흉악한 자들을 처벌한 것은 악(惡)이 네 명의 흉악한 자들에게 있었으므로 마땅히 그에 해당하는 형벌로 대응해야 했던 것이다. 순임금이 여기에 무엇을 관여시켰겠는가?

人不止於事, 只是攬他事, 不能使物各付物. 物各付物, 則是役物. 爲物所役, 則是役於物. '有物必有則', 須是止於事. 〔『程氏遺書』15-16〕

사람이 일의 지선에 머무를 수 없는 까닭은 그 일에 집착하여 사물을 각각 그 사물에 알맞게 맡겨두지 못하기 때문이다. 사물을 그 사물에 알맞게 맡겨두는 것이 사물을 부리는 것이다. 사물에 의해 부림을 당한다면 이것은 사물에게 지배되는 것이다. '사물이 있으면 반드

---

28) 『대학』 3장. "詩云穆穆文王, 於緝熙敬止. 爲人君, 止於仁. 爲人臣, 止於敬. 爲人子, 止於孝. 爲人父, 止於慈. 與國人交, 止於信."
29) 『서경』 「순전」에 나오는 공공(共工), 환두(驩兜), 삼묘(三苗), 곤(鯀)을 가리킴.

시 법칙이 있다'[30)]고 하였으니, 사람은 반드시 일의 법칙에 머물러야
한다.

○ 以上並伊川語.

○ 應事而不止其所當止, 是以一己私智攬他事而不能物各付物者也.
所謂"物各付物"者, 物來而應不過其則, 物往而化, 不滯其迹. 是則役
物而不爲物所役.

○ 이상은 모두 정이의 말이다.

○ 일에 대응하면서 그 일에 마땅히 머물러야 할 곳에 머물지 못하
는 것은 자기 개인의 사사로운 지혜로 일을 처리하고, 사물을 각각 그
사물에 알맞게 맡겨두지 못하기 때문이다. "사물을 각각 그 사물에
알맞게 맡겨둔다"는 것은 사물이 오면 대응하되 그 법도를 지나치지
않는 것이며, 사물이 지나가면 변하여 그 자취에 얽매이지 않는 것이
다. 이렇게 하는 것이 사물을 부리는 것이며, 사물에 지배되지 않는
것이다.

28

不能動人, 只是誠不至. 於事厭倦, 皆是無誠處.〔『程氏遺書』5-25〕

다른 사람을 감동시킬 수 없는 것은 단지 성실함이 극진하지 못하
기 때문이다. 일을 하는 데 싫증을 내고 태만한 것은 모두 성실함이
없기 때문이다.

---

30) 『시경』「대아」〈蒸民〉의 한 구절인데, 『맹자』「고자」상 6장에 인용(詩曰: 天
生蒸民, 有物有則. 民之秉夷, 好是懿德. 孔子曰: 爲此詩者, 其知道乎. 故有物
必有則, 民之秉夷也. 故好是懿德)되어 있다.

○ 誠實懇至, 則人無不感. 遇事有一毫厭倦之意, 則是不誠.

○ 성실함이 간절하고 지극하면 감동하지 않는 사람이 없을 것이다. 일을 할 때 싫증을 내거나 태만해하는 뜻이 조금이라도 있으면 이는 성실하지 않은 것이다.

29

靜後見萬物, 自然皆有春意. 〔『程氏遺書』 6-68〕

마음을 고요하게 한 후에 만물을 보면 자연히 모든 사물이 봄의 생명력을 지니고 있음을 보게 된다.

○ 明道先生詩曰: "萬物靜觀皆自得. 四時佳興與人同." 胸中躁擾, 詎識此意?

○ 정호는 시를 지어, "만물을 고요하게 관찰하니 모두가 스스로 이치(理)를 얻었도다. 사시(四時)의 아름다운 흥취가 사람과 같구나"라고 읊었다.[31] 마음이 조급하고 어지러우면 어찌 이런 뜻을 알겠는가?

30

孔子言仁, 只說: "出門如見大賓, 使民如承大祭." 看其氣象, 便須心廣體胖, 動容周旋中禮自然. 惟愼獨便是守之之法. 〔『程氏遺書』 6-10〕

---

31) 『정씨문집』 3권 482쪽. "秋日偶成."

공자가 인에 관해 말할 때 단지 "문을 나서면 중요한 손님을 영접하듯이 하고 백성들을 다스릴 때는 중요한 제사를 모시는 것처럼 하는 것이다"[32]라고 하였다. 그 기상을 보면 반드시 '마음은 넓고 몸은 편안하여'[33] '용모를 움직이는 등의 두루두루 행하는 일상생활에 있어 하는 일[動容周旋]이 예에 맞아'[34] 자연스러운 상태이다. 오직 '자신만 아는 은밀한 마음을 삼가는 것[愼獨]'[35]이 바로 그것을 지키는 방법이다.

○ '胖', 安舒也. 仲弓問仁, 子曰: "出門如見大賓, 使民如承大祭." 無非敬謹之意. 然玩其氣象, 則必心無隱慝而廣大寬平. 體無怠肆而安和舒泰. 充其至, 則動容周旋自然中禮者也. 學者守之, 則唯在謹獨. 蓋隱微之中常存敬謹之意, 則出門使民之際乃能及此.

○ '반(胖)'은 편안한 것이다. 중궁(仲弓)이 인에 관하여 물었을 때,

---

32) 『논어』 「안연」 2장. "仲弓問仁. 子曰: 出門如見大賓, 使民如承大祭. 己所不欲, 勿施於人, 在邦無怨, 在家無怨. 仲弓曰: 雍雖不敏, 請事斯語矣."

33) 『대학장구』 제5장. "부유하면 집이 윤택하게 되고, 덕이 쌓이면 몸이 윤택하게 되어 마음이 넓어지고 몸에 덕기가 쌓여 살이 찌게 된다(富潤屋, 德潤身. 心廣體胖, 故君子必誠其意)."

34) 『맹자』 「진심」 하 33장. "孟子曰: 堯舜性者也. 湯武反之也. 動容周旋中禮者, 盛德之至也."

35) "愼獨"은 『대학장구』 전(傳) 6장, 『중용장구』 1장에 나온다. 종래의 유학자들은 '獨'을 홀로 있음[獨處]으로 해석하여 '신독'이란 남이 보지 않는 때나 장소에서 하는 일을 삼가는 것으로 새겼다. 그러나 주희 이후 성리학자들은 자기 혼자만 아는[獨知] 자신의 은밀한 마음으로 보았다. 특히 『중용』 1장에서는 '戒愼恐懼'는 마음이 발하기 이전에 본체를 보존하여 기르는[存養] 공부라고 하고 '愼獨'은 발할 때 천리에 어긋나는가의 여부를 살피는[省察] 공부로 이해하여 심학의 두 축으로 삼았다. 그 후 성리학자들은 대개가 주희의 설을 계승하였다. 다산 정약용은 주희를 포함한 선유들의 '독처설'을 비판하고 '독지설'을 주장하였다. 그러나 주희를 포함한 후대의 성리학자들이 '독처설'을 주장했다는 비판은 옳지 않다(정약용의 『중용자잠』・『대학강의』・『심경밀험』 참조). "신독"은 "謹獨"이라고도 한다.

공자는 "문을 나서면 중요한 손님을 영접하듯이 하고, 백성을 다스릴 때는 중요한 제사를 모시는 것처럼 하는 것이다"[36]라고 말했다. 모두 공경스럽고 조심스러워 한다는 의미이다. 그러나 그 기상을 완미하면 결코 마음에 숨어 있는 사특함이 없어 광대하고 관대하고 평안하다. 그리고 몸에는 게으르고 방자함이 없어 편안하고 조화롭고 자연스럽다. 이것을 지극한 데까지 확충한다면 일상생활에 있어 (태도를 취하고 일을 처리하는 것이) 자연스럽게 예에 맞게 된다. 배우는 사람이 그것을 지키는 것은 오직 '은밀한 마음을 삼가는〔謹獨〕'데 달려 있다. 왜냐하면 은미한 가운데 항상 공경하고 삼가는 뜻이 있으면 문을 나서거나 백성들을 다스릴 때 바로 이렇게 할 수 있기 때문이다.

31

'聖人脩己以敬, 以安百姓', "篤恭而天下平." 惟上下一於恭敬, 則天地自位, 萬物自育, 氣無不和. 四靈何有不至! 此體信達順之道.

'성인은 경으로써 자신을 수양하여 백성을 편안하게 하며',[37] "공손함을 독실하게 할 때 천하가 평안하게 된다"[38]라고 하였다. 윗사람과 아랫사람이 한결같이 공경하면 천지는 저절로 자리잡고, 만물은 저절로 길러질 것이며,[39] 기는 조화롭지 않음이 없을 것이다. (이런 상태가 된다면) 네 가지 신령한 동물들이 어찌 나타나지 않겠는가! 이것이

---

36) 『논어』 「안연」 2장. "仲弓問仁. 子曰: 出門如見大賓, 使民如承大祭. 己所不欲, 勿施於人. 在邦無怨, 在家無怨. 仲弓曰: 雍雖不敏, 請事斯語矣."

37) 『논어』 「헌문」 45장. "子路問君子. 子曰: 脩己以敬. 曰如斯而已乎. 曰: 脩己以安人. 曰: 如斯而已乎. 曰: 脩己以安百姓. 脩己以安百姓, 堯舜其猶病諸."

38) 『중용』 33장. "詩曰: 不顯惟德. 百辟其刑之, 是故君子篤恭而天下平."

39) 『중용』 1장. "喜怒哀樂之未發謂之中, 發而皆中節謂之和. 中也者, 天下之大本也. 和也者, 天下之達道也. 致中和, 天地位焉, 萬物育焉."

믿음을 체득하여 순리(順理)에 통달하는 길이다.

○子路問君子, 子曰"修己以敬." 曰"如斯而已乎?", 曰"修己以安百姓." 『中庸』曰"君子篤恭而天下平." 自其敬以脩己, 充而廣之, 則政理淸明而百姓安, 風化廣被而天下平. 蓋惟上下孚感, 一於恭敬, 擧無乖爭凌犯之風. 和氣薰蒸自然陰陽順軌, 萬物遂宜. 「禮運」曰: "鳳凰麒麟皆在郊棷, 龜龍在宮沼," 所謂四靈畢至也. 又曰"體信以達順." 朱子曰: "信是實理, 順是和氣." '體信', 是無一毫之僞, '達順', 是發而皆中節, 無一物不得其所.

○ 자로가 군자에 대해 질문하였을 때, 공자가 "경함으로써 자신을 수양한다"고 말했다. 자로가 "이와 같을 뿐입니까?"라고 질문하자, 공자는 "자신을 수양하여 백성을 편안하게 한다"고 말했다. 『중용』에 "군자가 공손함을 독실하게 할 때 천하가 평안하게 된다"고 말했다. 경으로 자신을 수양하는 것으로부터 시작하여 확충하여 넓히면 정치의 도리가 분명해져 백성은 편안하게 되고, 정치의 교화가 널리 미쳐 천하는 태평해질 것이다. 왜냐하면 윗사람과 아랫사람이 서로 믿고 감화하여 한결같이 공경한다면 행위가 서로 어긋나서 싸우고 능멸하며 범하는 풍속이 없어질 것이기 때문이다. 그렇게 되면 조화로운 기운이 쌓여서 자연히 음양의 변화가 법도에 순조롭게 따르게 되니 만물이 마땅함을 모두 성취한다. 「예운(禮運)」[40]에 "봉황과 기린이 모두 교외에 있고 거북과 용이 궁궐의 못에 있다"고 하였는데, 이른바 네 가지 신령한 동물들이 모두 나타난 상태이다. 또 (이런 상태를) "믿음을 체득하여 순리에 통달한다"[41]고도 말한다. 주자는 "신(信)은 실리(實理)이며 순(順)은 조화로운 기운이다"고 말한다. '믿음을 체득한다'는 것

---

40) 「예운」은 『예기』의 편명이다.

41) 『예기』 「예운」. "先王能修禮以達義, 體信而達順, 故此順之實也."

은 조금의 허위도 없는 것이고, '순리에 통달한다'는 것은 행하는 것이
모두 절도에 맞아 어떤 사물도 적절한 자리를 얻지 못하는 것이 없는
것이다. (『주자어류』권44 1145쪽)

聰明睿智, 皆由是出, 以此事天饗帝. 〔『程氏遺書』6-10[42]〕

총명함과 밝은 지혜는 모두 이로부터 생겨나니, 이것으로 하늘을
섬기고 상제에 제사를 지낸다.

○ 敬則心專靜而不昏, 故明睿生. 推此敬可以事天饗帝. 天以理言,
故曰'事'. 動靜語默無非事也. 帝以主宰言, 故曰'饗'. 饗, 郊祀之類.
○ 朱子曰: "聰明睿智皆由是出, 非程子實因持敬而見其效, 何以語
及此?"

○ 경하면 마음은 전일하고 고요하여 어둡지 않게 되므로, 총명함과
밝은 지혜가 생긴다. 이런 경을 미루어 나가면 하늘을 섬기고 상제에
제사 지낼 수 있다. 하늘은 이치로 말한 것이므로 섬긴다고 말한다.
움직이고 머무르며 말하고 침묵하는 모든 행위가 섬기는 일 아닌 것
이 없다. 상제는 주재(主宰)하는 자로 말한 것이므로 제사 지낸다고
말한다. 향(饗)은 교(郊)제사와 같은 종류의 제사이다.
○ 주희가 말했다.
"총명함과 밝은 지혜가 모두 이로부터 나온다는 것은 정자가 실제
로 경을 유지함으로써 그 효과를 보지 않았다면, 어떻게 이것을 언급
할 수 있었겠는가?"

---

42) 30조와 31조는 『유서』에 한 항목으로 연결되어 있다.

32

存養熟後, 泰然行將去, 便有進. 〔『程氏遺書』 6-45〕

(마음을) 보존하여 길러 익숙해진 뒤에 편안하게 실천해 나가면 곧 발전이 있을 것이다.

○ 所養厚, 則行有餘力.

○ 기르는 것이 두터우면 행하고 남는 힘이 있게 될 것이다.

33

不愧屋漏, 則心安而體舒. 〔『程氏遺書』 6-197〕

깊은 방안에서도 부끄럽지 않다면[43] 마음은 편안하고 몸은 화평하다.

○ '屋漏'者, 室之西北隅. 謂隱暗之地也. 隱暗之地自反無愧, 則心安體舒. 此謹獨之效.

○ '옥루(屋漏)'는 집의 서북쪽 모퉁이다. 은밀하고 어두운 곳을 말한다. 은밀하고 어두운 곳에서 스스로 반성하여 부끄러움이 없으면 마음은 편안하고 몸은 화평하다. 이것은 '은밀한 마음을 삼간[謹獨]' 결과이다.

---

43) 『시경』 「대아」〈억(抑)〉. "視爾友君子, 輯柔爾顔, 不遐有愆, 相在爾室, 尙不愧于屋漏, 無曰不顯, 莫予云覯, 神之格思, 不可度思, 矧可射思."

34

心要在腔子裏. 只外面有些隙罅, 便走了. 〔『程氏遺書』7-10, 15[44]〕

마음은 반드시 몸속에 있어야 한다. 밖에 조금의 틈만 있어도 달아
나버린다.

○ '腔子', 猶所謂神明之舍. "在腔子", 謂心不外馳也.

○ '강자(腔子)'는 이른바 신명(神明)의 집이다. "몸속에 있다"는 것
은 마음이 밖으로 달리지 않는 것을 말한다.

35

人心常要活. 則周流無窮, 而不滯於一隅. 〔『程氏遺書』5-3〕

사람의 마음은 언제나 살아 움직이도록 해야 한다. 그렇게 하면 끝
없이 두루 움직여 한 모퉁이에 막히지 않는다.

○ 心常存則常活. 蓋隨事應酬, 心常在我, 無將無迎. 故常活而不滯.

○ 마음이 항상 보존되어 있으면 항상 살아서 움직인다. 대개 일에
따라 대응할 때에 마음이 항상 나에게 보존되어 있다면 일을 따라 전
송 나가거나 일에 앞서 미리 마중 나가지 않을 것이다. 이 때문에 항

---

44) 『유서』에는 "心要在腔子裏"〔7-10〕와 "只外面有些隙罅, 便走了"〔7-15〕가 두
   항목으로 분리되어 있다.

상 살아 있어 막히지 않는다.[45]

36

明道先生曰:

"'天地設位, 而易行乎其中', 只是敬也. 敬則無間斷." 〔『程氏遺書』11-15〕

정호가 말했다.

"'천지가 각각 제자리를 잡으니 변역(조화)이 그 속에서 이루어진다'[46]라고 하였다. 경하기 때문일 따름이다. 경하면 중단됨이 없다."

○ 朱子曰: "天地亦是有箇主宰, 方始恁地變易無窮. 就人心言之, 惟敬, 然後流行不息. 敬纔間斷, 便是'不誠無物'也."

○ 주희가 말했다.

"(인간의 마음은 물론) 천지도 주재하는 것이 있을 때 비로소 이처럼 끝없는 변화가 있다. 사람의 마음으로 말하면 오직 경한 뒤에야 두루 흘러서 멈추지 않는다. 경함이 중단되면 이것은 곧 '성실하지 않으면 아무런 사물도 없다'[47]고 하는 것이다." (『주자어류』 권96 2463쪽 德明)

---

45) 마음은 삶의 주인으로 주인된 자리를 비워서는 안 된다. 전송 나가거나 마중 나가면 안 된다는 것은 마음이 어떤 일을 위하여 자신의 자리를 비우면 안 된다는 의미이다.

46) 『주역』 「계사」 상 7장. "子曰 : 易其至矣乎. 夫易聖人所以崇德而廣業也. 知崇禮卑, 崇效天, 卑法地. 天地設位, 而易行乎其中矣. 成性存存, 道義之門."

47) 『중용』 25장. "誠者自成也, 而道自道也. 誠者物之終始, 不誠無物. 是故君子誠之爲貴."

毋不敬, 可以對越上帝. 〔『程氏遺書』11-16〕

경하지 않음이 없는 마음[48]이라야 상제를 대할 수 있다.[49]

敬勝百邪. 〔『程氏遺書』11-34〕

경은 모든 사악한 것을 이긴다.

○ 朱子曰 : "學者常提醒此心, 如日之升, 羣邪自息."

○ 주희가 말했다.
"배우는 사람이 이 마음을 항상 깨어 있게 하여 떠오르는 태양처럼 빛나게 하면 모든 사악한 일은 저절로 그칠 것이다."

39

"敬以直內, 義以方外", 仁也.

"경을 유지함으로써 안을 곧게 하고, 의를 행함으로써 밖을 바르게 하는 것"[50]은 인이다.

---

48) 『예기』 「곡례」 상. "曲禮曰 : 毋不敬, 儼若思, 安定辭, 安民哉."
49) 『시경』 「주송」 〈淸廟〉. "於穆淸廟, 肅雝顯相, 濟濟多士, 秉文之德, 對越在天, 駿奔走在廟, 不顯不承, 無射於人斯."

○ 敬立則內直, 義形則外方. 由內達外, 生理條直, 而無私慾邪枉之累, 則心德全矣.

○ 경이 확립되면 안이 곧게 되고, 의가 이루어지면 밖이 바르게 된다. 안에서 밖에 이르기까지 생명의 원리가 조리 있고 곧아서 사사로운 욕망과 굽고 나쁜 악의 장애가 없으면 마음의 덕이 온전하게 된다.

若以敬直內, 則便不直矣. 必有事焉而勿正則直也. 〔『程氏遺書』11-41〕

만약 경을 수단으로 하여 안을 바르게 하려고 한다면, 바르게 되지 않을 것이다. 반드시 노력을 계속하면서 미리 기약하지 않아야[51] 곧게 될 것이다.

○ 「文言」曰"敬以直內", 而不曰"以敬直內." 蓋有意於以之而直內, 則此心已有所偏倚, 而非直矣. "必有事焉而勿正"者, 敬所當爲, 而無期必計較之意也.

○ (『주역』 곤괘의) 「문언」에 "공경하여 안을 바르게 한다〔敬以直內〕"라고 하고 "경을 가지고 안을 바르게 한다〔以敬直內〕"라고 하지 않은 것은, 그것을 수단으로 삼아 안을 바르게 하려고 마음을 쓰면 이 마음은 이미 치우치고 기우는 것이 있어 곧지 않게 되기 때문이다. '반드시 노력은 계속하면서 미리 기약하지 않는다'라고 하는 것은, 마

---

50) 『주역』 곤괘 「문언」. "君子敬以直內, 義以方外, 敬義立而德不孤."
51) 『맹자』 「공손추」 상 2장. "必有事焉而勿正, 心勿忘勿助長也. 無若宋人然. 宋人有閔其苗之不長而揠之者. 茫茫然歸謂其人曰：今日病矣. 予助苗長矣. 其子趨而往視之, 苗則槁矣."

땅히 해야 할 일에 경을 유지하면서 미리 기필하거나 계산하고 비교하려는 마음이 없는 것이다.

40

涵養吾一. 〔『程氏遺書』15-3〕

하나로 통일된 나의 마음을 함양한다.[52)]

○ 心存則不二.

○ 마음을 보존하면 마음은 분열되지 않는다.

41

子在川上曰: "逝者如斯夫! 不舍晝夜." 自漢以來, 儒者皆不識此義. 此見聖人之心, '純亦不已'也. 純亦不已, 天德也. 有天德, 便可語王道, 其要只在愼獨. 〔『程氏遺書』14-10〕

---

52) 대부분의 번역본에서 "함양하면 나의 마음은 통일될 것이다"라고 번역하고 있다. 『근사록집해』의 뜻도 이와 같다. 그러나 역자는 '一'이란 욕심이 없는 하나로 통일된 마음을 가리킨다고 본다. 이 권의 제1조에서 주돈이가 "마음을 하나로 통일하는 것이 그 핵심적인 방법이다. 하나로 통일한다는 것은 사사로운 욕심이 없는 것이다(一爲要. 一者無欲也)"라고 할 때의 '하나(一)'와 같은 의미이다. 영역본 주에 의하면 일본의 櫻田虎門(1774-1839)의 『近思錄摘說』과 樂田勝信(1672-1744)의 『近思錄集解便蒙詳說』에는 이렇게 되어 있다고 한다. 이익의 『근사록질서』에는 "'吾一'이란 나의 마음이다. 사물과 상대하여 '吾'라고 말한다. '오일'을 기르면 만물을 다스릴 수 있다"고 하였다.

472

공자가 시냇가에서 "흘러가는 것이 이와 같도다! 밤낮을 멈추지 않는구나"[53]라고 말했다. 한(漢)대 이래 유학자들은 모두 이 의미를 이해하지 못하였다. 여기서 성인의 마음이 '순수해서 그침이 없음'[54]을 볼 수 있다. 순수하여 그침이 없는 것은 자연의 덕이다. 자연의 덕을 지니고 있으면 왕도를 말할 수 있는데, 그 핵심적 방법은 은밀한 마음을 삼가는 데 있다.

○ 朱子曰: "聖人見川流之不息, 歎逝者之如斯. 原其所以然乃天命流行不息之體. 惟聖人之心嘿契乎此, 故有感焉. 於此可見聖人純亦不已之心矣." 又曰: "有天德, 則純是天理, 無私意間斷. 便做得王道." 又曰: "學者謹獨所以爲不已. 少有不謹, 則人欲乘之, 便間斷也."

○ 주희가 말했다.

"성인은 시냇물이 멈추지 않고 흐르는 것을 보고 흘러가는 것이 이와 같음을 탄식했다. 그러한 원인을 추구해 보면 그것은 바로 천명이 유행(流行)하여 멈추지 않는 본체이다. 오직 성인의 마음만이 묵묵히 이와 합치됨이 있었기 때문에 감탄하신 것이다. 여기에서 순수하여 멈추지 않는 성인의 마음을 볼 수 있다."

또 말했다.

"자연의 덕〔天德〕을 갖추면 (그 마음은) 순수한 천리(天理)이므로, 사사로운 생각에 의하여 중단되는 일이 없다. 그래서 왕도를 행할 수 있는 것이다."

또 말했다.

"배우는 사람은 은밀한 마음을 조심함〔愼獨〕으로써 천리가 그치지

---

53) 『논어』「자한」 16장. "子在川上曰: 逝者如斯夫, 不舍晝夜."
54) 『중용』 26장에 나오는 말로, 『시경』「주송」〈유천지명(維天之命)〉을 인용하고 있다. "文王之所以爲文也, 純亦不已."

않게 된다. 조금이라도 조심하지 않으면 마음은 인간적인 욕구[人欲]를 따르게 되어 천리의 유행은 중단될 것이다."

42

"不有躬, 無攸利." 不立己後, 雖向好事, 猶爲化物. 不得以天下萬物撓己. 己立後, 自能了當得天下萬物. 〔『程氏遺書』6-29〕

"자신의 몸을 보존하지 않아 이로운 것이 없다."[55] 자기 자신을 확립하지 못하면 비록 좋은 일을 하려고 해도 오히려 사물에 의해 변화되어버린다. 천하 만물이 자기 자신을 어지럽히게 해서는 안 된다. 자기 자신을 확립한 뒤에야 천하의 만물을 스스로 감당할 수 있다.

○蒙卦六三爻辭. 己未能自立, 則心無所主, 雖爲善事, 猶爲逐物而動. 若能自立, 則應酬在我, 物皆聽命. 何撓之有?

○몽괘 육삼효의 효사이다. 자기 자신이 아직 스스로 확립되지 않았을 때는 마음에 주인이 없어서 비록 선한 일을 하려고 해도 오히려 사물에 이끌려 움직인다. 만약 스스로를 확립할 수 있다면 사물에 대응하는 것이 모두 나의 마음에 달려 있으므로 사물은 모두 나의 명령을 따를 것이다. 무엇이 나의 마음을 어지럽힐 수 있겠는가?

43

伊川先生曰:

---

55) 『주역』 蒙卦(䷃) 六三의 爻辭. "六三勿用取女, 見金夫, 不有躬, 无攸利."

"學者患心慮紛亂, 不能寧靜. 此則天下公病. 學者只要立箇心. 此上頭儘有商量."〔『程氏遺書』15-37〕

정이가 말했다.

"배우는 사람들은 마음의 생각이 어지러워 편안할 수 없는 것을 근심한다. 이것은 세상에 보편적인 병폐이다. 배우는 사람은 자신의 마음을 확립하도록 해야 한다. 이러한 바탕 위에서 자신의 생각을 다할 수 있다."

○ 朱子曰 : "學者不先立箇心, 恰似作室無基址. 今求此心, 正爲要立基址得. 此心有箇存主處, 爲學便有歸著, 可以用功."

○ 주희가 말했다.

"배우는 사람이 먼저 자신의 마음을 확립하지 않으면, 이것은 마치 집을 지을 때 기초가 없는 것과 비슷하다. 지금 이 마음을 찾는 것은 바로 기초를 세우기 위한 것이다. 이 마음이 보존되어 주인이 있으면, 학문에서도 귀착점이 있어 공부할 수 있을 것이다."

44

閑邪則誠自存. 不是外面捉一箇誠將來存著. 今人外面役, 役於不善. 於不善中尋箇善來存著. 如此則豈有入善之理? 只是閑邪則誠自存.

사악한 것을 막으면 성실함은 저절로 보존된다.[56] 밖에서부터 하나의 성실함[誠]이라는 것을 가져와서 그것을 보존하는 것이 아니다. 요

---

56) 『주역』 건괘 「문언」. "庸言之信, 庸行之謹, 閑邪存其誠."

즈음 사람들은 외면적인 것에 힘쓰면서 선하지 않은 것에 의해 지배
당한다. 그러면서 선하지 않은 일 가운데 선한 것을 찾아 보존하려고
한다. 이렇게 하면 어떻게 선에 들어갈 수 있겠는가? 사악함을 막기
만 하면 성실함은 저절로 보존된다.

○'閑邪'之意卽是誠也. 苟役心於邪妄而暫欲存其誠, 則亦無可存
之理.

○'사악함을 막는다'는 것은 곧 성실함을 의미한다. 만약 사악하고
거짓된 것에 마음을 빼앗기면서 임시로 성실함을 보존하고자 한다면,
보존할 수 있는 방법이 없을 것이다.

故孟子言性善皆由內出. 只爲誠便存, 閑邪更著甚工夫. 但惟是動
容貌, 整思慮, 則自然生敬.

그래서 맹자는 선한 본성은 모두 안에서부터 나온다고 말했다.[57] 성
실하기만 하면 (선은) 보존될 것이니, 사악함을 막는 것 이외에 달리
어떤 공부를 더 하겠는가? 오직 용모를 바르게 하고[58] 생각을 정연하
게 하면 경은 자연히 생겨난다.

○孟子言性善, 如孩提之愛親敬兄, 如見赤子入井而有怵惕惻隱之

---

57) 『맹자』「고자」상 5장 참조. "孟季子問公都子曰: 何以謂義內也. 曰行吾敬, 故
謂之內也. 曰鄕人長於伯兄一歲, 則誰敬. 曰: 敬兄. 酌則誰先. 曰: 先酌鄕人.
所敬在此, 所長在彼. 果在外, 非由內也. 公都子不能答, 以告孟子. 孟子曰: 敬
叔父乎? 敬弟乎? 將曰: 敬叔父 曰弟爲尸, 則誰敬. 彼將曰敬弟. 子曰: 惡在其
敬叔父也. 彼將曰: 在位故也. 子亦曰: 在位故也. 庸敬在兄, 斯須之敬在鄕人."
58) 『논어』「태백」4장. "曾子曰: 鳥之將死, 其鳴也哀. 人之將死, 其言也善. 君子
所貴乎道者三. 動容貌, 斯遠暴慢矣. 正顔色, 斯近信矣. 出辭氣, 斯遠鄙倍矣."

心, 如四端之發, 無非自然由中而出. 蓋實心非外鑠, 操之則存矣. 所
謂'閑邪'者, 亦不過外肅其容貌, 內齊其思慮. 則敬自然生, 邪自然息.

○ 맹자가 말한 선한 본성이란, 어린아이가 부모를 사랑하고 형을
공경하는 것, 갓난아이가 우물에 기어들어 가려는 것을 볼 때 놀라면
서 불쌍하게 여기는 마음이 일어나는 것, 사단이 드러나는 것[59]과 같
이 자연스럽게 마음속에서부터 나오지 않는 것이 없다. 대개 진실한
마음은 밖에서 녹아 들어오는 것이 아니라 잡기만 하면 보존되는 것
이다. '사악함을 막는다'는 것도 밖으로 자신의 용모를 엄숙하게 하고
안으로도 자신의 생각을 가다듬는 데 지나지 않는다. 그렇게 하면 자
연히 경이 생겨나며 사악함은 자연히 없어질 것이다.

敬只是主一也. 主一則旣不之東, 又不之西. 如是則只是中. 旣不之
此, 又不之彼, 如是則只是內. 存此則自然天理明. 學者須是將敬以直
內, 涵養此意. 直內是本. 〔『程氏遺書』15-45〕

경은 다만 마음이 하나가 되는 것을 주된 일로 삼는 것이다.[60] 마

---

59) 『맹자』「공손추」상 6장. "惻隱之心, 仁之端也. 羞惡之心, 義之端也, 辭讓之
心, 禮之端也. 是非之心, 智之端也. 人之有是四端也, 猶其有四體也."
60) '주일(主一)'의 하나가 무엇일까? 주돈이는 성인이 되는 요체는 '하나'라고 하고,
'하나'란 욕심이 없는 상태라고 하였다. 정이는 마음은 하나일 뿐인데 체를 가리
켜 말하는 경우도 있고 용을 가리켜 말하는 경우도 있다고 하였으며, 주희는 마
음의 텅 비고 신령함은 하나일 뿐이라고 하였다. 고요할 때도 움직일 때도 지켜
야 하는 하나란 외적인 대상을 가리키는 것이 아니다. 흔들림이 없는 마음의 자
리이다. '주일'을 하나의 외적인 일에 집중한다고 하기보다는 마음을 하나가 되도
록 하기 위한 노력이라고 이해한다. 마음이 하나가 되면 자연 하나하나의 일에
집중할 수 있을 것이다. 그래서 "마음이 하나가 되는 것을 주된 일로 삼는 것이
다"라고 새겼다.

이 하나가 되는 것을 주된 일로 삼으면 마음은 동쪽으로도 가지 않고 서쪽으로도 가지 않는다. 이와 같은 것이 바로 중(中)이다. (마음이) 여기로 옮겨가지 않고 저기로도 가지 않는다면 이것은 안에 머무르는 것일 뿐이다. 이렇게 마음을 보존하면 자연히 천리는 밝아진다. 배우는 사람은 반드시 경함으로써 안을 바르게 하여 이러한 뜻을 함양해야 한다. 안을 바르게 하는 것은 근본이다.

○ 敬者心主乎一, 無放逸也. 靜而主乎一, 則寂然不動, 不散之東西, 常在中也. 動而主乎一, 則知止有定, 不滯乎彼此, 常在內也. 常存此心則天理自明.

○ 本注尹彦明曰: "敬有甚形影? 只收斂身心, 便是主一. 且如人到神祠中致敬時, 其心收斂, 更著不得毫髮事. 非主一而何?"

○ 경은 마음이 하나에 집중하여 방일(放逸)하지 않는 것이다. 고요할 때 하나에 집중하면 이것은 '적연부동(寂然不動)'의 상태로서 마음이 동서로 분산되지 않으므로 항상 중의 상태에 있다. 움직일 때 하나에 집중하면 마땅히 머물러야 할 곳을 알아 마음은 이것이나 저것에 얽매이지 않고 항상 안에 보존된다. 이 마음을 항상 보존한다면 천리는 저절로 밝아질 것이다.

○ 본주에서 윤언명(尹彦明)이 말했다.

"경은 어떤 모습인가? 몸과 마음을 안으로 수렴하는 것으로 곧 하나에 집중하는 것이다. 예컨대, 사람이 신을 모시는 사당에 이르러 공경을 드릴 때 그 마음은 수렴되어 어떤 조그마한 일도 염두에 두지 않게 되는 것과 같다. 이것이 하나에 집중하는 것이 아니고 무엇이겠는가?"

45

閑邪則固一矣. 然主一則不消言閑邪.

사악함을 막으면 진실로 마음은 하나가 된다. 그러나 마음이 하나
가 되는 것을 주된 일로 삼는다면 '사악함을 막는다'는 말은 할 필요
가 없다.

○ 閑其邪思, 則心固一矣. 然心旣主一, 則自無私邪之念, 不必閑也.

○ 사악한 생각을 막으면 마음은 물론 하나가 될 것이다. 그러나 마
음이 이미 하나로 되면 저절로 사사롭고 사악한 생각이 없게 될 것이
므로 막을 필요가 없다.

有以一爲難見, 不可下工夫, 如何? 一者無他, 只是整齊嚴肅則心
便一, 一則自是無非僻之干. 此意但涵養久之, 則天理自然明. 〔『程氏
遺書』15-54〕

하나가 무엇인지 이해하기 어렵다고 생각하여 공부하지 못하는 자
가 있으니, 어떻게 해야 할까?[61] 하나는 다른 것이 아니라, 오직 몸을
단정하게 하고 엄숙하게 하면 마음이 곧 하나가 되고, 하나가 되면 저
절로 잘못되고 치우치는 것이 간섭함이 없게 되는 것이다. 이러한 뜻
을 오랫동안 함양하면 천리는 저절로 밝아질 것이다.

---

61) 대부분의 번역서는 "不可下工夫如何"를 한 구로 보아 "어떻게 공부해야 할 지
모른다"고 새기고 있다. '不可'를 '不知'로 고치면 이렇게 새길 수 있으나, 이 문
장을 그대로 둔 상태에서 이렇게 새기는 것은 무리이다. 그래서 역자는 '如何'를
분리시켜 새겼다.

○ 外整齊而內嚴肅, 則心自一, 理自明.

○ 외적으로는 단정하고 가지런하게 하고 내적으로는 엄숙히 하면, 마음은 저절로 하나가 되고 이치는 저절로 밝아진다.

46

有言: "未感時, 知何所寓?" 曰: "'操則存, 舍則亡. 出入無時, 莫知其鄕,' 更怎生尋所寓? 只是有操而已. 操之之道, 敬以直內也." 〔『程氏遺書』15-61〕

어떤 사람이 물었다. "마음이 아직 사물과 감응하지 않았을 때 마음[62]은 어디에 있는 것입니까?" 답했다. "'잡으면 보존되고 놓아두면 없어진다. 나가고 들어오는 것에 특정한 때가 없으니 아무도 그 방향을 알지 못한다'[63]고 하였으니, 어떻게 마음이 있는 곳을 찾을 수 있겠는가? 오로지 잡는 것이 있을 따름이다. 마음을 잡는 방법은 경함으로써 안을 곧게 하는 것이다."

○ 人心無常. 亦惟操之則存. 學者實用力而有見於斯, 則眞得所以存心之要. 而不患於'出入無時莫知其鄕'矣.

○ 사람의 마음은 수시로 변화한다[無常]. 그렇지만 잡으면 보존되는 것이다. 배우는 사람이 실제로 힘써 이런 점을 이해하면 진실로 마

---

62) 원문의 '知'자는 진영첩의 고증에 의하면 '心'의 의미라고 한다. 진영첩의 영역본 143쪽 주 86) 참조.

63) 『맹자』 「고자」 상 8장. "故苟得其養, 無物不長. 苟失其養, 無物不消. 孔子曰: 操則存, 舍則亡, 出入無時, 莫之其鄕. 惟心之謂與."

음을 보존하는 요점을 얻은 것이다. 그래서 '수시로 드나들어 아무도 그 방향을 모름'(마음의 변화무쌍함)을 근심하지 않을 것이다.

47

敬則自虛靜. 不可把虛靜喚做敬. 〔『程氏遺書』15-105〕

공경하면 저절로 텅 비고 고요하게 된다. 하지만 텅 비고 고요한 것을 경이라고 말해서는 안 된다.

○ 朱子曰: "周子說主靜, 正是要人靜定其中心, 自作主宰. 程子又恐只管求靜, 遂與事物不交涉, 却說箇敬. 云敬則自虛靜."

○ 주희가 말했다.
"주돈이가 '고요함을 주로 하라〔主靜〕'고 논한 것은 바로 사람들이 자신의 마음을 고요하게 안정시켜서 스스로 주인이 되도록 하기 위한 것이다. 정자는 다시 정(靜)만을 추구하여 마침내 사물과 관계하지 않을 것을 염려하여 경을 말한 것이다. 그래서 경을 유지하면 저절로 텅 비고 고요하게 된다고 하였다." (『주자어류』 권94 2385쪽 德明)

48

學者先務, 固在心志. 然有謂欲屏去聞見知思, 則是'絕聖棄智.' 有欲屏去思慮, 患其紛亂, 則須坐禪入定. 如明鑑在此, 萬物必照. 是鑑之常, 難爲使之不照. 人心不能不交感萬物, 難爲使之不思慮.

배우는 사람이 먼저 힘써야 하는 것은 본래 마음과 의지에 있다.

그러나 모든 감각과 의식작용을 물리쳐버리고자 생각한다면 이것은 (도가의) '성인을 끊고 지혜를 버리는 것'[64]이 된다. 또한 모든 사려를 물리치고자 하여 그것이 어지럽게 일어나는 것을 근심한다면 (불교처럼) 좌선하여 고요함에 들어가야 한다. 여기에 밝은 거울이 있다고 할 때, 그 거울은 모든 만물을 비춘다. 이것은 거울의 본래적인 성질로서 사물을 비추지 않도록 하기는 어렵다. 이와 마찬가지로 사람의 마음도 만물과 서로 교감하지 않을 수 없기 때문에 사려하지 못하도록 하기는 어려운 것이다.

○ "絶聖"者, 黜其聰明, "棄知"者, 屛其知慮. 老氏之'絶聖棄智', 釋氏之'坐禪入定', 皆絶天理害人心之敎也.

○ "성인을 끊는다〔絶聖〕"는 것은 총명함을 내친다는 것이며, "지혜를 버린다〔棄智〕"는 것은 지식과 사려를 물리치는 것이다. 노자의 '성인을 끊고 지혜를 버리는 것'과 부처의 '앉아서 참선하여 삼매에 들어가는 것'은 모두 천리를 끊고 인심을 해치는 가르침이다.

若欲免此, 惟是心有主. 如何爲主? 敬而已矣. 有主則虛, 虛謂邪不能入. 無主則實. 實謂物來奪之.

이것을 피하고자 한다면 오직 이 마음이 주인됨이 있어야 한다. 어떻게 해야 마음이 주인이 될 수 있는가? 경을 유지하는 방법뿐이다. 주인됨이 있으면 텅 비게 되고, 텅 비면 사악한 것이 들어올 수 없다. 주인됨이 없으면 마음은 (사물에 의해) 채워진다. 채워진다는 것은 사

---

64) 『노자』 19장. "絶聖棄智, 民利百倍, 絶仁棄義, 民復慈孝. 絶巧棄利, 盜賊無有. 此三者以爲文不足, 故令有所屬見素抱樸少私寡欲."

물이 와서 그것을 빼앗는 것을 의미한다.

○ "免此", 謂有思慮而無紛亂. 林用中主一銘云 : "有主則虛, 神守
其都. 無主則實, 鬼闞其室."

○ 或問 : "程子言'有主則實', 又曰'有主則虛', 何也?" 朱子曰 : "此
只是有主于中, 外邪不能入. 自其有主於中言之則謂之實, 自其外邪
不入言之則謂之虛."

○ "이것을 피한다"는 것은 사려는 하면서도 그것이 어지럽게 일어
나지 않는 것을 의미한다.

임용중(林用中)[65]은 주일명(主一銘)에서 다음과 같이 말했다.

"(마음에) 주인이 있으면 텅 비니, 신(神)이 그 곳(도성)을 지키고,
주인이 없으면 꽉 차니 귀신이 그 곳을 엿보게 된다."

○ 어떤 사람이 물었다.

"정자는 '주인이 있으면 알차다'고 말하고, 또 '주인이 있으면 텅 빈
다'라고도 말했습니다. 왜 그렇게 말하였습니까?"

주희가 답했다.

"이것은 모두 마음속에 주인이 있으면 외부의 사악함이 침입할 수
없다는 의미일 뿐이다. 마음에 주인이 있다는 측면에서 말하면 '알차
다〔實〕'고 하고, 외부의 사악함이 침입하지 않았다는 측면에서 말하면
'텅 비었다〔虛〕'고 말한다." (『주자어류』 권96 2466쪽 端蒙 및 寓의 기록)

大凡人心不可二用. 用於一事, 則他事更不能入者. 事爲之主也. 事
爲之主, 尙無思慮紛擾之患, 若主於敬, 又焉有此患乎?

---

65) 임용중의 자는 擇之이며 주희의 문인이다.

일반적으로 사람의 마음은 두 가지 일에 동시에 전념할 수 없다. 한 가지 일에 전념하면 다른 일은 더 이상 간여할 수 없다. 그것은 그 일이 (마음의) 주인이 되기 때문이다. 일이 마음의 주인이 되더라도 생각이 어지럽게 일어나는 근심이 없는데, 경을 유지하는 것을 주인으로 삼으면 어찌 이런 근심이 있겠는가?

○主敬, 則自不爲事物紛擾.

○경을 주인으로 삼으면 자연히 사물에 의해 (마음이) 어지러워지지 않을 것이다.

所謂敬者主一之謂敬. 所謂一者無適之謂一. 且欲涵泳主一之義. 不一則二三矣. 至於不敢欺, 不敢慢, 尙不愧于屋漏, 皆是敬之事也.

경이라는 것은 '마음이 하나가 되는 것을 주된 일로 삼는 것'을 말한다. 하나라고 하는 것은 (마음이) 다른 곳으로 옮겨가지 않는 것을 말한다. 우선 마음이 하나가 되도록 한다는 의미를 깊이 음미해야 한다. (마음이) 하나로 되지 않으면 둘이나 셋으로 분열될 것이다. 감히 속이지 않고 감히 소홀하지 않으며, 깊은 방〔屋漏〕 안에서조차 부끄럽지 않도록 하는 것[66]이 모두 경을 유지하는 일이다. 〔『程氏遺書』 15-177〕

○'主一無適'者, 心常主乎我而無他適也. 蓋若動若靜, 此心常存一

---

66) 원래는 『시경』 「대아」 〈억(抑)〉의 말인데, 『중용』 33장에 인용되어 있다(視爾友君子, 輯柔爾顔, 不遐有愆, 相在爾室, 尙不愧于屋漏, 無曰不顯, 莫予云覯, 神之格思, 不可度思, 矧可射思). '옥루'는 방의 서북쪽이니 햇빛이 들지 않는 어두운 방안을 가리킨다.

而不二, 所謂敬也. 不欺不慢, 不愧屋漏, 皆戒懼謹獨之意. 此意常存, 所主自一.

　○朱子曰：“程子有功於後學, 最是拈出敬字有力. 敬則此心不放, 事事從此做去.” 又曰：“‘無適’者, 只是持守得定不馳騖走作之意耳. 無適卽是主一, 主一卽是敬. 展轉相解, 非無適之外, 別有主一, 主一之外, 又別有敬也.”

　○‘마음이 하나가 되는 것을 주된 일로 삼아 옮겨가지 않게 한다〔主一無適〕’는 것은 마음이 늘 나의 주인이 되어 다른 데로 옮겨가지 않는 것이다. 그것은 움직일 때나 고요할 때나 이 마음이 항상 보존되어, 하나요 둘이 아닌 상태이고, 이것이 이른바 경을 유지하는 것이다. 속이지 않고 태만하지 않으며, 가장 은밀한 방안에서조차 부끄럽지 않도록 하는 것이 모두 경계하고 두려워하며, 은밀한 마음을 삼가는 의미이다. 이런 뜻을 항상 보존하면 (마음이) 주인이 되어 저절로 하나가 된다.

　○주희가 말했다.

　“정자가 후학에게 업적이 있다면, 경을 제시한 것이 가장 중요한 공로이다. 경을 유지하면 이 마음은 흩어지지 않아 어떤 일이나 이 마음을 따라 행하게 된다.”

　또 말했다.

　“‘옮겨가지 않는다’는 것은 (마음을) 안정되게 지켜서 다른 곳으로 달리지 않는다는 의미일 따름이다. (마음이) 다른 곳으로 옮겨가지 않으면 이것이 바로 마음이 하나로 되는 것이며, 마음이 하나로 되는 것이 바로 경이다. 이러한 것들을 뒤집어 이해해 보면 ‘옮겨가지 않는 것〔無適〕’ 이외에 따로 ‘마음이 하나로 되는 것을 주된 일로 삼는 것〔主一〕’이 있는 것이 아니고, ‘마음이 하나로 되는 것을 주된 일로 삼는 것’ 이외에 또 다른 경(敬)이 있는 것이 아니다.”

49

嚴威儼恪, 非敬之道. 但致敬, 須自此入. 〔『程氏遺書』15-182〕

(외적으로) 엄숙하고 신중한 것[67]이 경을 유지하는 방법은 아니다. 그러나 경을 이루려면 반드시 이것으로부터 들어가야 한다.

○ 敬存于中, 嚴威儼恪, 著於外者. 然未有外貌弛慢而心能敬.

○ 경이 마음에 보존되면 엄숙하고 신중한 태도가 외면으로 드러난다. 그러나 외모가 안이하고 태만하면서 마음이 경을 유지할 수 있는 경우는 없다.

50

舜'孳孳爲善'. 若未接物, 如何爲善? 只是主於敬, 便是爲善也. 以此觀之, 聖人之道不是但嘿然無言. 〔『程氏遺書』15-184〕

순임금은 '부지런히 선을 행하였다'[68]고 한다. 그렇다면 아직 사물과 접촉하기 이전에는 어떻게 선을 할 수 있는가? 단지 경을 주된 일로 삼으면 이것이 바로 선을 하는 것이다. 이런 관점에서 볼 때, 성인의 도는 묵묵히 말이 없기만 한 것은 아니다.

---

67) 『예기』 「제의」. "孝子之有深愛者, 必有和氣. 有和氣者, 有愉色. 有愉色者, 必有婉容. 孝子如執玉, 如奉盈. 洞洞屬屬然如弗勝. 如將失之, 嚴威儼恪, 非所以事親也. 成人之道也."

68) 『맹자』 「진심」 상 25장. "孟子曰: 鷄鳴而起, 孳孳爲善者, 舜之徒也. 雞鳴而起, 孳孳爲利者, 蹠之徒也. 欲知舜與蹠之分, 無他, 利與善之間也."

○"孳孳"者, 亹亹不倦之意. 聖人爲善, 固無間斷. 然方其未接物之時, 但有主敬而已. 是卽善之本也. "不是但嘿然無言", 謂其靜而有所存也.

○"자자(孳孳)"는 매우 부지런하면서 싫증을 내지 않는다는 뜻이다. 성인이 선을 행하는 데는 본래 중단이 없다. 그리하여 사물과 접촉하지 않을 때에도 경을 주된 일로 삼을 집중할 따름이다. 이것이 바로 선의 근본이기 때문이다. "단지 묵묵히 말이 없는 것만은 아니다"라는 것은 고요한 가운데도 보존하는 것이 있음을 의미한다.

51

問: "人之燕居, 形體怠惰, 心不慢可否?" 曰: "安有箕踞, 而心不慢者? 昔呂與叔六月中, 來緱氏. 間居中, 某嘗窺之. 必見其儼然危坐. 可謂敦篤矣. 學者須恭敬. 但不可令拘迫. 拘迫則難久." 〔『程氏遺書』18-41〕

물었다. "사람이 한가히 있을 때, 몸은 태만하더라도 마음이 태만하지 않으면 괜찮지 않습니까?" 답했다. "어찌 다리를 뻗고 오만하게 앉아 있으면서〔箕踞〕[69] 마음이 태만하지 않은 사람이 있겠는가? 옛날에 여여숙(呂與叔)이 (한여름인) 유월 중순에 구씨(緱氏)[70]에서 찾아왔다.

---

69) "箕"는 키 모양으로 다리를 뻗고 앉아 있는 것을 가리키기도 한다. 정엽의 『석의』에서는 "『韻會』에 의하면 '踑踞'는 크게 앉아 있는 것이다. 踑踞는 '箕踞'라고도 한다. '踞'는 '倨'와 같으니 오만하게 앉아 있는 것이다. 두 다리를 펴고 손으로는 무릎을 짚고 있으니 그 모양이 키와 같다"고 하였다. 아래 『근사록집해』를 따르지 않고 정엽의 주를 따른다.
70) 하남성 偃師縣 남쪽의 고을.

나는 그가 한가하게 있는 동안 그를 눈여겨 살핀 적이 있다. 그는 (내가 볼 때마다) 반드시 단정하게 앉아 정좌하고 있었다. 참으로 독실하다고 하겠다. 배우는 사람은 반드시 (그와 같이) 공경해야 한다. 하지만 (그것에) 지나치게 얽매여 굼박하게 해서는 안 된다. 얽매여 굼박하게 하면 오래가기가 어렵다."

○ 盤曲, '箕', 蹲跱, 曰'踞'. "箕踞"乃敖惰之所形見. 學者始須莊敬持守. 積久自然安舒.

○ 꼬불꼬불한 것을 '기(箕)'라고 하고, 무릎을 세우고 쭈그리고 앉는 것을 '거(踞)'라고 한다. "기거(箕踞)"는 오만하고 태만함이 드러난 모습이다. 배우는 사람은 처음에는 반드시 엄숙하고 공손하게 자신을 지켜야 한다. 그것이 오래 지나면 자연히 편하게 된다.

52

"思慮雖多, 果出於正, 亦無害否?" 曰:"且如在宗廟則主敬, 朝廷主莊, 軍旅主嚴, 此是也. 如發不以時, 紛然無度, 雖正亦邪."〔『程氏遺書』18-42〕

(물었다.) "생각이 많더라도, 그것이 올바른 데서 나온다면 해는 없겠지요?" 답했다. "이것은 마치 종묘에서는 경을 주된 일로 삼고, 조정에서는 장엄함을 주된 일로 삼고, 군대에서는 엄격함을 주된 일로 삼는 것과 같다. 만약 생각이 때에 맞지 않게 일어나 어지럽게 법도가 없다면, 비록 올바른 데서 나온 것이라고 해도 잘못된 것이다."

○ 敬存於執事, 莊示於等威, 嚴施於法制. 皆發於心而見於事者. 發

488

之而當, 則無害也, 苟發不以時, 或雜然而發, 或過而無節, 其事雖正,
亦是邪念.

○ 경은 일을 처리할 때의 마음가짐이고, 장엄함은 등급의 권위를
드러내는 마음가짐이며, 엄격함은 법률을 베풀 때의 마음가짐이다. 이
모두가 마음에서 일어나 일로 드러나는 것이다. 그것이 때에 맞게 마
음에서 일어나는 것이라면 해가 없지만, 때에 맞게 일어나지 않거나,
잡다하게 일어나거나, 혹 지나쳐서 절도가 없다면, 그 일이 비록 올바
른 것일지라도 잘못된 생각이다.

53

蘇季明問: "喜怒哀樂未發之前, 求中可否?" 曰: "不可. 旣思於喜
怒哀樂未發之前求之, 又却是思也. 旣思卽是已發.

소계명이 물었다. "희·노·애·락의 감정이 아직 발현되기 이전에
중(中)을 구할 수 있습니까?" 선생은 대답하였다. "안 된다. 희·노·
애·락의 감정이 아직 발현되지 않았을 때 중을 구하려고 생각하는
것도 이미 생각한 것이다. 생각한 이상 그것은 이미 발현된 것이다.

○ 本註云: "思與喜怒哀樂一般."

○ 본주에서 말했다. "생각은 희·노·애·락과 마찬가지이다."

纔發便謂之和, 不可謂之中也."

감정이 발현되기만 하면 화(和)라고 할 수는 있어도 중(中)이라고

말할 수는 없다."

○蘇昞, 字季明, 張程門人也. 喜怒哀樂未發謂之中, 發而皆中節謂
之和. 方其未發, 此心湛然無所偏倚. 故謂之中. 一念纔生, 便屬已發
之和矣.

○소병(蘇昞 : 장년 1093)의 자는 계명이며 장재(張載), 이정(二程)의
문인이다. 희·노·애·락의 감정이 아직 발현되지 않았을 때를 중
(中)이라고 말하며, 발현되어 모두 절도에 맞는 것을 화(和)라고 말한
다. 감정이 아직 발현되지 않을 때 마음은 고요하여 한쪽으로 치우치
거나 기우는 경우가 없다. 그러므로 중이라고 말한다. 생각이 일단 생
기기만 하면 이것은 감정이 이미 발현된 화에 속한다.

又問 : "呂學士言當求於喜怒哀樂未發之前. 如何?" 曰 : "若言存養
於喜怒哀樂未發之前則可, 若言求中於喜怒哀樂未發之前則不可."

또 물었다. "여여숙은 마땅히 희·노·애·락의 감정이 아직 발현
되기 이전에 구해야 한다고 말했습니다. 이는 어떻습니까?" 답했다.
"만약 희·노·애·락이 아직 발현되기 이전에 보존하여 기른다고
말하면 옳지만, 희·노·애·락이 아직 발현되기 이전에 중을 구한다
고 말하면 옳지 않다."

○呂學士, 與叔也. 喜怒哀樂未發之前, 可以涵養是中. 若有意於求
之, 則不得謂'未發'.

○여학사는 여숙(與叔)이다. 희·노·애·락의 감정이 발현되기 이
전에는 중을 함양할 수 있다. 하지만 그것을 구하려는 생각을 가지게

되면, '아직 발현되지 않았다'고 말할 수 없다.[71]

又問："學者於喜怒哀樂發時, 固當勉强裁抑. 於未發之前, 當如何用功?" 曰："於喜怒哀樂未發之前, 更怎生求? 只平日涵養. 便是涵養久, 則喜怒哀樂發自中節."〔『程氏遺書』18-82〕

또 물었다. "배우는 사람은 희·노·애·락이 발현될 때는 당연히 힘쓰고 절제해야 합니다. 하지만 아직 발현되기 이전에는 어떻게 공부해야 합니까?" 답했다. "희·노·애·락이 발현되기 이전에 다시 어떻게 구할 수 있겠는가? 단지 평소에 마음을 함양할 따름이다. 오랫동안 함양하게 되면, 희·노·애·락의 감정이 발현되면 저절로 절도에 맞을 것이다."

○ 未發之前, 不容著力用功. 但有操存涵養而已.

○ 발현되기 이전에는 힘을 써서 공부할 수가 없다. 다만 잡아서 보존하고 함양할 따름이다.

曰："當中之時, 耳無聞, 目無見否?" 曰："雖耳無聞, 目無見, 然見聞之理在始得."

---

71) 미발의 상태란 희노애락의 감정이 나타나지 않은 상태를 말한다. 지각의 작용도 없는 상태가 미발의 상태인가? 지각작용은 미발, 이발과는 별개의 것이냐는 문제가 제기될 수 있다. 역자는 지각작용은 미발, 이발과 별개의 것이라고 생각한다. 감정이 발현되지 않는 가운데도 인간의 지각은 항상 작용하고 있기 때문이다. 지각작용은 이발과 미발을 넘어서 있는 것이며 함양이 가능한 것도 미발의 때에 지각이 작용하여 함양상태를 확인하기 때문에 가능한 것이다.

또 물었다. "중의 상태일 때는 귀로는 듣는 것이 없고 눈으로 보는 것이 없습니까?" 답했다. "비록 귀로 듣는 것이 없고 눈으로 보는 것이 없다고 해도 보고 듣는 이치는 (보존되어) 있어야 한다."

○ 朱子曰: "喜怒哀樂未發之時, 雖是耳無聞目無見, 然須是常有箇主宰操持底, 在這裏始得. 不是一向空寂了."

○ 주희가 말했다.
"희 · 노 · 애 · 락이 발현되지 않았을 때는 비록 귀로는 듣는 것이 없고 눈으로는 보는 것이 없다고 하여도, 반드시 항상 (마음을) 주재하고 잡아서 지키는 것(수양)은 이 속에 있어야 한다. 줄곧 텅 비고 고요하기만 한 것은 아니다." (『주자어류』 권96 2469쪽 賀孫)

"賢且説靜時如何?" 曰: "謂之無物則不可, 然自有知覺處."

(선생이 반문했다.) "그대는 고요한 상태가 어떠한지 말해 보겠는가?" 소계명이 답했다. "어떤 것이 있다고 말해서는 안 됩니다.[72] 그러나 지각하는 곳은 있습니다."

○ 朱子曰: "'無物'字, 恐當作'有物'字."
○ 주희가 말했다.
"'무물(無物)'이라는 글자는 아마 '유물(有物)'이라는 글자로 써야 할 것이다." (『주자어류』 권96 2469쪽 賀孫)

曰: "旣有知覺, 却是動也. 怎生言靜? 人説'復其見天地之心', 皆以謂

---

72) 『근사록집해』의 주에 나오는 주자의 해석에 따라 '無物'을 '有物'로 보았다.

至靜能見天地之心, 非也. 復之卦, 下面一畫, 便是動也, 安得謂之靜?"

선생이 말했다. "지각이 있는 이상 그것은 움직이는 것〔動〕이다. 어떻게 정(靜)이라고 말하겠는가? 사람들은 '복괘(復卦)에서 천지의 마음을 본다'[73]는 말에 대해 모두 지극히 고요한 상태에서 천지의 마음을 볼 수 있다고 생각하는데 이것은 잘못이다. 복괘는 아래 첫 효가 움직이는 것이니 어찌 고요하다〔靜〕고 말할 수 있는가?"

○ 復者, 動之端也. 故天地之心, 於此可見.

○ 복(復)은 움직임의 시작이다. 그래서 천지의 마음을 여기에서 볼 수 있다.

或曰: "莫是於動上求靜否?" 曰: "固是, 然最難. 釋氏多言定, 聖人便言止. 如'爲人君止於仁, 爲人臣止於敬'之類, 是也. 『易』之艮, 言止之義, 曰: '艮其止, 止其所也.' 人多不能止. 蓋人萬物皆備, 遇事時, 各因其心之所重者, 更互而出. 纔見得這事重, 便有這事出. 若能物各付物, 便自不出來也."

어떤 사람이 물었다. "움직이는〔動〕 가운데서 고요함〔靜〕을 구해야 하는 것입니까?" 답했다. "물론 그렇지만, 그렇게 하기란 아주 어렵다. 불교에서는 정(定)을 자주 말하였고, 성인은 '머무름'을 말했다. 곧 '군주는 인에 머물고 신하는 경에 머무르는 것'[74]과 같은 것이다. 『주역』

---

73) 『주역』 복괘 「단전」. "象曰: 復亨剛反, 動而以順行, 是以出入無疾, 朋來无咎,
反復其道七日來復, 天行也. 利有攸往, 剛長也. 復其見天地之心乎."
74) 『대학』 3장. "詩云: 穆穆文王, 於緝熙敬止. 爲人君止於仁, 爲人臣止於敬. 爲
人子止於孝, 爲人父止於慈. 與國人交, 止於信."

의 간괘(艮卦 : ☶)에서는 머무름의 의미를 '머물러야 할 곳에 머문다는 것은 적절한 위치에 머무는 것이다'[75]라고 설명한다. 사람은 대부분 본연의 자리에 머무르지 못한다. 왜냐하면 사람은 만물의 이치를 모두 갖추고 있기[76]때문에 일에 대처할 때 각자 자신이 마음속으로 중요하게 생각하는 것에 따라 서로 다른 방식으로 일을 해나간다. 그래서 이 일을 중요하게 생각하면 곧 이 일을 하는 것이다. 사물을 각각 그 사물에 알맞게 맡겨두면 마음은 자의적으로 작용하지 않는다."

○ 此段問答, 皆論喜怒哀樂未發之中. 此條問者, 乃轉就動處言也. "止其所"者, 動中其則而不遷也. 若心有所重, 則因重而遷物. 各付物而我無預焉, 則止其所止而心不外馳矣.

○ 이 단락의 문답은 모두 희·노·애·락이 아직 발현되기 이전의 중에 대해 논한 것이다. 그런데 이 조목의 질문은 도리어 움직이는 곳에 대해 말한 것이다. "본연의 자리에 머무른다"는 것은 움직일 때에 (그 행동이) 법도에 맞고 옮겨가지 않는다는 것이다. 만약 마음에 중요하게 여기는 것이 있다면 중점을 두는 것에 따라 마음은 옮겨갈 것이다. 사물을 각각 그 사물에 맡겨두고 내가 (주관적으로) 관여하지 않으면, 본연의 머물러야 할 자리에 머물러서 마음은 밖으로 달리지 않을 것이다.

或曰 : "先生於喜怒哀樂未發之前, 下動字, 下靜字?" 曰 : "謂之靜則可. 然靜中須有物始得. 這裏便是難處. 學者莫若且先理會得敬. 能

---

75) 『주역』 간괘 「단전」. "象曰 : 艮, 止也. 時止則止, 時行則行, 動靜不失其時, 其道光明. 艮其止, 止其所也."

76) 『맹자』 「진심」 상 4장. "孟子曰 : 萬物皆備於我矣. 反身而誠樂莫大焉. 强恕而行, 求仁莫近焉."

敬則知此矣."

어떤 사람이 물었다. "선생은 희·노·애·락이 발현되기 이전을 움직임[動]이라고 보십니까? 고요함[靜]이라고 보십니까?" 선생이 답했다. "고요함이라고 해야 옳다. 그러나 고요한 가운데 반드시 어떤 것이 있어야 한다. 이것은 어려운 부분이다. 그러므로 배우는 사람은 이보다 우선 경을 이해하는 것이 가장 좋다. 경할 수 있으면 이것을 알 것이다."

○朱子曰: "'靜中有物'者, 只是敬. 則常惺惺在這裏." 又曰: "靜中有物, 只是知覺不昧". 或問: "伊川云纔有知覺便是動." 曰: "若云知寒覺暖, 便是知覺已動, 今未曾著於事物. 但有知覺在, 何妨其爲靜? 不成靜坐便只是瞌睡."

○주희가 말했다.
"'고요한 가운데 어떤 것이 있다'는 것은 경을 의미한다. 즉 이렇게 고요한 가운데에서도 항상 깨어 있어야 하는 것[常惺惺]이다."
또 말했다.
"고요한 가운데 어떤 것이 있다는 것은 다만 지각이 어둡지 않은 것이다."
어떤 사람이 물었다.
"정이는 지각이 있기만 하면 곧 움직이는 것이라고 하였습니다."
주희가 답했다.
"만약 춥고 따뜻한 것을 지각한다고 말하면 이것은 지각은 이미 움직였으나 아직 사물로 드러나지 않은 것이다. 단지 지각이 있다는 것만으로 그것이 고요한[靜] 상태에 무슨 지장이 있겠는가? 정좌(靜坐)가 단지 눈을 감고 조는 것이 되어서는 안 된다."

(『주자어류』권96 2470쪽 文蔚)

或曰：“敬何以用功?” 曰：“莫若主一.” 季明曰：“昞嘗患思慮不定. 或思一事未了, 他事如麻又生. 如何?” 曰：“不可. 此不誠之本也. 須是習. 習能專一時便好. 不拘思慮與應事, 皆要求一.”〔『程氏遺書』18-83〕

어떤 사람이 물었다. “경은 어떻게 공부해야 합니까?” 답했다. “하나에 집중하는 것이 가장 좋다.” 계명이 물었다. “저는 마음의 생각이 안정되지 못한 것을 근심한 적이 있습니다. 때로 한 가지 생각을 아직 끝내기도 전에 다른 생각이 어지럽게 일어납니다. 어떻게 해야 합니까?” 답했다. “좋지 않다. 이것은 성실하지 못함의 근원이 된다. 반드시 익숙해지도록 해야 한다. 익숙해져서 전일하게 될 때 좋아진다. 생각할 때나 일에 대응할 때를 막론하고 모두 마음을 전일하도록 해야 한다.”

○ 心不專一, 則言動皆無實. 故曰“不誠之本.” 猶學奕者一心以爲鴻鵠將至, 則非誠于學奕也. 思慮者動于心, 應事者見於言行. 皆不可不主於一.

○ 마음이 전일하지 못하면 말과 행동에 모두 성실함이 없게 된다. 그래서 “성실하지 못함의 근원”이라고 말한 것이다. 이것은 마치 바둑을 배우는 사람이 다른 마음으로 날아오는 기러기를 잡으려고 생각한다면 바둑을 배우는 데 성실하지 못한 것과 같다.[77] 생각은 마음에서

---

77) 『맹자』 「고자」 상 9장. “今夫奕之爲數小數也. 不專心致志, 則不得也. 奕秋, 通國之善奕者也. 使奕秋誨二人奕. 其一人專心致志. 惟奕秋之爲聽. 一人雖聽之, 一心以爲有鴻鵠將至, 思援弓繳而射之. 雖與之俱學, 弗若之矣. 爲是其智弗若

움직이고, 일에 대응하는 것은 말과 행동으로 드러나는 것이다. 모두 하나에 집중하지 않을 수 없는 것이다.

54

人於夢寐間, 亦可以卜自家所學之淺深. 如夢寐顚倒, 卽是心志不定, 操存不固. 〔『程氏遺書』 18-84〕

사람은 꿈을 통해서도 자기 학문의 깊이를 판단할 수 있다. 만약 꿈이 어수선하다면 그의 마음은 안정되지 못한 것이고, 잡아 보존하는 것이 견고하지 못한 것이다.

○ 朱子曰: "魂與魄交而成寐, 心在其間, 依舊能思慮. 所以做出夢. 若心神安安, 夢寐亦不至顚倒."

○ 주희가 말했다.

"혼(魂)과 백(魄)이 교감하여 잠이 오는데, 마음은 그 사이에서 여전히 사고할 수 있다. 그래서 꿈을 꾸는 것이다. 만약 마음과 정신이 편안하면 꿈도 어수선하지 않을 것이다."

55

問: "人心所繫著之事果善, 夜夢見之, 莫不害否?" 曰: "雖是善事, 心亦是動. 凡事有兆朕入夢者, 却無害. 捨此皆是妄動.

與. 曰非然也."

물었다. "사람의 마음이 집착하고 있는 일이 만약 좋은 일이라면, 꿈에서 그것을 보더라도 괜찮지 않습니까?" 답했다. "비록 좋은 일이라도 마음은 이미 움직인 것이다. 일반적으로 (미래의) 일에 대한 조짐이 꿈에 나타나는 것은 해롭지 않다. 이 밖의 경우는 모두 마음이 제멋대로 움직인 것이다.

○吉凶云爲之兆. 見於夢者, 則此心之神應感之理. 却不爲害. 苟無故而夢者, 皆心妄動.

○길함과 흉함과 말하고 행동함의 조짐이 꿈에 나타나는 것은 이 마음의 정신작용이 감응하는 이치여서, 이것은 해롭지 않다. 그러나 아무 까닭 없이 꿈을 꾸는 것은 모두 마음이 제멋대로 움직인 것이다.

人心須要定, 使他思時方思乃是, 今人都由心." 曰 : "心誰使之?" 曰 : "以心使心則可, 人心自由, 便放去也." 〔『程氏遺書』18-85〕

사람의 마음은 안정되어야 한다. 그래서 마음은 생각해야 할 때 생각하도록 하는 것이 옳다. 요즈음 사람들은 모두 마음에 그대로 내맡겨버린다." 물었다. "마음을 누가 부립니까?" 답했다. "마음으로 마음을 부린다면 괜찮다. 그러나 마음대로 내맡겨버리면 마음을 버리는 것이다."

○人心操之則在我, 放而不知求則任其所之. "以心使心", 非二心也, 體用而言之耳.

○사람의 마음은 그것을 잡으면 나에게 있지만, 버려두고 찾을 생

각을 하지 않으면 마음이 가는 대로 내맡기는 것이다. "마음으로 마음을 부린다"는 것은 두 가지 마음이 있는 것이 아니라, 본체와 작용의 측면에서 그것을 말했을 따름이다.[78)]

56

"持其志, 無暴其氣", 內外交相養也. 〔『程氏遺書』 18-98〕

"자신의 뜻을 확고히 하고, 기운을 난폭하게 하지 않는다"[79)]는 것은 안과 밖이 서로를 기른다는 의미이다.

○ "持其志"者, 有所守于中, "無暴其氣"者, 無所縱于外. 然中有所守則氣自完, 外無所縱則志愈固. 故曰"交相養."

○ "자신의 뜻을 확고히 한다"는 것은 안에 지키는 것이 있는 것이고, "자신의 기운을 난폭하게 하지 않는다"는 것은 밖으로 행위를 제멋대로 하지 않는 것을 말한다. 그래서 안에 지키는 것이 있으면 외부의 기운은 저절로 완전해지며, 밖으로 행위를 제멋대로 하지 않으면 내면의 의지는 더욱 견고해진다. 그래서 "서로를 길러준다"고 말한 것이다.

---

78) ≪한문대계≫본에는 54조와 55조가 하나의 조로 되어 있다. 대신 65조의 "사람은 강해야 한다" 이하가 하나의 조로 독립되어 있어서 제4권의 총 조목 수는 일치한다.

79) 『맹자』「공손추」상 2장. "夫志氣之帥也. 氣體之充也. 夫志至焉, 氣次焉. 故曰 : 持其志, 無暴其氣." 이 장은 浩然之氣에 대해 설명하고 있어서 호연지기장이라고 불린다.

57

問: "'出辭氣', 莫是於言語上用工夫否?" 曰: "須是養乎中. 自然言語順理. 若是愼言語, 不妄發, 此却可著力." 〔『程氏遺書』18-107〕

물었다. "'말소리를 낸다'라고 (『논어』에서) 말한 것은 말하는 것과 관련해서 공부하는 것입니까?" 답했다. "모름지기 마음을 길러야 한다. 그러면 자연스럽게 말이 이치를 따를 것이다. 말을 조심하여 함부로 말하지 않는 것도 노력해야 할 것이다."

○ 曾子曰: "出辭氣, 斯遠鄙倍矣." 中有所養而後發於外者不悖. 至若謹言語, 此亦學者所可用力. 但不可專於言語上用工.

○ 증자가 "말소리를 낼 때는 비루하고 위배되는 것을 멀리해야 한다"[80]고 하였다. 마음속에 기른 것이 있어야 밖으로 말하는 것이 도리에 어긋나지 않는다. 말을 조심스럽게 하는 것도 배우는 사람이 노력해야 할 것이다. 그러나 오로지 말하는 데에만 노력해서는 안 된다.

58

先生謂繹曰: "吾受氣甚薄. 三十而浸盛, 四十五十而後完. 今生七十二年矣, 校其筋骨於盛年, 無損也." 繹曰: "先生豈以受氣之薄, 而厚爲保生邪?" 夫子默然曰: "吾以忘生徇欲爲深恥." 〔『程氏遺書』21上-9〕

---

80) 『논어』 「태백」 4장. "君子所貴乎道者三, 動容貌, 斯遠暴慢矣. 正顔色, 斯近信矣. 出辭氣, 斯遠鄙倍矣."

선생이 장역(張繹)[81]에게 말했다. "나는 타고난 기질이 매우 약하였다. 서른 살이 되어서야 점차로 왕성해졌으며 마흔, 쉰 살 이후에 완전하게 되었다. 지금 나이 일흔둘이지만 나의 체력은 혈기왕성했던 시절과 비교해도 못할 것이 없다." 장역이 물었다. "선생께서는 어떻게 약한 기질을 타고나서도 삶을 두텁게 보존할 수 있었습니까?" 선생이 묵묵히 있다가 말했다. "나는 생명을 망각하고, 욕구를 따르는 것을 매우 부끄럽게 생각하였다."

○ 張南軒曰: "若他人養生要康强. 只是利. 伊川說出來, 純是天理."

○ 장식이 말했다.
"다른 사람들 같으면 양생하여 건강해지려고 할 것이다. 하지만 이것은 자신의 이익을 위한 것일 뿐이다. 정이가 말한 것은 순전히 천리이다."

59

大率把捉不定, 皆是不仁. 〔『程氏外書』1-13〕

일반적으로 마음가짐이 안정되지 않은 것은 모두 인(仁)하지 않은 것이다.

○『外書』, 下同.
○ 仁者心存乎中, 純乎天理者也. 把捉不定, 則此心外馳, 理不勝欲. 皆是不仁.

---

81) 장역의 字는 思叔, 하남성 壽安人. 정이의 문인, 『유서』 21上에 자주 등장한다.

○『외서』에 나오며, 아래도 같다.

○ 인(仁)은 마음이 안으로 보존되어 순수하게 천리인 상태이다. 마음가짐이 안정되지 못하면 이 마음은 밖으로 달려 천리(天理)가 인욕(人欲)을 이기지 못한다. 이것은 모두 인(仁)하지 않은 것이다.

60

伊川先生曰:
"致知在所養. 養知莫過於寡欲二字."〔『程氏外書』 2-66〕

정이가 말했다.
"앎을 이루는 일은 (마음을) 기르는 데 달려 있다. 그리고 앎[知]의 능력을 기르는 데는 욕망을 줄이는 것[82]보다 좋은 것이 없다."

○ 外無物欲之撓, 則心境淸. 內有涵養之素, 則明睿生.

○ 밖으로 물욕으로 인한 마음의 동요가 없으면 마음은 맑아진다. 그리고 평소에 안으로 함양하면 밝은 지혜가 생긴다.

61

心定者, 其言重以舒. 不定者, 其言輕以疾.〔『程氏外書』 11- 42〕

마음이 안정된 사람은 그 말이 중후하고 여유가 있다. 마음이 안정

---

82)『맹자』「진심」하 35장. "孟子曰:養心莫善於寡欲. 其爲人也寡欲, 雖有不存焉者寡矣. 其爲人也多欲, 雖有存焉者寡矣."

되지 않은 사람은 그 말이 경박하고 빠르다.

○ 心專而靜則言不妄發. 發必審確而和緩. 浮躁者反是.

○ 마음이 전일하고 고요하면 말을 함부로 하지 않는다. 그래서 말을 하면 반드시 자세하고 정확하면서도 온화하고 느리다. 마음이 들떠 조급한 사람은 이와 상반된다.

62

明道先生曰:
"人有四百四病, 皆不由自家. 則是心須教由自家."〔『程氏外書』12-51〕

정호가 말했다.
"사람이 가진 404가지의 병은 모두 자기 자신을 제어하지 못하기 때문이다. 그러므로 이 마음을 반드시 자기 자신이 제어하도록 해야 한다."

○ 只有此心, 操之在我. 不可任其所之也.

○ 단지 이 마음이 있을 뿐이니, 그것을 잡아 나에게 있도록 해야 한다. 그것이 가는대로 내맡겨두어서는 안 된다.

63

謝顯道從明道先生於扶溝. 明道一日謂之曰: "爾輩在此相從, 只是學顥言語. 故其學心口不相應. 盍若行之?" "請問焉." 曰: "且靜坐"
伊川每見人靜坐, 便嘆其善學. 〔『程氏外書』12-78〕

　사량좌가 정호를 따라 부구(扶溝)[83]에 함께 있었다. 정호가 어느 날
그에게 말했다. "그대들은 여기에서 나를 따르며 단지 나의 말만 배울
뿐이구나. 그래서 그대들의 학문은 마음과 말이 일치하지 않는다. 왜
그것을 실천하지 않는가?" "어떻게 실천해야 합니까?" 정호가 말했다.
"우선 정좌하라." 정이도 정좌한 사람을 볼 때마다 그가 공부를 잘 한
다고 찬탄하였다.

　○心以靜而定, 理以靜而明. 朱子曰: "靜坐則收拾得精神定. 道理
方有湊泊處."

　○마음은 고요함을 통해서 안정되고, 리(理)는 고요함을 통해서 밝
아진다.
　주희가 말했다.
　"정좌하면 마음을 거두어 모을 수 있어 정신이 안정된다. 그렇게
해야 도리가 비로소 머무를 곳이 생긴다."

64

橫渠先生曰:
　"始學之要, 當知'三月不違'與'日月至焉', 內外賓主之辨. 使心意勉

---

83) 新釋漢文大系『近思錄』(市川安司 著)에 의하면 '부구'는 하남성의 현 이름이며
　　정호가 知事를 지낸 일이 있다고 한다. 김평묵의 『근사록부주』에는 정엽의 설을
　　인용하여 "부구는 虢縣에 있는데 명도가 主簿를 지낸 일이 있다"고 하였다. 『송
　　사』 427권 「열전」 186권 〈도학전〉에 의하면 市川安司의 설이 맞다.

勉循循, 而不能已. 過此幾非在我者."〔『張載集』「近思錄拾遺」11〕

장재가 말했다.

"학문을 시작하는 핵심적 방법은 '석 달 동안 인을 어기지 않는다'는 말과 '하루나 한달에 한번씩 인에 이른다'[84]는 말의 차이와 안과 밖, 주인과 손님의 구별을 아는 것이다. 그렇게 해서 마음으로 부지런히 힘쓰고 따라서 그만둘 수 없는 지경에 이르도록 해야 한다. 그 이상의 경지[85]는 거의 나에게 달려 있는 것이 아니다."

○『文集』.

○ 仁猶人之安宅也. 居之三月而不違者, 是在內而爲主也. 其違也暫而已. 日月至焉者, 是在外而爲賓也. 其至也暫而已. '過此'謂, 三月不違以上. '大而化之'之事. 非可以勉强而至矣, 故曰"非在我者."

○ 朱子曰: "'不違仁'者, 仁在內而爲主, 然其未熟亦有時而出於外. '日月至焉'者, 仁在外而爲賓, 雖有時無於內而不能久也." 愚按: "前說則是己不違乎仁, 後說則是仁不違乎己. 雖似不同, 其實則一也."

○『문집』에 나온다.

○ 인은 사람이 거주하는 편안한 집과 같은 것이다. 거기에 석 달간 머물면서 벗어나지 않는 것은 인의 마음이 안에 머물러 주인이 된 것이다. 그래서 벗어나는 것은 잠시일 뿐이다. 하루나 한 달에 한 번씩 인에 이르는 것은 마음이 밖에 있으면서 손님이 되는 것이다. 그래서 이르는 것이 잠시일 뿐이다. '그 이상'이라고 한 것은 '석 달 동안 인을 어기지 않는다'는 것 이상을 의미하는 것이다. 이것은 '성대하게 되어 질적 변화를 이룬 자〔大而化之〕[86]'의 일이다. 그것은 노력한다고

---

84) 『논어』「옹야」5장. "回也其心三月不違仁, 其餘則日月至焉而已矣."
85) 성인의 경지를 가리킨다.

해서 도달할 수 있는 경지가 아니기 때문에 "나에게 달려 있는 것이 아니다"라고 말했다.

○ 주희가 말했다.

"'인을 어기지 않았다'는 것은 인이 안에서 주인이 된 상태이지만, 그러나 아직 완전하지 않아서 때때로 밖으로 벗어나는 것을 말한다. '하루나 한 달에 한 번씩 이른다'는 것은 인이 밖에서 손님인 상태로 비록 안으로 들어오는 때가 있지만 오래 머물 수 없는 것을 의미한다."(『주자어류』 권31 787쪽 廣)

내가 생각하기에 "앞의 설은 내가 인에서 벗어나지 않는 것이고, 뒤의 설은 인이 나에게서 벗어나지 않는 것이다. 이 두 설은 서로 차이가 있는 듯하지만 사실은 동일한 것이다."

65

心淸時少, 亂時常多. 其淸時, 視明聽聰, 四體不待羈束, 而自然恭謹. 其亂時反是. 如此何也? 蓋用心未熟, 客慮多而常心少也. 習俗之心未去, 而實心未完也. 〔『經學理窟』「學大原」下 9〕

마음이 맑을 때는 적고, 어지러울 때가 일반적으로 많다. 마음이 맑을 때는 보고 듣는 것이 분명하다. 그리고 몸은 속박하지 않아도 자연히 공손하고 신중하다. 마음이 어지러울 때는 이와는 상반된다. 이것은 무엇 때문인가? 대개 마음가짐이 익숙하지 못하여 떠도는 생각이 많고 일정한 마음이 적기 때문이다. 또 습관화된 속된 마음이 아직 완전히 제거되지 않아 진실한 마음이 완전하지 않기 때문이다.

---

86) 『맹자』「진심」하 25장에 나옴. 맹자는 군자를 善, 信, 美, 大, 聖, 神의 6단계로 나누었다. 이러한 경지는 5단계의 성인의 경지이다.

○心者耳目四肢之主. 天君澄肅, 則視明聽聰, 四體自然從令. 若存心於道者未熟, 則客慮足以勝其本心, 習俗足以奪其誠意.

○朱子曰: "橫渠大段用功夫來, 說得更精切." 又曰: "'客慮', 是泛泛底思慮. '習俗之心', 是從來習染偏勝之心. '實心', 是義理之心.

○마음은 귀와 눈, 그리고 몸의 주인이다. 마음[天君][87]이 맑고 엄숙하면 보고 듣는 것이 분명해져 몸은 자연히 (마음의) 명령에 따른다. 도에 마음을 둔 사람이 (도에) 익숙하게 되지 않으면, 떠도는 생각이 본심을 이기고 습관화된 속된 마음이 진실한 마음을 빼앗기에 충분하다.

○주희가 말했다.

"장재는 대단한 공부를 하였기 때문에 말한 것이 더욱 정밀하고 절실하다."

또 말했다.

"'객려(客慮)'는 떠돌아다니는 생각이고, '습관화된 속된 마음'은 종래의 습관을 통해서 한쪽으로 치우친 마음을 말하는 것이다. '진실한 마음'은 의리의 마음을 말한다."

人又要得剛. 太柔則入於不立. 亦有人生無喜怒者, 則又要得剛. 剛則守得定不回, 進道勇敢. 載則比他人, 自是勇處多. 〔『張載集』「近思錄拾遺」 12〕

사람은 또 (마음이) 굳세야 한다. 지나치게 부드러우면 자기 자신을 확립하지 못하게 된다. 또 사람들 중에 나면서부터 즐거워하거나 분노하지 않는 사람이 있으니 이들도 굳세져야 한다. 굳세면 마음이 안정

---

87) 천군은 마음을 가리킨다.『순자』「천론」. "心居中虛, 以治五官, 夫是之謂天君."

되어 다른 곳으로 옮겨가지 않도록 지킬 수 있고, 용기 있게 도에 나아갈 수 있다. 나는 다른 사람에 비하여 용기가 많다.

ㅇ『語錄』, 下同.
ㅇ 剛則守之固行之決. 故足以進於道. 柔懦委靡, 必不能有立矣.

ㅇ『어록』에 나오며, 아래도 같다.
ㅇ 마음이 굳세면 확고하게 지킬 수 있고, 결단력 있게 행동할 수 있다. 그래서 도에 나아가기에 충분하다. 나약하여 힘이 없으면 반드시 자신을 확립할 수 없다.

66

戲謔不惟害事, 志亦爲氣所流. 不戲謔, 亦是持氣之一端. 〔『經學理窟』「學大原」上 8〕

희롱하고 농담하면 일을 해칠 뿐 아니라 뜻〔志〕이 기(氣)에 의해 휩쓸리게 된다. 희롱이나 농담을 하지 않는 것도 기를 제어하는 한 가지 방법이다.

ㅇ 朱子曰: "橫渠學力絶人. 尤勇於改過. 獨以戲爲無傷. 一日忽曰: '凡人之過猶有出於不知而爲之者. 至戲則皆有心爲之也, 其爲害尤甚.' 遂作「東銘」."

ㅇ 주희가 말했다.
"장재가 배워 나가는 힘〔學力〕은 다른 사람보다 뛰어나다. 특히 그는 허물을 고치는 데 과감했다. 그러나 희롱하거나 농담하는 것은 해롭지 않다고 생각했었다. 그런데 어느 날 갑자기 '사람의 과실은 알지 못하면서 행하는 데서 나오는 것도 있다. 그러나 희롱이나 농담의 경우에는 모두 의도적으로 잘못하는 것이니 해가 더욱 심하다'고 생각하게 되었다. 드디어 「동명(東銘)」[88]을 지었다."

67

正心之始, 當以己心爲嚴師. 凡所動作則知所懼. 如此一二年, 守得牢固, 則自然心正矣. 〔『經學理窟』「學大原」上 14〕

마음을 바르게 하는 시작은 자신의 마음을 엄한 스승으로 삼는 것이다. 그러면 그는 모든 행위에 있어 두려워할 줄 알게 될 것이다. 이렇게 1-2년 동안 굳게 지키게 되면 자연히 마음은 바르게 될 것이다.

○ 視心如嚴師, 則知所敬畏而邪僻之念不作.

○ 마음을 엄한 스승과 같이 생각하면 공경하고 두려워할 줄 알아 사악하고 편벽된 생각이 일어나지 않을 것이다.

68

定然後始有光明. 若常移易不定, 何求光明? 『易』大抵以艮爲止. 止乃光明. 故『大學』定而至於能慮. 人心多則無由光明. 〔『橫渠易説』大畜卦(䷙) 卦辭〕

---

88) 제2권 「위학」 90장에 실려 있다. 처음의 제목은 「砭愚」였다.

마음은 안정된 뒤에야 비로소 밝게 빛난다. 만약 항상 마음이 바뀌어 안정되지 않는다면 어떻게 밝게 빛나기를 구할 수 있겠는가? 『주역』은 대개 간괘(艮卦 : ䷳)를 '머무름'으로 여긴다. (마음이) 머물러 안정되어 있어야 밝게 빛난다. 그래서 『대학』에서는 '안정된 뒤에 생각할 수 있다'[89]고 하였다. 사람의 마음이 안정되지 않고 여러 갈래로 갈리면 빛나고 밝을 수 없다.[90]

○『易說』, 下同.
○ 此心靜定而明生焉. 水之止者可鑒, 而流水不可鑒, 亦是理也.

○『역설』에 나오며, 아래도 같다.
○ 이 마음이 고요하고 안정되면 밝음이 생긴다. 머물러 있는 물은 비출 수 있지만, 흐르는 물이 비출 수 없는 것도 이러한 이치이다.

69

動靜不失其時, 其道光明. 學者必時其動靜, 則其道乃不蔽昧, 而明白. 今人從學之久, 不見進長, 正以莫識動靜. 見他人擾擾, 非干己事, 而所修亦廢. 由聖學觀之, 冥冥悠悠. 以是終身, 謂之光明可乎? 〔『橫渠易說』艮卦(䷳) 卦辭〕

움직이고 고요함에 있어 적절한 때를 놓치지 않으면 도리가 밝게

---

89) 『대학』經文. "大學之道在明明德, 在親民, 在止於至善. 知止而后能定, 定而后能靜, 靜而后能安, 安而后能慮, 慮而后能得"

90) 마음이 안정된 뒤에야 빛날 수 있기 때문에 『주역』에서 간괘(䷳)는 멈춤을 상징하면서 한편으로는 輝光을 상징한다. 『주역전의대전』간괘(䷳) 大象의 細註에서 주희는 "독실하면 輝光이 있게 된다. 간괘는 멈추어 독실할 수 있다"고 하였다.

빛난다.[91] 배우는 사람이 반드시 때에 적절하게 움직이고 고요하면 그 도리는 가리워지거나 어두워지지 않고 명백하게 될 것이다. 지금 사람들이 오랫동안 학문을 하면서도 진전을 보지 못하는 것은, 바로 동정의 때를 알지 못하기 때문이다. 다른 사람이 어지러운 것을 보면 자기의 일과 관계가 없는데도 (거기에 팔려) 자신이 해오던 공부마저 그만두게 된다.[92] 성인의 학문에서 본다면 어둡고 아득한 것이다. 종신토록 이렇게 산다면 빛나고 밝다고 말할 수 있겠는가?

○ 艮卦象辭. 動靜各有時. 然學者多失於不當動而動. 因循廢學, 終何光明之有?

○ 간괘 단사이다. 동정에는 각각 적절한 때가 있다. 그러나 배우는 사람은 움직이지 않아야 할 때 움직이는 잘못을 하는 때가 많다. 이런 일을 계속 답습하여 배움을 포기하면 끝내 어떻게 빛나고 밝을 수 있겠는가?

70

敦篤虛靜者, 仁之本. 不輕妄, 則是敦厚也. 無所繫閡昏塞, 則是虛靜也. 此難以頓悟. 苟知之, 須久於道, 實體之, 方知其味. 夫仁亦在乎熟之而已. 〔『張載集』「近思錄拾遺」13〕

돈후하고 독실하며 텅 비고 고요한 것이 인의 근본이다. 경솔하여

---

91) 『주역』 간괘 「단전」. "象曰 : 艮, 止也. 時止則止, 時行則行, 動靜不失其時, 其道光明, 艮其止, 知其所也."
92) 『신석』본에는 잘못 번역되어 있다. '見'자는 '擾擾'까지만 걸려야 하는데 '己事'까지 걸리는 것으로 잘못 보았기 때문이다.

나 허망하지 않은 것이 곧 돈후한 것이다. 집착하여 닫히거나 어둡게 막힌 것이 없는 것이 텅 비고 고요한 것이다. 이것은 갑자기 깨닫기 어렵다. 만약 그것을 알려면 오랫동안 도를 닦아 실제로 그것을 체득해야 그 의미를 이해할 수 있다. 인(仁) 역시 익숙하게 하는 데 달려 있을 뿐이다.[93]

○『孟子說』.
○ '閡', 閉礙也. 言動靜妄而不敦篤, 則此心外馳. 非仁也. 有所繫閡昏塞而不虛靜, 則此心罔覺. 非仁也. 然必存心之久, 實體於己, 然後能深知其味.

○『맹자설』에 나온다.
○ '애(閡)'는 닫히고 막힌 것이다. 말과 행동이 경솔하여 진실하지 않고 돈후하거나 독실하지 않으면 마음은 밖으로 달리게 된다. 그것은 인(仁)한 것이 아니다. 어떤 것에 집착하여 닫히거나 어둡게 막혀서 텅 비고 고요하지 않으면 마음은 지각하지 못하게 된다. 그것도 인한 것이 아니다. 그러나 반드시 마음은 오랫동안 보존하여 실제로 자신에게서 체득한 후에라야 그 맛을 깊이 느낄 수가 있다.

---

93)『맹자』「고자」상 19장. "孟子曰 : 五穀者, 種之美者也. 苟爲不熟, 不如荑稗. 夫仁亦在乎熟之而已矣."

제5권

자신을 극복함〔克己〕

○ 此卷論力行. 蓋窮理既明, 涵養既厚, 及推於行己之間, 尤當盡其克治之力也.

○ 이 권은 역행(力行)에 대하여 논한다. 대개 이치를 궁구함이 이미 밝고 함양이 이미 두터우면 자신에게 행하는 데 미루어 나가 더욱 극복하고 다스리는 노력을 다해야 한다.

1

濂溪先生曰:

"君子乾乾不息於誠. 然必懲忿窒欲, 遷善改過, 而後至. 乾之用其善是, 損益之大莫是過. 聖人之旨深哉!

주돈이가 말했다.

"군자는 부지런히 노력하며 진실함을 그치지 않는다. 그러나 반드시 분노를 억누르고 욕망을 막으며[1] 허물을 고쳐 선으로 나아간[2] 이후에야 (이러한 경지에) 이를 수 있다. 건도(乾道)의 작용에서 가장 좋은 것이 이것이고, 손괘와 익괘의 위대함이 이보다 더한 것이 없다. 성인의 뜻이 깊도다!

○重乾相繼, 故九三曰: "君子終日乾乾." 言君子體乾, 健而又健, 至誠不息. 此用乾之善者也. 山澤爲損. 激於忿象山之高, 必懲創之. 溺於慾象澤之深, 必窒塞之. 此用損之大者也. 風雷爲益. 遷善象風之烈, 則德日長. 改過象雷之迅, 則惡日消. 此用益之大者也.

○朱子曰: "'乾乾不息'者, 體也. 去惡進善者, 用也. 無體則用無以行, 無用則體無所措. 故以三卦合而言之. 或曰: '其字亦是莫字.'"

○건괘(乾卦 : ☰)가 중복되어 서로 이어지기 때문에 구삼(九三)에서 "군자는 하루 종일 부지런하다"라고 했다. 이것은 군자가 건도를 체득하여 부지런하고 또 부지런하여 지극히 진실됨을 그치지 않는다는 것을 말한다. 이러한 작용이 건괘(☰)의 도의 뛰어난 점이다. 산과 못이 손괘(損卦 : ䷨)이다. 분노가 격렬해지는 것은 마치 높은 산과 같으므로 반드시 억눌러야 한다. 욕망에 빠지는 것은 마치 깊은 연못과 같으므로 반드시 막아야 한다. 이것은 손괘를 훌륭하게 사용한 것이다. 바람과 우뢰는 익괘(益卦 : ䷩)이다. 선으로 옮겨가는 것을 마치 세찬 바람처럼 한다면 덕이 날로 자랄 것이다. 허물을 고치는 것을 마치 빠른 우뢰처럼 한다면 악이 나날이 소멸될 것이다. 이것은 익괘를 훌륭하게 사용한 것이다.

○주희가 말했다.

"'부지런하여 쉬지 않는 것'은 본체이다. 악을 버리고 선으로 나아가는 것은 작용이다. 본체가 없으면 작용을 행할 수 없고, 작용이 없으면 본체를 베풀 곳이 없다. 이 때문에 세 가지 괘를 합해서 말한 것

---

1) 『주역』 손괘 「상전」. "君子以懲忿窒慾."
2) 『주역』 익괘 「상전」. "君子以見善則遷, 有過則改."

이다. 어떤 사람은 '기(其)'자도 '막(莫)'자라고 말한다." (『주자어류』 권
94 2412쪽 人傑)

吉凶悔吝生乎動. 噫! 吉一而已, 動可不愼乎?" 〔『通書』제31장「乾
損益動」〕

'길함과 흉함, 후회와 인색함은 움직임에서 생긴다'[3]라고 했다. 아!
(움직이는 경우에) 길한 것은 하나뿐이니, 움직임을 삼가지 않을 수 있
겠는가?"

○『通書』.
○ 動而得則吉, 失則凶. 悔則過失自咎, 吝則私小而可羞. 四者一善
而三惡, 動其可不謹乎?

○『통서』에 나온다.
○ 움직여서 (시의적절함을) 얻으면 길하고, 잃으면 흉하다. 후회는
잘못하여 자기를 책망하는 것이고, 인색함은 사사롭게 마음을 작게 쓰
는 것이므로 부끄러워할 만한 것이다. 네 가지 중 하나만 선하고 세가
지는 나쁜 것이니, 움직임을 삼가지 않을 수 있겠는가?

2

濂溪先生曰:
"孟子曰: '養心莫善於寡欲.' 予謂養心不止於寡而存耳. 蓋寡焉以
至於無. 無則誠立明通. 誠立賢也, 明通聖也." 〔「養心亭說」〕

---

3)『주역』「계사」하 1장. "吉凶悔吝者, 生乎動者也."

주돈이가 말했다.

"맹자는 '마음을 기르는 것에는 욕구를 줄이는 것보다 좋은 것이 없다'[4]고 했다. 나는 마음을 기르는 것이 욕구를 줄여 적게 보존하는 데 그치는 것이 아니라고 생각한다. 욕구를 줄여 그것이 완전히 없어지는 데에까지 이르러야 한다. 욕구가 완전히 없어지면 진실됨이 확립되고 밝음이 통달하게 된다. 진실됨이 확립되면 현자이고, 밝음이 통달하면 성인이다."

○『遺文』.
○ 朱子曰: "'誠立'謂實體安固, '明通'則實用流行. '立'如三十而立之立. '通'則不惑知命而鄕乎耳順矣."
○ 或問: "孟子與周子之言果有以異乎?" 曰: "孟子所謂欲者, 以耳目口鼻四肢之欲, 人所不能無. 然多而無節則爲心害. 周子則指心之流於慾者, 是則不可有也. 所指有淺深之不同. 然由孟子之寡慾, 則可以盡周子之無欲矣."

○『유문』에 나온다.
○ 주희가 말했다.
"'진실됨이 확립된다'는 것은 진실된 본체가 안정되어 견고한 것을 말하고, '밝음이 통달한다'는 것은 진실된 작용이 유행함을 말한다. '확립된다〔立〕'는 것은 '서른에 확립된다'[5]의 '확립됨〔立〕'과 같은 의미이다. '통달한다'는 것은 '미혹되지 않는〔不惑〕' 단계와 '천명을 아는〔知天命〕' 단계를 지나 '귀로 들으면 그대로 이해되는〔耳順〕' 단계로 향하

---

4) 『맹자』「진심」하 3장. "孟子曰, 養心莫善於寡欲. 其爲人也寡欲, 雖有不存焉者, 寡矣, 其爲人也多欲, 雖有存焉者, 寡矣."
5) 『논어』「위정」 4장. "子曰, 吾十有五而志于學, 三十而立, 四十而不惑, 五十而知天命, 六十而耳順, 七十而從心所欲, 不踰矩."

는 것이다."[6] (『주자어류』 권94 2414쪽 端蒙)

○ 어떤 이가 물었다.

"맹자와 주돈이의 말이 과연 다른 것입니까?"

답했다.

"맹자의 (이른바) 욕구[7]란 귀, 눈, 입, 코, 팔과 다리의 욕구로서 없을 수 없는 것이다. 그러나 그 욕구가 너무 많아서 절제하지 못하면 마음을 해치게 된다. 주돈이는 마음이 욕구로 흐르는 것을 지적했으니 이것은 있어서는 안 된다. 가리키는 것에 각각 깊고 얕음의 차이가 있다. 그러나 맹자의 '욕구를 줄인다'는 것을 따르게 되면 주돈이의 '욕구가 없다'는 의미를 다할 수 있다."

3

伊川先生曰:

"顔淵問克己復禮之目. 夫子曰: '非禮勿視, 非禮勿聽, 非禮勿言, 非禮勿動.' 四者身之用也. 由乎中而應乎外, 制於外所以養其中也.

정이가 말했다.

"안연이 자기를 극복하고 예로 돌아가는 공부의 조목을 물었다. 공자께서 말씀하셨다. '예가 아니면 보지 말고, 예가 아니면 듣지 말고, 예가 아니면 말하지 말고, 예가 아니면 움직이지 말라.'[8] 이 네 가지는

---

6) '진실됨이 확립됨'과 '밝음이 통함'을 공자의 삶의 단계적 경지에 비교하여 설명하고 있다. 공자의 단계적 삶에 대해서는 『논어』 「위정」 4장을 참조할 것.

7) 『맹자』 「진심」 하 35장의 "마음을 기르는 데는 욕망을 적게 하는 것보다 나은 것이 없다(養心莫善於寡欲)"의 욕망을 가리킨다.

8) 『논어』 「안연」 1장. "顔淵問仁. 子曰: 克己復禮爲仁. 一日克己復禮天下歸仁焉. 爲仁由己, 而由人乎哉? 顔淵曰: 請問其目. 子曰: 非禮勿視, 非禮勿聽, 非禮勿言, 非禮勿動. 顔淵曰: 回雖不敏, 請事斯語矣."

몸의 작용이다. 안에서 말미암아 밖으로 대응하는 것이니, 밖을 제어하는 것이 그 안을 기르는 방법이다.

○ 朱子曰: "'由乎中而應乎外', 謂視聽言動, 乃此心之形見處. '制乎外所以養其中', 謂就視聽言動上, 克治也. 上二句言其理, 下二句是工夫."

○ 주희가 말했다.

"'안에서 말미암아 밖으로 대응한다'는 것은 보고, 듣고, 말하고, 움직이는 것은 이 마음이 드러난 것이라는 뜻이다. '밖을 제어하는 것이 그 안을 기르는 방법이다'는 것은 보고, 듣고, 말하고, 움직이는 것에서 자신을 극복하고 다스리는 것이다. 앞의 두 구절은 그 이치를 말하는 것이고, 아래 두 구절은 공부이다."(『주자어류』 권41 1060쪽 瑩)

顏淵事斯語, 所以進於聖人. 後之學聖人者, 宜服膺而勿失也. 因箴以自警."

안연이 이 말을 실천한 것이 성인으로 나아가게 된 까닭이다. 성인 되기를 배우는 후세의 학자들은 (이것을) 가슴에 지니고 잃지 말아야 한다. 그래서 잠언을 지어 스스로 경계한다."

○ 或問: "明知其不當視, 而自接乎目, 明知其不當聽, 而自接乎耳, 則將如何?" 朱子曰: "視與見異, 聽與聞異. 非禮之色, 雖過乎目, 在我不可有視之之心, 非禮之聲, 雖過乎耳, 在我不可有聽之之心."

○ 어떤 이가 물었다.

"그것을 보면 안 된다는 것을 분명히 알지만 저절로 눈에 들어오고,

그것을 들으면 안 되는 것을 밝게 알지만 저절로 귀에 들어오면 어떻게 해야 합니까?"

주희가 말했다.

"보는 것과 보이는 것은 다르며, 듣는 것과 들리는 것은 다르다. 보는 것이 예가 아닌 미색(美色)이 비록 눈앞에 지나가도 내가 그것을 보고자 하는 마음을 내어서는 안 되며, 듣는 것이 예가 아닌 소리가 비록 내 귓가를 지나가도 내가 그것을 듣고자 하는 마음을 내어서는 안 된다."(『주자어류』권41 1063쪽 賀孫)

視箴曰：“心兮本虛, 應物無迹. 操之有要, 視爲之則. 蔽交於前, 其中則遷, 制之於外, 以安其內. 克己復禮, 久而誠矣.”

시잠에서 말했다.

"마음이여, 본래 텅 비어 사물에 반응하면서도 자취가 없도다. 그것을 잡는 데는 요점이 있으니, 보는 것이 그 준칙(準則)이 된다. (사물이) 내 눈앞을 가리면 마음이 옮겨가나니, 밖에서 제어하여 안을 편안하게 해야 한다. 자신을 극복하고 예로 돌아가는 공부가 오래 되면 진실하게 된다."

○人心虛靈, 應感出入, 無迹可執. 操存之要莫先謹視. ‘則’, 猶節也. 苟物欲之蔽交乎吾前, 惑於所見中必移矣. 惟能制之於外, 目不妄視, 則神識泰定, 內斯以安. 久而誠, 則實理流行, 動容周旋中禮矣.

○사람의 마음은 텅 비고 신령하여 사물과 감응하며 출입하지만 잡을 수 있는 자취가 없다. (마음을) 잡아서 보존하는 요점은 보는 것을 조심하는 것보다 앞서는 것이 없다. ‘칙(則)’은 절도(節度)와 같다. (실로) 물욕의 가리움이 내 앞에서 교차하게 되면 보는 대상에 미혹되어

마음은 반드시 옮겨간다. 오직 밖을 제어하여 눈으로 함부로 보지 않으면, 정신은 편안하고 안정되어 마음도 (여기에서) 편안하게 된다. 공부가 오래 되어 진실하게 되면 진실된 천리가 유행하여 용모를 움직이며 두루 행하는 일상생활이 예에 맞게 된다.

聽箴曰: "人有秉彝, 本乎天性. 知誘物化, 遂亡其正. 卓彼先覺, 知止有定. 閑邪存誠, 非禮勿聽."

청잠에서 말했다.
"인간이 가진 떳떳한 도리(秉彝)는 천성에 근본한다. 앎이 사물에 유혹되어 변화되면 마침내 그 바름을 잃는다. 우뚝한 저 선각자들은 머무를 곳을 알아서 마음에 일정함이 있었다. 사특함을 막고 진실을 보존하여, 예가 아니면 듣지 말라."

○人秉五常之性本無不善. 惟知識誘於外而忘返, 物欲化其內而莫覺. 由是所秉之正日以喪矣. 誘者化之初, 化者誘之極也. "知止"者知其所當止也. "有定"者得其所當止也. 閑邪於外, 所以存誠於中也.

○사람이 지닌 오상(五常)의 본성[仁 · 義 · 禮 · 智 · 信]은 본래 선하지 않음이 없다. 오직 지식이 외물에 유혹되어서 (본성을) 돌이키는 것을 잊어버리고, 물욕에 의해 마음이 변하여도 깨닫지 못한다. 이 때문에 품부받은 올바름을 날로 상실하게 된다. 유혹은 (물욕에 의해) 변화되는 단초이고, 변화는 유혹이 극단에 이른 것이다. "머무를 곳을 안다"는 것은 마땅히 머물러야 할 곳을 안다는 것이다. "일정함이 있었다"는 것은 마땅히 머물러야 할 곳을 얻었다는 것이다. 밖에서 사특함을 막는 것이 안으로 진실됨을 보존하는 방법이다.

言箴曰: "人心之動, 因言以宣. 發禁躁妄, 内斯靜專. 矧是樞機, 興戎出好. 吉凶榮辱, 惟其所召. 傷易則誕, 傷煩則支. 己肆物忤, 出悖來違. 非法不道, 欽哉訓辭!"

언잠에서 말했다.

"사람 마음의 움직임은 말에 의해서 펼쳐진다. 말을 할 때 조급하거나 함부로 하는 것을 금하면 마음이 고요하고 전일하게 된다. 하물며 이 추기(樞機)[9]는 싸움을 일으키기도 하고 우호를 낳기도 한다.[10] 길흉과 영욕(榮辱)은 모두 말이 불러오는 것이다. 지나치게 소홀히 하면 허탄하게 되고, 지나치게 번잡하게 하면 지리하게 된다. 자기가 함부로 하면 남도 거스르게 되며, 나가는 말이 어그러지면 들어오는 말도 어긋난다. 법도에 맞지 않으면 말하지 말지니, 공경하라, 가르침의 말을!"

○ '躁', 輕肆也. '妄', 虛謬也. 言語之發禁其輕肆, 則内靜定矣. 禁其虛謬, 則内專一矣. '樞', 扇臼也. '機', 弩牙也. 戶之闔闢射之中否, 皆由之. 發言, 乃吾身之樞機, 故一言之惡或至於興師, 一言之善或可以合好. 得則有吉有榮, 失則有凶有辱. 躁而傷於易則誕肆而不審, 妄而傷於煩則支離而遠實. '肆', 縱情也. 肆己者必忤物, 躁之致也. '悖', 乖理也. 悖而出者必悖而反, 妄之致也.

○ '조(操)'는 경박하고 방자한 것이다. '망(妄)'은 텅 비고 잘못된 것이다. 말을 함에 있어 경박하고 방자한 것을 금하면 안이 고요하고 안정된다. 텅 비고 잘못된 것을 금하면 안이 전일하게 된다. '추(樞)'는

---

9) 문의 지도리와 기계의 고동으로 사물의 가장 중요한 부분, 여기서는 말이나 말이 나오는 입을 가리킨다.
10) 『서경』 「대우모」. "惟口, 出好興戎."

문의 지도리이다. '기(機)'는 쇠뇌의 시위를 걸어매는 곳이다. 문이 열리고 닫히는 것과 화살이 맞고 맞지 않는 것은 모두 이것들 때문이다. 말을 하는 것은 곧 내 몸의 추기이므로, 악한 말 한 마디가 전쟁을 일으키기도 하고 선한 말 한 마디가 우호를 낳을 수도 있다. 말이 적절함을 얻으면 길하고 영화로움이 있으나, 그것을 잃으면 흉함과 오욕이 있다. 조급하여 지나치게 쉽게 말하면 허탄하고 방자하여 깊이 살피지 않게 되며, 지나치게 번잡하게 말하면 지리하여 실제와 멀어지게 된다. '사(肆)'는 감정을 멋대로 하는 것이다. 자기가 방자하면 반드시 남의 감정을 상하게 되니 조급함이 그렇게 만든다. '패(悖)'는 이치를 어기는 것이다. 이치를 어기며 말을 하면 이치를 어기는 반응이 돌아오게 되니, 함부로 말을 하는 것이 그렇게 만든다.

動箴曰: "哲人知幾, 誠之於思. 志士屬行, 守之於爲. 順理則裕, 從欲惟危. 造次克念, 戰兢自持. 習與性成, 聖賢同歸."〔『程氏文集』8卷 (伊川先生文 4)「四箴」〕

동잠에서 말했다.

"명철한 사람은 기미를 알아서 생각의 단계에서 자신을 성실하게 한다. 뜻 있는 선비는 행하기에 힘쓰니, 행위할 때에 자신의 뜻을 지킨다. 이치를 따르면 여유롭고, 욕망을 좇으면 위태하다. 급하고 어려운 때에도 잘 생각하며, 두려워하고 조심하여 스스로를 지켜라. 이것이 익숙해져 본성과 하나가 되면[11] 성현과 같은 곳으로 귀일하리라."

○『文集』.

---

11) 『서경』「태갑」상. "王未克變. 伊尹曰, 玆乃不義, 習與性成. 予弗狎于弗順. 營于桐宮, 密邇先王其訓, 無俾世迷. 王徂桐宮居憂. 克終允德."

○朱子曰: "思是動之微, 爲是動之著. 思是動於內, 爲是動於外."

○明哲之人知其幾微, 故於所思而誠之, 一念之動不敢妄也. 立志之士, 勉勵其行, 故於所爲而守之, 一事之動, 不敢忽也. 順理而動則安裕, 從欲而動則危殆, 守於爲也. 造次俄頃而克念不忘, 戰兢恐懼而自持不失, 誠於思也. '習', 謂修於己. '性', 謂得於天. 習與性合, 則全其本然之善而與聖賢一矣.

○『문집』에 나온다.

○주희가 말했다.

"생각은 움직임의 기미이고, 행위는 움직임이 드러난 것이다. 생각은 마음이 안에서 움직이는 것이고, 행위는 밖으로 움직이는 것이다."

○명철(明哲)한 사람은 기미를 아는 까닭에 생각함의 단계에서 성실하게 하여 한 생각의 움직임도 감히 망령되게 하지 않는다. 뜻을 세운 선비는 행하기에 힘쓰는 까닭에 행위할 때에 뜻을 지켜 하나의 일을 할 때라도 소홀히 하지 않는다. 이치에 따라서 움직이면 편안하고 여유롭지만, 욕망을 좇아서 움직이면 위태롭다는 것은 행위에서 지켜야 한다는 것이다. 급하고 어려운 잠깐 사이라도 잘 생각하여 잊지 않으며, '두려워하고 조심하여 스스로를 지켜 잃지 않는 것'은 생각의 단계에서 성실하게 하는 것이다. '익숙해진다'는 것은 자기 자신을 수양한다는 것을 말한다. '본성'은 하늘로부터 받은 것을 말한다. 이것에 익숙해져 본성과 하나가 되면 본연의 선함을 온전하게 하여 성현과 하나가 된다. (『어류』권41 1064쪽 道夫)

4

復之初九曰: "不遠復, 無祗悔. 元吉." 傳曰: "陽, 君子之道, 故復爲反善之義. 初, 復之最善者也. 是不遠而復也.

복괘(復卦 : ䷗)의 초구에서 말했다. "머지 않아 회복하니 후회에 이르지 않는다. 크게 길하다." 『역전』에서 말했다. "양은 군자의 도이므로 복은 선으로 돌아간다는 의미이다. 초구는 복괘에서 가장 좋은 상황이다. 이는 머지 않아 회복됨을 의미한다.

○ 陽往爲剝, 陽來爲復. 復卦乃善之返. 初爻乃復之先, 過而先復. 是不遠而復也.

○ 양이 가면 박괘(剝卦)가 되고, 양이 오면 복괘가 된다. 복괘는 선이 되돌아오는 것이다. 초효는 복괘에서 처음이므로 잘못하였다가 먼저 회복되는 것이다. 이는 머지 않아 회복되는 것을 의미한다.

失而後有復, 不失則何復之有? 惟失之不遠而復, 則不至於悔. 大善而吉也.

잃은 뒤에야 회복됨이 있으니, 잃지 않았다면 무엇을 회복할 것이 있겠는가? 오직 잃었더라도 오래지 않아서 다시 회복한다면 후회하는데에 이르지는 않을 것이다. 크게 선하고 길하다.

○ 人必有所失而後有所復. 旣有失則不能無悔. 惟未遠而復, 故不至於悔, 乃元吉也.

○ 사람이 반드시 잃은 것이 있고 난 뒤에 회복할 것이 있다. 이미 잃어버렸다면 후회가 없을 수 없다. 오직 오래지 않아 회복할 것이기 때문에 후회에 이르지 않으니 크게 길하다.

顔子無形顯之過. 夫子謂其庶幾, 乃無祗悔也. 過旣未形而改, 何悔之有?

　안자는 뚜렷이 드러난 과실이 없었다. (그래서) 공자가 '안연은 거의 도에 가깝다'[12]고 하였다. 이 말은 바로 (안연이) 후회함에 이르지 않았다는 것을 의미한다. 과실이 아직 드러나기도 전에 고쳤으니, 무엇을 후회할 것이 있었겠는가?

　○ 有過而知之敏, 改之速, 不待其形顯. 故無悔也.

　○ 허물이 있어도 그것을 민첩하게 알고 재빨리 고친다면 잘못이 드러날 때까지 기다리지 않는다. 그래서 후회가 없는 것이다.

　既未能不勉而中, 所欲不踰矩, 是有過也. 然其明而剛, 故一有不善, 未嘗不知. 既知, 未嘗不遽改. 故不至於悔. 乃不遠復也. 學問之道無他也. 惟其知不善, 則速改以從善而已."〔『易傳』復卦 初九 爻辭, 象傳〕

　아직 '힘쓰지 않아도 도에 들어맞고'[13] '마음대로 하여도 법도를 넘지 않는'[14] 경지가 불가능하다면, 허물이 있게 된다. 그러나 안연은 밝고 굳세어 조금이라도 선하지 않음이 있으면 알지 못한 적이 없었다. (그리고) 알았다면 재빨리 고치지 않은 적이 없었다. 그래서 후회하는 데에까지 이르지 않는 것이다. 이것이 바로 머지 않아 회복한다고 말한 것이다. 학문의 길은 다른 것이 없다. 오직 불선을 알면 재빨리 고쳐서 선을 따르는 것일 뿐이다."

---

12) 『주역』 「계사」 하 5장. "子曰 : 顏氏之子, 其殆庶幾乎. 有不善, 未嘗不知.知之, 未嘗復行也."
13) 『중용』 20장. "誠者不勉而中, 不思而得."
14) 『논어』 「위정」 4장. "從心所欲, 不踰矩."

○『易傳』, 下同.

○ 不待勉强而中乎道, 從心所欲而不過乎則, 是聖人之事, 無過之可改者也. 顔子未能及是, 故不免於有過. 然其明也, 故過而必知, 其剛也, 故知而卽改.

○『역전』에 나오며, 아래도 같다.

○ 힘쓰지 않아도 도에 들어맞고 마음이 바라는 대로 하여도 법도를 넘지 않는 것은 성인의 일로서, 고칠 허물이 없다. 안자는 이러한 경지에는 미치지 못했으므로 허물이 없을 수가 없었다. 그러나 그는 현명했기 때문에 과실이 있으면 반드시 알았고, 굳세기 때문에 알면 곧 고쳤다.

5

晉之上九, "晉其角, 維用伐邑, 厲吉, 無咎. 貞吝." 傳曰 : "人之自治剛極, 則守道愈固. 進極則遷善愈速. 如上九者, 以之自治, 則雖傷於厲, 而吉且無咎也. 嚴厲非安和之道, 而於自治則有功也.

진괘(晉卦 : ䷢)의 상구(에서 말했다.) "뿔이 있는 곳[15]에까지 나아가니 오직 그 자신의 고을을 징벌하는 데에는 위태롭기는 하나 길하고 허물은 없다. 그러나 바른 일이 되기에는 모자란다."『역전』에서 말했다. "사람이 자기를 다스림에 있어서는 지극히 굳세면 도를 지키는 것이 더욱 견고하다. 나아감이 지극하면 악을 고쳐 선으로 옮겨감이 더욱 빠르다. 상구와 같은 자가 강건하게 나아감으로써 자기 자신을 다스린다면 비록 지나치게 엄하기는 하지만 길하고 또 허물은 없을 것

---

15) 나아갈 수 있는 최후의 지점을 의미한다.

이다. 매우 엄한 것은 편안하고 온화로운 방법은 아니지만 자기를 다스리는 데에는 효과가 있다.

○ 以陽居上, 剛之極也. 在晉之終, 進之極也. 剛進之極, 動則爲過. 惟可用之以自伐其邑. "伐邑", 內自治也. 以是自治則守道固而遷善速, 雖過於嚴厲, 吉且無咎.

○ 양이 제일 위에 있으므로 굳셈이 지극한 것이다. 진괘의 끝에 있어 나아감이 지극함을 의미한다. 굳세고 나아감이 지극하여 움직이면 허물이 된다. 오직 스스로 자신의 읍을 징벌함에는 쓸 만하다. "읍을 징벌한다"는 것은 안으로 스스로를 다스리는 것이다. 이것으로 자기를 다스린다면 도를 지킴이 굳세고 악을 고침이 빨라서, 비록 지나치게 엄하더라도 길하며 또한 허물이 없을 것이다.

雖自治有功, 然非中和之德, 所以貞正之道, 爲可吝也." 〔『易傳』晉卦 上九〕

비록 자기 자신을 다스리는 데에는 효과가 있더라도 중화의 덕은 아니기 때문에 바른 도가 되기에는 모자란다."

○ 剛進之極, 有乖中和, 終爲疵吝.

○ 지나치게 굳세고 진취적인 것은 중화와 어긋나므로 끝내 병통이 된다.

損者, 損過而就中, 損浮末而就本實也. 天下之害, 無不由末之勝也. 峻宇雕墻本於宮室. 酒池肉林本於飮食. 淫酷殘忍本於刑罰, 窮兵黷武本於征討. 凡人欲之過者, 皆本於奉養. 其流之遠, 則爲害矣. 先王制其本者, 天理也. 後人流於末者, 人欲也. 損之義, 損人欲以復天理而已. 〔『易傳』損卦〕

손괘(損卦 : ䷨)는 지나친 것을 덜어서 중으로 나아가고, 표면적이고 말단적인 것을 덜어서 근본적이고 실질적인 데로 나가는 것이다. 천하의 해로움은 모두 말단적인 것이 우세한 것에서 말미암지 않는 것이 없다. 높고 훌륭한 집이나 조각한 담장의 근본은 집이다. 주지육림(酒池肉林)[16]의 근본은 음식이다. 혹독함과 잔인함의 근본은 형벌이며, 전쟁을 지나치게 추구하여 무기를 더럽히는 것의 근본은 정벌과 죄를 성토함이다. 사람의 욕망이 지나치게 되는 것의 근본은 모두 봉양(奉養)이다. 그것이 지나치게 흘러가 해가 되는 것이다. 선왕이 근본을 제정한 것은 천리에 따른 것이다. 뒷사람들이 말단적인 데로 흐르게 된 것은 인욕에 따른 것이다. 손괘의 의미는 인욕을 덜어서 천리를 회복하는 것일 뿐이다.

○損卦「象傳」. 天下之事其本皆出於天理. 民生日用之常, 治道之不可廢者. 其末流則末勝本, 華勝質, 人欲勝天理, 其害有不勝言者矣. 故損之爲用, 亦惟損過以就中, 損浮末而就本實, 損人欲以復天理耳.

---

16) 『사기』「殷本紀」에는 "제왕인 주가 술로 못을 만들고 고기를 걸어 숲을 만들어 남녀를 벌거벗겨 그 가운데서 밤새 마시게 하였다(以酒爲池, 縣肉爲林, 使男女倮相逐其閒, 爲長夜之飮)"고 한다. 후대에는 술과 음식이 지나치게 많은 것을 형용하는 의미로 사용하였다.

○손괘의 「단전」에 나온다. 천하 일의 근본은 모두 천리에서 나온다. 그것은 백성의 일상생활에서 항상 필요한 것이며, 다스리는 법도로서 폐기할 수 없는 것이다. 말단적인 데로 흐르게 되면 말단이 근본을 이기고, 외적인 꾸밈이 본바탕을 이기며, 인욕이 천리를 이기게 되어 그 해로움을 말로 다할 수 없다. 그러므로 손괘의 작용은 오직 지나친 것을 덜어서 중에 나아가고 표면적이고 말단적인 것을 덜어서 근본적이고 실질적인 데로 나아가, 인욕을 덜어서 천리를 회복하는 것일 따름이다.

7

夬九五曰: "莧陸夬夬, 中行無咎." 象曰: "中行無咎, 中未光也." 傳曰: "夫人心正意誠, 乃能極中正之道, 而充實光輝. 若心有所比, 以義之不可而決之, 雖行於外, 不失其中正之義, 可以無咎. 然於中道, 未得爲光大也. 蓋人心一有所欲, 則離道矣. 夫子於此, 示人之意深矣." 〔『易傳』 夬卦 九五 「象傳」〕

쾌괘(夬卦: ☱)의 구오에서 말했다. "자리공풀[17]과 같으니 결단할 것을 결단하면 중도를 행함에 허물이 없으리라." 「상전」에서 말했다. "중도를 행함에 허물이 없다는 것은 중정(中正)의 덕이 아직 빛나지 않는다는 뜻이다." 『역전』에서 말했다. "대저 사람은 마음이 바르고 뜻이 성실해야 중정의 도를 극진하게 할 수 있어 덕이 충실하여 빛을 발한다. 만약 구오가 마음으로 가까이 하는 사람이 있으면서 의리상 옳지 않아서 결단한다면, 비록 겉으로 행하는 데 있어서는 중정의 도

---

17) 습지에서 잘 자라지만 줄기가 연약하여 쉽게 부러진다고 한다. 구오(九五)가 상육(上六)과 이웃하므로 '자리공풀'이라고 하고, 쉽게 부러지는 성질을 취하여 결단의 의미로 삼았다.

리를 잃지 않아 허물이 없을 수 있다. 그러나 (내적으로) 중정의 도가 밝고 크지는 않다. 왜냐하면 사람의 마음은 조금이라도 욕구하는 것이 있으면 도에서 벗어나기 때문이다. 공자가 여기에서 사람들에게 보인 뜻이 깊다."

○九五與上六比, 心有所昵. 未必能正. 特以義不可, 而勉勉決去之意. 亦未必誠也. 但九五中正故所行猶不失, 中正之義, 僅可無咎. 然心有所比, 不能無欲, 其於中行之道, 未得爲光大. 聖人發此示人, 欲使人正心誠意, 無一毫繫累, 乃能盡中正之道, 充實而有光輝也.

○구오와 상육은 서로 이웃하고 있어 마음으로 친하게 여김이 있다. 그래서 반드시 옳은 일을 행할 수 있는 것은 아니다. 다만 의리상 옳지 않기 때문에 억지로 결단해 나간 것이다. 그러므로 그 뜻이 반드시 진실한 것만은 아니다. 다만 구오는 중정이기 때문에 행하는 것도 중정의 도리를 잃지 않았으므로 겨우 허물이 없을 수 있다. 그러나 마음에 친하게 여기는 것이 있으면 욕망이 없을 수 없으니, 중정을 행하는 도에 있어서 빛나고 클 수는 없다. 성인이 이것을 드러내어 사람들에게 보인 것은 사람들이 마음을 바르게 하고, 뜻을 성실하게 하여 터럭만큼이라도 사사로운 감정에 얽매임이 없도록 하여 중정의 도를 다해 충실하고 광휘를 발할 수 있게 하려는 것이다.

8

方説而止, 節之義也. 〔『易傳』 節卦 「象傳」〕

기뻐하되 멈추는 것이 절괘(節卦 : ䷯)의 의미다.

○ 節卦「象傳」. 兌下坎上爲節. '兌', 說也, '坎', 險也. 見險則止矣. 人惟說則易流. 方說而能止, 是節之義也.

○ 절괘「단전」에 나온다. 태괘(兌卦 : ☱)가 아래에 있고 감괘(坎卦 : ☵)가 위에 있는 것이 절괘(☵)이다. '태'는 기쁨이고 '감'은 위험함이다. 위험함을 보면 멈추게 된다. 사람이 기뻐하기만 하면 방만하게 흐르기 쉽다. 기뻐하되 멈출 수 있는 것이 절괘의 의미이다.

9

節之九二, 不正之節也. 以剛中正爲節, 如懲忿窒欲, 損過抑有餘, 是也. 不正之節, 如嗇節於用, 懦節於行, 是也. 〔『易傳』 節卦 九二〕

절괘의 구이는 바르지 못한 절도이다. 굳셈과 중정(中正)을 절도로 삼는 것은 분노를 억누르고 욕망을 막는 것과 지나친 것을 덜고 남음이 있는 것을 억제하는 것과 같은 것이다. 올바르지 못한 절도는 물건을 쓰는 데 인색하고 행동에 나약한 것과 같은 것이다.

○九二以剛居柔, 在節卦, 是爲不正之節也. 懲忿窒欲損過抑有餘者, 節其過以就中. 此剛中正之節也. 節於用而爲吝嗇, 則於用有不足. 節於行而爲柔懦, 則於行有不足. 此不正之節, 九二是也.

○구이는 굳센 '강(剛)'으로 부드러운〔柔〕 음의 자리에 있으니, 절괘에서 올바르지 못한 절도이다. 분노를 억누르고 욕망을 막는 것과 지나친 것을 덜고 남음이 있는 것을 억제하는 것은 지나침을 절제하여 중용으로 나아가는 것이다. 이것이 굳셈과 중정함의 절도이다. 물건을 쓰는 데 지나치게 절제하여 인색하게 되면 쓰는 것이 부족하게 된다.

행동을 지나치게 절제하여 나약하게 되면 행동에 부족함이 있게 된다.
이것은 올바르지 못한 절도이니 구이(九二)가 이러하다.

<h1 style="text-align:center">10</h1>

人而無克伐怨欲, 惟仁者能之. 有之而能制其情不行焉, 斯亦難能
也. 謂之仁則未可也. 此原憲之問, 夫子答以知其爲難而不知其爲仁.
此聖人開示之深也.

　사람으로서 경쟁심, 자만심, 원망, 욕심이 없는 것은 오직 인(仁)한
사람만이 할 수 있다. 이러한 마음을 가지고 있으면서도 감정을 다스
려 그렇게 하지 않는 것 역시 하기 어렵다. 하지만 그것을 인이라고
할 수는 없다. 이 때문에 원헌이 질문하였을 때 공자는 (그것이) 어렵
다는 것은 인정하였지만 그것이 인(仁)한 것인지는 모르겠다고 대답한
것이다.[18] 여기에서 성인이 보여준 뜻이 깊은 것이다.[19]

　○『經說』.
　○'克', 忮害. '伐', 驕矜. '怨', 忿恨. '欲', 貪慾. 四者皆生於人心之
私也. 天理流行, 自無四者之累, 則仁矣. 四者有於中而能力制於外,
則亦可謂之難能. 然私慾之根未除, 故未可謂之仁.
　○朱子曰: "'克己爲仁'者, 從根源上, 便斬截了, 更不復萌. '不行'
者, 但禁制其末, 不行於外耳. 若其本則著於心而未能去也."

　○『경설』에 나온다.

---

18) 『논어』 「헌문」 2장. "憲問恥. 子曰, 邦有道, 穀, 邦無道, 穀, 恥也. 克伐怨欲不
行焉, 可以爲仁矣? 子曰, 可以爲難矣, 仁則吾不知也."
19) 비슷한 내용이 『정씨유서』 9-34에 있다.

○'극(克)'은 남을 이기고 해치는 것이다. '벌(伐)'은 교만하고 뽐내는 것이다. '원(怨)'은 성내고 원망하는 것이다. '욕(欲)'은 탐내고 바라는 것이다. 이 네 가지는 모두 사사로운 인심에서 생겨난다. 천리가 유행하여 저절로 이 네 가지에 얽매임이 없으면 인(仁)이다. 이 네 가지가 마음에 있으면서 밖에서 힘으로 막으려는 것 역시 하기 어려운 일이라고 말할 수 있다. 그러나 사욕의 뿌리가 완전히 제거되지 않았기 때문에, 아직 인(仁)하다고 할 수는 없다.

○주희가 말했다.

"'자신을 극복하는 것이 인이다'라고 한 것은 이러한 네 가지 감정을 근원에서부터 잘라내어 다시는 싹트지 않도록 하는 것이다. 이러한 것을 '행하지 않는다'는 것은 단지 그 말단을 금지하고 제어하여 밖으로 행하지 않는 것일 뿐이다. 그래서 그 근원의 뿌리는 아직도 마음에 남아 있어 완전히 제거하지 못한 것이다."

11

明道先生曰:

"義理與客氣常相勝. 只看消長分數多少, 爲君子小人之別. 義理所得漸多, 則自然知得客氣消散得漸少. 消盡者是大賢." [『程氏遺書』1-17]

정호가 말했다.

"의리와 객기[20]는 항상 서로 이기려 한다. 이 둘의 소멸과 성장의 비율이 어떠한가를 보면 군자와 소인을 구별할 수 있다. 의리를 얻은

---

20) '客'은 손님이다. 선한 본성이 삶의 주인이라면 일시적으로 깃드는 감정을 客氣라고 한다. 중도를 벗어난 기질이나 습관 등에 의하여 일시적으로 일어나는 감정을 이기지 못하고 하는 행위를 두고 객기를 부린다고 말한다. 영역본 주석에 자세하다.

것이 차츰 많아지면 자연히 객기가 소멸하고 흩어져 점차 줄어드는 것을 알 수 있다. 객기가 완전히 소멸되면 위대한 현인이다."

○『遺書』, 下同.
○ 義理者性命之本然, 客氣者形氣之使然.

○『유서』에 나오며, 아래도 같다.
○ 의리는 본래의 성명(性命)이고, 객기는 육체가 그렇게 시키는 것이다.

12

或謂: "人莫不知和柔寬緩. 然臨事則反至於暴厲." 曰: "只是志不勝氣, 氣反動其心也."〔『程氏遺書』17-28〕

어떤 사람이 말했다. "사람 중에 마음이 온화하고 부드럽고 관대하고 너그러워야 한다는 것을 모르는 이는 없습니다. 그러나 일에 닥쳐서는 오히려 포악해지고 거칠게 됩니다." 답했다. "이것은 단지 의지〔志〕가 기(氣)를 이기지 못하여 기가 오히려 그 마음을 움직인 것이다."[21]

○ 學以立志爲本. 而後氣質可變化.

○ 배움은 뜻을 세우는 것을 근본으로 삼는다. 그런 뒤에야 기질이 변화될 수 있다.

---

21)『맹자』「공손추」상 2장. "夫志氣之帥也, 氣體之充也. …… 志壹則動氣, 氣壹則動志也."

13

人不能袪思慮, 只是吝. 吝故無浩然之氣. 〔『程氏遺書』 15-19〕

사람이 잡다한 생각을 털어버리지 못하는 것은 옹졸하기〔吝〕 때문
이다. 옹졸하므로 호연지기[22]가 없다.

○ 吝則爲私意小智所纏繞, 而無浩然正大之氣.

○ 옹졸하면 사사로운 의지와 협소한 지혜에 얽매여 넓고 정대(正
大)한 기상이 없게 된다.

14

治怒爲難. 治懼亦難. 克己可以治怒, 明理可以治懼. 〔『程氏遺書』
1-65〕

노여움을 다스리는 것은 어렵다. 두려움을 다스리는 것도 어렵다.

---

22)『맹자』「공손추」상 2장. "敢問何謂浩然之氣? 曰難言也. 其爲氣也, 至大至剛
以直養而無害, 則塞於天地之間. 其爲氣也, 配義與道, 無是餒也. 是集義所生者,
非義襲而取之也." 맹자는 "浩然之氣는 지극히 크고 굳세다. 곧은 삶을 통해 길
러 해침이 없으면 천지 사이에 가득 차게 된다. 이것은 의를 쌓음을 통해 생기는
것이다"라고 하였다. 맹자의 성선설은 단순한 학설이 아니라 자신의 실천을 통해
체득한 삶의 진리를 설파한 것이다. 맹자에 의하면 인간의 본성은 끊임없는 확충
을 통해 인간의 삶을 질적으로 변화시키는 인간의 근본원리이다. 호연지기는 본
성에 따르는 삶을 통해 인간에게 쌓이는 德氣이다. 덕기가 확충되면 善人・信
人・美人・大人・聖人・神人의 단계로 인격이 변화되어 궁극적으로는 자연과
합일된 천인합일의 삶을 살 수 있게 된다고 하였다.

자신을 극복하면 노여움을 다스릴 수 있고, 이치를 밝히면 두려움을 다스릴 수 있다.

○ 怒氣盛則不能自遏, 懼氣怯則不能自立. 故治之皆難. 然己私旣克, 則一朝之忿有所不作矣, 物理旣明, 則非理之懼有所不動矣.

○ 노여운 기운이 성하면 스스로 막을 수가 없고, 두려운 기운으로 겁이 나면 스스로 (뜻을) 확립할 수 없다. 이 때문에 그것을 다스리는 것이 모두 어렵다. 그러나 자기의 사욕을 이기면 하루 아침의 분노[23]는 일어나지 않으며, 사물의 이치에 밝으면 이치에 합당하지 않은 두려움은 일어나지 않는다.

15

堯夫解"他山之石可以攻玉." 玉者溫潤之物. 若將兩塊玉來相磨, 必磨不成. 須是得他箇麤礪底物, 方磨得出. 譬如君子與小人處, 爲小人侵陵, 則脩省畏避, 動心忍性, 增益豫防. 如此便道理出來. 〔『程氏遺書』2上-141〕

요부(소옹의 자)[24]는 "다른 산의 돌로써 옥을 다스릴 수 있다"는 시

---

23) 『논어』「안연」21장. "一朝之忿, 忘其身以及其親, 非惑與?" 여기서 하루 아침의 분노란 사사로운 일로 인한 노여움을 가리킨다. 의리의 마음에서 일어나는 분노는 제거의 대상이 아니다.

24) 邵雍(1011-1077)의 자는 堯夫이다. 小門山의 百源에 은거하여 살아 후인들이 百源 선생이라고 불렀다. 시호는 康節이다. 『역』의 象과 數에 밝았다. 그는 『皇極經世書』「觀物外」편에서 "태극은 움직이지 않으니 性이다. 發하면 神이 되고, 신이 되면 數가 있고, 수가 있으면 象이 있게 되고, 상이 있으면 형체〔器〕를 갖추고, 형체를 갖추면 변하게 되어 신으로 복귀한다"고 하였다. 그의 저술에는 『황

구를 다음과 같이 해석하였다. 옥은 매끄럽고 윤기 있는 물건이다. 그래서 두 개의 옥을 가지고 서로 다듬으려고 한다면 다듬어지지 않을 것이다. 반드시 다른 거친 돌을 얻어야 잘 다듬을 수 있다. 비유하자면 군자가 소인과 함께 거처하여 소인의 침해와 능욕을 당하면 자기의 몸을 닦고 반성하며 삼가하고 피하면서 '마음을 격동시켜 인내성을 기르고, 할 수 없었던 것을 보충하며'[25] 아직 이르지 않은 악을 예방하게 되는 것과 같다. 이와 같으면 도리가 분명해질 것이다.

○ 邵康節先生, 名雍, 字堯夫. 解『詩』「小雅・鶴鳴」篇. 君子與小人處, 爲小人所侵陵. 則修省其身者必謹, 畏避小人者必嚴. 動心而不敢苟安, 忍性而不敢輕發. 增益其所不能, 預防其所未至. 如此則德日進而理日明矣.

○ 소강절(邵康節) 선생의 이름은 옹(雍)이며, 자는 요부(堯夫)이다. 『시경』 「소아」 〈학명(鶴鳴)〉을 해석한 것이다. 군자가 소인과 함께 거처하면 소인의 침해와 능욕을 당하게 된다. 그렇게 되면 자신의 몸을 닦고 반성하는 자는 반드시 삼가게 되고, (소인을) 두려워하여 피하는 자는 반드시 엄중히 하게 된다. 마음을 격동시켜 구차하게 안일하지 않고, 인내성을 길러 경솔하게 말하지 않는다. 할 수 없었던 것을 보충하고 아직 닥치지 않은 일을 미리 예방한다. 이와 같이 하면 덕은 날로 진전되고 이치가 날로 밝아질 것이다.

극경세서』 이외에 『伊川擊壤集』이 있다.

25) 『맹자』 「고자」 하 15장. "故天將降大任於是人也, 必先苦其心志, 勞其筋骨, 餓其體膚, 空乏其身, 行拂亂其所爲, 所以動心忍性, 曾益其所不能."

16

目畏尖物, 此事不得放過, 便與克下. 室中率置尖物, 須以理勝他. 尖必不刺人也, 何畏之有? 〔『程氏遺書』2下-9〕

눈은 날카로운 물건을 두려워하는데, 이 일은 그대로 방치해서는 안되며 곧바로 극복해야 한다. 방 안에 항상 날카로운 물건을 두고 이치를 통하여 그것을 이겨야 한다. (이치상) 뾰족한 것이 절대로 사람을 찌르지 아니하므로 어찌 두려워할 필요가 있겠는가?

○人有目畏尖物者. 明道敎以室中率置尖物, 習見旣熟. 則不復畏之矣. 克己之功類當如是.

○날카로운 물건을 두려워하는 사람이 있었다. 정호가 그에게 방 안에 항상 날카로운 물건을 두고 친숙할 정도로 익숙하게 보도록 하였다. 그러자 두려워하지 않게 되었다. 자신을 극복하는 공부도 이와 같이 해야 한다.

17

明道先生曰:
"責上責下而中自恕己, 豈可任職分?" 〔『程氏遺書』5-14〕

정호가 말했다.[26]
"윗사람을 책망하고 아랫사람을 책망하면서 가운데 있는 자기는 용

---

26)『주자어류』 권96 2472쪽 寓에서는 정이의 말로 보고 있다.

서한다면 (그런 사람이) 어찌 직분을 맡을 수 있겠는가?"

○ 專務責人而不知責己, 是捨己職分而憂人之憂者也.

○ 오로지 타인을 책망하기에 힘쓰면서 자기를 책망할 줄 모른다면,
이는 자기의 직분을 버리고 남의 근심을 근심하는 자이다.

18

"捨己從人", 最爲難事. 己者我之所有, 雖痛捨之, 猶懼守己者固,
而從人者輕也. 〔『程氏遺書』 9-27〕

"자기를 버리고 남을 따르는 것"[27]이 가장 어려운 일이다. '자기'라
는 것은 나의 것이기 때문에, 비록 통렬하게 버린다고 하여도 오히려
자기를 지키는 것은 더욱 견고해지고 남을 따르는 것은 소홀히 될까
두렵다.

○ 朱子曰: "此程子爲學者言. 若聖人分上則不如此也."

○ 주희가 말했다.
"이는 정자가 배우는 자를 위하여 한 말이다. 성인의 지위에 있는
자라면 이와 같지 않다." (『주자어류』 권96 2473쪽 廣)

---

27) 『맹자』 「공손추」 상 8장. "孟子曰, 子路, 人告之以有過, 則喜. 禹聞善言, 則拜.
　　大舜有大焉, 善與人同, 捨己從人, 樂取於人以爲善."

19

九德最好.〔『程氏遺書』7-47〕

아홉 가지 덕이 가장 좋다.

○皐陶曰：“亦行有九德. 寬而栗, 柔而立, 愿而恭, 亂而敬, 擾而
毅, 直而溫, 簡而廉, 剛而塞, 彊而義.” 寬弘而莊栗, 則寬不至於弛.
和柔而卓立, 則柔不至於懦. 愿而恭, 則朴愿而不專尙乎質. ‘亂’, 治
也. 亂而敬, 則整治而不徒事乎文. 蓋恭著於外, 敬守於中也. 馴擾而
毅, 則擾不至於隨. 勁直而溫, 則直不至於訐. 簡大者或規矩之不立.
今有廉隅則簡不至於疏. 剛者或傷於果斷, 今塞實而篤厚則剛不至於
虐. 彊力者或徇血氣之勇, 今有勇而義則彊不至於暴. 蓋游氣紛擾有
萬不齊. 其生人也, 有氣稟之拘. 自非聖人, 至淸至厚, 至中至正, 渾
然天理, 無所偏雜, 蓋自中人以下, 未有不滯於一偏者. 惟能就其氣質
之偏, 窮理克己矯揉以歸于正, 則偏者可全矣. 是知問學之道. 在唐虞
之際, 其論德已如是之密矣.

○ 고요(皐陶)가 말했다.

“행에는 아홉 가지 덕이 있다. 관대하면서 위엄이 있는 것〔寬而栗〕,
부드러우면서 뜻이 서 있는 것〔柔而立〕, 성실하면서 공손한 것〔愿而
恭〕, 세련되면서 공경스러운 것〔亂而敬〕, 순종하면서 의연한 것〔擾而
毅〕, 곧으면서 따뜻한 것〔直而溫〕, 대범하면서 모남이 있는 것〔簡而廉〕,
굳세면서 가득 찬 것〔剛而塞〕, 힘이 세면서 의로운 것〔彊而義〕이다.”[28]

---

28)『서경』「고요모」. 皐陶(고요)는 舜에 의해 임명된 중국 사상 최초의 법관이다.
   그는 순을 계승한 禹를 계속하여 도왔으며「고요모」는 그가 禹에게 올린 정치의
   요체에 대한 설명이다. 그는 사람을 알아보는 문제〔知人〕와 인민을 편안하게 하

넓고 관대하면서 장엄하면 관대함이 방종에 이르지는 않는다. 온화하고 부드러우면서 우뚝 서 있으면 부드러움이 나약함에 이르지 않는다. 성실하면서 공손하면 꾸밈없이 소박하지만 오로지 바탕만을 숭상하지는 않는다. '난(亂)'은 세련된 것이다. 세련되면서 공경스러우면 가지런하게 세련되고도 형식만 일삼지 않는다. 왜냐하면 공손함은 밖으로 드러난 것이고 공경은 안으로 지키는 것이기 때문이다. 잘 길들여져 순종하면서도 의연하면 순종이 남을 따르기만 하는 데에 이르지는 않는다. 곧으면서도 따뜻하면 곧음이 남의 잘못을 들추어내는 데 이르지는 않는다. 간략하고 대범한 자는 법도를 지키지 않는 경우가 있다. 지금 방정함[廉隅]이 있으면 대범하면서도 소홀한 데에까지 이르지는 않는다. 의지가 굳센 사람은 과단성으로 손상되는데, 내면이 충실하고 돈독하면 굳셈이 잔학한 데에까지 이르지는 않는다. 힘이 강한 자는 혹 혈기의 용맹함을 따르는데, 지금 용맹하면서도 의롭다면 강함이 포학함에 이르지는 않는다.

대개 하늘에 떠도는 기운이 어지러워 모든 것이 가지런하지 않다. 그것이 사람을 낳으니 기품의 구속이 있게 된다. 스스로 지극히 맑고 두터우며 지극히 중정함을 얻어 온통 천리일 뿐이고 편벽되게 뒤섞임이 없는 성인이 아니라면, 중인 이하의 사람은 한편으로 치우쳐 막히지 않는 자가 없다. 오직 그 편벽된 기질에 나아가 이치를 궁구하고, 자기를 극복하고 잘못을 교정하여 바른 것으로 돌아가야 편벽된 것이 온전해질 수 있다. 이것은 학문의 도를 안 것이다. 요순시대에 이미 이와 같이 덕을 엄밀하게 논하였다.

는 것[安民]을 정치의 요체로 제시하고 있다. 여기에 제시된 9덕은 사람을 알아볼 수 있는 근거가 되는 인간의 아홉 가지 덕목이다.

20

'飢食渴飮, 冬裘夏葛.' 若致些私吝心在, 便是廢天職. 〔『程氏遺書』 6-31〕

'배고프면 먹고, 목마르면 마시고, 겨울에는 가죽옷을 입고, 여름에는 갈옷을 입는다'[29]라고 했다. 만약 여기에 약간이라도 사사롭고 인색한 마음이 있다면 이는 곧 하늘이 준 직분을 폐기하는 것이다.

○ 食飮衣服, 各有當然之則. 是天賦之職分也. 有一毫私己貪吝之意, 卽是廢天職.

○ 음식과 의복에는 각기 마땅한 법칙이 있다. 이것이 '하늘이 준 직분〔天職〕'이다. 조금이라도 사사로이 탐하거나 인색한 생각이 있으면, 이것은 천직을 폐기하는 것이다.

21

獵自謂: "今無此好." 周茂叔曰: "何言之易也? 但此心潛隱未發. 一日萌動, 復如前矣." 後十二年因見, 果知未也. 〔『程氏遺書』 7-3〕

사냥에 대해 (정호가 말했다.) "지금은 이것을 좋아함이 없습니다." 주무숙(주돈이)이 말했다. "어찌 말을 (그렇게) 쉽게 하는가? 다만 그 마음은 숨어 있어 아직 드러나지 않은 것일 뿐이다. 어느 날 싹이 돋

---

29) 한유, 「원도」. "帝之與王, 其號名殊, 其所以爲聖, 一也. 夏葛而冬裘, 渴飮而飢食, 其事殊, 其所以爲智, 一也."

아 움직이면 다시 전과 같을 것이다." 12년 뒤 (남이 사냥하는 것을) 보고서 과연 이 마음이 아직 없어지지 않았음을 알았다.

○ 本注云：“明道年十六七時好田獵. 十二年暮歸, 在田野間見田獵者, 不覺有喜心.”
○ 周子用功之深, 故知不可易言. 程子治心之密, 故能隨寓加察. 在學者警省克治之力, 尤不可以不勉也.

○ 본주에서 말했다.
“정호가 16-17세 때 사냥을 좋아하였다. 12년 뒤 어느날 저녁 돌아오는 길에 들판에서 사냥하는 사람을 보고 자신도 모르게 즐거운 마음이 일어났다.”
○ 주돈이는 공부가 깊은 까닭에 쉽게 말할 수 없음을 알았다. 정호는 마음을 다스리는 것이 엄밀했던 까닭에 계기에 따라 살필 수가 있었다. 배우는 사람은 조심하고 반성하면서 자신을 극복하고 다스리는 노력에 더욱더 힘쓰지 않으면 안 된다.

22

伊川先生曰：
“大抵人有身, 便有自私之理, 宜其與道難一.”〔『程氏遺書』 3-100〕

정이가 말했다.
“대개 사람이 몸이 있게 되자 곧 자기 자신을 위하는 이치가 있으니, 도와 하나 되기 어려운 것이 당연하다.”

○ 人有耳目鼻口四肢, 自然有私己之欲. 惟能克己, 然後合天理之公.

○사람에게 귀, 눈, 코, 입, 팔과 다리가 있으면 자연히 이기적인 욕구가 있게 된다. 오직 자기를 이긴 뒤에야 공적인 천리와 합일할 수 있다.

23

罪己責躬不可無. 然亦不當長留在心胸爲悔. 〔『程氏遺書』3-96〕

자신을 비판하고 책망하는 것이 없을 수가 없다. 그러나 또한 오랫동안 마음에 두고 후회해서는 안 된다.

○有過自責, 乃羞惡之心. 然已往之失, 長留愧沮, 應酬之間反爲繫累.

○허물이 있을 때 자신을 책망하는 것은 곧 부끄럽게 여기고 미워하는 마음〔羞惡之心〕이다. 그러나 이미 지나간 허물을 오랫동안 마음에 두어 부끄러워하여 기운이 꺾이면 사물을 대응함에 있어 오히려 그것에 얽매이게 된다.

24

所欲不必沈溺, 只有所向便是欲. 〔『程氏遺書』15-27〕

욕구하는 것에 반드시 빠지지는 않더라도, 단지 그것에 향하는 마음만 있어도 곧 욕심이다.

○一念外馳, 所向旣差, 卽是欲也.

○한 생각이 밖으로 치닫게 되면 향하는 것이 이미 잘못되니, 이것
이 곧 욕심이다.[30]

25

明道先生曰:

"子路亦百世之師." [『程氏遺書』 3-115]

정호가 말했다.

"자로[31]도 백세의 스승[32]이다."

○本注云: "人告之以有過則喜."

○聞過而喜, 則好善也誠, 改過也速. 子路以兼人之勇, 而用之於遷
善改過. 其進德也, 庸可既乎? 是足爲百世師矣.

○본주에서 말했다.

"사람들이 그(자로)에게 허물이 있다고 말해 주면 기뻐하였다."[33]

○(자신의) 허물을 듣고서 기뻐한다면 선을 좋아함이 진실하고 허물
을 고치는 것이 빠르다. 자로는 남들의 배가 되는 용기를 가지고서

---

30) ≪한문대계≫본에는 "一念外馳, 所向既差, 卽是欲也"가 "一念外馳所向, 既羞
   卽是欲也"로 되어 있다. '羞'자는 오자이며 구두도 잘못되었다. 이 판본에는
   『근사록집해』에 대한 주가 자세하여 많은 도움을 받았지만 오자가 가끔 보이
   는 것이 흠이다.
31) 자로(기원전 542-408)의 성은 중(仲), 이름은 유(由)이다. 자로는 그의 자(字)
   이며 혹은 계로(季路)라고도 한다. 공자의 제자이다.
32) 『맹자』「진심」하 15장. "孟子曰, 聖人, 百世之師也, 伯夷·柳下惠是也."
33) 『맹자』「공손추」상 8장. "孟子曰: 子路人告之以有過, 則喜. 禹聞善言則拜. 大
   舜有大焉. 善與人同, 舍己從人, 樂取於人以爲善."

허물을 고쳐 선으로 나아가는 데 사용하였다. 그가 덕을 진보시킴에 어찌 끝마침이 있었겠는가? 이것이 그가 백세 뒤의 스승이 되기에 충분한 이유이다.

26

"人語言緊急, 莫是氣不定否?" 曰: "此亦當習. 習到言語自然緩時, 便是氣質變也. 學至氣質變, 方是有功." [『程氏遺書』 18-39]

"사람이 말을 성급히 하는 것은 기가 안정되지 않았기 때문입니까?" 답했다. "이것도 익혀야 한다. 말을 자연스럽게 천천히 하는 데까지 익히게 되면 곧 기질이 변화한다. 학문은 기질이 변화하는 데까지 이르러야 효과가 있는 것이다."

27

問: "不遷怒不貳過, 何也? 語錄有怒甲不遷乙之說, 是否?" 伊川先生曰: "是." 曰: "若此則甚易, 何待顏子而後能?" 曰: "只被說得粗了, 諸君便道易, 此莫是最難. 須是理會得因何不遷怒.

물었다. "노여움을 옮기지 않고 같은 허물을 두 번 짓지 않는다[34]는 것은 어떤 것입니까? 『어록』에 갑에게 낸 화를 을에게 옮기지 않는다는 말이 있는데 이런 경우를 말하는 것입니까?" 정이가 답했다. "그렇다." 다시 물었다. "이와 같다면 매우 쉬운 일입니다. 어째서 안

---

34) 『논어』 「옹야」 2장. "哀公問, 弟子孰爲好學? 孔子對曰, 有顏回者好學, 不遷怒, 不貳過. 不幸短命死矣, 今也則亡, 未聞好學者也."

자와 같은 경지에 이르러야 할 수 있습니까?" 답했다. "거칠게 대강 말하니 그대들이 쉽다고 한다. 이것은 무엇보다 어려운 일이다. 반드시 어떻게 해야 노여움을 옮기지 않을 수 있는지를 이해해야만 한다.

○ '怒甲而不遷其怒於乙', 槩而觀之, 則稟性和平者若皆可能. 然以身驗其實而求其所以不遷怒之由, 則非此心至虛至明, 喜怒各因乎物擧, 亦不可得而遷也.
○ 朱子曰 : "顏子見得道理透, 故怒於甲者, 雖欲遷於乙, 亦不可得而遷也."

○ '갑에게 낸 화를 을에게 옮기지 않는다'는 것은 대강 보면 품성이 화평한 사람은 모두 그렇게 할 수 있을 듯하다. 그러나 몸소 실제로 체험하여 화를 옮기지 않을 수 있는 이유를 찾아보면, 이 마음이 지극히 텅 비고 밝아서 즐거움과 화냄이 사물에 따라 일어나 한 터럭의 사사로운 생각도 없는 자가 아니면 힘써 노력한다고 해서 쉽게 할 수 있는 일이 아니다.
○ 주희가 말했다.
"안자는 도리를 투철히 보았기 때문에 갑에게 낸 화를 을에게 옮기고자 하여도 옮길 수가 없었다."

如舜之誅四凶, 怒在四凶, 舜何與焉? 蓋因是人有可怒之事而怒之. 聖人之心本無怒也. 譬如明鏡. 好物來時便見是好, 惡物來時便見是惡, 鏡何嘗有好惡也?

순임금이 네 사람의 악인을 벌준 경우[35] 노여워할 만한 것은 네 사

---

35) 『서경』 「순전」에 나온다. "流共工于幽洲, 放驩兜于崇山, 竄三苗于三危, 殛鯀

람의 악인에게 있었으니 순임금이 어찌 관여하였겠는가? 그것은 이 사람에게 노여워할 만한 일이 있어서 그에게 노여워한 것이다. 성인의 마음에는 본래 노여움이 없다. 비유하자면 밝은 거울과 같다. 좋은 물건이 오면 곧 좋음을 드러내고 추악한 물건이 오면 곧 추악함을 드러내지만 거울에 어찌 좋음이나 추악함이 있겠는가?

○ 聖人之心因事, 有當怒者而怒之. 是怒因物而生, 不自我而作也. 又豈有之於己耶? 譬明鏡照物, 姸媸在物, 鏡未嘗自有姸媸也.

○ 성인의 마음은 마땅히 노여워할 만한 일이 있으면 노여워한다. 이는 노여움이 사물로 인해 생겨난 것이지 자신에게서 일어난 것이 아니기 때문이다. 어찌 노여움이 자기에게 있겠는가? 밝은 거울이 사물을 비추는 것에 비유한다면, 아름답고 추한 것은 사물에 달려 있는 것이지, 거울 자체가 아름답고 추함을 가지고 있지 않은 것과 같다.

世之人固有怒於室而色於市. 且如怒一人, 對那人說話, 能無怒色否? 有能怒一人, 而不怒別人者. 能忍得如此, 已是煞知義理. 若聖人因物而未嘗有怒. 此莫是甚難?

세상 사람 중에는 진실로 집에서 노여워하고는 거리에서 그것을 드러내는 자[36]가 있다. 어떤 사람에게 노여워하며 그 사람과 말을 할 때 노여워하는 안색이 없을 수 있겠는가? 어떤 사람에게 노여워하며 다른 사람에게는 노여워하지 않는 사람이 있다. 이와 같이 참을 수 있다면 이미 의리를 매우 잘 아는 것이다. 성인이라면 사물에 따를 뿐, 노

于羽山. 四罪而天下咸服."

36) 『좌전』 소공 19년조에 "속담에 '집에서 화가 난 뒤 시장에서 화를 낸다'는 말은 초나라를 가리킨다(諺所謂'室於怒市於色'者, 楚之謂矣)"고 나온다.

여움이 자신에게 있은 적이 없다. 이것은 무엇보다도 어려운 것이 아 닌가?

○ 怒氣易發而難制. 世固有怒於其室而作色於市人者. 其遷怒也甚 矣. 有能自禁持怒此人, 而不以餘怒, 加辭色於他人者, 已不易得. 況 夫物各付物而喜怒不有於我者, 豈非甚難者耶?

○ 노여워하는 기운은 드러내기는 쉽지만 제어하기는 어렵다. 세상 에는 진실로 자신의 집에서 노한 것을 가지고 저잣거리의 모르는 사 람에게 노한 안색을 짓는 자가 있다. 이것은 노여움을 옮기는 것이 심 한 경우이다. 어떤 사람에게 노여움을 가지는 것을 스스로 막으면서, 덜 풀린 노여움을 가지고서 타인에게 말투나 안색에 나타내지 않는 자가 있는데, 이렇게 되기도 쉽지 않다. 하물며 모든 사물을 각각의 사물에 알맞게 맡겨두고 즐거움과 분노를 자기에게 두지 않는 것이 어찌 매우 어려운 일이 아니겠는가?[37]

'君子役物, 小人役於物.' 今見可喜可怒之事, 自家著一分陪奉他, 此亦勞矣. 聖人之心如止水." 〔『程氏遺書』18-114〕

'군자는 사물을 부리고 소인은 사물에 의해 부림을 당한다.'[38] 지금 기뻐할 만하고 성낼 만한 일을 보면 자신에게 그러한 마음을 일부 지 니고서 그 일을 행하니, 이 또한 어려운 일이다. 성인의 마음은 마치

---

37) 정호의 「정성서(定性書)」에 "성인의 기뻐함은 사물이 기뻐할 만하기 때문이며 성인의 노함은 사물이 노할 만하기 때문이다. 성인의 기뻐하고 노함은 마음에 관 계된 것이 아니라 사물에 관계된 것이다(聖人之喜, 物之當喜, 聖人之怒, 物之當 怒. 是聖人之喜怒不繫於心, 而繫於物也)"라고 나온다. 『근사록』 제2권 4조 참조.
38) 『순자』 「수신(修身)」. "傳曰, 君子役物, 小人役於物, 此之謂也."

고요한 물과 같다."

○ 役物者我常定, 役於物者逐物而往. 聖人之心常湛然如止水. 無有一毫作好作惡.

○ 사물을 부린다는 것은 내가 항상 안정되어 있는 것이고, 사물에게 부림을 당한다는 것은 사물에 따라 가는 것이다. 성인의 마음은 항상 맑아서 마치 고요한 물과 같다. 터럭만큼이라도 좋아하고 싫어함을 일으킴이 없다.

28

人之視最先. 非禮而視, 則所謂開目便錯了. 次聽, 次言, 次動. 有先後之序. 人能克己, 則心廣體胖, 仰不愧俯不怍, 其樂可知. 有息則餒矣.〔『程氏外書』3-11〕

사람은 보는 것이 가장 먼저이다. 예가 아닌 것을 보게 되면 "눈을 뜨면 곧 잘못된다"고 하는 말과 같이 된다. 다음은 듣는 것이고, 그 다음은 말하는 것이며, 또 그 다음은 행동하는 것이다. 이렇게 선후의 차례가 있다. 사람이 자기를 이길 수 있으면 '마음은 넓어지고 몸이 편안하게 되어,'[39] '하늘을 우러러 부끄럽지 않고 땅을 굽어보아 부끄럽지 않으니'[40] 그 즐거움을 알 만하다. (이러한 극기의 노력을) 그만두게 되면 그의 본성이 주리게 된다.

---

39) 『대학장구』 전 6장. "富潤屋, 德潤身, 心廣體胖, 故君子必誠其意."
40) 『맹자』 「진심」 상 20장. "君子有三樂, 而王天下不與存焉. 父母俱存, 兄弟無故, 一樂也. 仰不愧於天, 俯不怍於人, 二樂也. 得天下英才而敎育之, 三樂也."

○『外書』, 下同.

○身心無私欲之累, 自然安舒. 俯仰無所愧怍, 自然悅樂. 少有間斷, 則自視欿然矣.

○朱子曰 : "此數語極有味." 又曰 : "當初亦知是好語, 謾錄于此. 今看來直是恁地好."

○『외서』에 나오며, 아래도 같다.

○몸과 마음이 사사로운 욕망에 얽매임이 없으면 자연히 편안하고 여유롭게 된다. 천지를 우러러보거나 굽어보더라도 부끄러움이 없으면 자연히 기쁘게 된다. 잠깐 사이라도 중단되면 스스로 보기에 주린 것처럼 느껴진다.

○주희가 말했다.

"이 몇 마디의 말은 지극히 의미가 있다."

또 말했다.

"처음에도 이것이 좋은 말인 줄을 알고 여기에 대강 기록해 두었다. 지금 보니 이렇게 좋구나."

29

聖人責己感也處多, 責人應也處少. 〔『程氏外書』7-18〕

성인은 자기가 타인을 자극한 것에 대해 책망하는 경우가 많고, 타인이 그에 대해 반응하는 것을 책망하는 경우는 적다.

○聖人, 所謂'厚於責己而薄於責人'者, 非若後世欲爲長厚之意. 蓋有感而後有應. 責人之應而不自反其感之之道, 則是薄於本而厚望於末. 無是理也.

○ 성인은 '자기를 책망하는 것을 두텁게 하고 타인을 책망하는 것을 얇게 한다'[41]는 사람이니, 후세의 항상 후하게만 하고자 하는 뜻과는 다르다. 대체로 자극〔感〕이 있고 난 뒤에 반응〔應〕이 있다. 타인의 반응만 책망하고 자신이 자극한 도리를 반성하지 않는다면 이는 근본을 얇게 하고서 말단이 두텁기를 바라는 것이다. 이러한 이치는 없다.

30

謝子與伊川別一年, 往見之. 伊川曰：“相別一年, 做得甚工夫？”謝曰：“也只去箇矜字.” 曰：“何故？”曰：“子細檢點得來, 病痛盡在這裏. 若按伏得這箇罪過, 方有向進處.”伊川點頭, 因語在坐同志者曰：“此人爲學, 切問近思者也.”〔『程氏外書』 12-33〕

사량좌가 정이와 떨어져 있은 지 일년 만에 가서 만났다.
정이가 말했다.
"떨어져 지낸 지 일년이 되었는데 무슨 공부를 하였는가?"
사량좌가 말했다.
"마음속에서 '긍(矜)'자를 제거하였을 뿐입니다."
"무엇 때문인가?"
"자세히 점검해 보니 병통이 모두 여기에 있었습니다. 만약 이 허물만 억제할 수 있으면 비로소 진전됨이 있을 것 같습니다."
정이가 머리를 끄덕이고서는 함께 앉아 있던 사람들에게 말했다.
"이 사람의 학문은 '간절히 묻고 가까운 일에서 생각하는 것'[42]이다."

○ 按：胡文定公問上蔡. “矜字罪過何故恁地大？”謝曰：“今人做事

---

41) 『논어』「위령공」 15장. “子曰, 躬自厚而薄責於人, 則遠怨矣.”
42) 『논어』「자장」 6장. “子夏曰, 博學而篤志, 切問而近思, 仁在其中矣.”

只管要夸耀別人耳目, 渾不關自家受用事. 有底人食前方丈, 便向人前喫, 只疏食菜羹, 却去房裏喫. 爲甚恁地." 愚謂:"充謝子爲己之學, 則一切外物, 皆不足以動其心矣."

○ 안(按): 호문정공(胡文定公: 호안국)이 상채(上蔡)[43]에게 물었다. "마음속 '긍(矜)'자의 허물이 어째서 그렇게 큰 것입니까?"
사량좌가 답했다.
"지금 사람들은 일을 하는 데 단지 남의 눈과 귀에 자랑하고 빛내려고만 하고, 자기가 얻게 되는 일에는 전혀 관여하지 않는다. 지금 어떤 사람이 성대하게 차린 음식은 다른 사람 앞에서 먹고, 보잘것없는 음식[나물밥과 나물국]은 혼자 방으로 가져가서 먹는다고 하자. 무엇 때문에 그렇게 하겠는가?"
나는 이렇게 생각한다. "사량좌의 '자기를 위한 학문[爲己之學]'을 확충하여 나간다면 일체의 외물이 모두 자신의 마음을 움직일 수 없을 것이다."

31

思叔詬詈僕夫. 伊川曰:"何不動心忍性?" 思叔慙謝. 〔『程氏外書』 12-70〕

장사숙[44]이 종을 꾸짖었다. 이천이 말했다. "왜 마음을 움직여 성질을 참지 않는가?" 사숙이 부끄러워하며 사죄하였다.

○ 朱子曰:"'動心忍性', 謂竦動其心, 堅忍其性. 然所謂性者, 亦指

---

43) 상채는 사량좌의 호이다.
44) 사숙은 張繹의 자이다.

氣稟而言耳." 說見『孟子』.

○ 주희가 말했다.

"'마음을 움직여 성질을 참는다'[45)]는 것은 그 마음을 조심스럽게 움직여서 그 성질을 굳게 참는다는 것이다. 그러나 여기서 말하는 성질은 기에서 품수한 것을 가리켜 말한 것이다."

설명은 『맹자』에 보인다.

32

'見賢便思齊', "有爲者亦若是", "見不賢而內自省", 蓋莫不在己. 〔『程氏外書』 2-22〕

'어진 사람을 보면 그와 같이 되려고 생각한다'[46)] "노력하는 사람은 이와 같이 된다"[47)] "어질지 않은 사람을 보면 안으로 자신을 반성한다"라는 말은 모두 나에게 달려 있지 않음이 없다는 것이다.

○ 說見『論語』. 見人有善, 卽思自勉, 則誰不可及? 見人不善, 唯當自省, 亦無非反己之地.

---

45) 『맹자』 「고자」 하 15장. "所以動心忍性, 增益其所不能."
46) 『논어』 「이인」 17장. "見賢思齊焉, 見不賢而內自省也."
47) 『맹자』 「등문공」 상 1장. "안연이 '舜은 어떠한 사람이며 나는 어떠한 사람인가! 노력하는 자는 이와 같이 된다'고 말하였다(顔淵曰: 舜何人也, 予何人也! 有爲者, 亦若是)"는 주희 주에 의한 해석이다. 趙起 註에 의하면 "노력하려는 자는 이와 같이 해야 한다(欲有所爲, 當如顔淵庶幾)"이다. 주희 주에서는 이 말이 안연의 말인데 조기의 주에서는 맹자의 말이다. 앞뒤 문세로 보아서는 아직 맹자의 말이 아니다. 그래서 주희 주에서의 '是'는 순을 가리키지만 조기의 주에서의 '是'는 안연을 가리킨다. 여기서는 주희의 주에 따랐다.

○ 설명이 『논어』에 보인다. 남이 선한 것을 보고 스스로 노력할 것을 생각하면 누군들 따라가지 못하겠는가? 남이 악한 일을 하는 것을 보면 스스로도 반성해야 하니, 자기를 반성하는 자리가 아닌 곳이 없다.

33

橫渠先生曰: "湛一, 氣之本. 攻取, 氣之欲. 口腹於飮食, 鼻口於臭味, 皆攻取之性也. 知德者屬厭而已, 不以嗜欲累其心. 不以小害大, 末喪本焉爾." 〔『正蒙』「誠明」17〕

장재가 말했다.

"고요하고 전일한 것〔湛一〕이 기의 근본이다. 공격하며 빼앗으려 하는 것〔攻取〕은 기의 욕망이다. 입과 배는 음식에 대하여, 코와 입은 향기와 맛에 대하여 모두 공격하여 빼앗으려는 성질이 있다. 덕을 아는 자는 배부를 정도로 적당하게 먹을 뿐, 기호와 욕구로 마음에 누를 끼치지 않는다. (맹자가 말한) 소체(小體) 때문에 대체(大體)를 해롭게 하지 않으며, 지엽적인 것 때문에 근본적인 것을 상하게 하지 않는다."

○『正蒙』, 下同.
○ 湛而不動, 一而不雜者, 氣之本體也. 飮食臭味之需而營求攻取於外者, 氣之動於欲者也. 攻取之性卽氣質之性. "屬厭", 猶飫足也. 君子知德之本, 故凡飮食臭味才取足而已, 不以嗜好之末而累此心之本也. 孟子所謂'無以口腹之害爲心害', '毋以小害大賤害貴', 是也.

○『정몽』에 나오며, 아래도 같다.
○ 고요하여 움직이지 않고, 전일하여 섞이지 않는 것이 기의 본체다. 마실 것과 먹을 것, 냄새와 맛을 필요로 하여 외물을 공격해 가지

려고 도모하는 것은 기가 욕망에 의해서 움직인 것이다. 공격하여 가지려는 성질은 기질의 성질이다. "촉염(屬厭)"은 배부를 정도에 만족한다는 뜻이다. 군자는 덕의 근본을 아는 까닭에 음식과 향기와 맛에 대하여 적당한 정도만 취할 뿐 말단적인 기호로써 근본적인 마음을 해치지 않는다. 맹자가 말한 '입과 배의 해로움으로 마음의 해로움이 되게 하지 않으며,'[48] '소체로 대체를 해롭게 하지 않으며, 천한 것으로 귀한 것을 해롭게 하지 않는다'[49]는 것이 이것이다.

34

纖惡必除, 善斯成性矣. 察惡未盡, 雖善必粗矣. 〔『正蒙』「誠明」27〕

미세한 악도 반드시 제거하게 되면, 선이 본성을 이룰 것이다. 악을 다 살피지 못하면, 선하더라도 반드시 거칠게 된다.

○成性者, 全其本然之天.

○본성을 이룬다는 것은 본연의 천성을 온전히 하는 것이다.

35

惡不仁, 故不善未嘗不知. 徒好仁而不惡不仁, 則習不察, 行不著.

---

48) 『맹자』「진심」상 7장의 원문에는 "배고프고 목마른 해로움"으로 나온다. "孟子曰, 饑者甘食, 渴者甘飮, 是未得飮食之正也, 飢渴害之也. 豈惟口腹有飢渴之害? 人心亦皆有害. 人能無以飢渴之害爲心害, 則不及人不爲憂矣."
49) 『맹자』「고자」상 13장. "體有貴賤, 有大小. 無以小害大, 無以賤害貴."

인(仁)하지 않은 것을 미워하기 때문에 선하지 않은 것을 모른 적이 없었다.[50] 다만 인을 좋아하기만 하고 인하지 않은 것을 미워하지 않으면[51] 익힘이 자세하지 않고, 행하여도 밝게 드러나지 않는다.[52]

○ 人能惡不仁, 則其察己也精, 有不善必知之矣. 苟徒知仁之可好, 不知不仁之可惡, 則所習者或未之察, 所行者或未之明. 雖有好仁之心, 而卒陷於不仁, 而莫之覺矣.

○ 사람이 인하지 않은 것을 미워할 수 있으면 자기를 살피는 것이 정밀하게 되어 선하지 않은 것이 있으면 반드시 그것을 알아낸다. 인이 좋아할 만한 것인 줄만 알고 인하지 않은 것이 미워할 만한 것임을 알지 못하면 익힌 것이 자세하지 않고, 행위를 해도 드러나지 않을 수 있다. 그래서 비록 인을 좋아하는 마음이 있어도 갑자기 인하지 않은 데 빠지게 되면 그것을 자각하지 못한다.

是故徒善未必盡義, 徒是未必盡仁. 好仁而惡不仁, 然後盡仁義之道. 〔『正蒙』「中正」31〕

이 때문에 겨우 선하기만 한 것은 의를 다할 수 없고, 겨우 옳은 것만으로 인을 다할 수 없다. 인을 좋아하고 불인을 미워한 뒤에야 인의의 도를 다하게 된다.

---

50) 『주역』「계사」하 5장. "子曰, 顏氏之子, 其殆庶幾乎? 有不善, 未嘗不知, 知之, 未嘗復行也. 易曰, 不遠復, 无祗悔, 元吉."

51) 『논어』「이인」6장. "子曰, 我未見好仁者, 惡不仁者. 好仁者, 無以尙之, 惡不仁者, 其爲仁矣, 不使不仁者加乎其身."

52) 『맹자』「진심」상 5장. "孟子曰, 行之而不著焉, 習矣而不察焉, 終身由之而不知其道者, 衆也."

○徒好仁而不惡不仁, 則雖有向善之意, 而無斷制之明, 故曰"未
必盡義." 徒惡不仁而不好仁, 則雖有去非之意, 而無樂善之誠, 故曰
"未必盡仁."

○인을 좋아하기만 하고 인하지 않은 것을 미워하지 않으면 비록
선을 향하는 뜻이 있다고 하더라도 결단하여 제어하는 밝음이 없게
되니, "의를 반드시 다할 수는 없다"고 하였다. 인하지 않은 것을 미
워하기만 하고 인을 좋아하지 않으면 비록 잘못을 버리는 뜻이 있더
라도 선을 즐기는 진실함이 없으므로 "반드시 인을 다할 수는 없다"
고 하였다.

36

責己者, 當知無天下國家皆非之理. 故學至於不尤人, 學之至也.
〔『正蒙』「中正」35〕

자기를 책망하는 자는 천하 국가가 모두 잘못되는 이치가 없음을
알아야 한다. 그러므로 배움이 남을 탓하지 않음에 이르러야 배움이
지극한 것이다.

○處世有乖違, 豈在人者皆非, 皆我者皆是? 以此存心, 則惟務盡
己, 而不必咎人矣.

○세상에서 처신할 때는 어그러지고 잘못되는 것이 있지만, 어찌
남에게 있는 것은 다 잘못된 것이고 나에게 있는 것은 다 옳은 것이
겠는가? 이러한 생각을 마음에 가진다면 오직 자기를 다하는 데에 힘
쓸 뿐 남을 탓할 필요가 없을 것이다.

有潛心於道, 忽忽爲他慮引去者, 此氣也. 舊習纏繞, 未能脫洒, 畢竟無益, 但樂於舊習耳.

도에 마음을 침잠하고 있으면서도 문득 다른 생각에 이끌리게 되는 것은 기 때문이다. 옛날의 습관에 묶여 벗어나지 못한다면 끝내 자신에게 이로움이 없고, 단지 옛날의 습관을 즐기게 될 뿐이다.

○ 舊習未除, 志不勝氣, 則心慮紛雜.

○ 옛날의 습관이 제거되지 않아 의지가 기를 이기지 못하면 생각이 어지럽게 뒤섞인다.

古人欲得朋友與琴瑟簡編, 常使心在於此. 惟聖人知朋友之取益爲多, 故樂得朋友之來. 〔『張載集』「近思錄拾遺」14〕

옛날 사람들은 친구와 거문고와 책을 얻어 항상 마음이 여기에 머물도록 하려고 하였다. 오직 성인은 친구를 통해 얻는 것이 많다는 것을 알았기 때문에 친구가 오는 것을 즐거워하였다.

○ 橫渠『論語說』.
○ 朋友有講習責善之益, 琴瑟有調適情性之用, 簡編有前言往行之識. 朝夕於是, 則心有所養而習俗放僻之念不作矣. 然三者之中朋友之益尤多, 故"有朋自遠方來"所以樂也.

○ 장재의 『논어설』에 나온다.

○ 친구는 강습과 선을 권하는 이로움이 있고, 거문고는 감정과 성품을 조절하는 작용이 있으며, 책에는 과거의 말과 행위에 대한 지식이 있다. 아침저녁으로 마음을 여기에 두면 마음을 기를 수 있어 세속의 방종하고 편벽된 생각이 일어나지 않는다. 그러나 이 세 가지 중에서도 친구의 이로움이 더욱 크기 때문에 "벗이 먼 곳에서 찾아오는 것"[53]이 즐거운 것이다.

38

矯輕警惰. 〔『經學理窟』「氣質」26〕

경박함을 교정하고 게으름을 경계한다.

○『語錄』, 下同.
○ 輕則浮躁, 惰則弛慢. 二者爲學之大患. 然輕者必惰, 雖二病而實相因. "其進銳者其退速", 輕與惰之謂也.

○『어록』에 나오며, 아래도 같다.
○ 경박하면 마음이 들뜨고 조급하며, 게으르면 해이하고 태만하다. 두 가지는 학문의 커다란 근심거리다. 그런데 경박한 자는 반드시 게으르니 비록 두 가지 병이지만 사실은 서로가 원인이 된다. "빨리 나아가는 자는 물러남이 빠르다"[54]는 것은 경솔함과 게으름을 말하는 것이다.

---

53) 『논어』 「학이」 1장. "子曰, 學而時習之, 不亦說乎? 有朋自遠方來, 不亦樂乎? 人不知而不慍, 不亦君子乎?"
54) 『맹자』 「진심」 상 44장. "孟子曰, 於不可已而已者, 無所不已. 於所厚者薄, 無所不薄也. 其進銳者, 其退速."

"仁之難成, 久矣. 人人失其所好." 蓋人人有利欲之心, 與學正相背馳. 故學者要寡欲. 〔『經學理窟』「學大原 上」24〕

"인을 이루기 어려운 것이 오래 되었다. 사람들은 제각기 좋아하는 것에서 잘못을 저지르게 된다."[55] 왜냐하면 사람들마다 가지고 있는 이익을 바라는 마음은 학문과 완전히 배치되는 것이기 때문이다. 그러므로 배우는 자는 반드시 욕망을 줄여야 한다.

○ 仁者天理之公, 利欲者人心之私, 故背馳.

○ 인은 보편적인 천리이고, 이익을 바라는 마음〔利欲之心〕은 사사로운 사람의 마음〔人心〕이기 때문에 배치되는 것이다.

40

君子不必避他人之言, 以爲太柔太弱. 至於瞻視亦有節. 視有上下. 視高則氣高, 視下則心柔. 故視國君者, '不離紳帶之中.' 學者先須去其客氣. 其爲人剛行, 終不肯進. "堂堂乎張也, 難與幷爲仁矣."

군자는 다른 사람의 비판을 피하기 위하여 지나치게 부드럽고 약할 필요는 없다. 바라보는 것에도 절도가 있다. 보는 데는 위로 보는 것과 아래로 보는 것이 있다. 시선이 높은 데에 있으면 객기가 높아지고, 시선이 낮은 데에 있으면 마음이 부드러워진다. 그러므로 군주를

---

55) 『예기』「표기」. "子曰, 仁之難成久矣. 人人失其所好, 故仁者之過易辭也."

볼 때에는 시선이 '군주의 띠 중앙을 벗어나지 않아야 한다'[56]고 한 것이다. 배우는 자는 먼저 그 객기를 없애야 한다. 그 사람됨이 강하고 거칠면 끝내 도에 나아가려 하지 않는다. "자장은 당당하지만 더불어 함께 인을 하기는 어렵다."[57]

○ 學者當去輕傲之氣, 存恭謹之心. "剛行", 麤暴也. 其爲人麤暴, 必不肯遜志務學, 而亦終不能深造于道. 子張氣貌高亢而無收斂誠實之意. 故曾子以爲難與並爲仁.

○ 배우는 이는 경솔하고 오만한 객기는 없애고, 공경하고 조심스러운 마음은 보존해야 한다. "강항(剛行)"은 거칠고 포악한 것이다. 그 사람됨이 거칠고 포악하면 반드시 뜻을 공손하게 하여 학문에 힘쓰지 않으며, 또한 끝내 도에 깊이 나아갈 수 없다. 자장은 기풍이 높고 굳세었지만 수렴하는 성실한 뜻이 없다. 그래서 증자는 함께 인을 행하기 어렵다고 한 것이다.

蓋目者人之所常用, 且心常託之. 視之上下, 且試之. 己之敬傲, 必見於視. 所以欲下其視者, 欲柔其心也. 柔其心 則聽言敬且信. 〔『經學理窟』「氣質」16〕

대개 눈은 사람이 항상 사용하는 것이고, 또 마음은 그것에 항상 의탁한다. 시선의 상하에 대하여 우선 시험해 보자. 자기의 공경함과

---

56) 『예기』「곡례」하. "天子視不上於袷, 不下於帶. 國君綏視, 大夫衡視, 士視五步. 凡視上於面則敖, 下於帶則憂, 傾則姦."『예기』에는 군주를 볼 때는 옷깃 높이로 보는 것으로 언급하고 있으며, 정현은 주석에서 옷깃 위를 보는 것으로 언급하고 있다.
57) 『논어』「자장」16장. "曾子曰 : 堂堂乎張也, 難與竝爲仁矣."

오만함은 반드시 시선에서 드러난다. 그래서 시선을 아래로 하고자 하는 것은 그 마음을 부드럽게 하고자 하는 것이다. 그 마음을 부드럽게 하면 말을 듣는 것이 공경스럽고 성실할 것이다.

○心之神寓于目, 故目視高下而心之敬傲可見. 心柔者聽人之言, 必敬且信, 而不敢忽慢矣.

○마음의 신명[神]은 눈에 머물기 때문에 눈의 시선이 높고 낮음에 따라서 마음의 공경함과 오만함을 알 수 있다. 마음이 부드러우면 다른 사람의 말을 듣는 것이 반드시 공경스럽고 신실하여 감히 소홀하거나 태만하지 않다.

人之有朋友, 不爲燕安, 所以輔佐其仁. 今之朋友, 擇其善柔以相與. 拍肩執袂以爲氣合. 一言不合, 怒氣相加. 朋友之際, 欲其相下不倦. 故於朋友之間, 主其敬者, 日相親與, 得效最速.

사람에게 친구가 있는 것은 즐겁고 편안함을 위해서가 아니라 각자의 인을 돕기 위한 것이다. 지금의 친구는 아첨을 잘 하는 사람을 골라 서로 사귄다. 그러면서 어깨를 치고 소매를 잡는 것으로 마음이 맞는다고 한다. 하지만 한 마디라도 의견이 맞지 않으면 서로에게 화를 낸다. 친구 사이에는 서로 낮추기를 게을리하지 않고자 해야 한다. 친구 사이에 공경을 주로 하는 자는 날로 서로 친해져 인을 도와주는 효과를 가장 빠르게 얻을 것이다.

○始則氣輕而苟於求合, 終則負氣而不肯相下. 若是者其果有益於己乎? 故朋友之間以謙恭爲主, 則其相親之意無厭, 相觀之效尤速.

ㅇ 처음에는 기질이 가벼워 구차하게 서로의 마음을 합하고자 노력하다가, 끝내는 자기의 기질만 믿고 서로 굽히려고 하지 않는다. 이와 같이 하는 것이 과연 나에게 유익함이 있겠는가? 그러므로 친구 사이에 겸손함과 공손함을 주로 하면, 서로 친하고자 하는 뜻에 싫증남이 없고 서로 바라보고 본받는 효과는 더욱 빠를 것이다.

仲尼嘗曰: "吾見其居於位也, 與先生並行也. 非求益者, 欲速成者." 則學者先須溫柔. 溫柔則可以進學.

공자가 일찍이 말했다. "나는 동자가 (아이로서) 어른이 앉는 자리에 있는 것을 보았고, 선생과 나란히 가는 것을 보았다. 학문의 진전을 추구하는 자가 아니라 급하게 이루려고 하는 자이다."[58] 학자는 먼저 따뜻하고 부드러워야 한다. 따뜻하고 부드러우면 학문에 나아갈 수 있다.

ㅇ闕黨童子居則當位, 行則與先生並, 蓋輕傲而不循禮. 故夫子以爲非能求益者, 但欲速於成人而已. 故學者當以和順爲先, 則謙虛恭謙, 有以爲進學之地.

ㅇ궐당의 동자가 자리에 머물 때 어른의 자리에 앉고, 길을 갈 때 선생님과 나란히 간 것은 경솔하고 오만하여 예를 따르지 아니한 것이다. 그러므로 공자는 그가 학문의 진전을 추구하는 것이 아니라 빨리 어른이 되고자 할 뿐이라고 여겼다. 그러므로 학자는 온화하고 순종하는 것을 먼저 하여 겸허하고 공손하면 학문에 나아가는 바탕이

---

58) 『논어』「헌문」47장. "闕黨童子將命. 或問之曰: 益者與. 子曰: 吾見其居於位也, 見其與先生竝行也. 非求益者也, 欲速成者也."

있게 될 것이다.

詩曰 : "溫溫恭人, 惟德之基," 蓋其所益之多. [『經學理窟』「氣質」17]

『시경』에서 "온화하고 공손한 사람은 덕의 기본을 갖춘 사람이다"[59]
라고 했다. 이러한 사람이라야 학문의 진전이 많을 것이다.

○『詩』「大雅 · 抑」篇. 溫和恭敬, 爲德之本.

○『시경』「대아」〈억〉편에 나온다. 온화함과 공경은 덕의 근본이다.

41

世學不講, 男女從幼便驕惰壞了, 到長益凶狠. 只爲未嘗爲子弟之事,
則於其親已有物我, 不肯屈下. 病根常在, 又隨所居而長, 至死只依舊.
爲子弟, 則不能安洒掃應對, 在朋友, 則不能下朋友, 有官長, 則不能下
官長, 爲宰相, 不能下天下之賢. 甚則至於徇私意, 義理都喪. 也只爲病
根不去, 隨所居所接而長. 人須一事事消了病, 則義理常勝. [『經學理窟』
「學大原」上 16, 下 25][60]

세상에서 학문이 강구되지 않아 남녀가 어릴 때부터 몹시 교만하
고 게으르게 되어버리고, 어른이 되어서는 더욱 흉악하고 사납게 된
다. (그들이) 자제로서의 일을 행한 적이 없기 때문에 자기 부모에 대

---

59) 『시경』「대아」〈억〉. "荏染柔木, 言緡之絲. 溫溫恭人, 維德之基."
60) "病根常在"까지가 「學大原」상 16장에 있고, "又隨所居而長"부터가 「學大原」
   하 25장에 있다.

해서도 이미 나와 남으로 구별하여, (자신을) 낮추어 (부모에게) 굴복하려고 하지 않는다. (이러한) 병의 뿌리는 항상 남아 있다가 처한 상황에 따라 자라나 죽을 때까지 이와 마찬가지가 된다. 자제로서 물 뿌리고 쓸고 응대하는 일[灑掃應待]을 편안히 하지 못하고, 친구 사이에는 친구에게 자신을 낮추지 못하고, 관리가 되어서는 관청의 장에게 자신을 낮추지 못하며, 재상이 되어서는 천하의 현자들에게 자신을 낮추지 못한다. (이것이) 심해지면 자신의 사사로운 의도를 좇아 의리가 모두 무너지는 지경에 이르게 된다. 이러한 병은 무엇보다 병의 뿌리가 제거되지 않고 있다가 처한 상황과 만나는 인물에 따라서 자라나기 때문이다. 사람이 반드시 하나하나의 일에서 그러한 병을 없애 나가면 의리가 항상 이길 것이다.

○ 後世小學旣廢, 父母愛踰於禮. 恣之驕惰而莫爲禁止, 病根旣立. 隨寓隨長, 卒至盡失其良心. 蓋有自來. 學者所當察其病源, 力加克治. 則舊習日消, 而道心日長矣.

○ 후세에 소학 교육이 폐기되자 부모의 사랑이 예를 넘어버렸다. 그래서 자제가 방종으로 교만하고 게을러도 아무도 그것을 금지하지 못하여, 병의 뿌리가 형성된다. 그리고 만나는 상황에 따라서 병의 뿌리가 자라나 마침내 그 양심을 다 잃게 된다. 대체로 병이 유래하는 원인이 있다. 배우는 자는 병의 근원을 살펴 힘써 극복하고 다스리는 노력을 해야 한다. 그렇게 하면 옛날의 습관은 날로 소멸하고 도심(道心)은 날로 자랄 것이다.

566

주희(朱熹, 1130-1200)

남송(南宋)의 철학자이자 교육사상가로 남송 성리학의 집대성자로 평가된다. 이기이원론(理氣二元論)에 기초한 그의 학문은 중국뿐 아니라 한국과 일본의 학문과 정치와 문화에도 많은 영향을 미쳤다. 강서성(江西省) 무원(婺源) 사람으로 자는 원회(元晦), 또는 중회(仲晦)이며, 호는 회암(晦庵)·회옹(晦翁)·자양(紫陽), 운곡(雲谷)노인 등이다. 14세 때 아버지 주송(朱松, 號는 韋齋)을 여읜 후 아버지의 친구인 호헌(胡憲), 유면지(劉勉之), 유자휘(劉子翬)의 가르침을 받았으며, 22세 때 스승 이통(李侗, 1093-1163)을 만나 정호와 정이의 문인인 나예장(羅豫章) 계통의 학문을 배웠다. 저술에는『주자문집』, 『주자어류』 이외에도 『주역본의』, 『시집전』, 『사서집주』, 『태극도설해』, 『통서해』, 『서명해』, 『주역참동계고이』 등이 있다. 시호는 문공(文公)이다.

여조겸(呂祖謙, 1137-1181)

남송의 사상가로 절강성(浙江省) 무주(등州) 사람이다. 자는 백공(伯恭), 호는 동래(東萊)로, 여호문(呂好問)의 손자이다. 주희, 장식(張拭)과 함께 동남 지역의 3현으로 불리었다. 육구연(陸九淵, 호는 象山, 1139-1193) 형제와도 친하여 주희와 육구연의 사상을 조화시키려고 노력하였으며, 문헌과 역사에 밝아 직비각(直秘閣) 저작랑(著作郎)과 국가원편수(國史院編修)를 지냈다. 저술에는 『서설(書說)』 35권, 『가숙독시기』 32권, 『춘추집해』 32권, 『좌씨박의』 20권, 『황조문감』 150권, 『여조겸집』 29권 등이 있다. 시호는 성공(成公)이다.

집해 엽채(葉采, ?)

자는 중규(仲圭). 호는 평암(平巖)이다. 처음에는 채연(蔡淵)에게 배우다가 뒤에는 진순(陳淳: 1153-1217)에게 배웠다. 주희가 죽은 지 48년째 되는 해에 『근사록』에 대한 최초의 주석서인 『근사록집해』를 썼다. 많은 『근사록』 주해서들 가운데서도 이 책은 우리나라의 학자들에게 가장 중시되어 왔다.

이광호

서울대학교 철학과를 졸업하였고, 동 대학원에서 석사 학위와 박사 학위를 받았다.
민족문화추진회 국역연수원과 태동고전연구소 한문연수과정을 졸업하였으며,
한림대학교 철학과 교수, 뉴욕 주립대학교 한국학과 방문교수,
한림대학교 부설 태동고전연구소 소장, 연세대학교 철학과 교수를 역임하였다.
『성학십도』(이황), 『성호질서』(이익), 『삼경천견록』(권근), 『중국예교사상사』(채상사) 등을 역주하였고,
박사 학위 논문「퇴계 학문론의 체용적 구조」를 비롯한 다수의 퇴계학 관련 논문을 썼으며,
중국과 한국의 유학사상 및 유학사상사, 유학사상의 현대화, 동양사상과 서양사상의 만남과 관련된
다수의 저서와 논문을 썼다.

근사록집해
I

대우학술총서 568

1판 1쇄 펴냄 | 2004년 6월 20일
1판 10쇄 펴냄 | 2023년 4월 28일

편저 | 주희(朱熹), 여조겸(呂祖謙)
집해 | 엽채(葉采)
역주 | 이광호
펴낸이 | 김정호

펴낸곳 | 아카넷
출판등록 | 2000년 1월 24일(제406-2000-000012호)
주소 | 10881 경기도 파주시 회동길 445-3
전화 | 031-955-9511 (편집) · 031-955-9514 (주문)
팩시밀리 | 031-955-9519
www.acanet.co.kr

© 이광호, 2004
周張程朱學派(宋學), KDC 152.41

Printed in Paju, Korea.

ISBN 978-89-5733-034-0 94150
ISBN 978-89-89103-00-4 (세트)

이 책은 대우재단의 지원을 받아 연구 및 출간되었습니다.